Ratko Adamović

U VRTOVIMA DUHA

(drugo, dopunjeno izdanje)

PROSVETA
2014.

Za Anu

Svet knjige nije puritanska demokratija puna buržuja;
to je velika i slobodna država,
ogromna pantagruelovska Utopija
kojom vladaju plemeniti kraljevi.

Džon Kuper Pouis

Reč autora

Ovo nije zbirka eseja. Nije ni zbirka kritika. Ali jeste zbir Dozivanja ljudi duha, koji po nekoj teško utvrdivoj srodnosti ipak čine jednu imaginarnu porodicu, ili bratstvo. Dozivanja sa ovih balkanskih strana onih koji svetom misle, pišu, tragaju za prostorima i izvorištima duha, njegovim smislom i smislom takvog traganja.

Dozivanja onih koji s druge strane jezičkih ograda i nanosa različitih kulturnih tradicija obitavaju u prostorima univerzalnog, u svojim alhemičarskim radionicama posvećenja, iz kojih su do nas stigla neka od izuzetnih ostvarenja.

Pisao sam ovu knjigu onako kako su me Pozivali i terali, snagom svoga dela, da ih glasno preporučujem na stranicama kulturnog dodatka *Politike*, da okrenem, najčešće slabašnu svetlost svoga ukazivanja na prevedena dela izuzetnih autora, u nadi da će ih oni, koji još poseđu za knjigom, uzeti u ruke.

Na moju muku, a na sreću čitalaca, prostor kulturnog dodatka novina živi pod opravdanim imperativom „kratko", „što kraće", te sam o knjigama zamašnog obima, često i izuzetne složenosti, morao iskazati svoju preporuku i poziv na čitanje i proučavanje, na najviše dve ili tri kucane stranice.

Odlučivši da od tih tekstova sačinim knjigu, ostavljajući ih onakve kako su bili napisani i objavljeni (što je red i običaj, jer je naknadna pamet uvek mudrija, ali uklanja draž prvorodnosti), odlučio sam da pred otvorenim prostorom knjige izaberem tekstove iz knjiga o kojima sam pisao, nudeći tako nesvakidašnju lepotu zalaženja u vrtove mudrih baštovana iz različitih vremena i prostora. Ali, istovremeno, to je bila prilika da time ublažim svoju nesmirenu tugu, budući da sam o ovako složenim delima morao pisati odričući se skoro svake ozbiljnije analize, sabijajući, ne teorijski stav u pojednostvljani iskaz, već bezmalo u kratku napomenu koja je, naspram dela koje se preporučuje, bila sažeta do nepristojnosti.

Dakle, ovo su tekstovi o knjigama stranih autora. U našoj kulturi, tek poneko redak, gotovo jurodiv, piše o prevedenim delima.

Jedina knjiga domaćeg autora u ovom izboru je *Monaška civilizacija*, jer je ovo kapitalno delo do te mere jedinstveno i u nas i u svetu, da sam ga morao uvrstiti u ovaj izbor.

A opet, čitajući, od poglavlja do poglavlja, tako dragocenu *Monašku civilizaciju*, od otkrivanja isposnika za isposnikom, osamljenika za osamljenikom, progonila me je misao kako je ta istorija monaštva bliska nekoj mogućoj, imaginarnoj „Književnoj civilizaciji". Izmičući se pred lažnom opreznošću, treba reći da je malo šta toliko srodno kao što su Monah i Pisac. U časovima potpunog posvećenja, obojica su tako daleko od sveta profanog, obojica, skoro do satiranja, tragaju za prosvetljenjem; prvi za prosvetljenjem božanske promisli, drugi za svetovima duha i „viđenjem" onoga što jeste biće originalnog književnog dela i putevima koji vode do njega, a to opet znači – prosvetljenje.

Samo zalutali u književnost i osiona osrednjost ne znaju koliko je ovo bolno tačno. Konačno, nije li pisac nastao od drevnih proroka, propovednika iz starine, od onih koji su u dalekim vremenima pripovedali ljudima šta su videli, ko im se i čime iz nebeskih prostora javio. Samo jedan korak, istina čudesno neuhvatljiv, nikada tačno definisan i nepodjarmljen teorijskoj manipulaciji, iskorak iz prosvetljenog u profano, u pripitomljavanje i prilagođavanje svetovnog jezika svakodnevice da se njime iskaže književno, neobično, onostrano, neverovatno, uzvišeno, zaumno, vizija, svetlost najdubljih slojeva duhovnosti bića; prolazeći, ostvarujući u jednom času ljudske istorije Taj korak – nastao je pisac.

Posvećenje, piščeva datost, piščeva (i svakog drugog stvaraoca) nemogućnost da sebe bira, u stvarnom su vlasništvu nedohodnog i nerastumačenog, baš poput onoga zova čoveku da se odriče svetovnog i krene teškim i slatkim putevima monaštva i traganja za spoznajom Uzvišenog.

Obitavajući, najčešće nezasluženo, u Vrtovima duha, onaj kome se čini da prepoznaje, počinje da doziva prepoznate. Ovo jeste dozivanje pod jedan krov koji je istinskim posvećenicima oduvek nedeljiv i nije na dve vode, na četiri, na... Pod krov koji opstajava na krhkoj nadi da bi mogao biti zaklon i utočište od naleta kiselih kiša profanog, zatrovanih poplava i udaraca Mreže tehnološkog i virtuelnog. Zaštita od moćne izmišljotine lenjivaca ušuškanih u svoje Ništa, da je smisao u svakojakom skraćenju, u što kraćoj informaciji (i što preciznije dirigovanoj), koji, i ne pomišljajući na stid, na granici kulturološkog zločina, preporučuju jezik skraćenica (koji više i ne bi bio ljudski jezik), sve se nadajući da će skraćenica prerasti u znak, broj, bezlični simbol, kojima se, Konačno, više ne bi mogla saopštavati dela baštine i civilizacijskih slojeva, obesmišljavajući, tada bez većih napora, svu lepotu i mnogoznačnost jezičkih raznolikosti, raznolikosti kultura i pojedinih istorija naroda, raznolikosti predanja i mitova, raznolikosti jezičke muzike i ritma ljudskog govora.

Ali biće da je vizija Nedeljivog Krova, pod kojim obitavaju ljudi duha, samo pusta slika iz prošlosti, da su u nepovrat minula vremena kada je to bio krov Jednosti. Krov koji je pokrivao raskošne palate koje je svaki narod u svojim Vrtovima duhovnosti obilazio i išao im na sretanja, viđenja i radost.

Dok su ljudi prepoznavali vrednost i značaj tih hramova, znali su i hvalili retke u svome rodu, koji su poznavali tajnu otvaranja vrata tih palata, unutrašnje rasporede, velika i skrivena stepeništa, tajne prolaze, znali da tumače glasove koji bi dolazili iz senovitih prostora salona, Tavana i Podruma. Držalo se do tumača unutrašnjosti hrama koji su Znali da govor koji ne prestaje niz prostore palata duha ne dolazi od utvara i privida, koji su Znali kako se *prelazi* Tamo, na stranu na kojoj bivstvuju, za neupućene poglede senke, a za znalce i posvećenike, duhovnost Stvarnija i više uz skute života od profane vidljivosti svakodnevice.

Drevna mudrost je znala da se na urvinama i ruševinama starog hrama Jedino može podići hram istog posvećenja, i ponavljala je tu obnovu kroz vekove. Današnji planeri ne haju. Na postamentima i temeljima urušenih hramova duha grade se stakleni i metalni vaviloni u kojima obitavaju božanstva profita, tržišta i interesa, u kojima „novi sveštenici" propovedaju sreću ubrzanja vremena, koje svoj smisao nalazi u potpunoj poslušnosti Kompaniji, gde će Pauza u radu, predah u kome se čovek posvećuje svojoj privatnosti, biti nagrđena manifestacija primitivizma, hir nezdravog presedana i znak neprilagođenosti karakteristične za najbednije slojeve društva.

Ovo je knjiga Dozivanja, jer u opštem Padu u virtuelno, u Ubrzanje, u čip, softver, u služinsko brbljanje o konstrukciji i dekonstrukciji, u besramne propovedi o postistorijskom i posthumanom vremenu, u „palate" u kojima više nema tajnovitih podruma i tavana, u kojima prozračne staromajke tiho, onima koji Znaju da slušaju i da ih dozovu, besede o lepoti i drevnosti, iznoseći na tkanicama tečnih, zrcalećih reči, amalgame duha i mudrosti.

Dozivanje pod krhku nadstrešnicu, jer prostranih krovova „na jednu vodu" više nema, kao što odavno više nigde ne rađaju ona žita od kojih je nastala slama polagana po jednoj ulici Milana, mameći tišinu pod točkovima kola i kočija, jer je veliki Đuzepe Verdi umirao. Ti prizori ljudskog ostvarenja i slave, danas se mere sasvim jednostavnim aršinima koji se protežu od televizijskih vesti u pet, do vesti u sedam. Uzmogne li neko svojim delom da, u paklenom kotlu aktuelnosti, ne bude izbrisan i ne ispadne do vesti u deset, može računati na put ka Nebu. A pretekne li neko snagom, veličinom i poštovanjem prema njegovom delu i do sutra, imaće pouzdan znak da sme da se nada Vratima večnosti.

Ova Dozivanja narušava nelagodnost i strepnja da će se uskoro *odazvani* i novi posvećenici okupljati po dalekim i jedva dohodnim šumama i lugovima, kao neki novi Pagani.

Na sreću, nelagodnost oko nedovoljno i nemušto iskazanog predgovora ne postoji, jer citati iz knjiga, o kojima sam pisao, nemerljivo prevazilaze moj pokušaj uvođenja u knjigu.

IPAK ČUDO
Monaška civilizacija

Neko se može zapitati kako je moguće pisati sada o knjizi koja je objavljena pre više od godinu dana, i biće u pravu. O ovih pet tomova objavljenih u dve obimne knjige, gotovo je nemoguće pisati, jer je teško zamislivo da ih je napisala jedna glava i jedna ruka i, što je još neverovatnije, da sve što piše na dve hiljade stranica svedoči upravo onaj koji piše, jer je SVE opisano i video i pohodio.

Monaška civilizacija i nema imena doli svoga. Reći da je to „knjiga", možemo samo ako smo spremni i kadri da zamislimo, da poverujemo da je baš u ovo oskudno i jadno vreme odlučila da zbog nas, našeg jezika i kulture, izroni iz starostavnih vremena i nedohodne baštine.

Ali mi ne bismo bili ono što jesmo kada bismo, nekim čudom, na velika vrata i na sav glas ukazivali na pojavljivanje izuzetnog dela od našeg čoveka, prvorodnog i do sada jedinstvenog u svetu. Jedva da se i zna da je ovako kapitalno delo tu, pred nama.

Budući da smo se odavno stopili s naopakim, i autor *Monaške civilizacije*, Slobodan M. Radošević (1920), da bi krenuo u žuđeni svet nauke i spoznaje, prvo je morao od 1945. da odrobija šest godina. Od robije, pa narednih pedeset godina, rad, učenje i život ovog čoveka liči na biografije retkih i izuzetnih ljudi. Na sreću, upornošću i mudrošću ljudi iz izdavačke kuće „Geopoetika", jedva verujući, ugledao je objavljeno svoje životno delo.

A šta je ovo petoknjižje u dva golema toma? Punih trideset godina Radošević je gradio ovo delo, želeći da nam ispiše istoriju celokupnog hrišćanskog monaštva, od prve zajednice isposnika i osamljenika (III vek), do danas, ali tako, ponovimo, što je obišao svaki manastir, ruinu, crkvu, kloster, pećinu i isposnicu, od egipatskih pustinja, preko cele Evrope i Rusije, do njenih dalekih ledenih šuma, do najsavremenijih u Americi. Kad se ovako napiše o ovom gigantskom poduhvatu, deluje bledo i komično, čemerno i skoro neljudski. Jer, Radošević nam je podario duhovnu istoriju velikog dela čovečanstva. Otvorio je obilje rudnika, kopova i majdana za pisce sociologije, filozofije, antropologije. Istoričarima umetnosti darovao je neverovatan vodič i kazalo i, iznad svega, za ono krhko u čoveku, koje zovemo *duhom*, ogromni poučnik odricanja i podizanja sebe i ljudi oko sebe kroz svojevoljnu izolaciju koja postaje univerzalno i prisutno dobro čistih izvora. Iz obilja spoznaja, pokazuje se da svaki značajniji monah, potonji starešina monaške zajednice, postaje potencijalni junak raznorodnih knjiga. Otkriva se zanosna osobenost irskih monaha, monaha s juga Francuske, čudesne godine u kojima Rusi postaju Rusi i, sloj do sloja, do u nedogled.

Bolno je jasno uočljivo da sve te vekove zidanja i stvaranja duhovnih škola, beskrajno ispisivanje knjiga, učenja i prosvećivanja, večito, prokleto večito biva nadjačano i prekriveno čovekovim padom. U svakom vremenu postoje vojske, horde i razulareni pljačkaši koji će od nekuda doći, ili samo preći na drugu obalu reke i SVE spaliti, srušiti i opljačkati. Hiljadu godina tako, sve do sinoć, do jutros. I večito će kljasti um ponavljati kako je samo naša svetinja svetinja, a sve druge samo dobar plen.

Ali, ako ljudi ne haju, ima ko haje. Jer, ako bih morao izreći jedan jedini utisak, nezaborav, posle čitanja *Monaške civilizacije*, morao bih reći da samo i uvek, za razliku od čoveka, pustinjske i šumske zveri, iz veka u vek, prilaze duhovnicima u osami, sačekuju ih u nedohodnim šumama divljine i jedu im iz ruku, svijaju gnezda na njihovim krhkim ramenima dok se do u beskraj mole. Tigrovi i suri medvedi noćivaju uz osamljenog čoveka oblivenog molitvom, spavaju na pragu njihovih pećina ne zaparavši im nikada ni končić bedne mantije, a kamoli da nasrnu, da unište i naude. Daleko od nas, u osamama ovoga čemernog sveta, Priroda i Duh su jedno, a čovek, onaj u grupi, masi, u civilizaciji, večiti je razoritelj i ruganje duhovnosti.

Autor ovoga epohalnog dela, Slobodan M. Radošević, u drugim sredinama već bi, na sav glas i ponos savremenika, bio počasni doktor glasovitih univerziteta i član akademija. A kod nas? Između prostote i folka i folka i prostote, jedva da se zna i da postoji, i on i Čudo koje nam je darivao.

Iz knjige:

Svakako da su Eseni dali ranom hrišćanskom monaštvu snažan asketski podsticaj. Njima jako slična asketska figura Jovana Krstitelja, koji je pozivao narod na pokajanje ne tako daleko od njih, u Moavskoj pustinji, može se smatrati istorijskom sponom između prehrišćanskog i hrišćanskog monaštva.

*

Plotin je definisao duhovnost kao „bekstvo samotnoga samotnome". Ubrzo posle njega i Origena, u hrišćanstvu će se roditi pokret koji se isto tako dâ definisati bekstvom u samoću – monaški pokret. Onda nije nikakvo čudo što se poreklo monaštva pokušavalo tražiti i u duhovnosti neoplatonističkog nadahnuća. I, doista, nema ničeg hrišćanski čistijeg od onoga što je prethodilo monaštvu, nečeg više jevanđelskog od njegovih prvih motivacija.

*

Sa Atanasijem Velikim (oko 295–373) i njegovom generacijom nastaje nova epoha u domenu teološke misli i duhovnog života.

Već u očima njegovih savremenika, Atanasije je predstavljao figuru gotovo mitske ličnosti; čak su mu i neznabošci pripisivali natprirodno, vrhovno znanje. Hrišćani potonjih vekova su u njemu gledali neuporedivi „stub Crkve", „pomoću koga je Bog, u jednom od najkritičnijih trenutaka, zaštitio i sačuvao pravoslavnu veru", kako to piše Grigorije Nazijanski u svojim *Besedama* (21, 26). „Ako nađeš jedan pasus iz spisa svetoga Atanasija", beleži jedan iguman iz VI veka, „i ako nemaš hartije pri ruci, zapiši ga na svojoj odeći."

*

Sveti Antonije, pored toga što je ostao prototip koptskog monaštva, u isto je vreme i otac celokupnog hrišćanskog monaštva.

Kad se već prilično navikao na potpunu samoću, povukao se u jednu porušenu tvrđavu, u kojoj je zabarikadiran proveo svih dvadeset godina. (...) I kako su radoznalci dolazili da otkriju šta Antonije tamo radi zatvoren u tvrđavi, čuli su kako mu demoni dovikuju: „Odlazi od nas! Kakva ti posla imaš tu u pustinji? Nećeš podneti našu zaveru."

Dvadeset duboko misterioznih godina koje je Antonije proveo u dnu pustinje, u potpunoj samoći, bile su obuzete borbom protiv tela i duha zla, posle čega prijatelji, koji gore od želje za podražavanjem njegovog iskustva, probijaju vrata njegove tvrđave. Antonije, kao neki posvećenik u tajne hrama, izlazi sav nadahnut božanskom svetlošću. Oni koji su došli da ga tom prilikom vide, prvi put posle dugo vremena, ostali su zadivljeni njegovim fizičkim izgledom, koji je ostao isti, i pored nedostatka kretanja, postova i borbe s demonima. Bio je duhovno očišćen: niti snužden zbog tuge izazvane samoćom, niti veseo zbog zadovoljstva. Bio je prirodan, nepromenljiv, s vladavinom razuma u sebi.

*

Treći veliki manastirski osnivač u Irskoj, bio je Kevin ili Kevjen, čije se rođenje, prema Ašeru, arhiepiskopu Armaga, određuje u 498. godinu.

Ime „Kevin" na irskom znači „lep rođen". Kaže se da je njegova lepota toliko zavrtela pamet nekoj gospi, takođe izrazite lepote, da mu je do te mere dosađivala svojom pažnjom, da je on, najzad, od nje pobegao u šumu, svukao se i nag se povaljao po koprivama. Kada ga je ona čak i tamo stigla, on se brzo obukao, nakidao kopriva i ižario je po licu, rukama i nogama. Uvidevši konačno da mladi sveci nisu za ljubav, pala je na kolena i zamolila ga za oproštaj, zaklevši se da će i sama postati monahinja.

Takozvani *Kevinov krevet* nalazi se u maloj pećini u steni, visoko nad jezerom, do koje se može doći čamcem preko jezera, pa uz strme stepenice do kamenih ploča. Kevin je izabarao ovo skrovito mesto sasvim blizu svoje kolibe kako bi se, prema legendi, zaštitio od nametljive Ketlin, koja ga je i tamo progonila. Međutim, probudivši se jednoga dana u pećini, ugledao ju je kako stoji kraj njega, i užasnut njenim neočekivanim prisustvom, gurnuo je niz litice u jezero.

*

Najfantastičnije priče o prijateljstvu sa životinjama vezane su za romantične doživljaje u idili pustinjačkog Glendaloha. Kevin je proveo kao pustinjak na Gornjem jezeru četiri, ili sedam godina, a za to vreme su mu divlje životinje dolazile i pile su vodu iz njegovih ruku. Postoji priča o tome kako je, tokom jednog Kevinovog noćnog bdenja, raširenih ruku u molitvi, kos svio gnezdo na njegovom dlanu, i kako je Kevin ostao u tom položaju sve dok ptica nije izlegla svoje mladunce.

Neki lovac kralja Lenstera je, goneći medveda s psima, naišao na proplanku na Kevina koji se molio, dok su mu ptice sletale na glavu i ramena. Medved se u tom trenutku sklonio u Kevinovu kapelicu, a psi odustali od gonjenja, tako da lovcu ništa drugo nije preostalo nego da se vrati bez ulova i ispriča kralju šta mu se dogodilo.

*

Benedikt Anijanski se smatra obnoviteljem zapadnog monaštva, i često se naziva „drugim Benediktom". Njega je Luj Pobožni, Karlov naslednik, zadužio da reformiše polovinu opatija na jugu Francuske, tako da je na kraju postao vrhovni opat nad svim manastirima Karlovog carstva, i njegov se uticaj proširio na celu Francusku i Nemačku.

I pored sveukupne dekadencije, manastir sa svojim farmama, mlinovima, radionicama i podrumima ukazivao je na vrednost zemlje, a svojim dobrim običajima, nesebičnošću i radom služio je kao primer laičkoj zajednici koja ga je okruživala. Posedujući biblioteku, škole i skriptarijum, manastir je upravljao obrazovanjem i širio ga. Primao je na sebe i neke društvene poslove, kao što je pomoć siromašnima i bolesnima i molio se za uspeh carstva i njegovog gospodara.

Duhovnoj renesansi pridružila se i intelektualna obnova. Dok je merovinški dekadentni monah radio više rukama nego duhom, izuzimajući primer Lerina i Svetog Viktora, pokret obnove je već bio započeo u VIII veku s irskim monasima i školom Svetoga Vandrila. Ubrzo se stvorila navika prepisivanja rukopisa i stvaranja bogatih biblioteka. U IX veku, u opatiji *Svetog Gala*, tri četvrtine monaha radilo je u skriptarijumu. Ovu je delatnost, naravno, favorizovao Karlo, čiji je Zbornik zakona i uredaba propisivao „da svaka opatija ima školu gde će deca moći da se uče čitanju, psaltiru, proračunavanju kalendara, pevanju i pisanju".

Danas se jedva može i zamisliti kako je neugodan bio prepisivački rad jednog benediktinca, čiji su nam eho utisnule žalbe prepisivača na samom rukopisu: „Dobri čitaoče koji se služiš ovim radom, ne zaboravi, molim te, onoga ko ga je prepisivao. Bio je to jedan siromašan brat, po imenu Luj, i dok je prepisivao knjigu donetu iz jedne strane zemlje, bilo mu je hladno. I završavao je noću ono što nije mogao da prepiše na svetlosti dana. Ali Ti, Gospode, Ti ćeš mu biti dostojna nagrada za njegov rad." I dalje: „I pazite na prste, ne stavljajte ih na moje pisanje! Vi i ne znate šta je to pisati. To je ubitačna rabota. Od nje vam se krive leđa, smrkava vam se pred očima, zamaraju se stomak i bedra. Zato te molim, o brate moj, koji čitaš ovu knjigu, molim te u ime sirotog Raula, koji ju je celu prepisao svojom rukom u manastiru Svetog Enjana." Uistinu je to bio suštinski važan rad koji je sobom donosio budućnost evropske kulture. Karolinški prepisivači predstavljali su onu nezamenljivu sponu kojom se moglo izvesti „dvostruko zaveštanje patristike i sholastike, antičkog i hrišćanskog duha".

Neke opatije su se proslavile svojim bibliotekama, koje su katkad dostizale i do petsto knjiga, retko sedamsto, dok je prosek u IX veku bio između dvesta i trista. Jedna od najslavnijih je bila biblioteka u Rajhenau, sa sedamsto knjiga. Istina je, međutim, da je bilo potrebno jedna do pet godina rada, stado ovaca i koža oderanog vepra, da bi se uradila samo jedna knjiga.

*

Kijev – „majka ruskih gradova"
Knez Vladimir se, prema kazivanju letopisa, konsultovao s najuglednijim ljudima Kijeva i ratnicima. Taj upravljački stalež pozajmljuje ime od starih Varega:

„Rusi." Kijevska oblast, gde je taj stalež bio najjači, prvo uzima naziv „ruska zemlja", ili „Rus", koji potom usvajaju sve pokrajine istočnih Slovena oko Kijeva. Tako je Kijev bio prestonica kijevske Rusije, koja je ostvarila prvo značajnije ujedinjenje istočnih Slovena pod prvim ruskim kneževima, početkom IX veka. Zato stari ruski letopisci s pravom nazivaju Kijev „majkom ruskim gradova".

(...)

U vreme vladavine Jaroslava Mudrog, kijevska Rusija je dostigla vrhunac svog procvata i postala jedna od najvažnijih sila na koju su zemlje Istoka i Zapada morale da računaju. Ona je bila ne samo kolevka države istočnih Slovena, već i žiža svetske civilizacije srednjeg veka. Veličanstveni hramovi, ukrašeni mozaicima i freskama, ikone i najfiniji predmeti izrađeni od dragog kamenja, letopisi, dela usmene tradicije i poezije, predstavljaju dragocen doprinos naroda Rusije razvoju svetske kulture.

Pod Jaroslavom Mudrim, teritorija grada Kijeva se desetostruko uvećala. Na njoj se gradilo neviđenim ritmom. U letopisu iz 1037. godine, nalazi se jedan pasus koji predstavlja neku vrstu bilansa Jaroslavljevog zidanja: Katedrala Svete Sofije, Crkva Blagoveštenja na Zlatnoj kapiji, Crkva Svetog Đorđa i Svete Irene, kao i radovi na utvrđivanju velikog grada. Verovatno su nove zidine, goleme za svoje doba, bile završene oko 1024. godine. Pokušaj Mstislava, kneza Černigova, da zauzme grad je propao. (...)

Od svih istorijskih spomenika svetske arhitekture XI veka, u Katedrali Svete Sofije u Kijevu, i pored svih oštećenja koje je pretrpela, najpotpunije su očuvane freske i mozaici. (...)

Istovremeno sa zidanjem Svete Sofije, izgrađena je i Kijevsko-pečerska lavra. U Žitiju njenog Sveca osnivača piše: „Otkuda je preko blagovernog kneza Vladimira sinula svetlost pravoslavne vere svoj zemlji Ruskoj. Gospod je blagovoleo da otuda zasija preko prepodobnog oca našega Antonija luča savršenog zakona podvizničkog." (...)

Međutim, videći kako je bezbožni Svjatopolk, treći Vladimirov sin, želeći da sa zemlje istrebi svu svoju braću, poubijao svete mučenike Borisa i Gleba, isposnik Antonije ponovo ode u Svetu Goru. Međutim, kad je na kneževski presto došao Jaroslav, Antonije se vratio u Kijev i nastanio u pešteri koju je za sebe bio iskopao kijevski mitropolit Ilarion. I, kako to navodi Žitije, „življaše tu, moleći se neprestano Bogu, jedući suv hleb i pijući vodu pod meru, i to svaki drugi dan, a nekada tek svaki treći; ponekad nije okušao ništa po čitavu nedelju dana, provodeći dan i noć u molitvenom bdenju, i svojim rukama kopajući usrdno veliki pešter." (...)

Na drugoj strani, Sveti Antonije, u svojoj pešterskoj samoći „zasija u zemlji Ruskoj raznim čudesima, naročito darom isceljenja i proroštva, te se pokaza kao čudesni lekar i prorok ruski". Pošto je proveo u drugoj pešteri šesnaest godina, prepodobni Antonije je u njoj i završio svoj vremenski život i otišao u beskonačnost, desetog jula 1073. godine, u devedesetoj godini starosti. „Časne mošti prepodobnog prvonačelnika" bile su sahranjene u istoj pešteri, pod velikim manastirom, u kojoj se i predstavio Gospodu. Ali, „isto onako kako Izrailjci ne mogahu nekada gledati u živog Mojsija zbog svetlosti kojom je sijao kada im donese zakon sa Sinajske Gore", doslovce piše u Žitiju, „tako isto ne mogahu ni prepodobnog oca

Antonija za života njegovog u pešteri gledati u svetlosti dobrih dela, kada donese zemlji Rusiji zakon sa gore Atosa." Isto tako je Bog čudotvorno zabranio da se vidi telo Antonijevo, i mnogi koji su se drznuli da raskopaju njegov grob, bili su opaljeni ognjem koji je siktao iz njega.

*

Smisao i lepota liturgičke molitve je bez sumnje karakterističan element razvoja istočnih Slovena. Prema kijevskom hroničaru, ovaj motiv je bio odlučujući za prelaženje Kijevljana u hrišćanstvo. Knez Vladimir je, naime, hteo da izabere između raznih ondašnjih veroispovesti, pomoću ispitivanja njihovih obreda. On je, tako, pokazao jako zgražavanje prema hebrejskom obredu, nije osetio nikakvo uzbuđenje prema latinskim ceremonijama, dok je vizantijski obred ostavio na njega i njegove ljude jak utisak: „Kad smo stigli u Grčku i kad su nas Grci uveli u zgradu u kojoj su obavljali svoj kult, nismo znali da li smo na zemlji ili na nebu, pošto na zemlji ne može da postoji takav sjaj ni takva lepota, prosto neopisivo. Mi samo znamo da tamo Bog živi među ljudima i da su njihove ceremonije najplemenitije od ceremonija svih nacija. Ne možemo zaboraviti njihovu lepotu. Ko je naučio da voli slast, ne može više da poželi da proba nešto gorko!"

*

Širenje kijevske civilizacije do voda gornjeg sliva Volge, najveće reke u Evropi, pokazalo se kao sredstvo njenog spasenja. Sama negostoljubivost ovog severnog područja davala je izvesnu zaštitu i sa istoka i sa zapada. Volga je pružala kopneni vodeni put za buduće širenje na istok i jug, a njene pritoke u severozapadnoj Rusiji dopirale su gotovo do izvorišta drugih reka što vode u Baltičko, Crno i Severno ledeno more.

Devičanska šuma je bila rasadnik velikoruske kulture. U uobličavajućem ranom razdoblju, praiskonska šuma koja se „prostirala sve do neba", predstavljala je neku vrstu zimzelene zavese mašte, zaklanjajući je od sve udaljenijih svetova vizantijskog i zapadnog gradskog života.

*

Ono što je Kijevsko-pečerska lavra bila za kijevsku provinciju na jugu Rusije, to je bila Sergijevska Troička lavra za severnorusko monaštvo. Njen osnivač je bio veliki ruski svetac Sergije Radonješki.

Vartolomej, kako je Svecu bilo kršteno ime, rodio se u Rostovu, 1314. godine, od pobožnih i uglednih roditelja bojara, koji su se i sami pred smrt zamonašili. Njega i njegove roditelje je pljačka Tatara oterala od kuće u selo Radonjež, severoistočno od Moskve, gde su morali da zarađuju za život obrađujući tuđu zemlju. Po smrti roditelja, kad mu je bilo dvadeset godina, Vartolomej je s bratom Stefanom započeo isposnički život u mestu Makovecu, tamo gde danas stoji Trojička lavra, pod gustom neprolaznom šumom, daleko od sela, kuća i ljudi. Tamo je iguman Mitrofan postrigao u 23. godini života revnog iskušenika, na dan mučenika Sergeja i Vakha, prema čemu je i dobio svoje monaško ime.

Vremenom su im se pridružili i drugi, i ono što se zna o ovim isposnicima jako podseća na najranije sledbenike Frančeska Asiškog, naročito zbog njihovog odnosa prema divljoj prirodi, bez obzira na klimatske i druge razlike između Umbrije i središnje Rusije. Sergija su, naime, posećivali u njegovoj podvižničkoj samoći demoni i divlje zveri. On se demonima nepopustljivo odupirao, dok je divlje zveri hranio. Sa svojim stalnim posetiocem, jednim medvedom, on je uvek delio hleb kojim je raspolagao.

Kao iguman, Sergije je hteo da, po ugledu na Gospoda, bude sluga svima. Na ramenima je nosio vodu u dve vedrice sa udaljenog izvora pod gorom, i ostavljao vodu kod kelije svakog brata. Sekao je drva, pekao hleb, šio odeću, gotovio jelo, i smireno obavljao i sve druge poslove.

Skromno i ubogo izgledaše u svojim ranim danima Trojička zajednica. Tiho i mirno tekao je isposnički život šumskih pustinjaka. Svakodnevno su se skupljali u maloj crkvi i usrdno se molili Gospodu. Služila se ponoćnica, jutrenje, časovi, večernje i povečerje. Sergije je svakodnevno služio svetu liturgiju i uvek za nju sâm spremao prosfore: svojim rukama tucao i mleo pšenicu, sejao brašno, mesio i zakašivao testo, i sam ga pekao.

Glas o Svetom Sergiju daleko se pročuo. Godine 1378. on je odbio da prihvati ponuđenu mu mitropolitsku stolicu u Moskvi. Međutim, on je igrao mnogo veću ulogu od bilo kojeg crkvenog velikodostojnika. Sergije Radonježki, čovek retke inteligencije i velike duhovne snage, osniva manastir Svete Trojice i od početka se pokazuje kao aktivan branilac ujedinjene Rusije. Tako je on pomogao knezu Dimitriju Donskoju da, pod zastavom Moskve, ujedini vojsku svih ruskih zemalja, koja je

1380. godine nanela poraz bezbrojnim hordama kana Mamaja u slavnoj bici kod Kulikova.

Ljudi su u njemu gledali čoveka Bogom izabranog, na kome je vidljivo počivala milost Duha. Pored toga što je bio vizionar, prema njegovom Žitiju, on je bio i čudotvorac: lečio je slepe, hrome i besomučne, pa čak i vaskrsavao mrtve. Jedan ruski pisac je rekao o Svetom Sergiju da „miriše na svežu jelovu šumu". S godinama, i lice mu se svetački preobražavalo. Umro je u manastiru Svete Trojice i tamo je i sahranjen 1392. godine.

*

Visoki krst u Dramklifu iz oko 1000. godine, sa složenim vajanim figurama i životinjama, kao i spiralnom rezbarijom, koji se nalazi usred groblja Dramklifa, obeležava mesto manastira koji je, prema tradiciji, osnovao Kolmkilj 575. godine. Sa zapadne strane groblja, kraj puta se nalazi okrnjena *Okrugla kula*, gromom pogođena 1396. godine, dok se severno od trema Protestantske crkve nalazi grob velikog irskog pesnika Batlera Jeitsa (1896–1930). Sa ove značajne lokacije pruža se divan vidik prema Ben Bulbenu, poznatom po čuvenoj bici.

*

Vreme svetog Frančeska Asiškog
Malo je vremena bilo za bavljenje mislima. Doba je sve bilo obeleženo grubošću navika i morala. Baroni su otimali susedima imanja i ubijali najbliže zbog toga. Opšta zla i zločini bili su gori i od slike pakla. Materijalizam

u veri označio je propast i same vere. Manastiri su bili prezasićeni bogatstvom, vladike su živele i ophodile se kao i sami plemići.

Frančesko se rodio 1182. godine u Asiziju. Imao je vazda dosta slobode, novca i dobar glas za pesmu uz svoj živahan temperament. Veličanstveno se držao na gozbama i voleo sve lepo i skupoceno. „Sličan je nekom princu, kao da nam nije sin", govorio bi Pijetro ženi. Majka bi s puno ljubavi odgovarala: „Ako sad živi kao sin nekog princa, docnije će biti dete Božije."

Frančesko odlazi da se moli u hramu Svetog Damiana, pred Raspećem, sa kojeg mu glas poručuje da je hram u ruševinama i da on lično treba da ga obnovi. Frančesko dolazi kući, natovaruje konja očevom robom, prodaje robu i konja, i sav dobijeni novac predaje svešteniku hrama za obnovu ruševina, što sveštenik odbija da primi, znajući šta sve može iz toga da se izrodi. Ubrzo stiže i Frančeskov otac sa mnoštvom građana da povrati novac i sina. Posle mnogo pretnji, nasrtaja i objašnjavanja, otac izvlači sina i vodi ga kući, dok ga asiška gomila ruži, naziva ludakom i gađa kamenjem. Otac ga stavlja u kućni pritvor.

Gde god bi išao, sprijateljio bi se sa životinjama i uvek im je govorio istim tonom: „Pevajte, moja braćo cvrčci i hvalite Gospoda Tvorca veselom pesmom."

Seljaci su ga opominjali da su brda puna vukova, na šta je Frančesko odgovorio: „Kakvu sam povredu naneo braći vukovima da bi pojeli mene i magarca? Ići ću dalje u ime Boga." I sretnuvši vuka nakon toga, Svetac mu se ovako obrati: „Neka te Gospod pogleda i blagoslovi te i okrene svoje lice prema tebi." Na povratku u grad, sveti Frančesko je vodio sa sobom krvoločnog vuka, koji je od tada postao svačiji miljenik. Na periferiji grada Gubia stoji *crkvica Vitorina* u znak sećanja na ovaj događaj.

*

Pred kraj leta, jedan Frančeskov prijatelj lekar dolazi iz Areca da ga pregleda. Videvši da Frančesko želi da sazna istinu, lekar mu reče da on ne može da živi dalje od poznog septembra ili ranog oktobra. Na to je Frančesko raširio ruke i rekao: „Dobro došla, sestro smrti! Za mene je ona kapija u život."

Pisao je na ondašnjem italijanskom svetovnom jeziku. To su, ujedno i počeci italijanske poezije, iza kojih će se Dante, šezdeset godina kasnije, proslaviti.

HIMNA BRATU SUNCU
(Frančesko Asiški)

O najviši, svemoćni, dobri Gospode, tebi pripada hvala, slava čast i blagoslov sav!

Neka je hvaljen Gospod moj sa svim njegovim stvorenjima, a naročito brat nam sunce, koji nam donosi dan i svetlost; lepo je sunce i svetli vrlo velikim sjajem: O Gospode, ono nam znači Tebe!

Neka je hvaljen Gospod moj zbog brata nam meseca, i zbog zvezda, koje je postavio jasno i divno na nebu.

Neka je hvaljen Gospod moj, zbog brata vetra, i zbog vazduha i oblaka, predela bez vetra, i vremena svakog kojim odražava život u stvorova svih.

Neka je hvaljen Gospod moj zbog sestre nam vode, koja nam lepo služi i koja je ponizna, draga i čista.

Neka je hvaljen Gospod moj zbog sestre nam vatre, kojom nam daje svetlost u mraku; i ona je svetla i prijatna i vrlo moćna i jaka.

Neka je hvaljen Gospod moj, zbog naše majke zemlje, koja nas održava i čuva, i rađa plodove razne i cvetove boja mnogih i travu.

Neka je hvaljen Gospod moj zbog svih onih koji praštaju jedni drugima njega radi i koji istraju u slabosti i patnji; blaženi oni koji će mirno istrajati, jer ćeš im Ti, o Najviši, krunu dati.

Neka je hvaljen Gospod moj zbog naše sestre telesne smrti, kojoj niko umaći neće. Teško onome ko umre u smrtnom grehu! Blaženi oni koji idu po tvojoj najsvetlijoj volji, pošto druga smrt neće imati snage da im naškodi.

Hvalite i blagosiljajte Gospoda, i hvale dajte njemu i služite mu s poniznošću velikom.*

---

* Slobodan M. Radošević (1994): *Monaška civilizacija*, Centar za geopoetiku, Beograd.

MUDRI STANOVNIK LAVIRINTA
Margerit Jursenar

Malo je pisaca u ovome veku koji su kadri da izvedu tako potresan i sugestivan početak dela kao što je to Margerit Jursenar. To je, van svake sumnje, prvih pedeset stranica *Hadrijanovih memoara*, koje će, po snazi i vrtoglavom uvođenju u delo, malo ko prevazići.

Sa prvom glavom *Hadrijanovih memoara*, može se po snazi porediti završnih pedeset stranica *Doktora Faustusa* Tomasa Mana.

Ima pisaca čije su uvodne ili završne rečenice dela već postale svojevrsni književni aksiomi (prva rečenica Kamijevog *Stranca*, poslednja rečenica Kafkinog *Procesa*). Ali malo ko kao Margerit Jursenar ima tako jaku i omamljujuću uvodnu glavu knjige.

„Lavirint sveta" (sećanja ili romansirana biografija njene porodice za poslednja tri veka), donosi, novom snagom neuporedivih prvih pedeset stranica kakve malo gde možemo da sretnemo u savremenoj književnosti.

Da sve bude potresnije, pisac govori o svome dolasku na svet. Takva snaga, distanca i pronicljivost, pripadaju doista samo retkim, vlasnicima ogromnog iskustva i znanja, iz kojih sigurno pero gradi prizore, karaktere, psihologizaciju i satiruću nepristrasnost, svojstvenu samo velikim pripovedačima.

Tek kad iščitate „Lavirint sveta", odgoneta vam se snaga pisca da do začudnih dimenzija uđe u nečiju ličnost i biće ostvareno u *Hadrijanovim memoarima*. Da sve bude još složenije, u „Lavirintu" su likovi, lanci porodičnog stabla kroz tri veka.

Šta je Jursenarova u stanju da iskaže, odgonetne, dokuči i stavi pred nas gledajući portret nekog od svojih predaka, doseže dimenzije skoro mističnog i astralnog promicanja u karaktere tih ličnosti. Zato, dok čitamo „Lavirint sveta", ne možemo da ne osećamo tugu pred biološkom neumitnošću, što spisateljica nije uspela da ovo veliko delo dovede do naših dana. U poglavlju „Arhiv sa severa" ona zapisuje: „Ako za to budem imala vremena i snage, možda ću nastaviti da pišem ova sećanja sve do 1914, sve do 1939, sve do trenutka kad mi pero ispadne iz ruku."

Iz „Lavirinta sveta" ne saznajete samo o životima njenih predaka srednjeg i sitnog plemstva severne Francuske izmešanog s Flamancima, već ponovo prolazite, ali kroz vizure mudrog i do bola objektivnog pisca, istoriju ovoga dela Evrope, tri, četiri poslednja veka. A onda uviđate da su ljudska glupost, nemoć i čemer, jedino izvesno večito ponavljanje u ovom krhkom i bednom svetu.

Ali nisu samo uvodnih pedeset stranica remek-delo. Kroz knjigu nailazite na delove koje mogu da ostvare samo najveći pisci ovoga veka. Ovoj čudesnoj ženi dovoljna je JEDNA stranica da dočara neponovljivo sugestivno svu učmalost i čemer katoličko-francuske provincije prošlih vekova. Skoro ceo život jedne žene (ženaaaa tog vremena) staje na bednu stazicu kojom ide, svakog jutra u cik zore, od zamka do neugledne provincijske crkve, i nazad, a muškarci, glave porodice, najčešće smišljaju nove oblike lova na ptice. Ratovi i krvoprolića kroz Evropu, revolucije, samo su bezlične vesti, onoliko bezlične koliko su daleko od njihovih imanja.

Rodi li se u tim porodicama neko slobodnog duha i ideja, svim silama se nastoji da se prećuti i izbriše iz rodoslova, da ne kvari neprikosnovenu suštinu, dogovaranja uz oprezne pripreme novih brakova, čiji je smisao uvećavanje i čuvanje poseda.

Dotakli smo samo vrata rudnika ove knjige. Nju jedino treba čitati. Polako, bez žurbe. Prevodioci ovoga velikog dela, Jelena i Branko Jelić, časno su nam ga doneli u srpski jezik, čineći, uz ostalo, nešto što prevodioci retko rade: svako istorijsko ime, latinsku izreku, istorijski događaj, smerno i priljezno objasnili su u tako korisnim fusnotama.

Kad su piščeva sećanja u pitanju, „Lavirint sveta" postavio je tako visok obrazac kojem se, gledajući ga odozdo, samo možemo primicati.

*

Ponekad je moto jedne knjige neka vrsta sublimnog predgovora. Ponekad krhka iluzija da će nečija dosegnuta mudrost, do začudne prisnosti usvojena od našeg bića, biti ona preko potrebna pomoć delu koje smo upravo završili i koje smo spremni da izložimo sudu javnosti. Ponekada je to samo lepota sama po sebi, bez koje ne bismo obznanili svoju knjigu. Poučno je i istovremeno opojno pogledati šta mudra Margerit Jursenar stavlja baš ispred knjige koja ispoveda njen život i život njenih predaka. Ovaj citat, iznad svega, kazuje da autor koji ga stavlja kao svoj predznak, pripada onoj maloj grupi posvećenika koja **vidi** dublje i dalje, koja **zna** za stvarnost o kojoj neposvećeni i ne sanjaju, ili bi se užasnuli da im se kojim čudom stvarno pokaže.

Potresno je koliko jedan moto ispred ove vrste knjige može da uputi sasvim drukčije svetlo i na sva prethodna dela Margerit Jursenar. Koliko sam je god voleo kao pisca, koliko mi je imponovala njena izuzetno snažna ličnost, stavljanjem ispred svojih memoara ovakvu sublimnu zapitanost stvarnog **viđenja**, Margerit Jursenar, bar u mome biću, postaje kao stvaralac još utemeljenija i bliža.

> Kako je bilo vaše lice
> pre nego što su se sreli
> vaš otac i vaša majka?
> Zen Koan

Iz knjige:

Na samom vrhu kolevke njiše se krst od slonove kosti ukrašen glavom jednog anđelčeta koji, zahvaljujući nizu skoro smešnih okolnosti, još imam. To je jedan sasvim običan predmet: drangulija za bogomolje stavljena tu zajedno sa trakama predviđenim za neke verske obrede, koje je Fernanda prethodno verovatno bila osvetila. Ta slonova kost pripadala je nekada slonu ubijenom u kongoanskoj prašumi, čije su kljove domoroci budzašto prodali nekom belgijskom trgovcu. Ta gromadna i mudra životinja, potomak jedne dinastije koja potiče još iz početka pleistocena, svela se na ovu stvarčicu. Ova beznačajna sitnica nekada je bila deo životinje koja je pasla travu i pila vodu na rekama, kupala se u prijatnom, mlakom blatu, služila se kljovama u borbi sa nekim suparnikom ili u odbrani od ljudskih bića, milovala surlom ženku sa kojom je bila u paru.

*

Antikvar, zapazivši po odelu da je njegov kupac u žalosti, postavio mu je nekoliko uzdržanih pitanja. Gospodin de K. mu je ispričao šta se dogodilo.
„A šta je s detetom?", upita ga stari Jevrejin posle uobičajene izjave saučešća.
„Dete je živo."
„Šteta", reče starac tiho.
Gospodin de K. ponovi za njim isto:
„Da", reče on. „Šteta."*

*

Crkvu od zamka razdvaja samo jedna livada: Matilda više voli da ide ovom prečicom nego putem. Zimi, s kaljačama na nogama, ona brižljivo korača po mrkoj i polegloj travi, izbegavajući što više može zaleđene barice ili sneg. Leti, ovaj kratki put predstavlja pravo uživanje, ali Matilda ni samoj sebi do kraja ne priznaje da veliki deo privlačnosti jutarnje mise predstavlja ova slobodna šetnja kroz polja. Često, ali ne svakog dana, pre nego što uđe u crkvu, ona baci pogled na ograđenu grobnicu u kojoj počivaju njeno dvoje rano umrle dece. Iz smernosti izbegava da sedne u klupu predviđenu za vlasnike zamka i smešta se negde u lođi.
Ona se moli za svoju porodicu, što je skoro isto kao i da se moli za sebe. Moli se da njene kćeri nađu dobre

---

* Gospodin de K. je otac Margerit Jursenar (napomena: R. A.).

muževe i budu za njih izvanredne žene; da njen dragi tata brzo ozdravi na svežem vazduhu imanja La Pastir; za Fraulein koja je doživela veliko ljubavno razočarenje; da dobri bog urazumi rođaka Fernana za koga kažu da je slobodni mislilac (ali nije moguće da jedan tako obdaren mlad čovek do te mere skrene s pravog puta). Moli se da njena mala Žana jednog dana počne da hoda; da njen Gaston kome je trinaest godina najzad nauči da čita. Moli se da Artira ne stigne kazna zbog neverstva, za koje je nedavno saznala sa zaprepašćenjem i užasom, ali ko zna, možda je ona ipak odgovorna za to? Od poslednjeg porođaja ponekad joj je bilo dosta svega toga... I na kraju, kao i toliki drugi pobožni katolici onoga doba, moli se za svetog oca, dobrovoljnog zarobljenika, kako neki tvrde, a koga su u stvari Slobodni zidari naterali da se zatvori u svom Vatikanu. Bilo da ih je neko uhvatio ili ne, ovi talasi dobre volje zrače iz njene duše i ne bi se moglo reći da ne služe ničemu, čak i ako svet posle njih ne izgleda nimalo drukčiji. Matilda je u svakom slučaju na dobitku što ih odašilje, jer uvek više volimo ljude za koje se molimo.

*

Hodočašća su bila toliko česta da svako od nas zacelo ima pretke koji su se kretali prema Rimu ili Kampostelu, nešto iz pobožnosti, a i da bi videli sveta i po povratku s puta pričali, preuveličavajući ih, svoje neobične doživljaje. Što se tiče krstaških ratova, toliko je pešaka, konjušara, bludnika, pobožnih udovica i propalih devojaka lutalo putevima idući za svojim gospodarom, da svi možemo da se hvalimo time da smo preko nekog svog pretka učestvovali u nekoj od tih veličanstvenih ludorija. Oni su videli kako se pšenica talasa duž mađarskih puteva, osetili na svojoj koži vetrove i doživeli nasrtaje vukova u kamenitim balkanskim klisurama, gledali krkljanac u provansalskim lukama i ćiftinski duh koji je u njima vladao, doživeli su iznenadne oluje na moru, vitlajući zastavama svojih gospodara nalik na kakve plamene, otkrli zlatom obloženi Konstantinopolj, koji se caklio od dragog kamenja i iskopanih očiju, i stigli do svetih mesta pred kojima su, zato što su ih jednom u životu videli, makar i iz daljine, imali osećaj da su se malo iskupili za počinjene grehove i kojih će se, ako se budu vratili u svoj zavičaj, setiti na samrtničkoj postelji. Stekli su ljubavna iskustva s tamnoputim devojkama koje su sa njima legale dobrovoljno ili pod prinudom, otimali stvari od vrednosti od nevernih Turaka ili Grka raskolnika, okusili pomorandže i slatko-gorke limunove, koji su u njihovom zavičaju bili isto toliko nepoznati koliko i rajsko voće, a prvi put su doživeli i to da im se na telu jave guke oko kojih koža postaje ljubičasta, obolevali su od srdobolje koja im je iz tela izvlačila svu tečnost, umirali napušteni i u tim poslednjim trenucima videli i čuli u daljini, na putu, vojsku koja nastavlja put pevajući, moleći se Bogu i huleći, dok se njima činilo da sva blagost i čistota ovoga sveta mogu stati u nedostižni gutljaj vode.

*

Pred ovim dvema slikama, na kojima su predmeti bar isto toliko važni koliko i ljudska bića, nisam čitaoca zadržala zato što volim ono što je živopisno. Pravo govoreći, sva društva, ma kakva bila, počivaju na posedovanju stvari; dobar deo ljudi čije su portrete slikari radili uvek je zahtevalo da se pred njih stave njihovi omiljeni mali ukrasni predmeti, isto onako kao što bi u antička vremena zatražili da ih slikar prikaže u njihovim grobovima. U izvesnom smislu, zidni časovnik i ćilim Aleksandrine-Žozefine vredi isto toliko koliko i klompe, ogledalo i bračna postelja Arnolfinijevih. Ali Van Ejkovi modeli još su živeli u vreme u kome su ti predmeti samo po sebi nešto značili; te klompe i ta postelja simbolizuju prisnost među supružnicima; ono gotovo čarobno ogledalo zamagljeno je svim onim što je videlo ili što će jednog dana videti. Na ovim slikama, pak, ti enterijeri svedoče o jednoj civilizaciji u kojoj je glagol *imati* prevagnuo nad glagolom *biti*. Noemi je odrasla u sredini u kojoj se posluga drži „tamo gde joj je mesto"; u kojoj se ne drže psi, zato što oni prljaju ćilime, u kojoj se na simsu prozora ne ostavljaju mrvice za ptice zato što one prljaju ukrasne vence na kući; ili, ako se o Božiću deli milostinja siromasima iz župe, to se obavlja na kućnom pragu zbog straha od vašiju i krasta.

*

Mleko smiruje dreku novorođene devojčice. Brzo je naučla da skoro divljački vuče gumenu bradavicu; osećanje koje je imala dok je ta prijatna tečnost tekla u usta, bez sumnje predstavlja njeno prvo zadovoljstvo. Ovu dragocenu hranu daje nam jedna životinja-hraniteljka, životinja simbol plodne zemlje, koja ljudima ne daje samo mleko, već, kasnije, kada je njeno vime konačno usahnulo, svoje mršavo meso i, na kraju, i kožu, žile i kosti od kojih će se praviti lepak i životinjski ugalj. Umreće skoro uvek svirepom smrću, silom odvojena od poznatih pašnjaka na koje je navikla, posle dugog putovanja u stočnom vagonu u kome će se truckati sve do klanice, često izubijana, bez vode i, u svakom slučaju, preplašena onim drmusanjem i zvukovima na koje nije navikla. Ili će je, pak, po najjačem suncu putem terati neki ljudi koji će joj u telo zabadati dugačke badlje i zlostavljati je ako se uzjoguni; u klanicu će stići zadihana, sa užetom oko vrata a ponekad i iskopanim okom, i biće izručena ubicama koji su zbog bednog posla kojim se bave potpuno izgubili ljudske osobine i koji će, možda, početi da je seku na komade iako još pokazuje neke znake života.

*

Na toj granici mnogi krujumčari vezivali su svojim psima oko vrata svežnjeve sa životnim namirnicama čije je prenošenje bilo zabranjeno; dobro uvežbane životinje prelazile su samc granicu u oba smera, krećući se između određenih mesta. Te večeri, jedan carinik, koji je primetio kako se na beličasto-sivkastom sloju snega ocrtava silueta jednog psa bez gospodara, opalio je iz puške: čuvši pucanj i cvilenje posle njega, Mišel je potrčao, potom nastavio da trči sve do prve okuke. Smrtno ranjeni Red jedva je imao snage da mu lizne šaku. Njegov mladi gospodar bacio se na zemlju i počeo je da plače. Podigao je ubijenog psa sa zemlje i nosio ga u naručju sve do Crnog brega, gde ga je, kako dolikuje, zakopao pod jednim drvetom. Brzi i laki pas bio je težak kao kamen. On je bio ono najdragocenije što je Mišel doneo iz Engleske posle nekoliko godina provedenih u njoj, ali Red je za njega značio i nešto više od sećanja na Mod: ta životinja bila mu je drug s kojim je bio sklopio savez, naročito od onoga dana kada je on tragao za njim dok god je bilo snage u njemu i naposletku ga pronašao; bio je i on žrtva jednog zločina koji smo svi počinili, nevino biće koje nam je verovalo, a koje nismo znali da odbranimo i spasemo.

*

Pas čuvar, uvek na lancu ispred svoje kućice, nedaleko od gvozdene ograde, lajao je kao što mu to dužnost nalaže, na najmanji šum koji bi mogao da otkrije stvarno ili zamišljeno prisustvo skitnice ili lopova. Nekada je noću zavijao, zabačene glave, poput kakvog vuka, svoga pretka, sanjajući možda o nekoj ženki, ili osećajući miris neke divlje životinje, ili, možda, jadajući se nekom nepoznatom psećem božanstvu zato što je stalno vezan. Jedne noći, ovo zavijanje je trajalo duže nego obično i probudilo bolesnika iz jednog od njegovih kratkih snova, a možda ga i uplašilo, kao što čoveka uplaši glas sove u dubini šume. Negde u zoru Mišel začu pucanj. Lavež se pretvorio u žalosni urlik životinje koja pati i zna da je smrt blizu. Mišel siđe u dvorište. Životinja, kojoj je kičma bila slomljena, vukla se po zemlji sva okrvavljena, koliko joj je to dužina lanca dopušala. U ovom sivom jutru i njena krv je izgledala siva. Mišel joj skide ogrlicu, kako bi stekla utisak da bar umire slobodna. Smrt je ubrzo nastupila.

Baron je bio ustao da uzme pušku iz jednog kuta u sobi. Zatim je ponovo legao, ili bolje rečeno seo, čak ni ne pokušavajući da još jednom opali iz čistog milosrđa, možda čak i zadovoljan što čuje samrtni ropac ove životinje koja ga je tako često budila iz sna, a naročito zato što je, iako na samrti, još imao potrebnu snagu za izvršenje jednog čina života i smrti i da se spusti u svoju naslonjaču, a da mu pritom srce jače ne zakuca. U stvari, ubijajući psa, baron je, bez ikakve sumnje, pucao na samoga sebe.

*

„Gospođo, dođite brzo da vidite! Čitavo krdo divljih svinja juri kroz šumu, tamo u magli, u dnu drvoreda."

Bilo je više njih što su izašli u ovo zimsko jutro. Napred je išla Marija u pratnji mladog čuvara lovišta, držeći za ruku mladog Ernesta i malu Žanu. Na nekoliko koraka iza njih, služavke i sobar, koji su bili brzo obavešteni i nikako nisu hteli da propuste takvu zabavu. Gospodin de Sasi, koji je radio u svojoj radnoj sobi, posmatrao ih je malo poizdalje. On nema pušku, nije lovac; uostalom, sada i nije vreme za lov. Lov se priređuje samo u jesen, i to retko, u čast zvanica.

Čitavo krdo ovih snažnih životinja što se iz jednog dela šume sele u drugi, sada, nasuprot tome, kao da pripada nekom drugačijem dobu, kada je čovek u prisustvu životnja još predosećao postojanje bogova. Mladi čuvar lovišta skoči od radosti i u svom uzbuđenju, čak i ne trudeći se mnogo da pogodi jednog od ovih velikih divljih veprova, ispali hitac.

U tom trenutku, ili najviše sekundu kasnije, Marija se srušila na zemlju, ne ispuštajući ruke svoje dece. Metak se odbio o stablo jednog hrasta i pogodio je pravo u srce.

Možda nije imala vremena ni da čuje zviždanje metka koji ju je ubio.

Gospodin de Sasi brzo prilazi, odvaja iz ruku njihove majke prste dece koja su više iznenađena nego uplašena i predaje ih služavci; zatim spušta na zemlju klonulo telo ove mlade žene. Podiže njene očne kapke; pokušava da joj čuje dah sa usana i kucanje srca pod bluzom sa zabrinutom pažnjom kakvog lekara. Ali nema nikakvih znakova života. Marija leži na šljunkovitoj stazi posutoj injem, baš kao da je tu bila oduvek.*

---

* Margerit Jursenar (1996): *Lavirint sveta*, Matica srpska, Izdavačka knjižarnica Zoran Stojanović. Preveli: Jelena (I i III knjigu) i Branko Jelić.

VREME U VLASTI BOGA
Draž antropološke istorije

Koliko je današnji čovek svestan činjenice da je tek železnica u XIX veku naterala Evropu, a potom i ostali svet, da koliko-toliko univerzalizuje vreme, njegov sistem merenja, da bi do sinoć, sat, čas sekundu, doveo do apsurdnog usijanja? U srednjem veku svest o vremenu kreće se od najčešće pouzdane zore do s mukom dočekanog sutona. Po neki peščani, ili sunčani sat, u stara vremena bili su samo ukras, ili zabava.

Zalazeći u srednji vek etno-antropološko-istorijskim putem, Žak Le Gof nam i bolno i očaravajuće otkriva čoveka, običaje, rad i simbole koje kao da upoznajemo prvi put.

Još u XVII veku putopisci pripovedaju kako svaki grad ima svoje vreme. Satovi na gradskim tornjevima više su ukras, svedočanstvo o čudu i umeću vražijih majstora koji su za ondašnjeg čoveka jedino mogli biti u vlasti nečastivog. Onaj genijalni konstruktor sata, koji je i danas simbol Praga, platio je glavom. Jer, ko je taj koji božansku silu sme da meri i pokazuje, kad je SVE vreme u vlasti Boga.

Pa ko onda u srednjem veku vapije za merenjem vremena? Le Gof svoju studiju *Za jedan drugi strednji vek* i počinje time, govoreći o trgovcima, radnicima, zanatlijama, tkačima, valjarima sukna, kovačima, a svi oni tada izopšteni iz društva, prokleti i grešni, prljavi i đavolji.

Oni traže da se u gradu uspostavi zvono koje će da oglasi početak i kraj rada. Ali zvona su posvećena i deo su crkvene svetosti koja pozivaju na molitve Gospodu. Neće valjda zvono zvoniti neljudima jer Rade, onima koje crkva prezire do satanizma, jer, u Bibliji fino piše da je Adam isteran iz raja i zbog greha kažnjen na Rad. Kad ti prezreni, silom novca i borbom za bolji položaj u društvu izbore (O čuda!) zvono, onda ga mora, niko manje do kardinal, odobriti. Govoreći o radu, o zanatima, radnicima, Le Gof posredno govori o strašnom licemerju srednjeg veka. Bez proizvoda tih prljavih neznabožačkih ruku tada i ne može da se živi. Ali oni koji rade, ni za prutić nisu iznad svinja i zveri.

Pa ko je onda Čovek u srednjem veku? Samo sveštena lica, plemstvo i vitezovi-ratnici. Sve što trguje, pravi, proizvodi, služi, rmba, u kalu je satanske prljavštine. O seljaku da i ne govorimo. U ranom srednjem veku on je samo bedno čudovište (ma koliko su plodovi njegovog rada rajski slatki i neophodni), pa Le Gof veli da u svim, istina retkim hronikama i zapisima, seljak i kada se pominje, pominje se samo kao onaj s pogledom živo-tinje, rugoba ogromne glave, neko iz divljih predela šuma i polja. Sve što je izvan gradskih zidina, sablasno je, opako i đavolje. Od čoveka koji je tako mislio, deli nas samo nekih četristo, petsto godina i pritišće nas svest o nepotkupljivom genu.

Tek će Toma Akvinski, sramežljivo, stati na stranu sitnih plemića i sveštenika koji nešto rade i rukama. A šta je sa onima koji žele da uče, podučavaju, studiraju? Uz sav otpor crkve i velmoža, univerziteti tvrdoglavo nastaju i množe se u X, XI i XII veku.

Učeni smo da kad pominjemo Stefana Nemanju, redovno pominjemo (praveći se važni do neba), Nemanjin susret s nepismenim i vašljivim Fridrihom Barbarosom, pa se, kao potomci velikog plemstva, ismejavamo što se taj kralj čak tu negde kod Niša udavio. A taj Fridih, još 1158. godine, Bolonjskom univerzitetu daje pravu autonomiju. Potom će to učiniti i Filip II u Parizu.

Promičući očarani ovom Le Gofovom studijom, saznajemo da naši svakodnevni gestovi vuku korene iz VI, VII i VIII veka. Jedno naše obično rukovanje nosi najdublje slojeve običaja vazalstva. Jer, budući vazal pristupa gospodaru, klekne i pruža ruke, a ovaj ih prihvata potvrđujući vazalski ugovor, da bi ga potom, kad ustane, poljubio u usta, utvrđujući ugovor o podvorenju i zakletvu o vazalstvu. (... „a kad vazal ustade, kralj ga poljubi u usta, te ovaj postade gospodarev 'čovek od usta i ruku'"). Šta sve može da se istumači iz ovog zapretenog srednjovekovnog simboličnog gesta.

Kad se umni i vrsni istoričar izmakne od konvencionalnog proučavanja, spreman da, znanjem istoričara, stara vremena gleda kroz leće etnografije i antropologije – tada pred nama izrasta neki drugi srednji vek.

Zato, svako onaj koji se danas maši da piše roman, dramu, filmski scenario, studiju iz vremena srednjeg veka, morao bi prvo, mirno i prilježno da isčita studiju Žaka Le Gofa. Naravno, ona je i svojevrsni rudnik psihoanalitičaru, piscu i sociologu komparatisti, ali i veliki dar svakom obrazovanom čoveku kome se ukazuje neko drugo lice predaka, gde istorija nije samo datum bitke i izveštaj o pobedi ili porazu, dinastički sled i isticanje velikih događaja i velikih ljudi.

Ova studija je dobit i opomena, poučnik i put nekog drugog, stvarnijeg sagledavanja.

Iz knjige:

Evo, između ostalog, jednog sjajnog teksta. Kraljevski guverner od Artanjana ovlašćuje 1355. ljude iz Er-sir-la-Lisa da sagrade zvonik čija bi zvona oglašavala časove trgovinskih transakcija i vreme rada suknarskih radnika. Korišćenje jedne nove mere radnika u strukovne svrhe oglašeno je s bukom. (...) Počeci organizovanja rada, daleke najave tejlorizma, za koji je Žorž Fridman (Georges Friedmann) pokazao takođe i kakav je on bio instrument klase. I tako se već ocrtava „pakleno otkucavanje".

To vreme koje počinje da se racionalizuje, samim tim se i laicizira. Još više zbog praktične nužde nego iz teoloških razloga koji su uostalom u osnovi, konkretno vreme crkve je prilagođeno vreme antike, vreme duhovnika je usklađeno s ritmom bogosluženja, s ritmom zvonika koji oglašavaju, u krajnjoj liniji obeleženo sunčanim brojčanicima, netačnim i promenljivim, mereno ponekad grubim peščanicima. Umesto tog vremena crkve, trgovci i zanatlije ustaljuju jedno tačnije mereno vreme, upotrebljivo za proste i laičke poslove, vreme časovnika. Ti satovi, postavljeni svuda preko puta crkvenih zvonika, velika su revolucija opštinskog kretanja u vremenskom poretku.

*

Montenj, u *Putovanju po Italiji*, posle toliko drugih putnika u XV i XVI veku, zapaža zbrku i nered koji se rađa iz tog vremena koje se u početku menja od grada do grada.

Još više, to novo vreme nastalo naročito iz potrebe buržoazije *poslodavaca*, posebno zainteresovane u vreme krize za bolje merenje radnog vremena, koje je vreme njihove dobiti, brzo je zakupljeno od viših vlasti. Kao instrument gospodarenja, ono je za visoko plemstvo i prinčeve predmet zabave ali takođe i simbol moći. Ono može biti još i više kada postane – u okviru grada, ali okviru *prestonice* – efikasni znak vladanja: Karlo V naređuje 1370. da se sva zvona u Parizu podese prema časovniku Kraljevske palate koja zvoni na svaki sat i svakih četvrt časa. Novo vreme postaje takođe i državno vreme. Kralj, čitalac Aristotela, odomaćio je racionalizovano vreme.

*

Među zanatima neki su bili osuđeni bezuslovno – kao lihvarstvo i prostitucija, drugi su to bili samo u izvesnim slučajevima – s obzirom na okolnosti (kao što je skup „sluganjskih zanimanja – *opera servilia*, zabranjenih nedeljom).

Postoje, bez sumnje, pravne ili praktične nijanse između zabranjenih zanata. No i jedni i drugi su obrazovali celinu te kategorije preziranih poziva koja nas ovde zanima kao činjenica mentaliteta. Navedimo one koji se najčešće javljaju: krčmari, mesari, žongleri, glumci, mađioničari, alhemičari, lekari, hirurzi, vojnici, podvodači, prostitutke, beležnici, trgovci, u prvom redu. Ali isto tako valjari, tkači, sedlari, bojadžije, kolačari, obućari, vrtlari, moleri, ribari, berberi, sudije, poljari, carinici, menjači, krojači, prodavci mirisa, crevari, stolari, bili su stavljeni na indeks.

Tabu nečistoće, prljavštine, koji pada na valjare, bojadžije i kuvare. Prezir prema tekstilnim radnicima, „modronoktašima" iz pobuna u XIV veku, koji nam pokazuje Jovan od Garlandije na početku XIII veka, izloženi neprijateljstvu sebi sličnih, a naročito neprijateljstvu žena koje ih smatraju odvratnim.

Prezir prema kuvarima i peračima, koji nalazimo naivno izražen oko hiljadite godine kod episkopa Adalberona iz Laona koji, hvaleći sveštenike slobodne od ropskog rada, izjavljuje: „Oni nisu ni mesari, ni krčmari (...) i ne znaju za žegu masnog lonca (...), nisu ni perači i mrsko im je da iskuvavaju rublje."

Tabu novca, koji je igrao važnu ulogu u borbi društava koja su živela u okviru naturalne privrede, a protiv nadiranja novčane ekonomije. Taj panični uzmak pred skupocenim metalnim novcem nadahnjuje prokletstva srednjovekovnih teologa protiv novca – jednog Svetog Bernarda, na primer, i podstiče neprijateljstvo prema trgovcima.

*

Ali ovaj opšti nefigurativni pravac pogađa naročito seljaka, baš kao kod Salviana, grupa koju čine *servi* sačinjavala je grešnu bezimenu gomilu bez izuzetaka i bez mogućnosti pojedinačnog spasa. Slobodan ili neslobodan, seljak iz ranog srednjeg veka duboko je preziran. *Servus* ne može da stupi u svešteničke redove, nego čak i kao slobodan seljak, makar samo zbog svoje nekulture, ima samo neznatne izglede da stupi u crkvu, čak u još labavi monaški red koji je još pomalo anarhičan pa i tu novačenje seljaka izgleda beznačajno.

*

Već mutan kod Svetog Jeronima i Svetog Augustina, san kod Grgura Velikog i, s nekim nijansama, kod Isidora Seviljskog prevagnuo je na stranu đavola (...). Ipak, ostaje jedan izliv „dobrih" snova, poslanih od Boga novim posredstvom anđela i naročito svetaca. San se čvrsto vezao za hagiografiju. On overava glavne etape na putu Svetog Martina do svetlosti. On preuzima stare prakse inkubacije u korist hramova svetaca (Svetog Martina Turskog, Svetog Julijana Briudskog) – kao što o tome svedoči Grgur Turski. Ali u celini, on je odbačen u pakao sumnjivih stvari o kojima prosečan hrišćanin mora dobro da pazi da ne pokloni veru. Samo jedna nova elita sna je na njegovoj visini: sveci. Bilo da im snove šalje Bog (svetom Martinu) ili Sotona (svetom Antoniju – a, u tom slučaju, odolevanje vizijama i oniričko herojstvo postaju jedna od borbi svetosti koja se više ne stiče mučeništvom), sveci zamenjuju antičke elite sna: kraljeve (Faraona, Nabukodonosora) i vođe ili junake (Scipion, Eneja).

Dvanaesti vek može biti smatran za epohu ponovnog osvajanja sna od srednjovekovne kulture i mentaliteta. Da bismo izneli ukratko, i u grubim crtama, može se reći da đavo tu uzmiče pred Bogom i da se naročito širi polje „neutralnog" sna, *somnium*, tešnje povezanog s fiziologijom čoveka. Taj odnos između tela i sna, to naginjanje tumačenja snova ka medicini i psihologiji, ostvariće se u XIII veku sa Albertom Velikim, a zatim sa Arnoom de Vilnev (Arnaud de Villeneuve). Dok se desakralizuje, san se istovemeno i demokratizuje. Kod običnih klerika – u očekivanju vulgarnih laika – postoji naklonjenost značajnim snovima. Kod Hildegarde od Bingena, san se, uz košmar, ustanovljuje kao normalna pojava „čoveka *dobre* naravi".

San proširuje svoju funkciju u kulturnom i političkom području. On igra ulogu u prihvatanju antičke kulture: Sibilini snovi, proročanski za hrišćanstvo; snovi velikih intelektualaca preteča hrišćanske vere, Sokrata, Platona, Vergilija. To je onirički pokretač jedne nove istorije civilizacija i spasa. Jedna politička književnost takođe koristi oniričku žicu – čak ako je san u njoj sveden na upotrebu književnog postupka. San Henrija I označava jednu etapu na putu koji vodi do *Sna voćnjaka*.

To znači da san – čak i srozan na uzgredno stanje – i dalje igra ulogu bega iz anonimnosti, instrumenta podesnog da se nadmudre cenzure i kočnice. San Hermana de Valensijana sjajno pokazuje na kraju XII veka svoju delotvornost u novoj borbi za kulturni razvoj: zamena latinskog pučkim jezicima. Samo jedan istinit san – i, što je znak vremena, marijanski – može da opravda tu zastrašujuću smelost: pričanje *Biblije* na narodskom jeziku. Na kraju, san Džona od Solsberija zauzima mesto u jednoj istinskij semiologiji znanja.

*

Polovi čije razmatranje treba da vodi ka demaskulinizaciji istorije (...). Koliko puteva u istoriji još iz srednjovekovnog zapada vode ka ženi! Istorija jeresi je u mnogom pogledu istorija žene u društvu i religiji. Ako ima neke novosti po pitanju senzibiliteta čiji se izum pripisuje srednjem veku, onda je to sigurno kurtoazna ljubav. Ona se izgrađuje oko slike žene. Mišle, uvek vrebalac suštinskog u baštini, kada traži dušu srednjega veka, nalazi đavolsku lepotu veštice i narodnu, dakle božansku čistotu Jovanke Orleanke. To će izvući na čistinu najvažnije od svih fenomena „duhovne" istorije srednjega veka (u mišleovskom smislu): munjeviti prodor Bogorodice u XII veku?

*

Kao što na krštenju novokršteni hrišćanin odgovara svojim ustima, ili ustima svoga kuma, na pitanje Boga koji ga ispituje preko sveštenika koji ga krsti: „Hoćeš li da budeš hrišćanin? – Hoću", tako i vazal ugovara jednu opštu ali preciznu obavezu prema svome gospodaru, još od prvog koraka.

Drugi čin upotpunjuje ovu prvu fazu stupanja u vazalstvo: to je *immixtio manuum*: vazal stavlja svoje sastavljene ruke u ruke svoga gospodara koji nad njima sklapa svoje. Galbert od Briža je tu vrlo precizan: *zatim se njegove sastavljene ruke nađoše u rukama grofa koji ih stisnu.*

Najstariji dokumenti o vazalskim ritualima mnogo drže do tog obreda rukovanja.

Formula 43 od Markulfa (Marculf), iz prve polovine VII veka povodom kraljevskih dvorskih vazala izjavljuje: *„zakleće se na našoj ruci na veru i vernost* (in manu nostra trustem et fidelitateme)".

Uopšte uzevši, *osculum* i *oscultatio* se dovode u vezu sa *fides*. Na primer, da se vratimo povelji iz 1123. iz Sent-Nikole iz Anžea, *i oni mu dadoše poljubac da bi darivanje zapečatili verom.*

Kada je došlo do tog stupnja vazalskog rituala, vazal je postao gospodarev „čovek od usta i ruku". Na primer,

Bernar Aton IV, grof od Karkasona, 1110. godine čini podvorenje i zadaje veru Leonu, opatu Bogorodičine crkve iz La Grasa, za izvestan broj lena ovim rečima: *u ime svih i svakog, ja činim podvorenje i zadajem veru rukama i ustima tebi, mome gospodaru Leonu opatu i tvojim naslednicima.*

Izraz je to u svakom pogledu značajan, jer on pokazuje ključno mesto telesne simbolike u kulturnom i mentalnom sistemu srednjeg veka. Telo je ne samo videlo duše nego je takođe i simboličko mesto na kome se ispunjava – u svim vidovima – čovekova sudbina.[*]

---

[*] Žak Le Gof (1997): *Za jedan drugi srednji vek*, Svetovi, Novi Sad. Preveo: Miodrag Radović.

NESVAKIDAŠNJI DAROVI
Žan Kalvin

Odluka jednog izuzetnog izdavača, Zorana Stojanovića, da prvi put objavi kapitalno delo hiršćanske misli i filozofije, delo Žana Kalvina *Nauk hrišćanske vere*, van svake sumnje spada u one retke darove našoj kulturi. Ali delo tako uzbudljivog prevratnika spočetka XVI veka, Kalvina, koji vapi za vraćanjem na izvorno hrišćanstvo, svakako se ne može poveriti na prevođenje bilo kome. Jer francusko izdanje ovog epohalnog dela je preštampan Kalvinov prevod s latinskog, objavljenog 1541. godine.

Zoran Stojanović, svestan veličine poduhvata, bira za prevodioca Ivanku Pavlović! Knjiga od preko šesto stranica velikog formata je pred nama! I?

U prvom mahu poneseni samo uzbuđenjem što ćemo konačno proučiti delo Žana Kalvina. Ali tek nas ulaskom u tekst čekaju darovi. Već od prvih stranica bivamo poneseni, reći ćemo slobodno, uzdugnuti izuzetnim prevodom, rečenicom, ritmom, jezikom koji izranja pred nama, useljava se u nas nudeći, ponovo, nesvakidašnje darove sa svake stranice Kalvinovog dela.

Zato ćemo o Kalvinu govoriti drugom prilikom i kako dolikuje, a sada ispisujemo poslanicu pohvale i uzbuđenja pred darom koji nam je stigao iz bogate riznice rada i iskustva poštovane Ivanke Pavlović.

I šta da kaže pisac, grešni diak, o Mostu kojim ide bosonog i večito nesiguran, do reči ushićenja i radovanja. Treba progovoriti o prevodiocu koji veruje u jezik, koji i ne živi ako mu brane da se s večitom sumnjom u ishod, propinje u lukove mosta između jezika i kulture, koga potiru kada ga guraju da bude samo prašnjavi drum kojim se ne hodi, već bahato tabana.

Za Kalvina se kaže da je bio volšeban govornik. Ali ne manje se hvali njegov francuski jezik. Taj jezik, pisan u prvoj polovini XVI veka svim Francuzima, a to znači za ono vreme i lagan i razumljiv, pitak i uverljiv jezik, sada u začudnom amalgamu modernog a prelepog, dokazujući da je to moguće, prenosi Ivanka Pavlović. Ove pohvale nisu glas za neke imaginarne nagrade, jer je Ivanka Pavlović već odavno dobila i „Miloša Đurića", i nagradu za životno delo, a iznad svega nagradu sopstvenog umeća i posvećenosti. Ove reči su ukazivanje na redak događaj koji svedoči da je moguće klasično delo prevesti jezikom koji je tu, pored nas, bez arhaizama, bez tuđica, bez nasilnih kovanica, bez visokoparnih konstrukcija.

Pokušao sam da za ovu priliku izdvojim makar nekoliko rečenica koje bi svedočile o lepoti prevoda. Ali, to se pokazalo skoro nemogućim. Izdvojiti iz kapitalnog dela od preko šesto stranica neki niz reči, značilo bi istu ludost kao kada biste iz čiste, netaknute planinske reke, kroz čije se brzake nenadno i na mestima koje ne možete odrediti prelama svetlost, porađajući neponovljive prizore, zahvatili jednu čašu vode, pokušavajući da njome pokažete svu lepotu bukova, brzaka, odsjaja stenja niz koje zrcali i pada rečni tok, litice i procepe rečnog prohoda.

Prevod Ivanke Pavlović kao da sâm sebe kuša nenamerno. Kada Žan Kalvin navodi citate iz Novog i Starog zaveta, Ivanka Pavlović koristi prevod Vuka i Đure Daničića – i, tu počinje fascinacija ovoga prevoda. Vi jedva i da primetite kada počinje ona nepreciva lepota jezika Vuka i Daničića, a kada se citat završava i dalje teče Kalvinova – Ivankina rečenica! I tu je zagonetka koja jezik čini uzbudljivom alhemijom. Jer, rekli smo, Ivanka Pavlović ne silazi u baštinu našeg jezika koja nam je već isčilela pa se jedva i sećamo značenja. Pred nama je lak i moderan, današnji jezik, a razuman do začudne pitkosti. Zato sam slobodan da iznesem još jednu srodnost prevoda Biblije Vuka i Daničića i Kalvina Ivanke Pavlović.

Danas Vukov i Daničićev prevod više i ne čitamo da bismo saznali poruke apostola, proroka i mudrih staraca, jer mnoge već znamo napamet. Čitamo Vuka i Daničića ponovo i ponovo da bismo naše biće, namučeno skarednostima i profanizacijama modernog, koje nas guši, doveli na izvore jezičke lepote i snage govora sopstvenog naroda. Isto tako, danas možemo čitati Žana Kalvina da bismo saznali šta je suština radikalizacije hrišćanske misli i ideja tog plodonosnog prevratnika XVI veka, ali u prevodu Ivanke Pavlović možemo čitati to delo da bismo ponovo sišli na izvore jezika. A taj jezik je naš, savremen, tu je, bezmalo svakome pod rukom. Nažalost, te naše „ruke" kao da nemaju više volje da se spuste, uz mali napor, u bistru i čistu reku, već lenjo i bahato muljaju po površini baruštine plesnjive svakodnevice Ničega.

Da mi je uzmoći svoje romane, od korica do korica, pisati srpskim jezikom kakav nam daruje u ovom prevodu Ivanka Pavlović!

Iz knjige:

Treba se, kažem, vratiti reči, kojom nam se Bog vrlo jasno javio, živo opisan svojim delima, kada se o njima sudi ne našim izopačenim presuđivanjem, već po pravilu večne istine. Ako se odvratimo od te reči, ma kako nam trk bio brz, nikada do cilja nećemo dospeti, jer trčimo stramputicom. Jer je Božja svetlost, treba to znati, kako to apostol kaže „nepristupna", kao lavirint u kojem ćemo se izgubiti ako ne sledimo uput Božje reči. Bolje je hramati tim putem nego trčati van njega. Tako i David, pošto je rekao kako slavu Boga propovedaju nebesa, dela njegovih ruku najavljuju nebeski sud, dobro sređeno smenjivanje dana i noći pokazuje njegovu veličanstvenost, a onda prelazi na podsećanje na njegove reči: „Zakon je Gospoda savršen – kaže on – krijepi dušu, svjedočanstvo je Gospodnje vjerno, daje mudrost nevještome, naredbe su Gospodnje pravedne, vesele srce, zapovijest je Gospodnja svijetla, prosvetljuje oči."

Ko će nas ubediti da jednu knjigu treba poslušno primiti, a da se druga može odbaciti? Zar nije Crkva ta koja propisuje pravilo u svim tim stvarima? Tako zaključuju da od odluke Crkve zavisi kakvo poštovanje dugujemo Svetom pismu i koje knjige ono obuhvata. Na taj način ovi bogohulnici žele da pod plaštom Crkve stvore preteranu tiraniju, uopšte ne haju u kakve se besmislice upuštaju, i oni i drugi, da bi prost narod ubedili kako je sve Crkvi dozvoljeno. (...) Ako je učenje proroka i apostola temelj Crkve, treba prvo da postoji njegova izvesnost pa tek da se Crkva počne pojavljivati.

*

Međutim, oduvek mi se dopadala misao Jovana Zlatoustog, koji kaže da je „temelj naše filozofije smernost". A još više misao Svetoga Augustina, koji kaže: „Kad su Demostena, grčkog govornika, pitali koje je prvo načelo govorništva, odgovorio je da je to izgovor, a na pitanje koje je drugo, odgovorio je to isto, kao i za treće. Ako mene pitaš o načelima hrišćanske vere, odgovoriću ti da je prvo, drugo i treće načelo smernost." A ipak se smatra smernošću kada se čovek, koji misli da u sebi nosi neku vrlinu, ne uzoholi, već sebe upozna kakav je u istini: da nema drugog pribežišta do unizujući se pred Bogom, kao što to kaže na drugom mestu: „Neka niko ne laska samome sebi, svako je đavo, sve dobro koje ima od Boga je, jer šta sve imaš sem greha? Ako hoćeš da uzmeš šta je tvoje, uzmi greh jer je pravda od Boga." Isto tako: „Zašto se uzdamo toliko u moć svoje prirode? Ona je očajna, ona je unižena, ona je raspusna, ona je uništena, potrebna joj je prava ispovest, a ne lažna odbrana." Ne sporimo se, dakle, uopšte s Bogom o svom pravu, kao da smo osiromašeni. Pošto je naša smernost njegova uzvišenost, to priznanje naše smernosti uvek nailazi na njegovo milosrđe, spremno kao lek. Ne tvrdim uopšte da čovek treba da prepusti svoje pravo Bogu i skrene svoju misao kako ne bi priznao svoju vrlinu, ako je ima, te se sveo na poniznost. Samo tražim da oslobađajući se ludog samoljublja, uznošenja i ambicija, kojima je suviše zaslepljen, samog sebe sagleda u ogledalu Svetog pisma.

*

Pronalazak veštine, način da se predaju, red doktrine, njeno posebno i odlično poznavanje, stvari su koje su date malobrojnim ljudima i nikako nisu izvesni dokazi prirodno urođene bistrine ljudi, pošto su svojstvene i dobrima i zlima, možemo ih ubrojati u prirodne darove. Međutim, kad vidimo u paganskih pisaca divnu svetlost istine, koja se javlja u njihovim delima, mora nas opomenuti da priroda čoveka, ma koliko izgubio od svoga poštenja, i ovako iskvarena ipak ima mnogo Božjih darova. Ako priznamo Božji Duh kao jedinstveno vrelo istine, nećemo prezreti istinu ma gde se ona javila, ukoliko ne nameravamo da uvredimo Božji Duh, pošto se darovi Duha ne mogu ružiti, a da se time ne izrazi prezir samog Duha. Možemo li sada poricati da je u antičkih pravnika bilo mnogo prosvetljene mudrosti kada su ustanovili tako dobar red i tako pravednu disciplinu. Zar ćemo sada reći da su filozofi bili slepi, kako u svojim vrednim proučavanjima prirode tako i u svojim tako veštim opisima? Zar ćemo reći da su ljudi koji su nas naučili veštini rasprave, razumnog načina govora, bili bez imalo razuma? Zar ćemo reći da su ljudi koji su pronašli medicinu bili bezumni? Hoćemo li smatrati da su ostale nauke ludost? Naprotiv, nećemo moći čitati bez divljenja sve knjige napisane o tim stvarima. A divićemo se jer ćemo biti primorani da prepoznamo mudrost u njima. Ako je tako, ništa ne možemo smatrati odličnim ili hvale dostojnim ako ne prepoznamo da potiče od Boga.*

---

* Žan Kalvin (1996): *Nauk hrišćanske vere*, Izdavačka knjižarnica Zoran Stojanović Sremski Karlovci – Novi Sad. Prevod: Ivanka Pavlović.

SVI NAŠI SNOVI
Raj jedna istorija

Svesni veličine materije u koju su se upustili, Mek Danel i Lang, u knjizi *Raj jedna istorija*, odlučili su da svoja izučavanja poimanja raja prate od prvih dana hrišćanstva, zapadnog, naravno, tek dodirnuvši judaističku tradiciju i verovanje, koje nisu sadržavale ideju raja i zagrobnog života, a koje, među jevrejskim prorocima prvi pominje prorok Jezekilj (tražeći bilo kakav spas i nadu mukama ropstva pod Rimljanima).

A onda, kroz vekove zapadnog hrišćanstva, ređaju se komični i otužni spiskovi čovekovih želja, nada da će raj nadoknaditi sav životni čemer.

Teolozi su kroz vekove do te mere proklinjali ljubav i seks, grmeli na čoveka, vođeni svojim izopačenim prirodama (ne shvatajući da je Hristova aseksualnost donesena iz kosmičkih daljina i da nema nikakve veze s moralom na zemlji), da je pravo čudo ko nas to porodi. Ili je čovek proteklih vekova ludeo od omče greha što voli i želi, ili se prostodušan narod, kad pogasi sveće u svojim bednim kućercima rugao izludelim, bolesnim i iznad svega licemernim kardinalima i vojsci lihvarskih propovednika vere.

Uviđajući kakvog su to strašnog i do besvesti samoljubivog Gospoda sanjali ljudi starih vekova i kakav su raj i izlaz priželjkivali, čovek ne može a da ne uzvikne: „O sveti i veseli Pagani!"

Sve što je osobina jednog čoveka, čovek će to idealizovano želeti u raju. Kad su carevi moćni i obliveni zlatom i draguljima, čovek vidi raj svoga boga kao ustostručenu sliku takvog cara i nebeskog dvora. Kad počinju da se razvijaju gradovi, vizija raja je idealizovani grad. Kad ponovo zavladaju askete i fanatični vernici, raj je ponovo statično mesto gde je najveća sreća milenijumima zuriti u nepomičnog Boga i obožavati ga. Kad se čovek budi u zanosnoj renesansi, raj je mesto ljubavi, slobode, zanosa, parova čoveka i žene, ali često i sladak i bljutav Diznilend. Naravno, u svojim vizijama, reformatori Luter i Kalvin nude složeniju ideju raja, čovečniju, i veru čovečniju, ali je i dalje pogled na Gospoda najveća nagrada.

Konačno, ove civilizacije već odavno ne bi bilo da nije prevratnika, pobunjenih koji tako plodotvorno krše sve zabrane i granice – pomaljaju se Milton, čiji je raj pun ljubavi, Svedenborg koji izbezumljuje teologe ali ima vrsne pristalice, i uzbudljivi pesnik i slikar, genijalni Blejk, koji je duboko ljudski, pun erosa i ljubavi, slobode i zanosa, otrgnuta misao s lanca, drznik čovečnosti.

Ali nije samo zapadni čovek šugavi crv koji sanja spasenje. Gde je god čoveka, sve je isto. Mirča Elijade nas podseća na „kultove tereta" milanezijskih religija, u kojima milenaristi veruju da će se pojaviti mrtvi s pučine, na velikim teretnim brodovima s izobiljem hrane – i više niko neće morati ništa da radi. Naravno, XIX vek donosi trgovinu, fabrike i ideal rada i propoveda da je uzvišeni smisao raja u radu i stvaranju, ali Tamo bez ikakvog napora. Sasvim je sigurno da danas mnogi sanjaju raj prepun kompjutera neverovatne snage, virtuelnih umobolija i kloniranja. Večito ponavljanje Istog.

Raj jedna istorija je svojevrsni poučnik i put kroz čovekovu psihu razvijanu kroz vekove (zapravo nerazvijanu). Posle ove knjige još nam je bliža ona misao Bele Hamvaša da je čovekov pad počeo šesto godina pre Hrista.

Kad iz zapadnog hrišćanstva izvučete samo jedan sloj, zastrašujuće su dimenzije neljudskog, besmislica, monstruoznih zabrana i izopačine, koji se nemoćnom čoveku nude kao Jedina sreća. I pisci i psiholozi, i antropolozi i sociolozi, i svako *slobodan*, treba da izuči ovu knjigu.

Iz knjige:

Drugi sloj drevne jevrejske tradicije odbacuje komunikaciju s mrtvima. Verovanje u život posle smrti je svedeno na minimum i od Jevreja se traži da ne poštuju svoje mrtve pretke. Izbegava se čak i spekulacija o sudbini mrtvih. Samo Jahve, nacionalni Bog Izraela, može se poštovati i obožavati. Bogovi podzemnog sveta i neba se više ne priznaju za iole značajne aktere u kosmičkoj drami. Jevreji su ostavljeni sami s Bogom koji zahteva potpunu pokornost i predanost.

*

Za razliku od semitskog rituala univerzuma, reforma kralja Josije zapečatila je podzemni svet. Izraelćani u svojim obredima jednostavno više nisu mrtve uzimali u obzir.

*

Dok su sadukeji poricali uskrsnuće mrtvih a fariseji ga podržavali, treći jevrejski pokret je prihvatio jedno više individualističko stanovište o zagrobnom životu. Filozofsko gledište da se u času smrti besmrtna duša uzdizala u nebo, nije privlačila samo kosmopolitske helenističke Jevreje poput Filona Aleksandrijskog.

*

Sa *Otkrovenjem svetoga Jovana Bogoslova* zašli smo u drugu generaciju nakon Isusa, kada je hrišćanstvo već bilo čvrsto ustanovljeno izvan Palestine. Kao, još uvek, religija manjine, njemu su pretili Jevreji koji su ga smatrali opasnom jeresi. Pagani, koji su popreko gledali i na Jevreje i na novu jevrejsku sektu, predstavljali su još veću pretnju. Još jedna opasnost za hrišćane dolazila je iz njihovih sopstvenih redova: opasnost činjenja ustupaka paganskom svetu. Autor biblijskog *Otkrovenja*, koji je nastavio u pravcu koji je započeo Isus i razvio Pavle, uveravao je da je raj mogao samo da bude mesto iz osnova odvojen od ovoga sveta. Raj je bio ispunjenje u Bogu.

*

Tokom srednjeg veka, raj je izgubio apstraktnost Augustinovih opisa. Srednjovekovni teolozi, umetnici, pesnici i vizionari učinili su zagrobni život vidljivijim i pristupačnijim – bar razumu i mašti. Raj je postao deo sveopšteg pogleda na svet.

Tri nova kulturološka koncepta dala su raju njegov srednjovekovni oblik: grad, intelekt i ljubav. Urbani preporod širom Evrope pobuđivao je verske pisce da raj više ne opisuju kao rajski vrt, već kao grad, kao Novi Jerusalim. (...) Nova kultura muško-ženskih odnosa u dvorskom životu dala je povoda želji koju su izražavali neki pesnici – da budu ponovo sjedinjeni sa svojom draganom u sledećem svetu. Međutim, još karakterističnija za srednji vek bila je teocentrična ljubav mistika. U ekstatičnom zanosu, mistici – često žene – u svojim životima su doživljavali ono što su očekivali kao svoju večnu sudbinu: strastveno sjedinjenje s Hristom. Srednjovekovna pobožnost obezbedila je plodno tlo za raznolike i bogate spekulacije o nebeskom životu.

*

Često teocentrični raj teologa nije mogao da zadovolji one koji su zastupali ideju dvorske ljubavi. Jedan vitez je opisao raj dobrih žena (koji je, kako je tvrdio, video), kao mesto na kome „behu postavljeni brojni divani/tori; venčane postelje, ukrašeni na čudesan način, jer na sve strane behu zastrti svilenim prekrivkama i grimiznim uresima". Tamo su ležale fine gospe dok su vitezovi „birali sebi mesto po sopstvenom nahođenju. Ljudski jezik vam ne bi mogao prepričati meru njihove sreće i sjaja. Jer čitav Vrt uživanja (raj) beše posvećen zadovoljstvima gospi". Prema srednjovekovnoj istoričarki Betsi Bouden (Betsy Bowden), vitez „ne ostavlja nikakve sumnje u pogledu toga u čemu se sastoji večno blaženstvo: svaka od blaženih žena ima *torus* (venčanu postelju) pripremljenu naročito za nju, a potom svaki od vojnika ljubavi odabira svoju gospu".

*

Sama zemlja će takođe biti obnovljena i preobražena. „Cveće, lišće i trava će biti isto onako divni, ugodni i zanosni kao smaragd, a sva stvorenja izvanredno lepa." Kada su ga upitali da li će u raju biti životinja, Luter je brzo odgovorio: „Ne smete misliti da će nebo i zemlja biti sačinjeni samo od vazduha i peska, već će postojati sve ono što tu pripada – ovce, volovi, zverinje, ribe bez kojih zemlja i nebo ili vazduh ne mogu biti." Takođe je pomenuo insekte: „Mravi, bube i sva neprijatna, smrdljiva stvorenja će biti krajnje bajna i imaće divan miris." Pošto će sve biti kao što je bilo u Edenu, svaki muškarac će biti poput Adama koji „beše snažniji od lavova i medveda, čija je snaga veoma velika. On je sa njima izlazio na kraj kao mi sa štenadi." Priroda će, štaviše, ispuniti sve naše želje. Rekom Elbom će teći biseri i dragulji, nebo će moći da pošalje pljuskove dukata, a drveće će možda imati srebrno lišće, zlatne jabuke i kruške.

*

Jedan od omiljenih autora Madam de Sevinjo bio je francuski jansenista Pjer Nikol (Pierre Nicole, 1625 – 1695). On je pomogao Paskalu da pripremi svoja čuvena *Lettres proviciales* protiv jezuita. Nikolov je bio isto onoliko usredsređen na Boga koliko i raj Franje Saleškog, ali oslobođen bilo kakvih emocionalnih svojstava. „Ljudsko biće je stvoreno da živi u večnoj usamljenosti samo s Bogom. (...) Združeni s Bogom, blaženi neće pokazivati bilo kakvo zanimanje za anđele ili ostala stvorenja. Čak ni Marijino prisustvo neće biti od značaja.

Iskupljeni će biti usredsređeni samo na Boga; on sâm je dovoljan."

*

Engleski filozof Tomas Braun (Thomas Browne, 1605–1682) smatrao je da će Bog na kraju uništiti čitav svet. Ono što ostane biće prazan prostor ispunjen Božjim prisustvom. „Smestiti (raj) u empirej ili izvan desete sfere, znači zaboraviti na uništenje sveta; jer kad ovaj opažljivi svet bude uništen, onda će sve biti kao što je tada tamo, empirejsko nebo. Pitati gde je raj, znači pitati gde je Božje prisustvo, ili gde imamo slavu tog srećnog viđenja."

*

„Današnji crkvenjak ne zna gotovo ništa o raju, paklu ili sopstvenom životu nakom smrti", žali se Emanuel Svedenborg (Emanuel Swedenborg) 1758. godine. Da bi se sprečio tako negativan stav (...) meni je bilo omogućeno da budem sa samim anđelima i razgovaram sa njima licem u lice. Takođe mi je dopušteno", rezimirao je švedski vizionar, „da vidim kako izgleda raj." Shvatajući da bi mnogi čitaoci njegove knjige *Raj i pakao* mogli dovest u pitanje zdravorazumnost takvih tvrdnji, Svedenborg ih je uveravao da „kako bi se predupredila bilo kakva tvrdnja da je ovo opsena ili halucinacija, bilo mi je dopušteno da ih vidim (anđele) u potpuno budnom stanju, što će reći: dok sam bio pri svim svojim fizičkim čulima i u stanju jasnog zapažanja." Objavljivanjem Svedenborgovih vizija raja, polovinom osamnaestog veka, prvi put se pojavila snažna alternativa asketskom, teocentričnom raju.

*

Čak se i skeptični Didro (1713–1787) osmelio da 1759. godine napiše svojoj prijateljici Sofi Volon (Sophie Volland) da ljubavnici koji traže da budu sahranjeni jedno pored drugoga možda i nisu toliko ludi. „Možda u njima postoji nekakav ostatak žara i života, u kome na sebi svojstven način uživaju na dnu hladne urne koja pohranjuje njihov pepeo."

*

Milton je u *Izgubljenom raju* uveo ideju da je seksualni odnos, vođen na isti način kao i na zemlji, predstavljao suštinski sastavni deo savršene zajednice koja je vladala pre Pada. I dok je Augustin zamišljao da je prvi par možda mogao (ali nije) imati seksualne odnose u raju, Milton je u detalje prikazao njihova intimna zadovoljstva. Ljubav koju su Adam i Eva osećali jedno prema drugom nije samo simbolizovala božansku ljubav Boga prema ljudskom rodu. Adam i Eva su uzimali učešća u duhovnoj i fizičkoj ljubavi koja je bila rezultat njihovih razgovora i druženja – ne s Bogom, već između sebe. Njihov odnos je dovodio do obostrane razdraganosti, radosti, opuštanja i naklonosti. Po Miltonu, edenska ljubav je bila lišena blizanačkih zala samoljublja i požude, a opet puna „nežnosti bračnih". U prvobitnom, savršenom svetu koji je Bog stvorio, muškarac i žena su slobodno doživljavali ljubav, ljubav koja je predstavljala temelj njihovog božanskog braka.

Adam, koji se možda čudio intenzitetu svojih osećanja prema Evi, upitao je svog anđeoskog učitelja o prirodi ljubavi. Rafailo je uveravao Adama da je njegova ljubav prema Evi bila opravdana, jer „u ljubavi dobro ćeš naći, ne u strasti/Od nje se ljubav prava ne sastroji; ljubav čista/Misli, i srce širi, mesto svoje ima/ U razumu, i pravedna je, predvorje to je/Kojim se do ljubavi nebeske popet može".

*

Odjeci ovog mita bili su prisutni kroz ceo devetnaesti vek u mislima manje poznatih književnih ličnosti, kao i onih popularnijih. Spisi, gravure i slike Vilijama Blejka (William Blake, 1757–1827), sada i te kako poznati, u početku su bili znani samo malom krugu londonskih pokrovitelja nepoznatog vizionara i umetnika. Blejkovi kreativni izrazi otkrivaju duboko razumevanje nebeske ljubavi. Deo tog razumevanja možemo pripisati Blejkovoj povezanosti sa svedenborgizmom.

*

Raj po Svedenborgu nije bio zasnovan na večnom porodičnom životu, već po večnoj „sparenosti". Romanopisci viktorijanskog doba, koji su Svedenborgu dugovali živopisne opise drugog sveta, proširili su ovu osnovnu jedinicu na porodicu. Shodno tome, spiritualisti su otkrivali da su se u raju sretali ne samo muž i žena, već i braća i sestre, roditelji i deca, i ostali srodnici. Čim su porodice ostvarile postojanje u raju, brzo su usledili i domovi, škole, kućni ljubimci i predgrađa.

Romanopisci koji su opisivali takva okruženja nisu to činili da bi zabavili svoje čitaoce. Njihovi spisi su bili u skladu sa spiritualističkim izveštajima, kao i preovlađujućim sveštenićkim verovanjem da će se porodice ponovo sresti u raju.

Kamen-temeljac književničkih nastojanja za odomaćenjem raja bio je roman Elizabet Stjuart Felps (Elizabeth Stewart Phelps, 1844–1911) *Odškrinute kapije*, koji je objavljen 1868. godine. Roman ove tada dvadesetčetvorogodišnje autorke brzo je postao bestseler i zaradio izvanrednih 20.000 dolara za svega mesec dana. Pre isteka deventaestog veka postigao je tiraž od 80.000 prodatih primeraka u Sjedinjenim Državama i 100.000 primeraka u Engleskoj, i u to vreme ispred njega po broju prodatih kopija nalazila se samo *Čiča Tomina koliba* Harijete Bičer Stou (Harriet Beecher Stowe). Stručnjaci pripisuju ogroman uspeh romana obilju razloga: pustoši koju je za sobom ostavio američki Građanski rat, porastu uloge žena u suprotstavljanju kalvinističkoj ortodoksiji i viktorijanskoj opčinjenosti smrću. Roman je javnosti učinio dostupnom ideju koja je teolozima i čitaocima književnosti bila već dugo poznata – da se ljubav nastavlja u raju.

*

Imanuel Kant (Immanuel Kant, 1724–1804) izložio je besmrtnost kao postulat čistog praktičnog uma. Njegova praktična filozofija je insistirala na realističnoj proceni našeg moralnog bića. Prosvetiteljski san u stavljanju svega pod čvrstu kontrolu razuma je iluzija. Ali iako smo nesavršena bića, mi težimo savršenstvu. Budući da svetaštvo ili svetost zahteva potpunu „usklađenost volje moralnom zakonu", i da se ovo savršenstvo ne može postići za nečijeg života, mora se pretpostaviti „beskonačno istrajno postojanje i ličnost". Kant je smatrao da je, u skladu s principima praktičnog, „nužno pretpostaviti takav praktičan napredak kao stvarni predmet naše volje". Ličnost nastavlja da se usavršava nakon smrti zato što duša, poput žive osobe, nastoji da se prilagodi moralnom zakonu. Stoga se čovek „može nadati daljem neprekidnom produženju ovoga napretka, koliko god trajalo njegovo postojanje, pa čak i nakon ovoga života".

*

Za mnogobrojne Evropljane i Amerikance, raspoloživost materijalnih dobara i novosti o naučnim otkrićima pružali su garanciju da je devetnaesti vek predstavljao vrhunac zapadne civilizacije. Čak i oni koji su bili skeptični prema krajnjem ishodu industrijalizacije, kao recimo Emerson, upozoravali su: „Kad miruje, čovek zaudara."

Godine 1857. popularni baptistički propovednik Čarls Sperdžen (Charles Spurgeon, 1834–1892) opominjao je da će „zamisao o raju kao mestu počinka odgovarati samo nekim lenjim profesorima!" Dokonost je po Sperdženu predstavljala jedan od najgorih ljudskih grehova, po zlu gotovo ravan pijanstvu. „Istinska zamisao o raju je", propovedao je Sperdžen iz Londonske metropolitenske crkve, „da je on *mesto neprekidne službe*. To je zemlja u kojoj se danonoćno služi Bogu u njegovome hramu, a da oni koji to čine nikada ne osete umor i nikada ne zatraže da malo prilegnu."

Godine 1892, s druge strane Atlantika, jedan podjednako popularan propovednik, Tomas De Vit Telmidž, iskazivao je ista osećanja u Bruklinskoj crkvi. Umesto da predstavlja mesto počinka, raj je „najuposlenije mesto u čitavom univerzumu. (...) Nebeski raspored je tako prebukiran spektakularnim događajima", tvrdio je Telmidž, „da može da priušti svega jednu pauzu u čitavoj večnosti."

*

U okviru hrišćanske istorije, postoji duga tradicija koja priznaje da se tračci raja mogu iskusiti na zemlji: u miru i tišini meditacije, lepoti katedrale, drami mise, ili bratstvu hrišćanske zajednice. Fridrih Šlajermaher je, suočivši se sa smrću, pronašao utehu ne u očekivanju budućeg života, već u doživljavanju božanskog u sadašnjosti. (...) Hrišćani ne treba da kinje sebe spekulacijama o drugom svetu, već da se umesto toga usredsrede na svet u kome su trenutno živeli. „Ne brinite za budućnost (posle smrti), i ne plačite za stvarima koje prolaze, već pazite da ne izgubite sebe."

*

„Uistinu je veoma malo rečeno (u *Svetom pismu*) o prirodi novog neba i nove zemlje", priznaje autor bestselera Hal Lindzi (Hal Lindsey). Da li je Novi Jerusalim, na primer, uistinu kocka kao što naizgled nagoveštava tekst *Otkrovenja*, ili ga moramo zamišljati u piramidalnom obliku? Hoće li ovaj neizmerni grad biti smešten na zemlji, što će dovesti do toga da zemlja prilično čudno izgleda, ili možemo razmišljati o njemu kao o satelitu koji kruži oko naše planete?

*

Prema Vilijamu Hamiltonu (William Hamilton, 1924), jednom od teologa „smrti Boga", „Amerika je mesto koje se najdalje otisnulo na putu od manastira do sveta koji su iscrtali Luter i reformatori. Mi smo najprofanija, najbanalnija, najkrajnjije moguće svetovni od svih mesta."

*

Četvrtog maja 1961. godine, masa ljudi je ispunila Andoversku kapelu Harvardske bogoslovske škole u Kembridžu, Masačusets, da bi saslušala godišnje *Ingersolovsko predavanje o ljudskoj besmrtnosti*. Publika je tom prilikom prisustvovala rođenju teologije bez raja. Predavač, filozof i verski istoričar Hans Jonas izjavio je da „savremenom temperamentu nije svojstvena ideja besmrtnosti". On nije mogao izaći u susret želji osnivača ovih predavanja da se rasvetli zbunjujuće pitanje života posle smrti. Umesto toga se opredelio da „donekle obasja trenutne okolnosti našeg smrtnog stanja". Biti večno zapamćen od Boga ili, mitskim jezikom govoreći, biti upisan u nebesku Knjigu života, bilo je sve što je Jonas magao da ponudi svom auditorijumu.*

---

* Kolin Mek Danel Bernhard Lang (1997): *Raj jedna istorija*, Svetovi, Novi Sad, 1997. Prevod: Ljiljana Petrović.

OTETI KONTINENTI
Ronald Rajt

Knjiga *Oteti kontinenti* Ronalda Rajta, rođenog u Engleskoj i obrazovanog na Kembridžu, a važi za izuzetnog putopisca snažne istorijske imaginacije, istini za volju, govori o onome što mi odavno znamo: o evropskom osvajanju Severne i Južne Amerike. Ali sva potresnost i čovekov užas, koje pokreće Rajtova knjiga, dolaze s druge strane ogledala, iz zapisa i kazivanja Asteka, Maja, Inka, Čerokija i Irokeza. Naravno, drama je pojačana činjenicom da je od ko zna kolikog broja zapisa i dokumenata ovih civilizacija, do danas preteklo tek nekoliko. Sve drugo su revnosni katolički sveštenici spalili, jer, zaboga, svi nehrišćani su varvari, pa ma ko oni bili.

Da Rajt nije tek tako ušao u pisanje ove knjige, govori preko dvadeset stranica krcatih citiranom literaturom. Imati danas ovu knjigu na srpskom, van svake sumnje, veliki je dobitak ali i opomena od koje glava puca. Jer, ma koliko svesni da je sve to već davna istorija, naša svest s mukom prima sve te činjenice i nepokolebljive kodekse strvinara, pljačkaša i avanturista s najnižih skala čoveka. Mora se reći i to, dok čitate Rajtovu knjigu, podilazi vas jeza od pomisli da možda ne čitate buduću knjigu o srpskom narodu.

Civilizacije kojima stižu Evropljani, tada broje preko sto miliona ljudi. Imaju ogromnu tradiciju, razvijenu kulturu i gradove veće od svakog evropskog u to vreme, čije su građevine sve do XX veka bile najviše na ta dva kontinenta. Došljaci jedino ne znaju gde su došli, kako se zovu zemlje koje su odlučili da opljačkaju i unište.

Kortes i njegovi pljačkaši, potom Pisaro i njegovi pljačkaši, pre pokolja počinjali bi, verovatno, najveću farsu u istoriji ove sumorne planete. Pročitali bi zatečenom kralju ukaz pape Aleksandra iz 1493, kojim neko koga došljaci zovu papa, tamo s druge strane planete, nekim nevidljivim kraljevima Portugalije i Španije poklanja ceo kontinent, na koji se upravo iskrcala šačica ljudi s tim suludim ukazom. Čitaju taj proglas u oklopima kakve starosedeoci nikada nisu videli, sede na konjima, naoružani puškama i oštrim metalnim mačevima o kojima domorci takođe nemaju nikakvu predstavu. Za užas, uza sve blistavo nepoznato oružje, Evropljani donose i ono najstrašnije: zarazne bolesti koje su do tada u obe Amerike bile nepoznate. Taj biološki rat potpuno slama i zapanjujućom brzinom ubija preko osamdeset odsto Maja, Inka, Asteka, Irokeza, Čerokija.

Ali ne ubijaju samo bolesti. Došljaci ostaju savršeno ravnodušni pred veličajnim građevinama, čistim i savršeno uređenim gradovima. Njih jedino interesuje zlato i želja da pobiju što je moguće više tih „divljaka", koji nikada nisu čuli za njihovog boga. I, tako sve do današnjih dana. Čak i Vargas Ljosa predlaže „da se Indijanci likvidiraju u ime društvenog darvinističkog kapitalizma". Ali ne samo Ljosa. Sve što se događalo i događa do današnjeg dana, i te kako znamo.

Rajtova knjiga nosi mučan pečat istine, jer prvi put dostupni zapisi Inka, Maja, Asteka, čitaoca ostavljaju trajno zapanjenog, posramljenog i zapitanog nad čovekovom prirodom, opet i opet. Nažalost, sliku tadašnjeg, a što ne reći i današnjeg Evropljanina, dopunjuje jedna druga knjiga, kao da je drugo lice *Otetih kontinenata*, knjiga Usama ibn Munkiza (kolo Srpske književne zadruge), pisana potkraj dvanaestog veka. I ona govori ono što nismo znali, o dičnim vitezovima krstašima, ponosu Evrope, kraljeva i, opet, pape, a zapravo svedoči o neobrazovanim, bahatim lešinarima, prljavim i vašljivim, spremnim uvek da ubiju, otmu, prevare, prisvoje, unakaze. Ipak, gen je nepotkupljiv. Potomci krstaša, potomci Kortesa i Pisara, slavno su nastavljali hod smišljenog ropstva, rata, i zatiranja, sve do sinoć, a i sutra će, i sutra posle podne – izvesno je.

U svojoj naivnoj, romantičnoj viziji i ovu knjigu bih pridodao spisku obavezne literature svih studenata sveta, spisku koji počinje Fromovom *Anatomijom ljudske destruktivnosti*.

Na sreću, Rajtova knjiga u svetu i u Americi doživljava ogromnu čitanost. Nažalost, i danas pape izdaju svoje ukaze i bule u ime nečega što oni zovu Bog, mirno blagosiljajući neumorne strvinare. Pred nesnosnim zlodelima fratara i vojnika, kako kaže Rajt, suočeni sa strašnim bolestima koje su doneli osvajači, u „Čilam Balam" iz Čumajela, Maje su, pored ostalog, zapisale:

„Tada su veliki Itse otišli... Nisu želeli da se udruže sa strancima; nisu želeli hrišćanstvo. Nisu želeli da plaćaju danak, oni čiji su znaci bili ptica, drago kamenje... jaguar. Četiri puta četiri stotine godina bio je kraj njihovog života... mera njihovih dana. Gotov je bio mesec, gotova godina, gotov dan, gotova noć, gotov dah života... kada su oni stigli svojim ležajima, svojim prostirkama, svojim prestolima."

Iz knjige:

Kada smo videli sve te gradove i sela izgrađene na vodi, i druge velike gradove na suvom, taj pravi ravni nasip koji je vodio u Meksiko, bili smo zapanjeni. Ti veliki gradovi i *cues* (piramide) i zgrade koje su se dizale iz vode, i sve načinjeno od kamena, činili su se kao začarana vizija iz Amadisa. I stvarno, neki od naših vojnika pitali su da li to nije samo san.

*

Godine 1927, Veliki savet logorske vatre američkih Indijanaca rekao je gradonačelniku Čikaga: „Mi znamo da su (školske istorije) nepravedne prema životu naših ljudi... Sve pobede belaca nazivaju pobedama, a sve pobede Indijanaca masakrima. ...Beli ljudi koji su ustali da zaštite svoju svojinu nazivaju se rodoljubima – Indijanci koji su učinili to isto nazivaju se ubicama."

*

Kada sam razgovarao s ljudima za poslednje poglavlje ove knjige, Dehatkadons, tradicionalni poglavica Onondaga Irokeza, rekao mi je: „Ne može se otkriti naseljena zemlja. Inače bih ja sada mogao da pređem Atlantik i 'otkrijem' Englesku."

*

Uzmimo za primer *Pelikanovu istoriju sveta*, napisanu 1976. i prerađenu 1987. Od hiljadu stranica samo je deset posvećeno domorodačkim Amerikancima. Američkim civilizacijama se opet zamera što nisu imali plug, i otpisuju se kao „divni kurioziteti na marginama svetske istorije, bez potomstva u konačnom sledu".

*

Među njima su bile male i velike boginje, grip, kuga, žuta groznica, kolera i malarija – bolesti nepoznate u zapadnoj hemisferi pre 1492. Domorodački Amerikanci, koji im nisu bili izloženi, imalu su malu ili nikakvu otpornost; brzo su obolevali od novih bolesti, i infekcije su bile izraziro jake. „Indijanci umiru tako lako da ih sama pojava i miris Španaca navodi da ispuste dušu", zapisao je jedan svedok.

Velika smrt je besnela više od veka. Oko 1600, kada je preko dvadeset talasa zaraze prohujalo Amerikom, ostalo je manje od desetine prvobitnog stanovništva. Umrlo je možda 90 miliona ljudi, što u današnjima razmerama odgovara gubitku jedne milijarde. To je bila najvća smrtnost u istoriji. I osvojenima i osvajačima činilo se zaista kao da je Bog na strani belaca.

*

Pošto smo ispitali i razmotrili sve što smo videli, okrenuli smo se opet ka velikoj tržnici i roju ljudi koji su tamo kupovali i prodavali. Sam mrmor njihovih glasova bio je dovoljno jak da bi se čuo na udaljenosti od tri milje. Neki od naših vojnika, koji su bili u mnogim delovima sveta, u Konstantinopolju, Rimu, u celoj Italiji, rekli su da nikada nisu videli tržnicu koja je bila tako dobro raspoređena, tako velika, uredna, i tako puna ljudi.

*

Tamo je cvetalo više od tuceta velikih gradova, od kojih je svaki bio prestonica malog kraljevstva; u središtu šume stajao je najveći od svih – Tikal. Ovaj grad, čije obrasle ruševine pokrivaju 60 kvadratnih kilometara (drevni Rim, mada gušće naseljen, pokrivao je samo dvadeset), bio je nastanjen dva milenijuma, i na svom vrhuncu imao je možda i 100.000 stanovnika. Gradsko jezgro ima 3.000 zgrada, sada u zagrljaju visokog drveća živog od ptica i majmuna. Pet piramida s raskošnim kamenim hramovima na vrhovima još uvek se uzdižu šezdeset metara u visinu, i kada se popnete uz ove drevne nebodere, oni vas podignu iznad šumskog pokrivača i stojite kao na ostrvu u moru zelenila i magle. Jedan od njih, prozaično nazvan Hram IV, bio je najviša građevina u Americi dok nije izgrađena kupola na Kapitolu u Vašingtonu – jedanaest vekova kasnije.

*

Od osam kraljeva koji se pominju (po par za svako kraljevstvo, plus njihovi naslednici), petorica su umrli od velikih boginja, dvojica su živa spaljena, a jedini preživeli – Bele Kat – umro je od iscrpljenosti na prisilnom radu.

*

„Ja, Francusko Pisaro, sluga uvaženih i moćnih kraljeva Kastilje i Leona, osvajača varvarskih naroda, pošto sam njihov glasnik i zapovednik, ovim vam stavljam na znanje i obaveštavam vas... da je naš Gospodin Bog, Jedan i Večan, stovorio Nebo i Zemlju i muškarca i ženu od kojih smo i vi i ja i svi narodi sveta potekli... Bog je postavio jednog po imenu sveti Petar da brine o svim tim narodima...

I tako ja tražim i zahtevam od vas... da priznate Crkvu kao svoju Gospodaricu i Upravnicu Sveta i Svemira, i Visokog Sveštenika, zvanog Papa, u Njeno ime, i Njegovo Veličanstvo (kralja Španije) na njenom mestu, kao Vladara i Gospodara Kralja."

Možemo zamisliti osmeh Maja, koji su poznavali razmere večnosti, kada im je saopšeno da je svet stvoren pre „pet hiljada i nešto godina". I moramo čestitati poglavicama Sinua, koji su među prvima čuli ovaj dokumet, na njihovom odgovoru: „Sveti otac je zaista bio velikodušan s tuđim vlasništvom."

*

Godine 1545, kako kaže jedna hronika Maja, „došlo je hrišćanstvo, sa ocima iz reda svetog Franje (koji su) stigli, držeći se grčevito za iskupitelja Isusa Hrista".

Četiri godine kasnije, mali krhki fratar, po imenu Dijego de Landa, stigao je na Jukatan, s novom pošiljkom franjevaca. Imao je kukast nos, usahlu kožu i slabu bradu. Lice mu je visilo s kostiju lobanje kao mlitava zastava, a skrušene oči su mu stalno odavale promišljen izraz pobožnosti. Želeo je da postane Saagun Jukatana, čovek koji će prodreti u srž kulture Maja i zabosti kolac u njeno demonsko srce.

Landa je bio od onih ljudi koji uništavaju ne samo ono čega se plaše, već i ono čemu se dive. Sam je nadzirao rušenje građevina Maja, koje je smatrao „zadivljujuće velikim i lepim". On je lično oteo stotine hijeroglifskih knjiga i bacio ih na lomaču.

„Ovi ljudi... koristili su nekakva pismena ili slova, kojima su pisali knjige o svojim starim poslovima i veštinama... Našli smo mnogo knjiga pisanih tim njihovim slovima, i, pošto su one sadržale samo praznoverice i đavolske laži, sve smo ih spalili, što je (Maje) veoma uznemirilo i zadalo im veliki bol."

Ogroman broj dela ruku Maja, njihove knjige i njihove kosti bili su spaljivani. Krvavi pokajnici, već unakaženi nedeljama „ispitivanja", bili su javno bičevani, nekada i do smrti. Mučeno je ukupno 4.500 Maja i 158 njih je umrlo tokom ili posle istrage. Bezbroj drugih nepovratno je osakaćeno: uništeno im je mišićno tkivo, pokidane tetive, ruke su postale „kao kuke", da ne govorimo o ranama na duši. Oko 30 njih izvršilo je samoubistvo, da bi izbegli Landino spasenje.

Don Fransisko de Monteho Šiju, Maja toliko odan Španiji da je svome imenu dodao ime osvajača Jukatana, opisao je kralju Filipu drugu stranu priče:

„Sveto katoličko Veličanstvo,

Pošto smo upoznali dobro, spoznavši Gospoda našeg Boga kao jedinog pravog boga, napuštajući naše slepilo i idolopoklonstvo... na nas se sručila najgora kazna koja se može zamisliti; i bilo je to godine '62 kada su franjevački vernici, koji su došli da nas uče veri, umesto čega su stali da nas muče, vešaju za ruke i svirepo šibaj, kače nam tegove od kamena na stopala, muče mnoge od nas na čekrk, izlažući nas mukama u vodi, od kojih su mnogi umrli ili osakaćeni.

(Tada) dođe doktor Kijada (najviši predstavnik Krune na Jukatanu), da pomogne našim mučiteljima, rečima da smo mi idolopoklonici i da žrtvujemo ljude, i moge druge stvari protiv svake istine... I dok vidimo kako nas sakate surovi mučitelji, kako mnogi umiru, kako gube svoje posede, i još gore, kako se skrnave kosti naših pokrštenih, koji su umrli kao hrišćani, počeli smo da očajavamo.

Nezadovoljni ovim, (fratri) i tvoja kraljevska Pravda, priredili su u Maniju tužan *auto* Ikvizicije, gde su ugrabili mnoge kipove, iskopali iz zemlje mnoge mrtve i tamo ih javno pokopali, od mnogih načinili robove, da služe Špancima od osam do deset godina... Jedno i drugo nas je veoma začudilo i uplašilo, jer nismo znali šta sve to znači, jer smo nedavno kršteni i neobavešteni; i kada smo se vratili svome narodu, (fratri) nas uhvatiše, odvedoše u tamnice i okovaše nas kao robove, u samostanu u Meridi, gde su mnogi od nas umrli; i rekoše nam da ćemo biti spaljeni...

Tada je za guvernera došao don Luis de Sespedes i, umesto da nam olakša, povećao je naše patnje, otevši naše kćeri i žene da služe Špance, protiv volje njihove i naše; što nas boli tako jako... jer naši preci nikada nikome nisu otimali decu, niti žene od njihovih muževa, da bi ih iskoristili, kao što danas čini Pravda Vašeg Veličanstva...

Dijego de Landa, glavni izvršilac svih ovih zala i nameta (pisao je pisma) govoreći da Vaše Veličanstvo odobrava ubistva, pljačke, mučenja, odvođenje u roblje i druge okrutnosti koje nam se nanose; na to se mi čudimo da takve stvari može reći za tako katoličkog i pravednog kralja kao što je Vaša Visost...

Neka Bog čuva Vaše Veličanstvo... na Jukatanu, dvanaestog aprila 1567. godine."

*

Trg je bio okružen zidovima i svi su Indijanci bili unutra kao lame. Bilo ih je veoma mnogo i nisu mogli da izađu, niti su imali oružje – nisu ga poneli zbog niskog mišljenja koje su gajili o Špancima; imali su samo praćke i *tumis* (ukrasne noževe).

Španci su ih sve ubili – konjima, mačevima, puškama – kao što bi neko ubijao lame, jer niko nije mogao da se brani. Od 10.000 ljudi nije pobeglo ni dvesto.

*

U martu 1540. Španci su stigli u državu zvanu Kafitačiki, kojom je vladala lepa mlada žena. „Ljudi su veoma čisti i ljubazni", zapisao je jedan od Sotovih ljudi. Drugi je rekao: „Oni su civilizovaniji od bilo kog drugog naroda viđenog na celoj teritoriji Floride, nose odeću i cipele." Rodrigo Ranhel, Sotov sekretar, nudi sledeću priču:

Sledećeg dana vodeći Indijanci došli su s poklonima i... s gospodaricom te zemlje, koju su plemeniti Indijanci nosili na ramenima s mnogo poštovanja, u nosiljci prekrivenoj finim belim lanom. Bila je to mlada devojka finog držanja; i skinula je ogrlicu od bisera koju je imala oko vrata, i stavila je oko Guvernerovog, kao znak naklonosti...

Kada je (ona) videla da hrišćani pridaju veliki značaj (biserima), rekla je: „Smatrate li da je to veoma važno? Idite u Talomeko, moje selo, i naći ćete ih toliko da vaši konji neće moći da ih ponesu."

*

Rani putnici često su govorili da Čeroki nemaju religiju. Nisu videli hramove, idole, niti kakve sveštenike sem „čarobnjaka" koji su lečili bolesne i predskazivali budućnost. Zapravo, Čeroki su bili tako duboko religiozni da nije bilo podele između svetog i profanog. Dah Gospodara Života, Velikog Duha, bio je u svom stvarima: većnica, polje, šuma i kuća, sve su to bili hramovi njemu i zemlji. Svakodnevni obred Čerokija bilo je ritualno uranjanje u reku, kojoj su se poetski obraćali kao „Dugačkom Čoveku".

*

Zatim smo zapalili indijanske kolibe. Neki od ljudi izgleda da su uživali u ovom okrutnom poslu, od srca su se smejali surovom plamenu, ali meni se činilo da je to šokantan prizor... Kada smo, prema naređenjima, počeli da sečemo žitna polja, jedva sam se uzdržao od suza. Ko bi, bez bola, mogao da gleda kako ove dostojanstvene stabljike sa širokim zelenim lišćem i resičastim krajevima, ta stabla života, padaju pod našim mačevima.

*

Poruka je prenošena od grada do grada, zajedno s planovima za opšti ustanak u maju 1763. Pontijak je tiho odbacio tabu protiv čelika i vatrenog oružja. „Onda će Veliki Duh podariti uspeh našem oružju; onda će nam dati snage da pobedimo svoje neprijatelje, da ih isteramo odavde, i da povratimo prolaz do nebeskih krajeva koji su nam oni oduzeli."

Utvrđenja su jedno za drugim padala u ruke pobunjenika. Prekretnica, kao i tako često do tada u bici za Ameriku, došla je sa zarazama. Ali pošast više nije ostavljena u rukama Božjim. Lord Džefri Emherst je obezbedio mesto u istoriji kao izumitelj modernog biološkog ratovanja ovim po zlu čuvenim naređenjem: „Zarazite Indijance čaršavima na kojima su ležali bolesnici od velikih boginja, ili na bilo koji drugi način koji može poslužiti da se istrebi ta prokleta rasa." Zapovednik utvrđenja Pit ponudio je pregovore poglavicama koji su ga opsedali; zatim im je poklonio zaraženu ćebad. Epidemija je besnela celoga leta. Jedan po jedan, preživele poglavice su morali da mole za mir.

*

Ne dopada mi se to što se događalo poslednjih pet stotina godina. Tu ne možemo ništa da izmenimo. Ali šta ćemo sa sledećih pet stotina godina? Šta ćemo u narednih *deset* godina?[*]

Žorž Erazmus, Dini Indijanac, 1990.[*]

---

[*] Ronald Rajt (1995): *Oteti kontinenti*, Centar za geopoetiku. Preveli sa engleskog: Srđan Vujica, Staša Babić, Ivana Trbojević.

PITKI I MUDRI BRODEL

Ma koliko da je čovek svestan da je knjiga *Mediteran* Fernana Brodela (1902–1985) deo veće celine, nikako se ne može, bar na prvim stranicama, oteti utisku da čita anegdotsko pripovedanje, koje za potku ima istoriju za nas tako značajne oblasti kao što je Mediteran.

Kako se sve više udubljujemo u Brodelovo čudesno pitko i mudro izlaganje, shvatamo da je pred nama retko kazivanje i tumačenje, za koje ne treba samo znanje, već nešto što se i ne može lako definisati i čini da se kontakt sa čitaocem, ili slušaocem, uspostavlja već na prvi glas, ili prvi pasus.

Eto, to je Fernan Brodel, jedan od najvećih istoričara ovog tužnog veka, počasni doktor mnogih univerziteta i pred sam kraj života i član Francuske akademije.

Ali sve njegove zvučne titule i priznanja ne bi nam mnogo značile kad ne bismo u samo jednoj omanjoj knjizi (opet u izdanju Geopoetike!), prošli kroz vekove i vekove čovekovog uzdizanja i padanja, kroz neverovatan život morskih, geografskih i ljudskih slojeva, koje zovemo Mediteran. Nošeni lakom, zavodljivom i sigurnom rukom maga Brodela, bivamo naučeni i opomenuti i ponovo uvereni kako su silna carstva i svedržitelji tako neumitno propadivi, a da čudesno trajanje i snagu vaskrsenja poseduju narodi i nacije.

Brodelov *Mediteran* trebalo bi glasno čitati moćnicima današnjice, kao što se nekada čitalo dokonim i dosadom vladanja ophrvanim carevima. Onima koji tako oholo hoće, ali i kroje savremeni svet, trebalo bi kroz usta staromajki čitati svedočenje Brodela o tome kako petsto godina Turaka na Balkanu nije kraj naroda Balkana, šesto godina Arapa u Španiji nije kraj Španaca i da je celih deset vekova grčko-rimskog držanja Bliskog istoka samo pepeo u času oslobađanja naroda. Ali ova knjiga nosi i drugu vrstu mudrosti i opomenâ. Ono što mi danas podrazumevamo pod Mediteranom, u stara vemena ni izdaleka nije tako izgledalo. Samo su masline, vinova loza i pšenica tu od pamtiveka. Sve drugo su doneli ludi i zaneseni moreplovci kroz nepoznata mora iz još neviđenih zemalja i kontinenata.

„Mediteran", veli Brodel, „to su civilizacije koje se slažu jedna na drugu. Putovati po Mediteranu znači pronaći svet Rima u Libanu, preistoriju na Sardiniji, grčke gradove na Siciliji, arapsko prisustvo u Španiji, Turski islam u Jugoslaviji. To znači uranjati do u najdublje vekove, do megalitskih građevina na Malti, ili do piramida u Egiptu."

Čitati i učiti od Brodela, znači učiti se integralnom pogledu i na istoriju i na svet, koristiti i kretati se onim što moderna nauka zove interdisciplinarnim, a što Brodel ne zove, već naprosto ogromnim znanjem i pitkom rečenicom – čini.

Zamišljam šta bi sve porodila knjiga o prostorima na kojima tako dugo i istrajno živi moj narod, pisana odvažnom rukom nekog Brodelovog sledbenika.

Čitati Brodela to je istovremeno gledati deset očaravajućih ekrana koji se zanosnom lakoćom stapaju u jedan sa kojeg silazi pouka o razumevanju ljudskog jada, ali i vrednosti, čovekovoj istrajnosti i krhkoj nadi o trajanju zavojevača. I, završimo Brodelovom rečenicom: „Svaka afirmisana nacija samo se prividno pokorava i uglavnom tada još bolje poima svest o samoj sebi."

Iz knjige:

Putovati po Mediteranu znači pronaći svet Rima u Libanu, preistoriju na Sardiniji, grčke gradove na Siciliji, arapsko prisustvo u Španiji, turski islam u Jugoslaviji. To znači uranjati do u najdalje vekove, do megalitskih građevina na Malti ili do piramida u Egiptu. (...) U isti mah, to znači uranjati u arhaizam ostrvskih svetova i začuđenost pred neverovatnom mladošću drevnih gradova koji su otvoreni za sve vetrove kulture i profita i vekovima već posmatraju more i hrane se njime. Sve je to stoga što je Mediteran jedna izuzetno stara raskrsnica.

*

Elem, s izuzetkom maslinovog drveta, vinove loze i pšenice – koji su tu od davnina – skoro sve bilje poniklo je daleko od mora. Kada bi Herodot, rodonačelnik istorije koji je živeo u V veku pre naše ere ponovo došao, pomešan s današnjim turistima, njegovom iznenađenju ne bi bilo kraja. „Zamišljam ga", piše Lisjen Fevr, „kako opet danas kreće na svoje dugo kružno putovanje po istočnom Mediteranu. Ala bi se začudio! Ti zlaćani plodovi što proviruju iz šibljika zagasitozelene boje, narandžinog, limunovog ili mandarininog drveta, nešto se ne seća da ih je video za života. Ne, bogme! Sve su to daleki istočnjaci koje su doneli Arapi. Pa te čudne biljke neobičnih silueta, bodljikave, poput motki rascevetanih, sa čudnim imenima kaktusa, agava, aloje, indijske smokve – nikako da se seti da ih je za života video. Ne, bogme! To su Amerikanci. To visoko drveće bledozelenog lišća koje pak nosi grčko ime, eukaliptus: nikada nešto slično nije ugledao. Tako je, bogme! To su Austra-lijanci. A ni kiparis, jer su to Persijanci. Toliko o dekoru. No kad je u pitanju i najmanji obed, tu su tek iznenađenja – bilo da je reč o paradajzu – tom Peruancu; o plavom patlidžanu, tom Indusu; o paprici, toj Gvajanki; o kukuruzu, Meksikancu; o pirinču, dobročinstvu Arapa, a da i ne govorimo o pasulju, krompiru, o breskvinom drvetu, tom kineskom planincu koji je postao Iranac, niti o duvanu." Međutim, sve je to postalo istinski pejzaž Mediterana: „Rivijera bez narandžinog drveta, Toskana bez čempresa, plitke košare bez paprike... Može li biti danas za nas nečega što bismo najmanje mogli zamisliti?"

*

Pred našim očima nestaje starinski, tradicionalan, okrutan, težak život. Tegoban je bio još i u ona vremena. Planine koje su redovno bile prenastanjene i u kojima se u uslovima zdravijim nego drugde čovek rađao snažan, oduvek su bile košnice koje su se stalno i postojano razrojavale. Stanovnici Furlanije, Furlanci, odlazli su u Veneciju da bi tamo obavljali sve proste poslove. Albanci su bili u svačijoj službi, a naročito su služili Turke. Žitelji Bergama, kojima se svako podsmevao, krstarili su Italijom u potrazi za poslom i zaradom. Pirinejci su nastanjivali Španiju i gradove u Portugaliji. Korzikanci su postajali vojnici Francuske ili Đenove, te omražene Gospodarice. No bilo ih je takođe u Alžiru, u svojstvu mornara ili šumskih radnika, a bilo ih je i plaćenika ili robijaša. Kada je godine 1562. tuda prolazio Sanpjero Korso, na hiljade njih su mu klicali pozdravljajući ga „kao svoga kralja". Ukratko, sve planinske zemlje rađale su mnoštvo plaćenika, slugu, uličnih prodavaca, putujućih zanatlija – oštrača, dimničara, stolara, nadničara, žeteoca i berača kao dodatne radnike kada je bogatom selu ponestajalo ruku u trenutku velikih radova. I dan-danji, Korzika, Albanija, mnoge oblasti Alpa ili Apenina daju gradovima, bogatoj ravnici, i šalju u daleke američke zemlje radnu snagu za najgrublje poslove.

*

Dvanaesti vek je najtajanstveniji među nejasnim vekovima. Mogu li se njegove lančane katastrofe uporediti s padom Rima u V veku? To se tvrdilo. U svakom slučaju, pre tih katastrofa bila je svetlost od Jonskog mora do Egipta i ostalog dela Bliskog istoka. Sa XII vekom nastaje noć, koja će grubo rečeno trajati pola milenijuma. Prema tome, nema prihvatljivog poređenja između pada Rima koji će biti poput udarca sekire i te viševekovne tame koja je sve obavila.

U svakom slučaju, jedno je izvesno: istočni Mediteran u XII veku pre Hrista vraća se na nultu tačku, ili skoro nultu u svojoj istoriji. Presušuju njegove razmene sa svetom. Svako će živeti za sebe, i to teško. Dva carstva opstaju, ali su izgubila svako zračenje: Egipat se zatvara u sebe, u svoje unutarnje razdore (...) Mesopotamija je utonula u njene dosta nejasne unutrašnje nemire. (...) Ovde, više nego bilo gde, bliskoistočni svet će nastaviti da živi čak i ako se usitnjava, ako se „balkanizuje", ako bi se tako moglo reći. (...) Jevrejska država cveta oko 950. godine, a potom se rastače na dve: Juda na jugu i Izrael na severu. Uistinu je potrebna lupa da bi se pratile te kratke političke putanje. Na Hananskoj obali nestaje Ugarit, opada Biblos, zamenjuje ga Sidon a, oko 1000. godine Tri postaje dominantan grad. Fenikija započinje svoj život okrenuta ka moru, dok svuda unaokolo rat i dalje besni.

Kako da se ne začudimo što usred te mračne istorije dolazi do dve moćne revolucije? Najpre je to širenje obrade metala, gvožđa. Poreklom iz Kavkaza ili Sicilije, kaljeno gvožđe zadugo će biti monopol Hitita. Možda je raspad njegovog carstva ubrzao rasejanje kovača, tih đavolskih ličnosti u očima ostalog sveta? Ali rasejanje i širenje su se sporo odvijali. Tek u X veku gvožđe će biti u širokoj upotrebi, jer tada njegova cena u Mesopotamiji pada.

Druga revolucija je pojava azbučnog pisma. U bronzano doba Bliski Istok je znao za pismo: u Egiptu za hijeroglife; u Maloj Aziji bilo je klinasto pismo; na Kritu pravolinijsko A i pravolinijsko B (jedino dešifrovano koje je otkrilo jedan jezik koji se dovodi u vezu sa grčkim). Ova komplikovana slogovna pisma, sačinjena za upotrebu vladalaca, zahtevala su ljude od zanata, pisare, rekli bismo „mandarine". Tek će u Siriji, lato sensu doći do revolucije pojednostavljenja azbučnog pisma između XIV i X veka pre Hrista. Ta revolicija osećala se u vazduhu: valjalo je pismo namenjeno pisarima i vladaocima zameniti lakim pismom koje će poslužiti užurbanim trgovcima a koje će istovemeno biti u stanju da transkribuje različite jezike. Ništa čudno što je taj napor učinjen paralelno u dva različita grada, prevashodno trgovačka: Ugarit je izumeo azbuku od 31 slova, koristeći klinasta slova; Biblos je usavršio pravolinijsku azbuku od 22 slova, koji će konačno prihvatiti Feničani. Feničani su je predali Grcima, koji su je prilagodili svom jeziku bez sumnje, u VIII veku pre Hrista.

Azbuka se neće pronositi brže od novca na svetskim putevima; novcu koji je nastao u VII veku pre Hrista biće potrebno dugo vremena da poremeti trgovinsku razmenu. Ali, ko će se usuditi da prvoj azbuci ili prvom novčiću ne prizna njihovo svojstvo revolucionarnosti.

*

Zapad je izmislio i sproveo krstaške ratove; Islam je izmislio i sproveo džihad, sveti rat. Hrišćanstvo vodi u Rim; Islam vodi daleko u Meku i grobnicu Prorokovu, u nimalo neobično sedište jer Islam se proteže duž pustinje do u srce Azije, jer on je, sam za sebe „drugi" Mediteran, Protiv-Mediteran koga produžuje pustinja.

Danas, treća ličnost ne pokazuje odmah svoje lice. To je grčki svet, svet pravoslavlja. To su: celo današnje Balkansko poluostrvo, Rumunija, Bugarska, skoro cela Jugoslavija, sama Grčka puna uspomena u kojoj se budi i kao da oživljava Helada; a, osim toga, neosporno, tu je ogromna pravoslavna Rusija, ali gde mu je centar? U Konstantinopolju, reći ćete, tom drugom Rimu i Aja Sofiji u njegovom srcu. No, od 1453. godine Konstantinopolj je Istanbul, glavni grad Turske. Svakako da je jedan drugi centar odigrao svoju ulogu, to je Moskva, treći Rim... ali i ona je prestala da bude zračeći stožer pravoslavlja. Da li je danas pravoslavni svet, svet bez oca?

*

Nema sumnje, Unutrašnje more sazdano je od istorijskih reka ponornica, tele-istorija, svetlosti koje mu šalju svetovi koji su prividno umrli a koji ipak još žive. Volim istoričare koji celom svetu u brk tvrde da Rim nije nestao u V veku pod naletom Varvara. Zar se Rimsko carstvo ne rađa iznova s Karlom Velikim, sa Otonima, sa onim što se naziva svetska monarhija Karla Petog što je priželjkivalo toliko humanista Zapada? A zar današnji ljudi koji bi želeli Evropu naroda i kultura ne maštaju svesno ili nesvesno o *pax romana*? Da je Rim duboko obeležio Evropu, to je očigledno, ali je pritom stvorio izvesne kontinuitete koji ipak iznenađuju. U trenutku kada se hrišćanstvo lomi na dvoje u XVI veku, da li je slučajno što se razdvajanje tabora događa tačno s jedne i druge strane Rajne i Dunava, te dvostruke granice Rimskog carstva.

*

Suviše često civilizacije su nepriznavanje, prezir i mržnja prema drugima. Ali one nisu samo to. Civilizacije su takođe žrtvovanje, zračenje, sakupljanje kulturnih dobara i zajedničko baštinjenje. Ako je svojim civilizacijama more donelo ratove, ono im je isto tako ponudilo svoje mnogostruke razmene (tehnika, ideja, pa čak i verovanja) i šarenilo prizora mešavina koje nam danas nudi. Mediteran je mozaik sastavljen od svih boja. Stoga, kad su minuli vekovi, možemo bez gnušanja (daleko od toga) da vidimo toliko spomenika koji su bili svetogrđa, međaša koji ukazuju na napredovanje ili nazadovanje negdašnjih vremena: Aju Sofiju sa njenom stražom visokih minareta; svetog Jovana pustinožitelja u Palermu, samostan podignut među crvenim ili skoro crvenim kubetima bivše džamije; u Kordobi, usred šume lukova i svodova najlepše džamije na svetu nalazi se ljupka gotička crkvica časnog krsta, izgrađena po naredbi Karla Petog.

*

Venecija je ostala Venecija, dakle verna svojoj drugoj slavi, slavi praznika, svojoj nepromenljivosti otvorena ka najžešćim i najjednostavnijim strastima na svetu – ka ljubavi, sreći i maštanju. Jer, nemojmo se zavaravati: opadanje do koga je došlo radilo je za takvu obazrivost, ali nije samo odricanje to koje nam je sačuvalo Veneciju, koje ju je „prepariralo" poput uginule bube prekrasnih boja.

Neka se ne menja, neka miruje, neka bude Uspavana lepotica koja nam je toliko potrebna! Neka za nju, i za nas, blagodareći njoj, vreme više ne teče! Vreme tako brzo protiče!*

---

* Fernar Brodel (1995): *Mediteran*, Centar za geopoetiku. Prevod: Svetomir Jakovljević.

MAJSTER EKHART
– MERA NAŠEG PADA

Neupućeni i površni, Majstera Ekharta će, misleći da time nešto govore, nazvati mistikom. Zadrigli u crkvene kanone i dogme, nerado će ga pominjati, jer njegovo učenje i tumačenje hrišćanstva ne može se, istinu govoreći, nazvati katoličkim, ni protestantskim, ni pravoslavnim, ni... jednostavno, Majster Ekhart je propovednik izvorne vere, verovanja *bez posrednika* i *vodiča*, slobodan, a dubok i analitičan daleko preko granice sablažnjavanja svih crkvenih dogmata koji su od crkve i hrišćanstva, tako uspešno napravili unosan posao i sistem vladavine.

Čitate ove izabrane spise i posle svake glave, u neverici zagledate, ponovo i ponovo, u datume i godine u kojima je Majster Ekhart besedio. Jer, ako je neko 1300. mislio, analizirao, ponirao i govorio tako, onda je Majster Ekhart, iznad svega, mera našeg **pada**.

Optužili su ga da želi da zna više nego što je bilo neophodno (?!) Optužili da suviše otovoreno iznosi tajne „prosvećenih" pred neprosvećenim svetom. Kada se nekakav Duns Skot, ondašnji franjevački moćnik, usprotivio intelektualističkoj filozofiji Tome Akvinskog, a to je tek značilo i stavovima Majstera Ekharta, sve do Ekhartove smrti i proglašenja ovoga velikana ne samo hrišćanske misli nego i filozofije uopšte, za jeretika, zabranivši njegova dela, Dunstovi i Skotovi se nisu smirili, unoseći u naredna stoleća maglu i mrak, strah i neporecivost dogme i, iznad svega, pravo dato sebi da tumače i kažu šta jeste, a šta nije, da uz sva licemerja, za slatke zlatnike prodaju „oprost greha", izmišljotinu prema kojoj su današnje najagresivnije trgovačke korporacije naivne.

A Majster Ekhart? Kada biste čitali neke njegove tekstove, a da ne znate autora, lako biste poverovali da je u pitanju mudri savremeni filozof, ili mislilac interdisciplinarnog opredeljenja. Jer, kada isčitate one analize o **duši, psihi, osećanjima, ljubavi, duhu, sopstvu, suštini jednog, o nepromenljivom Ništa**, tako razumljivom i budistima (!), ponovo ćete tragati za datumima i s nevericom gledati u daleku 1317. i 1320. godinu.

I opet nezaobilazni Karl Gustav Jung. Kao što se na zgražavanje konvecionalne nauke usudio da traga, zamišljen, hodnicima alhemije, tako je jasno i duboko prepoznao veličinu Majstera Ekharta, citirajući ga i komentarišući u mnogim prilikama. Jedno od Jungovih prosvetlenja svakako vodi preko Majstera Ekharta. Evo nekih Ekhartovih misli: „Bog je što jeste. A ono što jeste je moje. A što je moje to volim. A to što volim, to opet voli mene i uvlači me u sebe i ja sam više to što me je tako u sebe uvuklo, nego što sam ja sâm. Morate dakle voleti Boga, onda ćete i vi biti Bog u Bogu." „Pre nego što je bilo nekog bivstva, Bog je bio na delu: postao je Tvorac, jer nije bilo bivstva!" „Treba se setiti da čovek (po prirodi istine) sam od sebe nema ništa sem rđavosti i prestupništva, sve dobro mu je Bog samo pozajmio, ne dao." „Otac je bio i jeste Bog od pamtiveka, ali tek stvorivši stvorenja, postao je Gospod."

Zna se da su egzistencijalisti svoje blede teorije izvodili iz Kjerkegorovih dubina. Nije mi poznato koliko su i da li su proučavali Majstera Ekharta. Ali sasvim je sigurno, Ekhart ih pretiče i nadvisuje u svojoj, za početak XIV veka, ali i danas, fascinantnoj propovedi „O gnevu duše i njenom pravom mestu", koja uz „O siromašnima u duhu" svedoči o našem padu.

Blagi Bože, kako bi lice, duh i biće evropske kulture, istorije i čovekovih sloboda izgledali danas, da se, kojom srećom, pošlo za Majsterom Ekhartom! Ali, ko bi onda spalio Đordana Bruna i palio beskrajne lomače, kroz vekove sve do jutros, za sve one koji govore i misle **više nego što je potrebno**, poniru dublje i idu ispred.

Hoće li uskisla, posustala i komercijalna Evropa posegnuti za delima Majstera Ekharta? Neće. Zaljubljena u eksces i skandal, rađe će, primera radi, jedno nesazrelo biće, prestravljeno od svega do histerije, Ota Vajningera, proglasiti za genijalnog filozofa, krčmeći milionske tiraže. Jer, ako ste sledbenik, recimo Ota Vajningera, možemo sa vama kako hoćemo. Ako ste duboko zašli u starostavne šume u kojima vrhuni mudri hrast, izvoran i preteča istovremeno i gle apsurda, izvoran do prevratništva, Majster Ekhart, onda vam ne možemo ništa.

Ovaj izbor Majstera Ekharta čitate, uz sva obogaćenja, uz tugu što stranice tako brzo promiču i što nemate na srpskom svaku Ekhartovu reč pred sobom.

Iz knjige:

Nema sumnje, vreme u suštini nema ništa niti s Bogom, niti s dušom. Kada bi vreme moglo da dodirne dušu, ona ne bi bila duša. I kad bi vreme moglo da dodirne Boga, on ne bi bio Bog. Ali ako bi duša imala šta s vremenom, u njoj nikada ne bi mogao da bude rođen Bog. Zato mora da otpadne sve vreme, ili da ona otpadne vremenu sa svojim željama i nastojanjima.

*

Duša u kojoj Bog treba da bude rođen mora da se odvoji od vremena i vreme od nje, mora da se izvije i stoji sasvim ukočeno u bogatstvu Božjem. Tu je prostranstvo i širina, koji nisu ni prostrani ni široki. Tu duša saznaje sve stvari i saznaje ih u njihovom savršenstvu. Šta god pisali učitelji o prostranstvu Neba, i najmanji posed u mojoj duši prostraniji je od prostranog Neba. A da i ne govorimo o razumu, koji je daleko iznad svakog prostranstva: u glavi duše, u razumu, nekom mestu na preko hiljadu milja s one strane mora jednako sam blizu kao mestu na kome sada stojim. U tom prostranstvu, tom bogatstvu Božjem, tu duša sve saznaje, tu joj ništa nije nestalo i ništa više ne mora da čeka.

*

„Anđeo se zvaše Gavrilo." Činio je kako se i zvao. Zapravo, zvao se Gavrilo, koliko i Konrad. Niko ne može znati anđelovo ime. Tamo gde je njegovo ime, nikada još nije prodro nijedan učitelj, nijedan ljudski um. Možda uopšte nema imena! Ni duša nema imena. Kao što se ni za Boga ne može naći neko sopstveno ime, tako se ni duši ne može naći sopstveno ime, mada su o tome napisane velike knjige. Ali, ukoliko ona pogleda ka delima, tad joj se daje ime. Zidar: to nije njegovo ime. On ime dobija od dela u kome je majstor. Ime „Gavrilo" dobio je po delu čiji je glasnik bio. Jer Gavrilo znači „snaga". U tom rođenju Bog je učestvovao, i još učestvuje, kao snaga.

*

Nikome svet ne pripada toliko, kao onome koji je napustio svet.

*

Duša, kaže jedan učitelj, o sebi samoj ne može da napravi ili podigne sliku. Zato nema ništa čime bi sebe saznala. Jer slika ulazi uvek samo kroz čula, stoga ona ne može da ima sliku same sebe. Zato ona zna sve drugo, samo sebe ne zna: ni o jednoj stvari ne zna toliko malo kao o samoj sebi. Zbog tog posredovanje.

*

Predmet razuma i njegova tačka oslonca je biće i to ne slučajno, već samo golo biće. Tek kad razum uistinu sazna biće, on se spusti na njega i smiri i daje svoj sud o predmetu kojim se bavi. Sve dok pravo biće zapravo ne nađe, niti stvarno zhvati dno, tako da može da kaže: „To je stvar, ona je takva i ne drukčija!", sve dotle se penje tražeći i čekajući i ne spušta se i ne miruje: još radi i odbacuje tražeći i čekajući tako. (...) Sve to vreme on je bez ikakvog oslonca i ne rasuđuje o stvarima sve dok ne nađe svoje dno i istinu stvarnom saznanju. Zato se razum u ovome životu nikad ne smiruje. Bog se u ovom životu nikad ne otkriva toliko da to ne bi, prema onome što on stvarno deluje, bilo ništa. Ako je istina i u dnu, ona je razumu ipak prikrivena i skrivena. I sve dotle razum ne nalazi stajalište na kome bi, kao na kakvom nepromenljivom predmetu, našao mir, ne, ne miruje, još iščekuje i priprema se za nešto što tek treba da bude saznato, a još je skriveno. Tako čovek uopšte ne može da zna šta je Bog. Nešto dobro zna: šta Bog nije, To razuman čovek onda odbacuje. I sve dotle razum ne nalazi stajalište na nekom suštinskom predmetu, iščekuje, kao što materija iščekuje formu.

*

Sad bi mogao da kažeš: „Ta reci već, dragi gospodine, šta da radi moj razum, kad mora da stoji tako potpuno sâm bez ikakvog zanimanja? Je li zaista najkraći put, ako svoju dušu uzdignem u takvom, polunesaznanju kakvog uopšte ne može biti. Jer ako nešto saznam, onda to ne bi bilo nesaznanje, niti bih ja bio sam i go: treba li dakle da stojim u potpunom mraku?" Da, sigurno! Ne možeš bolje stajati, nego da se prebaciš sasvim u tamu, u neznanje – „Ah, gospodine, zar mora sve da ode, zar nema povratka?" – Ne, zaista! ne postoji povratak. – „A šta je to, ta tama, kako se ona zove, koje je njeno ime?" – Mogla bi se nazvati samo: mogućnost i prijemčivost u kojoj je već stvaranost to da ti postaneš savršen. Zato odatle nema povratka. Ako se pak desi da se vratiš, to ne može ići pravim stvarima. To moraju da budu čula, svet ili đavo. A ideš li za povratkom, neizbežno ćeš zapasti u greh i možeš pri tome tako daleko da se odvratiš, da se primakneš večnom padu. Zbog toga nema povratka, nego samo guranje napred, dovođenje te mogućnosti do savršenstva. Duša nikad ne miruje, sem ako bude ispunjena svojom punom stvarnošću: baš kao što materija ne miruje, tako ni razum nikada ne miruje, sem ako je ispunjen svim što leži u njenoj mogućnosti.

*

Gospod poručuje narodu: „Stojim pred vratima i kucam i čekam ko će me pustiti; kod njega ću večerati." Ne treba da ga tražiš, tu ili tamo, nije dalje nego pred vratima srca. Ne treba da ga dozivaš iz daleka: on čeka nestrpljivije nego ti da mu otvoriš, njemu si ti hiljadu puta potrebniji, nego on tebi! **Samo je jedno otvaranje i ulaženje** (naglasio: R. A.).

Zato čekaj samo na tu udicu, pa ćeš biti blaženo uhvaćen, a što više uhvaćen, to više slobodan.

*

Ovde se javlja pitanje, kako to ono Prvo u sebi drži sve zaključano? Odgovaram sledeće: Sve stvari su se – u konačnom obliku – ulile u vreme, a pritom su ipak – u beskonačnom obliku – ostale u večnosti. Tu su Bog u Bogu. Evo vam poređenja za ovo: Zamislimo učitelja koji bi u sebi imao sva umeća. Kada bi iz svakog od svojih umeća izveo po jedno delo, ipak bi u sebi zadržao zaključana sva svoja umeća. Uzeta u učitelju i sva njegova umeća su učitelji. Tako ono Prvo u sebi zaključane drži praslike svih stvari. To znači ono da su stvari Bog u Bogu.

*

Hajde sad da govorim o sjedinjenu duše sa Bogom. Jedan pravac među učiteljima uči da dušu ništa ne sjedinjuje tako kao saznanje. Nasuprot tome, drugi tvrde to isto o ljubavi. A treći pravac opet uči da je ništa ne sjedinjuje toliko kao osećanje. Upitajmo se najpre, na čemu počiva svako od ovih delova? Najpre svako od njih postoji za sebe. Ali najvišem delovanju njihove posebne osobenosti, svako od njih je drugima približeno toliko, da je i sa njima gotovo tako kao da su i oni neka stvar koja bi bila trojna, a ipak jedne prirode. No nije to baš tako. Na vrhu svog sopstvenog delovanja kao i svog primicanja, saznanje uzdiže ljubav a ljubav osećanje. Pri čemu opet svako delo u svom posebnom statusu: saznanje oplemenjuje dušu sve do Boga, ljubav je sjedinjuje s Bogom, a stvarno osećanje je dovršava u Bogu. Te tri delatnosti čine da duša izrasta iz vremenosti u večnost. Tu duh stoji u savršenoj čistoti i uživa svaku radost u svom praizvoru. Tako je, dakle, ljubav i slast osećanja izmamila duh iz sebe, na toj jednoj varnici u njemu – Kakvu radost ima duša u tome? O tome mogu da kežem samo toliko: pogled koji iz duha neprekidno prodire u čisto božanstvo, reka koja iz božanstva neprekidno teče u čisto biće duha, samo je jedno tvorenje koje duh potpuno preobražava u Boga i sa njim se sjedinjuje tako da on prima kao jednak od jednakog. Kakvu radost oseća duh u tom obuzimanju, prevazilazi svaku snagu shvatanja. Ni ja o tome ne mogu da kažem ništa više, do da je duh tu postavljen na vrh svoje moći i divote.

Sad će me pitati: „Sve je to lepo i dobro, dragi prijatelju. Ali kako ću stići do savršenstva o kome si tu pisao" – Vidite! To ide ovako. Bog je ono što jeste. A ono što jeste to je i moje. A što je moje to volim. A što volim, to opet voli mene i uvlači me u sebe i ja sam više to što me je tako u sebe uvuklo, nego što sam ja sâm. Morate dakle voleti Boga, onda ćete i vi biti Bog u Bogu.

*

I kao poslednje i najviše – da bude slobodan na taj način da zaboravi svoje sopstvo i sa svime što on jeste ishodi nazad u bezdano dno svog praizvora. Tako čine voljni siromasi koji su sišli u dolinu poniznosti.

*

„Bog uživa u stvarima." I Sunce izliva svoj svetli sjaj iznad svih stvorenja i na šta spusti svoje zrake, to uvlači u sebe, a ipak ne gubi ništa od svog svetlenja. Ako uzmem, recimo, čanak vode i stavim u nju ogledalo i izložim to zracima Sunca. Sunce svoj svetli sjaj neće slati samo sa Sunčevog diska, već i s dna čanka i neće se zbog toga smanjiti. Odraz ogledala u Suncu je, kao Suncu pripadajući, i sâm Sunce. A ipak je ono, ono što jeste. Isto tako je s Bogom! On je u duši sa svojom naravi, svojim bićem, svojim božanstvom, a ipak zbog toga nije duša. „Odraz" duše je, kao ono što pripada Bogu, Bog, a ona sama je zato ono što ona jeste.

I sad vidite: sva stvorenja žure ka svom najvišem savršenstvu. Sva ona beže iz svog života u svoje biće. Sva se unose u moj razum, kako bi u meni postala razum. Ja – jedinka – spremam sva stvorenja opet k Bogu! Pazite šta svaki od vas stvara.

*

„Bog je nešto što mora da stoji neposredno iznad bivstva!" Jer sve što ima bivstvo u vremenu ili prostoru, ne pripada Bogu: On stoji iznad toga. Ako Bog jeste bivstvo u svim stvorenjima, ukoliko ona imaju biće, on ipak stoji istovremeno iznad njih. Jer što je u mnogim stvarima jedno te isto, mora nužno da stoji iznad tih stvari. Tako većina učitelja kaže da je duša sama u srcu. To nije tačno, veliki učitelji su se u tome prevarili: Duša je cela i nepodeljena istovremeno u nozi i u oku i u svakom zglobu! Ili ako uzmem neki period vremena, onda je to recimo jedan dan, ovaj danas, ili onaj juče. Ali ako uzmem sada, ono u sebi podrazumeva sve vreme! Sada – u kome je Bog napravio svet je ovom Sada u kome ja trenutno govorim, jednako blizu kao i jučerašnji dan. A i Sudnji dan mu je u večnosti jednako blizu kao jučerašnji dan.

*

Veliki učitelji, doduše, uče da je Bog „bivstvo bez određenja". Ali to nije tako! On se nalazi toliko visoko iznad bivstva, koliko je vrhovni anđeo iznad muve. A ja tvrdim da je sasvim pogrešno ako Boga nazovem bivstvom, kao kad bih Sunce nazvao crnim ili belim! Jedan učitelj kaže – a to je sveti Dionizije: Bog nije ovo ili ono. Ako neko misli da je saznao Boga i nešto pod tim sebi zamišlja, taj je saznao nešto, ali Boga sigurno ne!

*

Nikada neću ni tražiti da me Bog svojom dobrotom učini blaženim, jer on to uopšte ne bi mogao. Nisam blažen ni od toga što je Bog razum i ja to saznajem. Tvrdim samo da je razum ipak bolji od volje, jer on Bogu svlači ogrtač dobrote i uzima ga golog: kad je ogoljen od dobrote, bivstva i svih imena.

*

Dakle, mi kažemo: „Čovek treba da ostane tako siromašan da sâm ne bude mesto na kome bi Bog mogao da deluje", niti da ga u sebi ima. **Sve dok čovek u sebi zadrži prostora, sve dotle zadržava različitost. Zato upravo molim Boga da me oslobodi Boga. Jer nebivstvujuće bivstvo je s one strane Boga, s one strane svake različitosti: to sam bio samo ja sâm, tu sam hteo sebe, i gledao sebe kao onog ko je tog čoveka napravio. Tako sam ja uzrok sebe samog, po mom večnom i mom vremenskom biću. Samo zato sam rođen. Po mom večnom načinu rađanja, ja nikada ne mogu ni da umrem. Snagom mog večnog načina rađanja oduvek sam ovde bio i sada sam i večno ću ostati! Samo ono što ja kao vremensko biće jesam, to će umreti i nestati. Jer to pripada danu, zato mora i nestati. U mom rođenju rođene su sve stvari: ja sam istovremeno bio svoj sopstveni uzrok svih stvari. I da sam hteo, ne bi bilo ni mene, ni svih stvari. Ali da nije bilo mene, ne bi bilo ni Boga. Nije neophodno da se ovo shvati** (naglasio: R. A.).

Jedan veliki učitelj tvrdi da je njegovo izbijanje bilo nešto više od njegovog izlaska. Kad sam istupio iz Boga, sve stvari su rekle: „Samo je jedan Bog!" No mene to ne može da uspokoji jer sebe pritom smatram stvorenjem. Ali u onom izobilju, kad ću biti sam u volji Božjoj, oslobođen i te Božje volje i svih njegovih dela, samog Boga – tada sam više od svih stvorenja, tada nisam ni Bog ni stvorenje: ono sam što sam bio i što ću ostati, sada i zauvek. Tu dobijam podsticaj koji me uzdiže iznad svih anđela. U tom podsticaju postajem tako bogat, da mi Bog ne može biti dovoljan po svemu onome što on kao Bog jeste, po svim svojim božanskim delima, jer ja u tom izbijanju dobijam ono što smo Bog i ja zajedno. Tu sam ono što sam bio, tu niti dobijam, niti gubim, jer sam tu nešto Nepokretno što pokreće sve stvari. Tu Bog nalazi svoje mesto više u čoveku, jer čovek je tu u svom siromaštvu ponovo stekao ono što je večno bio i što će uvek biti. Tu je Bog primljen u Duha. – To je „najbliže siromaštvo" koje može da se nađe.

Ko ovaj govor ne razume, nek ne opterećuje sebe time. Jer sve dok neko nije dorastao toj istini, neće razumeti ovaj govor, jer je on neizmišljena istina koja je došla iz Božjeg srca neposredno. – Da nam večno bude dosuđen život u kome ćemo to sami saznati nek nam Bog pomogne. Amin!

*

Sad kaže duša, kao nevesta u Pesmi nad pesmama: „Prešao sam sve planinske visove, čak i moje nemoćno Ja, sve do mračne snage večnog Oca: tu sam čuo poseban glas, tu sam ugledao posebnu svetlost, tu sam omirisao, iako se ni dašak nije micao, tu sam okusio, iako ničeg nije bilo, tu sam osetio, iako se ništa nije pružalo! Tu moje srce postade bezdano, moja duša beščulna, moj duh bez oblika, a moja priroda bez bića."

*

Ona mora (duša) da istupi i nestane iz svake svoje aktivnosti. Zato najpre mora da se oslobodi sveg stvaranja i da nema više nikakvog oslonca: tada tone u čisto Ništa! Tamo je skrivena od svih stvorenja. Do tog Ništa Serafim nije u stanju da prodre sa svim svojim saznanjima, u njemu duša prebiva iznad Serafima i iznad svakog saznanja.

To Ništa je bez početka. Zato Bog, da bi nas načinio svojim oličenjem, nije mogao ni od čega boljeg da nas napravi, nego od Ničega. Neka je i Božje tvoriteljstvo stvorilo dušu, ona je ipak bez materije kao on. Tako i duša ne može da ima bliži pristup božanskoj prirodi, nego kao ništa, jer ništa ne sjedinjuje toliko koliko jednakost prirode (naglasio: R. A.).

*

Napred onda, plemenita dušo, izađi onda iz sebe da se nikada ne vratiš i uđi u Boga toliko da nikada više ne izađeš! Samo tamo ostani, tako da više nikada ne budeš u situaciji da imaš posla sa „stvorenjima". I ne tvori se ničim što ti se otkrije i ne zaveravaj se ničim što ti stoji pred očima. Ne sputavaj sebe ni nekim radom koji bi uzeo na sebe. Idi samo za svojom čistom prirodom i za nezahtevnim Ništa i ne traži drugog mesta: Bog koji te ni iz čega stvori biće sam tvoje mesto kao to nezahtevno Ništa i na njegovoj nepromenljivosti ti ćeš postati nepromenljiviji nego Ništa.

*

Treba da se seti da čovek (po prirodnoj istini) sam od sebe nema ništa sem rđavosti i prestupništva, sve dobro mu je Bog samo pozajmio, ne dao.

*

Otac je bio i jeste Bog od pamtiveka, ali tek stvorivši stvorenja, postao je Gospod.*

---

* Majster Ekhart (1999): *Jaka kao smrt je ljubav*, izbor iz dela, Svetovi, Novi Sad. Izbor i prevod: Mirjana Avramović.

NAJZAD DŽON KUPER POUIS

Beogradska „Geopoetika" (uz neprocenjivu Radoševićevu *Monašku civilizaciju* i tri toma Bele Hamvaša), nedavno nam je darivala još jedno kapitalno delo – filozofske spise Džona Kupera Pouisa (1872–1963): *Uprkos, Filozofija samoće* i *Umetnost sreće*.

Do sada smo, treba priznati, Pouisa poznali samo kroz retke citate određenih mislilaca i pisaca. Kasneći trideset, četrdeset godina, u prilici smo da koliko-toliko spoznamo, ako ne delo (jer sadrži preko pedeset tomova romana, poezije, eseja, filozofskih spisa i traktata), ono bar njegove tri najmarkantnije knjige. Zanosne, duboke, tako potrebne i lekovite i, nažalost, mnoge ideje već apsolvirane i pomalo, za današnji vrtlog vremena, pase.

Teško je svedočiti koliko su, naročito knjige *Uprkos* i *Filozofija sreće*, uticali na pokrete „dece cveća" i one velike talase oslobađanja na Zapadu, jer je sam Pouis (Englez, proveo trideset godina kao profesor uglednih američkih univerziteta, šireći svoje ideje, ali je očito da su u godinama kada su objavljivane, njegove knjige bile onaj drski i tako potreban pomak u ljudskoj misli i pristupu životu.

Danas, nažalost, nama služe monogo više kao važno saznanje istorije ideja, a manje kao otkriće koje opčinjava i trajno opredeljuje proučavaoca. Svakako da to nije

Pouisova greška, već naprosto tuga kasnog susreta sa ovim izuzetnim piscem i misliocem.

Kritičari i mislioci, u ovo vreme, često dovode u vezu Pouisa i mudrog Belu Hamvaša. Možda i zato što tek otkriveni Hamvaš na više mesta u svojim knjigama citira Pouisa. Možda zbog onih Hamvaševih famoznih spiskova od sto nezaobilaznih knjiga. Ipak, uz svu neobičnost same ličnosti Pouisa, Hamvaš ostaje jedinstven i neuporediv i, po našem sudu, i značajniji i dublji i izvorniji. Jer malo je ko kadar da onako autoritativno izjavi: „Gete je genije, ali nije darovit."

Ali, ako bismo birali biblioteku bez koje ne bismo hteli u nova istraživanja, onda u nju, svakako, ulazi *Umetnost sreće*, jer poglavlja u kojima govori o starosti naprosto su nazaobilazna i otkrivajuća.

Takođe, ono što do kraja nosi pečat ovoga pisca, svakako je njegov odnos prema nauci (i tu se, van sumnje, sreće sa Hamvašem). Pišući o Hamvašu, jednu njegovu rečenicu usudili smo se da stavimo kao osnovni predznak njegove filozifije: „Ko se okrene prema spolja, ubiće ga tama." Usuđujemo se da u simbolični znak Pouisovih ideja izdvojimo: „Trijumf nauke, poput nacističkog trijumfa, označiće doba totalitarnog mravinjaka. Samo dugo iskustvo starosti na ovoj zemlji stoji između nas i te biološke katastrofe."

Naravno da nema prostora da govorimo o jedinstvenom i prijemčivom Pouisovom stilu, lakoći prenošenja ideja i sugestivnosti, o potpunom izostavljanju one otužne navike predavača da zvuče što učenije kroz što zamršenije slojeve analiza. Mnogo onoga što doista jeste Džon Kuper Pouis, zaslužuje obiman tekst. Ovo je, naprosto, velika i glasna preporuka. Ako je već tako, dodajmo na kraju još jednu Puisovu misao: „Mladost je suviše zaokupljena svojim ljubavima, a sredovečnost svojim praktičnim delatnostima, da bi primetili užasnu dehumanizaciju kojom Moderna Nauka, u rukama svojih fanatičnih vođa, preti čovečanstvu."

Iz knjige:

Apsurdna ideja da čovek postaje mudar čitajući knjige verovatno se nalazi u osnovi odvratne pedanterije koja gura tolike zamorne komade starine u ždrela mladih. Ne postoji talisman za mudrost – neki od najmudrijih ljudi na svetu nikada ne otvore knjigu, a ipak njihova urođenja bistrina, tako božanski slobodna od „kulture", mogla bi da se nosi s Volterom. Ljubitelji knjiga, kao i drugi zaneseni zaljubljenici, najbolje znaju šta nalaze u svojoj akutnoj opsesiji. Nijedno od objašnjenja koja nude ne pokrivaju polje njihovog uživanja. Posredi je strast; tanano ludilo koje je, kao i druge strasti, potpuno nerazumljivo onima koji su izvana. Ljudi koji čitaju da bi iskoristili svoju novu erudiciju, ili da bi se bolje prilagodili – kakav izraz! svom „životnom delu", meni se čine nalik onim bednicima koji bacaju cveće u grobove. Kakvo je svetogrđe razvlačiti opreznost i neodlučnost, stidljivost i slatku uzdržanost ovim „furtivi amores" za jadnom ambicijom da se bude „kultivisan" ili učen, ili da se „napreduje" u svetu!

Poput carstva nebeskog i svih drugih uzvišenih i svetih stvari, najzabavnije među knjigama otkrivaju opojni miris svoje suštine samo onima koji ih vole same po sebi, u potpunom nedostatku primisli. Naravno da se „mešaju", ti omiljeni pisci, sa svakim iskustvom kroz koje prođemo; oni mestima, satima, situacijama, događajima daju svoj poseban sjaj, kao što to čine i naše ljudske veze; ali iako oni lebde, poput raspršenog mirisa, oko svake okolnosti naših dana, i možda čak i čine podnošljivim inače nepodnošljivu drskost našeg „životnog poziva", ne volimo ih zato što nam tu ili tamo pomažu; ili što nas čine mudrijim ili boljim; volimo ih zato što su oni to što jesu, i zato što smo mi to što jesmo; volimo ih, zapravo, iz onog divnog razloga zbog kojeg je autor jedne plemenite knjige – knjige koja se ne nalazi na ovom našem spisku, uzgred budi rečeno, zbog nečeg uporno žilavog i zamornog što u sebi nosi – mislim na Montenjeve *Eseje* – voleo svog dragog prijatelja Etijena.

Svaki drugačiji odnos između knjiga i njihovih čitalaca podseća na bejkonovske „plodove" i univerzitetska predavanja. To je prostitucija zadovoljstva radi dobitka.

*

Ponekad sumjam da su oni koji se zalažu za „umetnost sažimanja" uopšte pravi ljubitelji knjiga. S moje strane, ja bih njihove proklete krake priče i njihovu razdražujuću „ekonomičnost materijala", kako je oni nazivaju, svrstao među one „knjige koje nisu knjige", one šahovske table i moralne traktate koji su toliko smetali Eliji.

*

Koliko je onih nesrećnih i naivnih koji su silom naterali svoje umove da se dive onom umetničkom čudovištu

Floberu i njegovoj nategnutoj potrazi za njegovom dragocenom „tačnom rečju", a umesto toga su mogli prijatno ploviti niz Rableovu bogatu struju besmrtnog nektara, ili se naslađivati divnim bezobrazlukom Tristana Šendija! Ali čovek mora biti tolerantan; mora razumeti. **Svet knjiga nije puritanska demokratija puna buržuja; to je velika i slobodna država, ogromna pantagruelovska Utopija kojom vladaju plemeniti kraljevi** (naglasio R. A.).

*

Naših *Sto najboljih knjiga* ne moraju biti i vaše, niti vaše i naše; najvažnije je da u ovom kratkom razmaku između tmine i tmine, koji nazivamo svojim životom, budemo uzbudljivo i strastveno zabavljeni; nevino, ako se to tako može srediti – a šta može bolje od knjiga u tome poslužiti – i neškodljivo, takođe, nadajmo se, neka nam je Bog na pomoći, ali, u svakom slučaju, zabavljeni, jer jedini je neoprostiv greh taj da ovaj prolazni svet shvatimo suviše ozbiljno. Naše blago nije ovde; ono je u carstvu nebeskom, a carstvo nebesko je Mašta! Mašta! Kako pored te visoke i plamteće zvezde blede svi drugi načini bega od onoga što je osrednje u našim zamršenim životima![*]

---

[*] Dž. K. Pouis: *UPRKOS, Sto najboljih knjiga*. Preveo: Srđan Vujica.

UPRKOS STRUČNJACIMA

Šta će običnom čoveku Filozofija? Pokušajmo prvo da se složimo, bar za našu ličnu upotrebu, oko toga na šta MI mislimo kada govorimo o tome da „neko ima Filozofiju". A vi možete, „kogod bili", kako bi rekao Volt Vitmen, razmotriti, bar na trenutak, kada otvorite ovu knjigu, delite li osobenost koju ispoveda dobar deo ekscentričnih ljudi, tvrdeći da imaju tu čudnu stvar, „sopstvenu Filozofiju". Takav sistematski način života ne mora sadržati ništa temeljito naučno, duboko tehničko, zapanjujuće psihološko ili čak i suptilno metafizički. On može biti sasvim praktičan, a opet, na određen način privatan, ličan, i još uvek u skladu sa izvesnim univerzalnim trikovima Prirode.

Ako odjedonom osetite da takva jedna stvar nije na vašoj liniji, i da ste ne samo do sada sasvim lepo prolazili bez nje, a da tako nameravate da nastavite i u budućnosti, nema pod Suncem razloga zašto biste se i tren duže gnjavili time.

Ipak, postoje i oni drugi; a njih se može naći po celim britanskim ostrvima i, u stvari, svuda gde se govori engleski. To su ljudi koji pate od mnogih opasnih slabosti, slabosti koje možda prevazilaze uobičajenu kategorizaciju i pretvaraju se u manije, poroke, neuroze, fobije i praznoverje koji postaju ozbiljni problemi za njihove žrtve dok se bore sa životom.

To su ti ljudi, i vi ih možete zvati umetnički nastrojenim, osećajnim i poetskim dušama, ili jednostavno ekscentricima i morbidnim tipovima koji uvek slušaju magična šaputanja koja dopiru iz daleke prošlosti. To su ljudi koji misle da mogu izlečiti svoje bolesti uz pomoć zamirućih odjeka drevnih prizivanja i crpsti mudrost kao vodu sa izvora u oazi i od glasova što lebde nad pustinjskim peskom. Zamišljaju ti ljudi kako mogu prikupiti nagoveštaje od planetarnog značaja iz natpisa urezanih u kamenje i stene u doba kad je svet bio još mlad a naša rasa tek stvorena.

Oni veruju da tajne života mogu otkriti iz fragmenata odjeka ritma po kome su veslali drevni robovi veslači sa izgubljenih ostrva preistorijskih mora i bubnjeva čiji se tutanj razastirao nad šumama kojima su, ploveći po svetim rekama čija su imena već bila zaboravljena davno pre početka istorije, lutale svešteničke barke.

To su ljudi koji u naše vreme stalno protestuju sa naprosto zastrašujućom prirodnošću protiv neljudske specijalizacije našeg vremena – one specijalizacije koja do određene mere zadovoljava punu prezira oholost profesionalnog stručnjaka, oholost koja iz godine u godinu postaje sve rigidnija u svojoj zamrznutoj nadmoći, sve punija prezira u svojoj pokroviteljskoj ironiji.

Bez sumnje, ima nečeg čudovišnog u činjenici da mi, prosečni stanovnici ove stare, dobre planete Zemlje, mi koje ni Homer, ni Šekspir, ni Rable, ni Dikens nisu smatrali nedostojnima da budemo ovekovečeni u njihovim delima, mi koji smo, po pravu koje nam daje sama Priroda, *nespecijalizovani Filozofi*, mi, dakle nemamo nikakvog prava da budemo Filozofi? I je li sve ono što ima da se izrekne o životu uopšte, o toj raznolikosti uopšte, i o postojanju čovečanstva na ovoj planeti uopšte prepušteno jedino i isključivo stručjacima za fiziku i metafiziku? (...)

Diktatura stručnjaka – to je to. Zanimljivo je napomenuti da, dok ti mentalni tirani ljudske misli mogu biti sve sem jedni drugima stručnjaci u specijalnim odelenjima, oni se u potpunosti slažu da Filozofija *bez* specijalizacije predstavlja pokušaj da se, na primer, Ajnštajn zameni Babarogom, ili Pavlov braćom Grim.

Čini se, zaista, da ćemo uskoro, pre nego što nam bude dozvoljeno da bilo kog svog smrtnog đaka podučimo bilo kojoj smrtnoj stvari svi morati da prođemo kroz čistku, i to u pravom smislu te reči, kako bi se utvrdilo da raspolažemo najnovijim informacijama i da se to vidi i u najbezazlenijem našem razgovoru, kao i da ni dok se igramo nijednog časa ne zaboravljamo da živimo u vremenu koje teče od onog dana kada je pocepan atom. (...)

Stoga, običan čovek koji pokaže volju da Filozofira, ili još gore, drskost da se baci na posao kako bi stvorio svoj sopstveni Filozofski sistem zasnovan na čitanju Homera, Šekspira, Servantesa, Rablea, Getea, Dostojevskog, i na njegovom ličnom životnom iskustvu, izgleda jednom akademskom autoritetu naših dana – groteskno.

UPRKOS LUDILU

Jer nije šala biti ono što ljudi zovu „malo udaren" i istovremeno biti primoran da živiš kao i mi ostali „neudareni". Naravno, oblici koje na sebe može uzeti naše ludilo bezbrojni su i potpuno nepredvidljivi. Ali oni nisu i beskrajno različiti, već imaju tendenciju da formiraju određene aberacione obrasce, od kojih su neki toliko uobičajeni, da se o njima mogu izvući sasvim određeni zaključci tek pukim posmatranjem. (...)
Govoreći u ime *Filozofije uprkos*, toplo bi preporučio našem prijatelju da u dubini svoje duše sakrije svoje ludilo. Želeo bih da ga uverim da je *Filozofija uprkos* toliko na njegovoj strani, da je spremna da ga ubedi da ne izbrblja svoje tajne nekom psihijatru, da se ne izlane pred nekim doktorom i da ih ne otkrije u bilo kojoj tapaciranoj, tako umirujućoj ispovedaonici u kojoj nabadamo kao nekakve crve na udici naše potrese, traume i strahove iz detinjstva, da bi tu udicu potom spustili u onaj zamišljeni podzemni rezervoar pod podom naše svesti, a koji je sasvim apsurdno i paradoksalno nazvan, iako naši tamničari poznaju svaki centimetar njegovog mulja i svako čudovište koje po njemu pliva, „podsvesno".*

---

* *UPRKOS, Filozofija za svakog*. Preveo: Darko Bolfan.

UMETNOST ZABORAVLJANJA NEPRIJATNOG

Ne postoji ništa na svetu što tako uništava strah, svaku vrstu straha, kao iščekivanje, kao i najneodređenije ljubavne veze. Ima nečega u ogromnoj energiji seksa što se podiže kao nepokoreni Titan da s leđa napadne tamne užase koji nas zarobljavaju. Seks, i gotovo samo seks, ima moć da nas spase od te nejčešće od svih inkarnacija užasa, užasa od ništavila, užasa od anihilacije.

Ponekad izgleda da je besmrtnost seksa, koji nadživljava sve one bedne individualne živote koje je preobrazio sobom, prigrabila za sebe neku čudnu sopstvenu svest o svetu, da je postala živo biće, lepi i radosni Eros, čiju moć ne mogu savladati ni svi demoni pakla.

*

Otkriti tajnu umetnosti življenja znači otkriti tajnu umetnosti zaboravljanja. „Kako je san dobar", kaže Sančo Pansa, „on pokriva čoveka kao blagosloveni ogrtač." Ali bilo je potrebno da ga deca ovoga sveta izdaju više od deset puta da bi filozofski nastrojeni Prospero shvatio da je „mali život" njegove svetovne mudrosti bio zaokružen ničim drugim nego tim istim blagoslovenim snom!*

---
* Prevela: Ljiljana Bajić.

FILOZOFIJA SAMOĆE

Okrenite se za trenutak od lica u vašoj fabrici; okrenite se od lica okupljenih oko vašeg stola; okrenite se od lica u prodavnicama, pozorištu, bioskopu; okrenite se od svih lica na svetu, i dok sklapate oči nad čovečanstvom – za tren, samo za tren – dozovite vizije sivkaste izmaglice, ogromnih talasastih pustih horizonata srednjeg Atlantika. Prizovite, iz svog sećanja, onaj neopisivi prizor, bezgraničan i monumentalan, noćnog neba, kada možete da vidite onu bledu, tužnu, večnu reku, Mlečni put, kako plovi preko zenita.

(...)

Čekaj! Čekaj! večitog ponavljanja materije, ono „Doklc?, dokle?" tragičnog očekivanja čitavog astronomskog univerzuma postaju proroci nekog ogromnog pitanja, naspram koga se svaki duh odriče svog ljudskog značaja, povlači se u elemente i deli, zasebno, svoju sudbinu sa neživim.

Zatvori njegovu knjigu i pusti svoju dušu na kišu koja lije niz prozor. Ti jesi među zidovima, ali kiša je nošena dalekim vetrom; kiša koja nosi znak mahovinom obraslih stena, slepe, mračne tratine, ogromnih zakrivljenja prokislih horizonata.

Grešiš Lukrecije, svaka religija koja je ikada uzdigla ljudsko srce je istinita, *tamo gde je samo istina važna*.

Favete linguis! Prepusti se kiši i vetru i noći; jer teret materije je udah jedne reči koja može da promeni sve.

*

U Prirodi, kao što sam već nagovestio, postoji velika otvorena tajna koja bi se mogla nazvati spiritualnom metafizikom pod-ljudske i nad-ljudske emocije. Ova tajna leži u tome da je svaki identitet u svemiru samostvoreni bog, svesno sposoban, kao mitski Protej, da promeni karakter svog mentalnog bića. Nijedna mentalna svest nije ograničena svojim telesnim okvirom. Oko svake moguće fizičke forme širi se nevidljiva aura koja, sudeći po svemu što znamo, može imati moć da nadživi smrt tela. I upravo se ova nevidljiva emanacija, satkana po svoj prilici od tananih električnih vibracija, može *zaista promeniti* usredsređenim naporom kolosalne slobode volje. „Nevidljiva forma" mnogih ljudskih stvorova – kad bi bila vidljiva običnim oku – pojavila bi se u obliku neke ribe, gmizavca, ptice, zveri, demona ili boga.

Naučna filozofija čini nepopravljivu grešku pretpostavkom da postoji nešto poput univerzalno opipljivog „stvarnog sveta". Takvog „stvarnog sveta" nema. Takozvani „stvarni svet" je iluzija nastala iz onih samorazarajućih negativnih trenutaka potonuća u društvenu gomilu mrava kada *prestajemo da živimo* kao usamljeni pojedinci – drugim rečima, kada prestajemo da ponovo stvaramo sopstvene univerzume u skladu sa našom imaginativnom snagom volje."[*]

---

[*] U ODBRANU ČULNOSTI. Prevod: Raša Sekulović.

UMETNOST SREĆE
Starost i nauka

Stvar je u tome da je Modernu Nauku zaposeo đavo koji je u najmanju ruku brat od tetke Totalitarnog demona. A ko sme da porekne da su te diktatorske i nepogrešive Propagandne Službe, čije je postojanje najveće prokletstvo našeg današnjeg sveta, sa svojim nepromenljivim načelima i beskrupuloznim makijavelizmom, *prepune mladih ljudi* čije su ideje onoliko stereotipne koliko je besprekorna njihova pokronost glavnom štabu?

Međutim, ovakva mladež predstavlja smrtnu pretnju duhu istine i kobni je neprijatelj slobodnog duha života. *Taj* veliki duh, koji bludi kuda god želi, majka je paradoksa i dadilja suprotnosti. On potpomaže razvoj *ličnosti*. Najnepredvidljivija, najanarhičnija, najmanje totalitarna od svih tajni.

Da bismo se spasli surovog puritanskog fanatizma ovakve mladeži, krute i stroge u njenoj naučničkoj nameri da onečoveči čovečanstvo, moramo spas potražiti kod starosti. Moramo se njoj okrenuti baš zato što je stara, baš zato što je njeno telo toliko dugo upijalo uticaj zemlje i vode i vatre i vazduha, baš zato što je imala dovoljno vremena da se seti svog detinjstva i roditelja svog detinjstva, baš zato što su joj običaji i način života minulih pokolenja vremenom prodrli u kosti i pomešali se s njenom krvlju, baš zato što je videla kako sijaset neučnih teorija i sistema i metoda i moda dolaze i prolaze, baš zato što je imala vremena da mentalne i fizičke vidove ljudskog života sagleda na pravi način, baš zato što je imala vremena da iščita klasike i iz drugih razloga, a ne samo da bi položila ispite, ona je u stanju da dogmatizam Nauke, njena predubeđenja, olakšice i poboljšanja koja Nauka nudi, *postavi na pravo mesto*, ne uznoseći Suparnicu religije kao univerzalnu i nepogrešivu Pravovernost, niti je svodeći na trikove Provincijskog mađioničara!

Ono što nam starost nudi kao zaštitu od ovog totalitarnog sujeverja – koje je više bolest nego ideal, a uvek je znak moralnog kukavičluka – nije ništa manje od one *vode Života* koju je najveći od svih internacionalističkih anarhista, Jevrejin Isus Hristos, ponudio ženi na kladencu Njegovih predaka, a to je „Elixir Vitae" predomišljanja, odnosno „ponovnog razmišljanja". To su misli, kaže Volter Pejter u *Gastonu de Laturu*, od kojih učimo kako to da je Montenj u naponu svoje muške snage imao u sebi toliko one zrele staračke ravnodušnosti, to su misli koje predstavljaju mudrost one bezlične „starosti" brojnih pokolenja ljudskog roda, misli koje su posredstvom svojih Homera i Šekspira održavale svetsko klatno – koje se uvek njiše između te dve krajnosti – u ravnoteži između Usuda i Slučaja i između Tela i Duha.

*

Međutim, mladost je suviše zaokupljena svojim ljubavima, a sredovečnost svojim praktičnim delatnostima, da bi primetile užasnu *dehumanizaciju* kojom Moderna nauka, u rukama svojih fanatičnih vođa, preti čovečanstvu. Trijumf Nauke, poput nacističkog trijumfa, označiće doba *totalitarnog mravinjaka*. Samo dugo iskustvo starosti na ovoj zemlji stoji između nas i te biološke katastrofe.

Celokupna nacistička i fašistička ideja zasniva se na Hegelovoj filozofiji; a Hegelova filozofija u svojoj srži skriva najopasniju ideju koju je ikada čovek izmislio, ideju *Apsolutnog*. To je pojam potpuno zaokruženog „univerzuma u jednom komadu", od koga se, kao ni od zmije s repom u ustima, ne može pobeći.

Kako je mudar bio Gete – neuporedivo najveći od svih Nemaca – kada je rekao Ekermanu: „Hvala Bogu da me je *proučavanje Prirode* sačuvalo od ovih hegelovskih smicalica!"

*

Počinje Novo Doba; a najbolji znak da se duh Božji zaista diže nad vodom bio bi ukidaje vivisekcije i sveopšte svesti o tome da iznad rata, iznad trgovine, iznad klasa i rasa, iznad proizvodnje i raspodele, iznad traganja za znanjem, iznad moći, iznad novca, iznad uživanja, iznad vere, iznad nauke, postoji i vlada jedan imperativ koji je i praktičan i milosrdan i duhovit – imperativ *proste dobrote.**/**

---

* *Umetnost starenja*. Prevela: Ivana Đorđević.

** Džon Kuper Pouis (1995): UPRKOS, FILOZOFIJA SAMOĆE, UMETNOST SREĆE, odabrana dela, edicija „Evropska misao", Centar za geopoetiku, Beograd.

IZLAZAK IZ TAME
Kultna ličnost – BELA HAMVAŠ

Ovaj tekst objavljen je u *Ninu* 21. januara 1994. godine povodom knjige Bele Hamvaša *Hiperionski eseji* (Matica srpska, Novi Sad, 1993), čiji je izbor, prevod i pogovor sačinio Sava Babić. Van svake sumnje, a danas je to naročito jasno, ova knjiga je bila početak, i najava, možemo slobodno reći, epohalnog otkrića fenomena Bela Hamvaš – pisca i mislioca čije delo izranja posle pet decenije ledene tišine i ćutanja, nametnutih od komunističkih „čuvara ljudskih duša", koji su uspevali svuda pa i u posleratnoj Mađarskoj.

Otkriće Save Babića, koje je bilo neobičan zamajac za Hamvašev gromoglasni ulazak u evropsku kulturu, bilo je oličeno u prvoj od ogromnog niza dela, knjizi *Hiperionski eseji*. Blagosloven osećanjem da se pred nama nalazi sasvim izuzetna i knjiga i autor, i darivan spremnošću Save Babića da tih prvih dana po objavljivanju knjige svoje uzbuđenje takvim prvencem u evropskoj kulturi podeli i sa mnom, objavio sam ovaj tekst. Dogodilo se da je ovo bio prvi tekst o Beli Hamvašu u srpskoj kulturi, a sigurno jedan od retkih u posleratnoj Evropi, što me posebno raduje. Sasvim je sigurno da je ovaj tekst u to vreme čitan sa određenom dozom skepse. Naravno, u godinama koje slede, na sreću, pristižu knjiga za knjigom Bele Hamvaša, javljaju se, sada već brojni analitičari i prikazivači Hamvaševog dela i to „čudo srpskog otkrića", danas je već uveliko institucija mađarske i evropske kulture.

Kao što ni ostale tekstove iz ove knjige nisam naknadno menjao i dorađivao, i ovaj tekst ostavljam onakav kakav je bio objavljen. Naravno, naknadna pamet je uvek pouzdanija, naročito danas, posle niza i niza Hamvaševih raznorodnih dela, a posebno, meni, uz *Hiperionske eseje*, najdraže i valjda najmudrije *Scientia sacra*, o kojoj sam održao niz predavanja. Poštujući draž pa i određenu ekskluzivnost ovoga teksta, prvog objavljenog u nas o Hamvašu, ostavljamo ga onakvog kakav je onda napisan i objavljen. Ipak, ne mogavši da odolim, dozvoliću sebi da u delu izbora iz knjige, uz birane citate iz *Hiperionskih eseja*, ponudim čitaocu i izbor iz kapitalnog dela *Scientia sacra*.

I pored duboke svesti o veličini, pa i epohalnosti rada, napora i nesvakidašnjeg osećanja Save Babića da je otkrio izuzetno delo, ostaje tuga i zapitanost nad činjenicom da naši filozofi još ćute pred Hamvašem, misliocem za mnoga vremena, jedinstvenom gromadom duha i misli. Na moja uporna pitanja na skupovima pisaca i filozofa zašto niko ne ulazi u analize i tumačenja Hamvaševog dela, redovan odgovor je bio „da Hamvaš nema filozofski sistem" (?!). Naravno, treba imati **zvaničan** status filozofa. I ko bi sada iz desetine tomova izdvajao kostur filozofskog sistema tog čudesnog genija, kad su već tu **zvanični** filozofi, univerzitetski etablirani s teorijama postmoderne, dekonstrukcije, konstrukcije, dedukcije, ludukcije, malukcije, ukcije, pukcije i sukcije.

Ali, ne mari. Radost prvenca, koju u meni pokreće ovaj tekst, ojačava činjenica da danas imamo grupe i grupe „hamvaševaca" i već mnoge i te kako ozbiljne simpozijume o Hamvašu, po kulturnim centrima, od postmoderne, teorija simulacije književnosti, virtuelnih umobolija i teorija dekonstrukcije, valjda preživele Evrope.

Isčitavši hiljade novih stranica Hamvaševog dela, danas se pitam nisu li komunistički tirani staljinističke umobolije, zapravo jednom Beli Hamvašu učinili uslugu, ostavljajući mu mir i vreme, da kao čuvar gradilišta (izbacili su ga i iz biblioteke i zaposlili kao čuvara na gradilištu), raspreda svoje tekstove, vizije i filozofska sagledavanja, penjući ih među najznačajnija ostvarenja XX veka. Ipak, zamišljam ga na nekom slobodnom univerzitetu, poput Mirčea Elijadea! Moj Bože, dokle bi sve stigao njegov uticaj i njegovo učenje. Zauzvrat, narugajmo se od muke malo; ne hoteći, Hamvaš je do apoteoze podigao onu početnu komunističku ideju koju su u prvim godinama lenjinistički licemeri bacali pred neprosvećene i očajne radnike; najveći mađarski mislilac XX veka nije šef katedre za filozofiju, niti glasoviti predsednik akademije nauka i umetnosti, već jedan bedni radnik – **čuvar gradilišta**. S mudracima koji su u dosluhu s najstarijim ljudskim izvorima misli, nije se šaliti!

*

U traganju za izvorima mudrosti, velikim dostignućima duha i knjigama izuzetne vrednosti, u poslednjih pedeset godina posvećenici i tragači suočili su se tri puta sa mučnim, ali iznad svega, uzbudljivim fenomenom Otkrića koja su, ponovo i ponovo, potvrđivala izjavu volšebnog Viljema Blejka: „Ako napišeš izuzetnu knjigu, slobodno je baci u pustinju i makar bila u jednom primerku, ne može propasti."

Lista velike, a obavezne literature, upotpunila se. Znalo se za zabranjene knjige, ukatančene neljudskom svešću komunističkih država i crvenih partijskih dželata, ali je, ipak, preovladavao osećaj, i nada, da su velikani na broju, da zapanjujućih više ne može biti u modernom vremenu i kulturama koje su sebe tako zvale – kulturama.

No, dogodilo se još jedno Otkriće, koje se može nazvati Fenomenom Hamvaš. Zapravo Otkrovenje – BELA HAMVAŠ!

Otkuda sada Bela Hamvaš?! Hamvaš (1897–1968), između dva rata objavljuje samo jednu knjigu. Velimo „samo", jer je to zapravo ništa u odnosu na njegovo gromadno delo. Od rata naovamo, komunisti jedino mogu da učine krajnji napor – da ga ne streljaju, ili da ga ne bace u one tamnice u kojima prestaje svaka nit čovekova. Toliko. Da ga objave – ni slučajno. A Hamvaš kaže: ... „ispod cele zemlje struji voda, ispod sveg života struji tuga." Kako mogu ovo da objave oni koji svojim gospodarenjem preko zvučnika svaki dan govore da su stvorili, i stvaraju još srećnijeg, novog čoveka?!

U Budimpešti ćete sresti retkog čoveka koji sa ushićenjem isčitava Hamvaša i, i te kako zna ko je posredi. Mađari još ne znaju da imaju, u tišini zaborava, pored sebe evropsku gromadu misli i ideja. Oni će tek da se raduju. Mi, u Srbiji, već smo počeli. Nama se Otkrovenje dogodilo! Zamašnom i zadivljujućem Otkrovenju posredovao je naš izuzetni prevodilac s mađarskog jezika – Sava Babić.

Matica srpska je nedavno objavila Hamvaševe *Hiperionske eseje* u izboru Save Babića. Ali, pre toga, dogodilo se još nešto značajno. Babić je objavio određeni broj eseja Bele Hamvaša i šapat je već tada počeo. Još nije bilo svesti o stvarnom Otkrovenju. Ali, baš onako kako treba, mlađi pisci, mlađi pesnici, kritičari i teoretičari, počinju da govore o Hamvašu.

Skoro vičući od ponosa što je, konačno, na svoj jezik, u veliku i ozbiljnu srpsku književnost utkao i jednu celu Hamvaševu knjigu, Babić ga pronosi, zaljubljuje druge u Hamvaša i sve dobija svoju inauguraciju u „Francuskoj 7", gde o Hamvašu, konačno, govore kao o Čudu Otkrića. Ali, i o tragičnosti prećutkivanja, tragičnosti čovekovog stanja što je i *kada*, makar za jedan dan, a kamoli za decenije i decenije, imao na vlasti, nad sobom, vrsne učenike mučenja i ućutkivanja.

Osebujnost i izuzetnost se najteže priznaju. Ovo najteže priznaju oni koji su kadri da analiziraju tek nekoliko svojih savremenika (po mogućnosti svoje generacije), i još pokojeg klasika, naravno konsultujući sve do tada napisano. Takvi će vam posle svojih analiza čak reći da je Dostojevski doista velik, jer su oni otkrili da u komparativnoj... Moj Bože! Samo ne razuđeni i sveobuhvatni Mađar, Bela Hamvaš, hiljadugodišnjak, koji svedoči o kamenu, o biću kamena kao malo ko do sada, o životu Inka, o šumi, dok se vraća iz nervnog sistema tužne, melanholične jele, o keramici, o likovnom postupku Velaskeza, o indijanskom načinu tkanja prostirki koje imitiraju kosmičke šare i to pretaču u svoju svakodnevnicu, o – sa neuporedivim autoritetom – Heraklitu. Sve rečeno samo je kap koja pokušava da ispiše spisak tema Bele Hamvaša.

Poput Helderlina, zatvorenog u zamak-zatvor – ludnicu, poput Žorža Bataja, na čije knjige izdavači sležu ramenima, Hamvaš dalje piše, znajući za rečenicu-krikjavku iz kristalnih vizija Viljema Blejka. Iako je video kako mu gori kuća potkraj rata i u kući hiljade stranica i spisa za rad u narednih pet stotina godina, iako životari i radi baš kao crv, satrt komunističkom pretnjom, kao fizički radnik, kao niko, pa onda i on kao bibliotekar, nalazeći spas duše u hramu knjiga, Hamvaš piše *sveiznova*, ali i dodaje, razuđuje, uspostavlja i Otkriva.

Marksistički lisac Lukač (Gete – Heldrelin; Sartr – Bataj; Lukač – Hamvaš) čita Hamvaševe spise. Vrti glavom, saopštava da se to, mada dobro i vredno, neće moći još zadugo objaviti. A i što bi?

Da posle zgarišta svoje kuće i pepela hiljada stranica nije više ništa napisao, a da je prethodno napisao samo esej „Poeta sacer", Hamvaš bi bio nezaboravan gde je god časnog i istinitog pesnika. Taj bi esej bio tapija za rad u književnosti, kao poslanica onima koji osluškuju večitu promisao i pokušavaju da zapišu pokoje slovo tog kazivanja.

Ali teoretičari književnosti – ćute. Hamvaš se, ponovo, izmiče njihovoj kategorizaciji. On, naprosto, kaže u jednom iskazu jasno i otvorenom rečenicom, stav, ono što bi oni pokušali da izvedu kroz celu knjigu komparativnog istraživanja, citata, poštapalica, teorijske aparature, uz stalnu sumnju da sve to i nije izvedeno kako valja. Hamvaš u „Poeta sacer" veli: „Kako se moglo dogoditi da od njih trojice Gete bude najtrijumfalniji, Šiler manje, da Hlederlinu ništa nije dopalo od trijumfa, a da je on od njih trojice, ipak, upravo Helderlin bio ponajviše pesnik, Šiler manje, i Gete najmanje."

Ovo je jedan od pravih Hamvaša. Jedan, jer je Hamvaš toliko bogat i razuđen, da nema jedinstvenog. Ali, i tako osebujan, uvek je i svuda prepoznatljiv. Prepoznatljiv ovako kristalnom rečenicom, jasnim iskazom, koje teoretičari naprosto ne vole.

„Poeta sacer" jeste test-esej! To je taj protejski govor koji smo kroz ovaj tekst toliko pominjali. To *jeste* poslanica, svitak za pamćeje. To je tekst Objave posvećenicima i ništa manje značajan književnim stvaraocima od one apostola Pavla upućene Korinćanima. Ko u prvom čitanju prepozna tačnost teksta „Poeta sacer", a sam je pisac, ko vidi objavu dosegnutog saznanja, treba da ostane u kući knjige, hramu u kojem tako prijatno miriše na staru hartiju i brižno čuvane tabake mudrih zapisa.

Od sveg uzbuđenja oko ovoga teksta, bolno je što Hamvaš utamničen u zaborav, upravo Helderlina prepoznaje kao *Poeta sacer*, anker i sidro književnosti jednog naroda. U neka bolja vremena, na evropskom skupu o delu Bele Hamvaša (koji se već lagano priprema i predviđa), pesnici će morati da glasno pročitaju Hamvaševu poslanicu „Poeta sacer", dobijajući istinski zavetni prolog za svoje mukotrpno ispisivanje onoga što se osluškuje u noćima kristalnih visina uma koji se ponekad, čak i čoveku, dodeljuje i biva mu dostupan.

A šta ako neko među književnim poslenicima ne vidi smisao i poslanstvo „Poete sacer"? Šta za onoga ko ne poveruje? Pa dobro, i cirkus je izmislio, opet, čovek. I tamo postoje oni koji hrane životije po šatrama i oni koji lete na trapezu.

Hamvaš je mislilac koga je najteže citirati. Svaki odabrani citat čini se nedovoljno dobrim već kod naredne pročitane Hamvaševe stranice. Posebno je to nerazumno činiti kada je u pitanju „Poeta sacer". Ipak, ne odolevam. Moram da citiram jedan uzorni stav iz tog eseja:

„Poslednje dve stotine godina istorije bile su već potpuna i vidljiva katastrofa kada je nestao kralj, sveštenik, aristokrata, sudija, umetnik, ratnik, i nije preostalo ništa drugo do samo ološ."

Možemo zamisliti lice komunističkog cenzora-urednika u posleratnoj Budimpešti, dok čita ove rečenice. Glava na ramenu autora bila je čist dobitak. Ali, moramo zamisliti i lica mnogih intelektualaca, građanskih mislilaca, nad ovim tekstom.

Pad se doista odavno dogodio, negde u dubokoj ljudskoj istoriji. Jer ova generacija čoveka na Zemlji *još ne pamti* srećan doček novog mislioca, naučnika, stvaraoca. Prvo je morao biti proglašen za ludu, opasnika, amoralnog izopštenika. Okamenjena misao kao da je slutila Istinu da čoveku, zapravo, nije bio namenjen nikakav napredak, spoznaja i plodno promišljanje. Masa je uvek bolno tačno, od veka do veka, evo hiljadama godina, reagovala na lučonošu tako što je nastojala da ga po svaku cenu ućutka i ukloni da kojim slučajem ne naljuti one sile koje su čoveku namenile *ništa*.

Na kraju, da ironija i farsična gesta, skoro poruga, budu do kraja potcrtane, danas, u vreme kada Evropa baca ovaj naš svet u očaj prosjačkog štapa, kada nam je svaka komunikacija sa svetom prekinuta i zabranjena, mi objavljujemo prvi prevod jedne Hamvaševe knjige na strani jezik, knjige ikada i igde objavljene u svetu.

Ali, da nije tako, niti bi Hamvaševa sugestivnost bila tolike snage, niti bi njegova svest da vredi izdržati tolike godine utamničenih dela, imala smisla, niti bismo mi bili mi, onaj duh prastare mudrosti da u muci i tek fizičkom preživljavanju ostaju reči, kazivanje s kolena na koleno, gde se od prašine, krvi i robovanja sklapa uzvišeni ep koji sve premošćuje, da ostaju kazivanja slušana sluhom koji smo poneli još od naših prastarih paganskih bogova.

Iz knjige:

Samo po drevnoj svesti prirode potpuno je shvatljiv korak kada je čovek, pošto je prethodno pio iz jezera ili sa izvora, potom iz školjke, odjednom počeo da pije iz izdubljene tikve, zatim se poduhvatio da od blata uobliči posudu, pa je osušio i tako postao vlasnik posude: jer posuda i nije ništa drugo do znak istupanja iz drevne svesti. U tom postupku se još nalazi logika prirode, ali je u njemu i posebna logika čoveka. Na graničnoj je liniji – na liniji koja upravo počinje da odvaja čoveka i prirodu. I priroda ima svoju misao o posudi i, kada je čovek pripremao prvu posudu, u njemu je još do polovine delovala priroda, ali je u njemu već delovalo i nešto drugo. Radom na oruđu čovek se oslobodo ispod vlasti prirode, ali je istovremeno postao rob oruđa.

*

Filozofija šetnje pored mora je najteže znanje sveta: tako što je najlakše: ne činiti ništa, da bi se time učinilo sve što je bitno.

*

Da su nam se od kulture Inka sačuvale samo razvaline grada Maču Pikču, na njima bi se mogao sagraditi ceo svet. (...) Bila je to demonska praktičnost: izgradnjom grada, stanovnici Perua su rešili tako značajno pitanje svoga života, kao kada bi danas bio izgrađen grad pored jedne amaričke plantaže s centralnim položajem i železničkom prugom. Samo što za peruanske Indijance nije bila bitna plantaža, nego demonska stvarnost: život nije bio usmeren za postizanje ekonomskih ciljeva, nego na zajednički život s drevnim silama sveta.

(...)

Garsilaso el Inka piše da je glavna pakariska Sunca bila stena Titikaka: tu se Sunce rađalo, tu je bio omfalos Sunca. Stenovita kupa Maču Pikčua bila je ovakvo mesto rođenja svetskog demona – možda nekakvog heroja, možda prirodne sile, možda samog kamena, možda trahita. „Kamen je kostur zemlje", kaže Garsilaso el Inka.

Indjanac u trahitnom gradu sebe živi, tu je u domu – na mestu rođenja trahita, usred tamnih, sivih, monomanijakalnih stenovitih vrhunaca boje oblaka: to je bila indijanska praksa koja je izradila Maču Pikču na četiri hiljade metara visine, od stena i među golim sivim stenama: blizina demona, identifikacija s njim. „Biljke deluju na biljolikost čoveka" – piše Novalis – „zveri na zverolikost, kamenovi na kamenolikost." U gradu trahita izrađuje se ova kamenolikost čoveka, trahitolikost peruanskih Indijanaca: to je njihovo mesto rođenja, od toga su stvoreni, to postaju, to je težak kamen boje maglenih oblaka: planina, vrhunac, grad, čovek, isti su kao i mesto, vreme, jedan i istovetan pokret života, ista večita nepokretnost.

*

Čovečanstvo nikada nije imalo tehniku. Kinezi, Indusi, Vavilonci, Grci, svi su oni dostigli onu duhovnu visinu da su mogli načiniti tehniku. Ali nisu želeli da oslobode podzemne sile – čak su nastojali da ih vežu, spreče na sve načine koji su stajali čoveku na raspolaganju. Grci su Prometeja, titana, pronalazača, kradljivca vatre, vezali lancima. Za srednjovekovne hrišćane, pronalazak je bio čarobnjaštvo, đavolje delo. Čovečanstvo je znalo, zna i danas, da ono što se ovde oslobađa, to je neprijatelj ljudskog života. Titani su ravnodušni prema ljudskim vrednostima. Moralno nezainteresovani. Ono što postoji u njima: duhovna je indiferencija, čak: duševno neprijateljstvo, čak: razaranje života. Zato su Grci titane držali u podzemlju pod vlašću Zevsa. Zato je srednji vek progonio čarobnjake, pristalice Dijabolosa. Samo čovek novog doba, koji je u suštini negativan, pobunjenik, prevratnik, demonski rušilac života: on je mogao da načini tehniku.

*

Misliti *logos* znači istovremeno misliti svet, celinu: goreti u harmoniji sa svetom. Logos je arhaično monstruozna misao, bez bilo kakve tananosti, čari, suptilnosti, gigantska: najveća koja se uopšte može misliti, i toliko krupna da je takvu niko nije mislio ni pre niti posle toga. Niče je to znao kada je rekao da je ljudska misao najviše dosegla s filozofima pre Sokrata i da je „najdublje pokopana u grčkim hramovima". Filozofija više nikada nije dosegla razmere iz tog arhaičnog vremena i kiklopsku veličinu koja premašuje svako ljudsko mišljenje. Iz ove nadljudske prespektive ceo je zemaljski život, sa svim njegovim gmizanjem i namerama, bedno ništavan – dečja igra – otuda je igra i život velikih bogova, „igra se Zevs, veliko dete sveta" (Niče).

Na Heraklitov jezik baca svetlo samo njegovo moralno držanje, a na držanje pak samo njegova središna misao: logos. Samo ako se odavde pođe, držanje i jezik postaju i mogu postati razumljivi. U ovoj filozofiji sve rešava koncepcija logosa, čak objašnjava i ono što se zbiva Heraklitovim stopama. „Sokrata ne možemo zamisliti bez njega", kaže Patrik. Ali ne možemo zamisliti ni Empedokla, Demokrita, sofiste. Jer ono što se u logosu manifestuje, isto je ono što se upravo u to vreme manifestuje i na drugim mestima na zemlji. Oko 600. godine pre n. e. u Kini živi Lao Ce, u Indiji Buda, u Iranu Zaratustra. Čovek je stupio u novi eon: našao se u novoj svetskoj situaciji. Ovi predstavnici ljudskog duha obeležavaju tu krupnu činjenicu. Šta je suština ove nove svetske situacije? – Pre svega ono što se može videti na svakom predstavniku ovog preokreta: jedan čovek je izdvojen iz čovečanstva (...) Nije se pojedinac izdvojio iz čovečanstva: on je ostao u položaju od kojega se upravo čovečanstvo odvojilo. Nije se on uzdigao: većina se srozala. (...) To je nova situacija koja je nastala na celoj zemlji oko 600. godine pre n. e., javila se potpuno jedinstveno, međusobno sasvim nezavisno u Kini, Indiji, Iranu i Grčkoj. (...) To je smisao heraklitovskog logosa: osamljen čovek – osamljen duh. (...) To je Heraklitova tradicija: situacija pojedinog, „izdvojenog" čoveka. Od tog trenutka duh znači: biti u vezi s drevnim poretkom sveta, u harmoniji goreti sa svetom, bez obzira na to što je u tome čovek sâm, potpuno osamljen i suprotstavljen celom čovečanstvu, znači učiniti sve moguće: govoriti, pisati, propovedati, voditi, prisiljavati, naređivati čovečanstvu harmoniju, jedinstvo, ujedinjenje, logos.

(...)

Svaka težnja čoveka duha razbija se o čovečanstvo (naglasio R. A.).

Ono što se u njemu može nazvati samodivljenjem, to je divljenje istini, a upravo ta istina govori da nije njemu potrebna besmrtnost ljudi, nego je ljudskoj besmrtnosti potreban Heraklit.

*

Svet religije je uvek dvojstvo. Ako uopšte ima načina da se odredi religija, onda je to: religija je dualistična. Konačan smisao ovog dualizma može se svesti na dvojstvo zemnog života i drugog sveta. Zbog toga se razdvajaju čovek i Bog, Bog i đavo, dobro i zlo. (...) Kad stignem do srži jedne filozofije, u svakom slučaju ću naći da li je: jedno ili dvojstvo. Ako je jedno, onda je filozof zapravo umetnik; takvi umetnici su Heraklit, Lao Ce, Bruno, Niče. Ako nađem dvojstvo, takav filozof je zapravo sveštenik, takvi sveštenici su: Platon, Lajbnic, Kant. Osnova i metafizika nauke su religiozne, jer ništa drugo i ne čine nego razlikuju, razdvajaju jedno od drugog, prave od jednog dva: cepaju čoveka na telo i dušu, na unutarnje i spoljašnje, na životno i antiživotno, na materiju i duh. (...) Ovu dramu nauka igra u različitim podelama i ulogama u fizici, hemiji, istoriji i filologiji (Pouis).

Nasuprot tome, svet poezije je jedno. Sve je jedno, kaže Heraklit. Pesnik se suočava sa sveštenikom, i ne kazuje suprotno i ne kazuje drugo. Pesnik je iznad sveštenika – kazuje više Zašto? Jer je jedno više od dva, i onaj ko vidi jedno nalazi se iznad onoga ko vidi samo dvojstvo. Zašto je više jedno od dva? Zato jer je to stvarnost. Faktički postoji samo jedan svet, a u svarnosti sve je jedno: jedno iskustvo, jedno znanje, jedini svet.

*

U celokupnoj svetskoj literaturi zapravo postoje samo dva velika bibliotekarska dela: Jedno je *Tao te đing* Lao Cea, a drugo je Bartonova *Anatomija melanholje*. Lao Ce je sedamdeset godina bio bibliotekar, sedamdeset godina je čitao, cedio, prebirao, pročišćavao, destilovao i na kraju je dobio jednu kaplju rose. Ta kaplja rose je *Tao te đing*. Od ove knjige nema savršenije filozofije. A ono što je u njoj neobično, jeste da je suština savršene filozofije, ako se tako sme reći: bibliotekarstvo, onaj slatki promatrački mir, koji čovek može da nauči samo među knjigama i od knjiga, nigde drugde.

Za život kakvim je živeo Robert Barton obično se kaže: bez ideala. Kako je to neobično. Koliko je više događaja bilo u životu Aleksandra ili Cezara ili Napoleona? I koliko je bio važniji život jednog Kolumba ili Pizara, nego život takvih kao Barton? Kolumbo je stigao u Ameriku, a Pizaro je osvojio Peru. Barton je boravio u donjem svetu i susreo se licem u lice s melanholijom. A kad se pogledaju linije sudbine, postoje ljudi koji se nikada nisu nigde mrdnuli iz svog grada, ali odneli su veće pobede od Oktavijana; postoje i takvi koji su ceo život proveli u biblioteci, izgledaju osamljeni, tihi, bez događanja, a obesne pustolovine, vrtoglave opasnosti, gorka iskušenja i bezdanje provalije njihove sudbine bile su veće nego onih osvajača koji su bili na tri kontinenta i učestvovali u tri stotine bitaka. (...)

Možda sve zavisi od toga ko je šta postigao. Barton je pohodio donji svet, video je Tužnu neman, i vratio se na zemlju. Onaj ko ume da se vrati otuda i ne može biti drugo do veoma tih čovek. Može mu se ponuditi bogatstvo, novac, vlast, uživanje – zahvaliće, ne treba mu. Šta mu se još može ponuditi iznad onoga što je od sudbine dobio? Ima li drugo uopšte vrednosti, kao ono što je čovek proživeo? Prolazeći kroz sedam kapija podzemnog sveta, Ištar je morala da odloži sve što je ponela sa zemlje: zlato, moć, lepotu, znanje, uspomene. Čovek i ne može zadržati drugo do sebe sama, dok na kraju ne izgubi i sebe, možda. Ko zna? Ova nedoumica je upravo ono što jeste: melanholija. Ali kada je čovek, vraćajući se već iz donjeg sveta preživeo sve što tamo postoji, više nije melanholičan. Onda odjednom postaje veoma spor, veoma spokojan, veoma miran. Počinje da živi filozofiju rose: čist kristalni, blistav trenutak.[*]

---

[*] Bela Hamvaš (1992): *Hiperionski eseji*, Matica Srpska, Novi Sad. Izbor, prevod i predgovor: Sava Babić.

SCIENTIA SACRA

Brzo se gubi znanje koje se odnosi na drevna vremena. Jedino preostaje mutna uspomena o zlatnom dobu; nostalgija koja želi da održi u ravnoteži sve veću podivljalost života. I ne gube se pojedinosti, koje se uvek gube tokom zbivanja. Iz svesti nestaje ono što je najvažnije i što obično ostaje; nestaje osećaj koji ume da razlikuje bivstvo i život; i nestaje instinkt koji ume da ostvari bivstvo u životu. Bivstvo je ono o čemu Buda govori da se bića kao svetleće zvezde okreću prema unutra. To je ono vreme koje Konfučije naziva Velikom Zajednicom. Još nije bilo ni morala, ni obaveza, ni mudrosti, ni poznavanja, a srodnici po krvi još se nisu bili otuđili i državama još nisu bile zavladale neprilike.

Bivstvo je okončano. I odjednom tu je – granica. **Bivstvo se srozalo u život** (naglasio: R. A.).

*

„Budnost je najbolja od svega postojećeg", piše u *Avesti*, „pogledajte vaše duše u plamenu!" Kada se duša udaljava sa zemlje, ona ništa ne može poneti sa sobom, samo budnost. Zaratustra je naziva *histi*, nadljudskom vizijom, i kaže da je budnost dar najveličanstvenije boginje neba. Ako je *histi* snažan u duši, lako stupa preko granica života. Zašto? Jer je budan. I zato što je budan, poseduje znanje da vidi i sazna svaku situaciju.

Histi doslovno znači sposobnost viđenja. Ali viđenje treba uzeti u prenosnom smislu, isto kao što i *viđa* znači budnost u prenosnom značenju, a budnost u prenosnom značenju je sposobnost metafizičke osetljivosti. Spenta Mainju, stalno ime Blagog Gospoda jeste – ahvafna, budnost. U Iranu je to obeležje božanstva velike svetlosti, kao budhi u Indiji i savaot u Judeji. Sve to znači budnost.

*

Čovek u umetničkom radu neposredno ostvaruje duhovne vrednosti i tako neposredno neguje materijalnu prirodu. Ovaj rad je uzor i neostvaren san svih ostalih radova. I sasvim je pouzdano, dok se ne realizuje na svim područjima života ono istovetno što doživljava umetnik, da je sasvim uzaludna svaka vrsta reformi rada, zakona, teorija, prinude. Nije to pitanje nadnica, nije pitanje radnog vremena, nije socijalno pitanje, nego jedino: odnos umetnika s materijalnom prirodom, očinski duh ljubavi. Čovek je, kaže Zaratustra, ili otac prirode, ili njen pljačkaš. Ako čovek realizuje duh ljubavi, onda je otac prirode; ako ne realizuje, onda je pljačkaš prirode. (...)

Realizacija očinskog duha stvorila je lepotu zemlje, mir zajednice intenzitet gradova, pitomost ponašanja. I kada čovek više ne realizuje očinski duh, neminovno postaje pljačkaš prirode. Postaje pljačkaš zemlje, krči šume, kolje životinje, otima planinama rudno bogatstvo, ali narod biva pljačkaš naroda, klasa klase, roditelj biva pljačkaš svoje dece, dete svojih roditelja, muškarac žene i žena muškarca, seljak biva pljačkaš građanina i građanin radnika, vladajuća klasa biva pljačkaš potlačenih. (...) Nagon pljačke je stvorio bitke naroda, bitke rodova, bitke rasa, bitke pogleda na svet – ukratko, onu bitku koja se naziva bitkom za opstanak. Drevno doba je znalo za brigu o bivstvu, ali nija za bitku za opstanak Jer je čovek drevnog doba stajao iznad prirode kao gospodar njen i njen otac koji je vladao svetom kao dobri kralj.

Delatnost koja se u istorijsko doba ograničila samo na jednu vrstu ljudi, u drevna vremena je opšta. Svako je bio na genijalnom stupnju svoga bivstva, kao što je danas umetnik. Delatnost je imala smisla samo kao negovanje. Samo i jedino kao kult. Kult je bio sve što je kasnije postalo rad: zemljoradnja, trgovina, državništvo, ratništvo. Kult je negovanje, obrazovanje, visok nivo bivstva i poredak sredstava i predmeta stvorenih za održavanje ovog nivoa: osnova kulture.

Kult se može prepoznati po tome što on zna za sebe: ovo delo se zbilo upravo sada u ovom trenutku, na ovom mestu i na ovaj način jednom i zauvek za svakog čoveka i u ime svih ljudi. Svako delo ili odgovara Sfingi ili ne odgovara; u svakom delu deluje celo čovečanstvo; svako delo ili uzdiže ili obara svet – ili donosi svetlost ili tamu. Jer, „dovoljno je ako jedan jedini čovek odgovori Sfingi". I ako neko u usamljenim planinama, u napuštenoj pećini zamisli istinu, istina više nikada ne može da nestane sa zemlje. Kult je ona delatnost kada individualan čovek postane svestan da u njemu živi univerzalan čovek i da deluje, i da univerzalan čovek ima jedan jedini cilj: povratak u zlatno bivstvo.

Kult daje čoveku meru koja se ne može preinačiti, na kojoj mu se uvek mogu izmeriti dela. „Kada god čovek izmeri svoja dela pri svetlosti ove mere, umnožava blagost sveta", kaže Zaratustra. Ahura Mazda se ovako obraća čoveku: „Vidim vas rastvorene u meni, a vi u sebi vidite mene marljivog." To su reči alhemičara. Čovek živi rastvoren u Bogu, kao so u moru; Bog je u čoveku aktivna i stvaralačka sila, kao potajna vatra u sumporu, skriveni ukus u soli, srozano rajsko bivstvo u zlatu.

*

Najteže je na svetu uzdizati nivo zajedničkog blaženstva, a ne stvarati predmetne kulture.

*

Jedan od ciljeva posvećenja je upravo da učitelj nauči učenika tajni logosa. Iz sebičnog interesa ništa se ne sme izreći: ko olako koristi božanske reči, igra se svojim bivstvom, reč će se okrenuti protiv njega. Učitelj svoga učenika upućuje u misteriju logosa.

Ono što kaže logos, to je zapravo nevidljivi i neizrecivi simbol. Ono što kaže mit, takođe je neizrecivo, ali je već vidljivo.

Treba se uzdići u krug logosa, jer se objavljenje može domašiti i shvatiti samo logosom; svet je stvorio logos, i ko hoće da razume tajnu stvaranja, mora znati da je logos, koji je stvorio svet, samo objavljenje. Ono što je stvorilo svet jeste smisao, svetlost, htenje, instinkt; misao, ideja, namera, bogatstvo, vatra, snaga, bujanje, moć, mera, slika, znanje, blagoslov, ljubav – što je upravo logos. (...)

Posvećenje je isti pradoživljaj kao bivstvo, duša, život, sudbina, istina. U arhaičkom čovečanstvu posvećenje je bilo najvažnija institucija, presudna za ceo život. **Ko nije prošao kroz posvećenje, on je rođen samo jednom** (naglasio R. A.). Takvo biće se ne može uzeti ozbiljno. To je ljudsko biće omamljeno i usnulo u materiji, poput životinje ili biljke. Pravo čovečanstvo je ono koje je dva puta rođeno *(dviđa)*, i istinska zajednica je njegova zajednica. Zajednica onih koji su posvećeni, koji su probuđeni i koji su postali učesnici objavljenja. Oni su imali reč, logos u vladavini, u zakonu, stvaranju; kao što kaže Veda: u daljem tkanju života. To su bili Veda – budnici, prvi ljudi.

*

Svaka književna, umetnička, filozofska tvorevina je bleda kopija posvećenja – čak i najlošija tvorevina čuva u sebi i sadrži i izražava zapovest potresa i očišćenja i to tako što saopštava doživljaj koji izaziva u čoveku sličan obrt. I što je delo presudnije i značajnije, sve jasnije izražava pradoživljaj posvećenja i sve više liči na pravo posvećenje.

*

Ono što posvećni treba da nauči odmah na prvoj stepenici, da u bivstvu nikada nije nasuprot ljudima. Ljudi su bespomoćne duše koje žive u materijalnoj prirodi, njihovom delatnošću upravljaju sile. Ko hoće da se umeša u sudbinu zemlje, bilo da hoće da predvodi, bilo da daje savete, bilo da poučava, on ne stoji nasuprot ljudima, već silama. I tamne sile ne obuzdava ljudska moć, nego Gospodari svetlosti.

*

Cilj svakog posvećenja jeste da čoveka uzdigne do jedinstva bivstva, i da se čovek, koji je putem divinacije stigao do cilja, iskupljeni, oslobođeni čovek koji je uspostavio jedinstvo bivstva, zatim vrati u život i da tu uzdigne čovečanstvo do sebe: tako uče Veda, Tao, Hermes Trismegistos, Kabala, Zaratustra, Pitagora i celokupna drevna baština.

*

U Peruu je iza oltara katedrale bio skriven vrt. Opkoljen visokim zidovima, kroz kapiju je mogao da stupi samo kralj, prvosveštenik i nekoliko posvećenih. U vrtu je sve bilo od zlata. Od zlata je bilo drveće, njihove grane i listovi; od zlata je bila trava, ivičnjaci uz stazu; zemlja je bila posuta zlatom. Od zlata su bili cvetovi, stepenice, leptir, ptice po drveću, životinje koje su plandovale ispod drveća ili se sunčale na zlatnoj travi; od zlata je bila kuća nasred vrta i svi njeni delovi; brava, pod, krov i u njoj nameštaj, stolice, stolovi, kreveti i posuđe.

Zlatni vrt nije pripadao kralju, ni prvosvešteniku, ni sveštenstvu niti crkvi. Kao što zlato u Peruu nije moglo biti vlasništvo nijednog čoveka, nije ni vrt. Sveti vrt je stanje i slika sveta, kakav je svet izvorno bio i kakav će konačno biti. Slika sveta onda kada je izašao iz ruku Stvoritelja i kada ga čovek bude vratio Stvoritelju. Novorođeni svet, prvi svet i poslednji svet, besmrtni svet. Drevno zlatno doba koje je stvorio Bog i poslednje zlatno doba koje je stvorio čvek. (...) Čoveče, ovakvim moraš načiniti svet! Ti si bio taj koji je ovaj zlatni svet pretvorio u prah i pesak, u kamen, blato, u prolaznu, bezvrednu, grubu materiju, u raspadljivo meso i prolazni život!

*

Za drevnog čoveka učenje i znanje, isto tako kao i jedenje, nisu bili sebične delatnosti, delatnosti usmerene pema sebi. Učiti nije ništa drugo do jesti, nešto što je spoljnje pretvoriti u unutarnje. I što činim nije moje i što znam nije vlasništvo moga Ja, Duhovnost isto tako nije predata na milost i nemilost ljudskom Ja, kao što mu nije izručena zemlja, bližnji, životinje i kao što na svetu nije izručeno ništa. I duh je dat za negovanje. I učenje i znanje su isto tako kultovi zlatnog doba, kao i sve ostale delatnosti.

Najviši stepen učenja i znanja jeste njihovo učešće u svetim knjigama. Ova hrana je u određenom pogledu jedina bitna i egzistencijalna hrana u zemnom životu čoveka. To je učešće u baštini: znati ono što je Bog neposredno objavio i znati ono što je znamenito od samog začctka. Kada su pitali Konfučija šta je ono što održava narod, odgovorio je: Vojska, hleb i duh predaka. Ako je neophodno, vojske se možemo odreći, i hleba se možemo odreći; duha predaka se ne možemo odreći, jer je on život sâm. Bez njega čovek nije ništa do bilo koja životinja.

*

Za drevnog čoveka je umetnost, slikarstvo, muzika, poezija, oblikovanje lepih predmeta isto toliko bilo kult kao i porodični život, vaspitavanje, zemljoradnja. Lepe stvari čovek nije oblikovao zbog njih samih. Delovanje majstora umetnosti, isto tako kao i delatnost prvosveštenika, ratnika, kraljeva, najvažnija je u ljudskom društvu: umetnost je ono što ovaj svet, isto tako kao i religija, filozofija, vladavina, na najdelotvorniji način čini sličnim Zlatnom vrtu. U drevnom Meksiku je živeo jedan narod, Tolteci, čija je najviša kasta bio upravo umetnik. Reč *toltek* i znači: majstor umetnosti. Umetnost je bila kult, i poslanje majstora je bilo da narod preplave lepim predmetima, lepim napevima i lepim pesmama.

*

Pragovi preko kojih treba da pređe duša upitni su i dvosmisleni. Svaki prag je stepenica: ili gore, ili dole. Ili prema tami, ili prema svetlosti. Čovek ili načini korak prema gore, i tada se približava svom drevnom stanju, ili ne može da ga načini, i tada se survava u još dublju tamu. Put vodi ili gore ili dole; ali istovremeno unutra ili spolja. Jer put prema gore vodi unutra, put prema dole vodi napolje. Unutra je gore, i tamo se nalazi svetlost i budnost i duh i božansko bivstvo; napolje je dole, i tamo se nalazi tama, omama i materija.

*

Na pitanje koja je to metafizika u kojoj počiva analogijsko viđenje, odnosno drevni slikovni jezik, odgovor je veoma jednostavan i kratak: metafizika *han kai pan*, jedan je sve, odnosno sve je jedan. To je *advait*. Metafizika sve je jedan nije samo tajna Heraklita, Parmenida, Pitagore, nije samo tajna Egipćana, Kabale, Vede, Ji đinga; metafizika sve je jedan je prećutno prihvaćena, po sebi razumljiva metafika drevnog doba, iz koje proishodi svaka misao i prema kojoj svaka misao upućuje. (...)

Ljudsko lice isto tako znači ovo Jedan kao i linija dlana ili zapis povučen rukom, ili priroda duše, ili način života zajednice ili prinos žita, vrednost kraljeve vladavine, putanja zvezde. Sve je Jedno. Duša je leptir i krst je svetlost; riba je spasilac čoveka i zlato je mudrost. Jer, sve je Jedno (...) Duša nije takva kao leptir, nego je duša leptir, jer između duše i leptira postoji analogija. Dva je jedan. Ali i tri je jedan i pet je jedan i sto je jedan i stotine hiljada zvezda je jedan; stotine hiljada zvezda nisu takve kao ljudska duša, nego postoji analogija između celokupnog svemira i ljudske duše, jer nasuprot spoljnjem prividu, svet i duša su Jedno.

*

U istorijskom čoveku nije presudno to što u njemu postoje zapreke, nego što ima zapreke prema prirodnoj i drevnoj istini – usled osobenog pritiska ne ume da dograbi upravo ono što je istinski sadržaj njegovog bivstva. Zbog toga ne može da uhvati smisao drevnih slika i zbog toga ne razume slikovni jezik. A zbog toga opet za njega celokupno drevno doba ostaje zatvoreno i zabranjeno područje.

*

Od srednjeg veka je i simbol postepeno potiskivan u pozadinu, i jezik svoj najviši, najslobodniji i najsvetliji stupanj doseže u metafori. Međutim, metafora se u govornom jeziku pretvara u frazu. Gde su neophodni univerzalni znaci i gde još živi dublji metafizički sadržaj, tu je istorijski čovek prinuđen da koristi arhaičke reči. Jezik malo-pomalo prestaje da bude riznica analogije i osiromašuje. To je novovekovni, takozvani otrežnjeni jezik i drevna analogija u svojoj punoj snazi i dubini živi samo kod izuzetno velikih pesnika.

*

Jer ni ljudsko bivstvo nije ništa drugo do abnormalna zavisnost spiritualnog bića višeg reda od materijalnih sila nižeg reda. Ova bolest je veoma tesno povezana s onim što baština naziva materijalizacijom, izdvajanjem iz Jednog, sagrešenjem ili praotačkim grehom.

*

„Šta treba da čini kralj?" Kada je gospodar Žute Zemlje ovo upitao mladog pastira, on mu je odgovorio: „Upravljanje državom je kao čuvanje konja. Jednostavna stvar: držati na ostojanju ono što šteti konjima. Ništa više."

*

Ono doba koje se naziva početkom istorije jeste šestota godina pre našeg računanja vremena, kada je čovečanstvo sišlo s puta bogova i stupilo na put predaka. Istorija je istorija zbivanja na putu predaka; put bogova nema istoriju. Ova šestota godina je početak istorije, početak apokalipse, početak krize ljudskog bivstva, kada je prestala vladavina duhovnog objavljenja i na njegovo mesto stupila u vremenu primenjena nadmoć jačeg.

Ovo vreme se poklapa s opadanjem duhovno-svešteničke kaste i uzdizanje upravljačko-ratničko-viteške kaste. Put bogova nije drugo do put kojim brahman vodi čovečanstvo: put budnosti. Put predaka i nije drugo do put kojim viteški red, kšatrija vodi čovečanstvo: put sreće.

U Kini tone Tao i Konfučije počinje da objavljuje Čin Ce, vrline viteza. U Grčkoj tone orfejska baština i viteški život, s Homerom, preoblikuje život. U Indiji nastupa Buda, koji je po rođenju kšatrija i započinje bitku protiv brahmana. U Egipat upada ratnički narod iz Prednje Azije i uništava baštinu drevnog sveštenstva. U Iranu poslednji Zaratustra još jednom pokušava da ograniči sve rašireniji kult haome, ali posle smrti brzo biva zaboravljen i čovek započinje trku za individualnom srećom.

Istorijski čovek uopšte nije shvatio zašto grčki mislioci ratuju s Homerom tako tvrdo, i Heraklit svoju srdžbu samo zbog toga nije smeo da tumači osećajnom pristrasnošću, jer su se upravo tako borili protiv Homerovih epova, između ostalih Ksenofan i Platon. U Homerovim epovima javlja se isto što i u učenju Konfučija: vitez nasuprot duhovnom čoveku. Heraklit, odnosno Ksenofan i Platon su vrlo dobro videli da započinje proces koji preti bivstvu ljudske zajednice: čovek-vitez, koji ne raspolaže transcendentalnim vezama duhovne kaste, počinje da vidi zbivanja na površini i počinje da prosuđuje površno. S Homerom počinje istorija. Ona istorija koja je ranije bila jedno od bitnih poglavlja kraljevog posvećenja: delatnost velikih Očeva, kao primera i uzora realizovanih ideja, sada se pretvara u površinsku znamenitost i postaje plen javnosti. Ovaj prizor, kada se prvi put javlja, samo je blistanje – još nosi sobom duh drevnog doba i zato je blistavilo. Ali je već pokidana veza s duhovnim čovekom. Vitez se već osamostalio, već počinje da se dopada samom sebi u svom posebnom bivstvu, i što je najvažnije: u svom životu već nosi žudnju i sliku vlasti, a ne vladanja.

*

Smisao greha nije u tome da sam nekome prouzrokovao štetu. Greh je u tome što sam samog sebe isključio iz sveta duha.

*

Ko se okrene prema spolja, ubiće ga tama.[*]

---

[*] Bela Hamvaš (1994): *Scientia sacra*, Centar za geopoetiku, Beograd. Prevod: Sava Babić.

ŠKOLA POSVEĆENJA
Isak Baševis Singer

Kada bih uzimao u ruke autobiografiju, ili posthumno objavljenju knjigu pisca, sa čijim delom sam ostvario dubok odnos, opsedao bi me osećaj nelagodnosti. Plašio sam se da će ono uzvišeno u ostvarenom delu velikana početi da se ruši samoljubivim ispovedanjem, a kad su u pitanju posthumno nađena dela, plašio sam se puke želje otkrivača da nešto što ni sam pisac nije hteo da objavi za života, proglasi remek-delom.

Uzimajući u ruke Singerovu knjigu *Ljubav i izgnanstvo*, ne krijući uzbuđenje, ma koliko poznavao njegovo delo, pritiskala me je neprijatnost mogućeg razočarenja. Na sreću, preda mnom je bilo izuzetno delo, delo koje se ne može tumačiti u jednom sloju, niti se svesti pod jedan imenitelj.

Ne pamtim kad sam u jednoj knjizi sreo do te mere postignuto **jedinstvo dvojnosti**. Uza sve darove koji vas u njoj očekuju, ako Singerovu knjigu čitate kao autobiografiju, čitaćete je od korica do korica kao piščev životopis. Ako se odlučite da je čitate kao roman, doživećete je kao izuzetan roman, još jedan u opusu ovoga velikana savremene svetske književnosti. Tako spojena dva toka u jednu knjigu, koju ćete godinama nositi u sebi, retkost je taman onoliko koliko je ovaj izuzetan stvaralac retkost u modernoj književnosti, **sav i samo svoj**.

Odavno nije bilo knjige čiji autor otvoreno do samosatiranja i samoprezira, govori o sebi, životu, strahovima, željama, opredelenjima, veri, porodici, životu za koga uvek, ali uvek, ima kapitalno rešenje koje glasi: Ako sve pođe loše, jednostavno ću se ubiti. Smrt kao izlaz iz svih nedaća i život krajnje bedan i neprijateljski, do te mere su dominantni u ovoj knjizi, da vas prožimaju do poslednjeg sloja svesti.

Vredelo bi posmatrati lica piskarala i književnih kameleona dok čitaju ovu Singerovu knjigu, one koji su, ostavljeni od rastrežnjenih žena napisali poneku pesmu i knjižurak i koji potom očekuju da im država i društvo dâ i pruži sve. Ipak, bio bi to tužan prizor. Uz inače minorno čitanje, trebalo bi savladati (pitak i jednostavan, a istovremeno složen i mnogoznačan) brevijar odricanja, brevijar skoro neljudske žeđi za učenjem i spoznajama, brevijar uverenja da ti **ništa** ne pripada i da nemaš prava **ni na šta**.

Malo je i među najvećim piscima onih koji su kadri, poput Singera, da na pola stranice dočaraju jedan lik tako konačno i upečatljivo da vam on zauvek ostane u svesti (lik Rubena Mehelesa). Na takvim mestima se autobiografija i romanesko prožimaju do neverovanja.

Ako ste pisac, ili bilo ko iz sveta kreacije i duha, ovu knjigu je porazno čitati, jer ste poraženi snagom Singerovog opredelenja i snagom posvećenja ideji da se bude pisac. Ali, ako ste deo ove naše šugave stvarnosti, poraziće vas činjenica šta čita i čime se Singer napaja od najranijeg dečaštva. Evo šta muči dečaka Singera, sina i unuka hasidskih rabina, gde je čitanje svetovnih knjiga (koje guta krišom), ravno izdaji: „Očito da priroda nije marila što mesari na Janaševom bazaru dnevno ubiju stotine, ili hiljade kokošaka. Niti je prirodu uznemiravalo to što

Rusi progone Jevreje, ili što se Turci i Bugari međusobno masakriraju i malu decu nose na vrhovima svojih bajoneta. Gde je dobila moć da nadgleda najdalje zvezde i crve u slivniku? (...) Da li je moj mozak isto tako mogao da se skuva i pojede? Da, naravno, ali dok god se ne skuva, on bez prestanka razmišlja i želi da sazna istinu."

Konačno, čini se da malo koja knjiga do sada pokazuje tako jasno šta je to biti Jevrejin. Ma gde rođen, večito i večito, Jevrejin je u dijaspori, nepripadajući, s dubokim osećanjem ugroženosti. Svest i vizija te univerzalne, planetarne dijaspore Jevreja, koja izvire iz ove kapitalne knjige, potresna je do bola.

Da biste shvatili suštinu jevrejstva, ne morate posezati za istorijskim i sociološkim studijama. Čitajte ovu knjigu. Ako ste poverovali da vam je sudbina da budete stvaralac, pročitajte ovu knjigu da biste imali s čime da se poredite, da se svojim patnjama i muci što vas sredina ne razume, slatko nasmejete. Ali, ako ste već bili očarani Singerovim *Robom* i drugim njegovim knjigama, pročitajte ovu knjigu da biste ponovo bili darivani od velikog majstora reči.

Veliki su veliki i po tome što su kadri da bez zazora javno kažu i ono što mali duhovi ne priznaju ni sebi samima. Singer govori otvoreno i potresno o jevrejstvu, o piscima svoga vremena, filozofiji, narodima, ljubavi, seksu, o svojoj neverovatnoj neusaglašenosti sa svetom oko sebe, o sebi. A, u knjizi je to očito, ne govori to s bezbrižnog pijedestala nobelovca, već otvoreno svedoči o prvoj polovini svoga života.

Izdavačka kuća „Rad", u glasovitoj ediciji „Reč i misao", i vrsni prevodilac Ljubomir Veličkov, darivali su nam veliko delo, koje je već sada neizbežna baština.

Iz knjige:

Imao sam mnogo vremena u gradu moga oca. Više puta sam iščitavao Spinozinu *Etiku*. Iz dela Rabi Nahmana Braklavera vrištala je neka vrsta svetačke histerije, egzaltacije koja često ide ruku podruku s dubokom melanholijom, dok je Spinozina *Etika* bila hladna, čista logika. Spinoza nije verovao u osećaje, emocije, ili, kako ih je nazivao, afekte. Ali, očito je da se iza te hladne logike krije osoba sa snažnim osećanjima za pravdu i istinu. Upravo kao i Rabi Nahman i Spinoza je bio žrtva sušice i umro je mlad. I rabi Nahman i Spinoza trpeli su progon. Godinama su drugi rabini i njihovi sledbenici agitovali protiv Rabi Nahmana. Čak su pokušali da ga ekskomuniciraju. Njegov najgori protivnik bio je rabin kojeg su zvali Spala Deda. U jednom trenutku boljeg raspoloženja, Rabi Nahman je rekao: „Izmislili su osobu i sad se svađaju sa njom." Spinozu su zapravo ekskomunicirali holandski Jevreji. Bio je i u stalnoj opasnosti od inkvizicije, koja je u to vreme bila veoma moćna. Rabi Nahman je našao utehu u Bogu koji je bio pun dobrote i ljubavi, uprkos tome što mi ljudi ne možemo da shvatimo Njegovu dobrotu. Spinoza je utehu našao u Bogu kojem nedostaju volja i osećanja, i koji poseduje samo veliku moć i večne zakone. Prema Spinozi, osećanja, patnja i pravda bili su ljudski pojmovi, prolazne mode.

Utehu nisam mogao da nađem ni u Rabi Nahmanovom, ni u Spinozinom bogu. Zaključio sam da čovek ima sva prava da protestvuje protiv nasilnih činova života. Čovek nije bio obavezan da se Bogu zahvaljuje za sve epidemije i katastrofe koje su ga spopadale praktično od kolevke pa do groba. Činjenica da Bog poseduje neizmerno više znanja i moći, ne daje mu pravo da nas muči čak i ako su mu motivi najčistitji i najmudriji.

*

Ako Bog želi da muči svoja stvorenja, ili se oseća primoranim da to čini, to je Njegova stvar. Pravi pobunjenik, demonstrant, izražava svoj protest tako što, kako najbolje ume i zna, izbegava da čini zlo.

S tim pogledom na život i u tom raspoloženju otišao sam u Varšavu da postanem korektor časoposa *Književne stranice*.

Već u vozu imao sam priliku da prisustvujem ljudskom poniženju, dubokoj jevrejskoj patnji. Grupa huligana ukrcala se u vagon treće klase, koji je bio ispunjen jevrejskim putnicima – siromasima koji su putovali s vrećama, svežnjevima i sanducima. Huligani su odmah obratili pažnju na te Jevreje. Prvo su ih vređali svakovrsnim poganim imenima. Uporno su tvrdili da je svaki Jevrejin boljševik, trockista, sovjetski špijun, ubica Hrista, eksploatator. (...) Nekoliko mladih Jevreja pokušalo je da brani Jevreje i da istakne da su se jevrejski vojnici borili na frontu i da ih je mnogo izginulo, ali su ih huligani grubo izviždali i zasuli pogrdama. Ubrzo su sa reči prešli na delo. Zgrabli su Jevreje za brade i vukli ih. Jednoj postarijoj Jevrejki strgli su periku. Skakali su po prtljagu Jevreja. Jevreji su lako mogli da prebiju huligane na mrtvo ime, ali su znali kako će se to završiti. U drugim vagonima vozili su se vojnici, i lako je moglo doći do krvoprolića.

Posle nekog vremena, huligani su zahtevali da Jevreji pevaju „Dobro došla, o nevesto", himnu koja slavi dolazak šabata. Bio je to oblik sramote i poniženja koji su mnogi poljski huligani zapamtili iz vremena kada su se vojnici generala Halera iskalili na Jevrejima, obrijali im brade često zajedno s komadom obraza. Stajao sam tu, u uglu vagona, blizu klozeta, stežući svoj svežanj koji se gotovo sav sastojao od rukopisa i nekoliko knjiga koje sam imao. Nešto se u meni podsmevalo mojim iluzijama. Znao sam sasvim dobro da to što sada gledam predstavlja suštinu ljudske istorije. Danas su Poljaci mučili Jevreje; juče su Rusi i Nemci mučili Poljake. Svaka istorijografska knjiga bila je povest o ubijanju, mučenju i nepravdi; sve su novine bile prožete krvlju i sramotom. Dvojica pesimističkih filozofa koje sam čitao, i Šopenhauer i fon Hartman osudili su čin samoubistva, ali sam u tom trenu znao da postoji samo jedan istinski protest protiv užasa života, a to je baciti Bogu natrag Njegov dar. Da sam u tom trenutku kod sebe imao pištolj ili otrov, najverovatnije bih se ubio.

Posle mnogo priče i prepiranja, Jevreji su počeli da pevaju „Dođi, moja voljena". To je bila pola pesma, pola tužbalica. Do te noći često sam maštao o iskupljenju ljudskog roda, ali mi je tada postalo jasno da ljudski rod ne zaslužuje iskupljenje. Učiniti to, bio bi zločin. Čovek je bio zver koja ubija, uništava i muči ne samo druge vrste, već i svoju sopstvenu. Uživao je u tuđem bol, a poniženje drugoga, za njega je značilo slavu. Tora kaže da je Bog zažalio kada je stvorio čoveka. Adamov sin je ubio svoga brata. Deset generacija kasnije, Bog je izazvao Potop zato što se svet iskvario. Nema knjige koja tako neposredno i jasno kazuje istinu o čoveku i njegovoj prirodi kao Biblija. Zli su čak i prividno dobri ljudi. Jučerašnji mučenici često postanu današnji tirani.

Čovek, kao vrsta, zaslužuje sve kazne koje ga snađu. Nije to puki slučaj da je većina spomenika koje čovek podiže, posvećena ubicama – bilo da su to patriotske ili revolucionarne ubice. u Rusiji postoji čak spomenik Bogdanu Hmeljinskom. Prvi nedužni mučenici na ovoj zemlji jesu životinje, posebno biljojedi.

Posle nekog vremena huligani su se zamorili, naslonili glave na naslone sedišta, i počeli da hrču. Male dućandžije u tom vagonu bile su očigledno nedužne, ali ja sam bio svestan činjenice da jevrejski mladići u Rusiji isto tako muče i ubijaju nevine ljude u ime revolucije, često svoju jevrejsku braću. Jevrejski komunisti u Bilgoroju najavljivali su da će oni, kada dođe revolucija, obesiti moga ujaka Jozefa i ujaka Ičea zato što su sveštenici, sajdžiju Todrosa zato što je buržuj, mog prijatelja Notea Šverdšarfa zato što je cionista, a mene zato što sam se drznuo da sumnjam u Karla Marksa. Takođe su obećali da će iskoreniti bundiste, „poale" cioniste i, naravno, pobožne ortodoksne Jevreje. Tim mladićima malih gradova bilo je dovoljno da pročitaju nekoliko brošura, pa da se pretvore u potencijalne ubice. Neki od njih su čak govorili da će streljati svoje roditelje. Jedan broj tih mladića stradao je nekoliko godina kasnije u Staljinovim radnim logorima.

*

Jidiš pisci, koji su godinama gotovo do poslednjeg bili zaraženi levičarstvom, prekorevali su Cajtlinove, i oca i sina. Kada sam odrastao i oni čitali moja pisanija, to ih je bacilo u jarost. Ni Aron Cajtlin, ni ja, nismo se uklapali u jidiš literaturu sa njenom sentimentalnošću i klišeima o socijalnoj pravdi ili jevrejskom nacionalizmu. I Cajtlin i ja duboko smo se zanimali za psihička istraživanja. Obojica smo (zapravo sva trojica – stariji Cajtlin takođe) shvatili da su pisci koje jidiš i hebrejski kritičari smatraju velikim ličnostima i klasicima, u stvari često nespretni provincijalci. Nije nam trebalo mnogo vremena da shvatimo da ono što preovlađuje u jidiš literaturi važi takođe za sve literature u svetu. Svaki istinski talenat bio je oaza u pustinji neukusa. Dok je još mlad, on zamišlja da može da zaustavi pesak i pustinju preobrazi u raj, ali kada postane stariji, on shvati da treba da zahvali Bogu što ga pustinja nije progutala isto onako kako je već učinila sa mnogima. Štaviše, pošto je Bog stvorio pustinju, pustinja je imala sve razloge da postoji. Gde je to rečeno da je zelena trava važnija ili čak lepša od mrkog peska?

*

Gina se neko vreme igrala svojim spiritističkim stolom i pokušavala da napiše automatskom metodom. Stajao sam kod otvorenog prozora i zurio dole na ulicu Gezija. Sahrane su se ređale celoga dana. Ne tako daleko odavde počivali su stari i novi leševi. Blagi povetarac mi je ulazio u nozdrve, i ja sam stalno mislio kako oni nose zadah truleži i raspadanja, zajedno s tajnama rođenja i smrti. Ulica je bila mračna i zvezde su svetlucale nad krovovima. Povremeno mi se činilo da mogu da razaznam beli pojas Mlečnog puta. Sve je bilo blizu – smrt, svemir, enigma snova, iluzije ljubavi i seksa. Psi su lajali, mačke mjaukale. U Gininom stanu su se rojili moljci, mušice i bube. Insekti su uletali kroz otvorene prozore da poslednji put zalepršaju pre nego što uginu. I Gina je nastojala samo da se spojimo sa silama koje upravljaju zemljom i da dođemo do neke vrste objašnjenja i zaključaka u pogledu sveta. Ali te sile nisu htele ništa od toga. Bili smo osuđeni da ostenemo zauvek potonuli u haosu.

Iako se Gina sama nije ponašala u skladu sa zakonima sadržanim u Šulhan Aruku, ona je ipak mrmljala svoje noćne molitve. Ja sam mentalnim putem molio Boga da me spase kasarne i u isto vreme molio za one prisiljene da u njima borave. Toliko je mnogo opasnosti i problema vrebalo sve i svakoga! Nijedan trenutak nije prolazio bez nekakve nevolje. Sami ljudi su jedni drugima zadavali jade. Svi su zatvori bili prepuni kriminalaca. Povremeno sam čuo puškaranje u noći, krike i udarce, povike za pomoć. U Varšavi su komunisti tražili svaki način da podstaknu revoluciju i da Poljsku predaju boljševicima. Hitler i njegovi nacisti već su formulisali planove da povrate Gornju Šlesku i „koridor" koji je Versajskim ugovorom otrgnut od Nemačke. Poljski antisemiti su agitovali protiv Jevreja. Jevrejske političke partije su se svađale među sobom. Litvanci su težili da zauzmu Vilno. Ruteni i Belorusi vodili su borbu protiv poljske vlasti. Hobs je bio u pravu – svako je vodio rat protiv svakoga. Svaki mir bio je prepun novih ratova. Same vođe su se žestoko svađale. Nisam mogao da živim u tom svetu – samo da krijumčarim kroz život gamižući poput crva i miševa, u stvari kao sva stvorenja. Svaki dan kroz koji sam se probio bio je – i do danas je ostao – čudo. Posebno je jevrejska istorija bila jedna golema muka krijumčarenja i provlačenja kroz države i zakone koji su nas osuđivali na smrt. Pre odlaska na spavanje, još jedanput bih pogledao zvezdano nebo. Da li je tamo, gore, bilo ovako? Da li je postojalo neko ostrvo mira, negde u svemiru?

*

Ono što sam sada osećao nije bila požuda već želja da se ponizim, da sebe jednom zauvek ubedim da su sve moje nade ništavne, i da sam već na kraju puta. „Ako dobiješ sifilis", nastavio je moj unutarnji neprijatelj, „moraćeš da izvršiš samoubistvo i tako ćeš okonačati svu glupost":

Noge su mi kao same od sebe, prešle ulicu Nameravao sam da uzmem jednu drugu, ali umesto toga prišao sam mršavoj sa uplašenim očima. Drhtala je.

„Mene?"

„Da, tebe."

Bacila je pogled ka crvenokosoj, koji je izražavao i iznenađenje i nešto nalik na trijumf. Umakla je unutra, a ja sam išao za njom – „kao ovca na klanje", pomislio sam. Koliko juče, zaključio sam da čovekova sličnost sa Bogom leži u činjenici da obojica poseduju slobodu izbora, svaki na svoj način i prema svojoj sposobnosti. Ali, evo, sada sam činio nešto što se rugalo mojim idejama. Devojka je silazila niz stepenice i ja sam se našao u hodniku tako uskom da je kroz njega u isti mah mogla da prođe samo jedna osoba. Pocrneli zidovi ukazivali su se na obema stranama, spremni da se spoje i zdrobe me. Nozdrve mi je napao zadah zemlje, truleži i nečeg plesnjivog i masnog. Odjednom se pri svetlosti male kerozinske lampe stvorila ogromna spodoba, džin sa crnom krpom umesto nosa, rošavog lica, i odeven u rite. U njegovim očima se ogledao smeh onih koji su pogledali u ponor i ustanovili da je on manje strašan a više smešan. Hodao je gegajući se i blokirao nam put. Zaudarao je kao lešina. Počeo sam da trčim nazad, a u ušima su mi zvonila zvona. Usta su mi bila puna žuči od mučnine. Kurva je vikala i pokušavala da potrči za mnom. Džin je počeo da urla, da se grohotom smeje, da pljeska svojim šapama. Pipajući sam tražio stepenište, ali je ono nestalo. Čuo sam mjaukanje mačaka i prigušene zvuke harmonike.

„Bože na nebu, spasi me!", vapio je vernik u meni.

Okrenuo sam se i stepenice su se pojavile. Pojurio sam uz njih i za tren sam ponovo bio napolju. Crvenokosa kurva je kreštala, a njene reči sam tek kasnije dešifrovao:

„Budalo, varalice, protuvo!"

(...) Molio sam za oproštaj Boga s kojim sam inače vodio rat. Zakleo sam se da mu se više nikada neću suprotstaviti.

*

Čak i ako sam neka greška u Božjem delu, ja ne mogu biti potpuno izbrisan. Pokušao sam da zamislim trilione, kvadrilione i kvintilione planeta u svemiru, njihovu individualnost i svaranja koja su se na njima rojila, svako sa svojom evolucijom, istorijom i strastima. Ne, nije bilo smrti u tom kazanu života. Svaki atom, svaki elektron je živeo i imao svoju funkciju, svoje ambicije, svoju neispunjenu želju. Svemir je vikao bezglasno. Pevao je serenadu nekom drugom svemiru. Ne samo ja, već i sto u mojoj sobi, stolica, krevet, tavanica i pod, svi su učestvovali u toj drami. Toplota je izbijala iz zidova. Duž kičme mi je prošao drhtaj u cikcak liniji.

Pokušao sam da pomoću telepatije razgovaram s Ginom. „Da li si i ti budna? Da li i ti stojiš kraj prozora i posmatraš noćnu misteriju? Šta nije u redu, ljubavi, šta te boli? Nemoj da umreš, Ginele, jer sva ta smrt je laž, nesporazum. Osim toga, potrebna si mi i znam da niko ne može da zauzme tvoje mesto. Naš spoj je stranica u Božjem romanu i niko ne može da je istrgne. Niko me nikad ne može ljubiti, privući, ni zadovoljiti, kao što si ti to činila. Čeznem za tobom jer mi smo se sreli ko zna koliko puta i naši životi su isprepleteni na takav način da se ne mogu nikada razdvojiti. Naša ljubav je počela kada smo bili još amebe. Bili smo ribe u moru, ptice u vazduhu, krtice u zemlji. U Egiptu smo pravili opeke od gline. Zajedno smo stajali na Sinajskom brdu. Kasnije sam ja bio Boaz, a ti Ruta, bio sam Amon, a ti Tamara. Kada je Jerovoam razdvojio plemena Jakovljeva, ti si bila u Jerusalimu a ja u Beršebi, ali sam se prokrijumčario preko granice da bih te potražio. Obožavao sam Zlatno tele, a ti si u očajanju postala bludnica u hramu kralja Manaše. Plesala si pred Baalom i Astarte, i svoju nagotu pokazala za pola šekela. Zato što si me izneverila, tukao sam te celu noć, ali u zoru se pojavila jutarnja zvezda, bacili samo se jedno na drugo sa žudnjom koju nijedan greh ne može da ugasi.

„Ti si pre tri hiljade godina legla sa Baalovim sveštenikom, Hamorom, sinom Zeva, i zato ću ja noćas leći s Marilom, kćerkom Vojćeha. Ona me čeka u kuhinji, na slamarici. Trbuh joj je vreo, grudi čvrste, brazda spremna za mene i za svakog muškarca koji joj dođe. Znam sasvim dobro da će nam taj čin još više iskomplikovati račune, doneti nove reinkarnacije i možda produžiti dijasporu, ali mada nam je dat slobodan izbor, sve je predestinirano. Mnogostruka je božanska glava knjige. Marila je jedanaesto pokolenje kočijaša koji je zaveo ženu seljaka, a ja sam trinaesta generacija mlekarice koju je silovao seoski plemić. Sve je to zabeleženo u našim genima. Bog se igra sa nama; On sa nama eksperimentiše iskušavajući nas nagradom i kaznom, sveznanjem i slobodnim izborom. Marila će se kroz godinu dana udati za svoga verenika, vojnika Staša, sina Janovog, a mene takođe čekaju neki jajnik i materica koji će roditi mog sina ili kćerku. Bog je ukupan iznos ne samo svih dela, već i svih mogućnosti. Laku noć, srećo. Ako možeš, smiluj se na mene."

*

Nisu se obistinila proročanstva koja je Stefin profesor izrekao te večeri kod Trajtlerovih. Osim tog jednog dela, nijedno drugo nikada nije objavljeno na poljskom. Ali između Stefe i mene probudila se ljubav, i ona se nije trudila da se krije od muža. Ljubili smo se u prisustvu Leona Trajtlera. On je bio jedan od onih ljudi koji zapravo ne mogu da žive bez *hausfreunda*. Često me je prekorevao zato što zanemarujem Stefu.

Leon Trajtler je bio čovek malenog rasta, i šiljate lobanje na kojoj nije bilo nijedne vlasi. Imao je poduži nos, šiljastu, uvučenu bradu, istaknutu Adamovu jabučicu, klempave uši. Sigurno nije imao više od četrdeset kilograma. Oblačio se kao kicoš, nosio kravate napadnih boja s bisernim iglama, cipele s kopčama, i šešir s peruškom. Imao je tanak, unjkav glas, a u govoru je koristio ironične paradokse. Razgovor je uvek počinjao negde od sredine – bockajući i laskajući u isto vreme. Rekao bi: „Pa čak i da ste već slavan pisac, morate li da ignorišete svakog običnog čoveka samo zato što ne poznaje sva Ničeova dela i ne može da nauči celog Puškina napamet? Svećom vas tražim, a vi se krijete baš kao da sam vam najgori neprijatelj. Čak i ako sam neznalica, pa vam je ispod časti da se družite s nekim od moga soja, šta je tu Stefa kriva? Ona prosto umire od čežnje za vama, a vi je kažnjavate zbog toga što je, umesto da se uda za pesnika, uzela parajliju, dok ju je njen dragi, onaj prevarant Mark, napustio sa svim svojim diplomama i medaljama."

Stefa je govorila da je on i sadista i mazohista. U poslovima se služio prevarama, i stalno se parničio, ali je novac davao i za plemenite ciljeve. Stefa mi se klela da je samo četiri nedelje posle svadbe počeo da traži ljubavnika za nju. Imao je sekretaricu koja je znala sve njegove smicalice i koja mu je bila ljubavnica preko dvadeset godina.

Stefa mi je jednom rekla: „Kakav je Leon Trajtler u stvari, nikada neću saznati pa da živim i hljadu godina. Ponekad pomišljam da je on jedan od tvojih demona."

*

Otišao sam da ručam u Klub pisaca i da eventualno opet telefoniram Stefi. Klub pisca nije bio ni dvadeset godina star, ali sam ja imao osećaj da postoji oduvek. Neki pisci su ostareli; mnogi su umrli; nekolicina njih postali su senilni. Svako ko je pripadao Klubu imao je beskonačne žalbe na svet, protiv Boga, protiv drugih pisaca, urednika, kritičara, pa čak i protiv čitalaca i njihovog rđavog ukusa.

Imao sam jaku želju da nekome pokažem svoju vizu, ali sam odlučio da to ne uradim. Telefon je zazvonio i garderoberka je došla po mene. Na vezi je bila Stefa. Saopštio sam joj vest, a ona je uzviknula: „Dođi odmah!"

Izašao sam i potrčao ka Ulici Njecala. Odjednom mi je Varšava izgledala kao strani grad. Jedva sam prepoznavao radnje, zgrade, tramvaje. Setio sam se odlomka iz Gemare: „Ono što će uskoro biti spaljeno, već kao da je spaljeno." Parafrazirao sam to u sebi. Ono što se čovek sprema da napusti, to je kao da je već napušteno.

Kao i obično pred proleće, hladni vetrovi su duvali pomešani s toplim povetarcima. Jedno drvo u Saksonskom parku rascvetalo se samo samcito usred drugih golih stabala i šiblja. Nekoliko dana ranije, video sam jedan cvet kako pada zajedno sa snegom dok je usred svega toga leteo leptir. Želeo sam da napustim taj grad, a ipak sam u isto vreme već čeznuo za tim gradom u kojem se nisam valjano ni smestio, već sam samo probao mršav delić njegovih čari. Sada sam Varšavu poredio s knjigom koju čovek mora da odloži u trenutku kada se priča približava vrhuncu. Zazvonio sam na Stefina vrata i ona mi je otvorila. Dok je još bila na vratima, rekla je: „Treba da ti čestitam, ali sve se to dešava brže nego šta sam mogla da svarim."

„Kako to da si me danas tražila u klubu?", pitao sam.

„Oh, ta moja prokleta intuicija. Sinoć je Leon rekao: 'Videćeš, tvoj dragi će otići i neće ti čak ni pisati'."

„Tako me je nazvao?"

„Da, on zna sve. Ponekad govori o tebi kao da ne zna ništa, a onda odjednom zazvuči kao da zna sve. U stvari, htela sam da te zovem kod Hagaja, samo sam napravila grešku i umesto toga okrenula broj kluba. Hajde, pokaži mi vizu. Moraćemo da priredimo zabavu ili bilo šta. Pre nego što si uopšte počeo da pričaš o Americi, znala sam da ćeš učiniti isto što i Mark – ostavićeš me. U Njujorku te već čeka neko ko čak ne zna ni da postojiš."

*

Narednog dana, ukrcao sam se na brod; kartu su mi uzeli, pa su mi se džepovi činili praznim. Sada sam imao samo pasoš. Ostao sam praktično bez prebijene pare. Hvala Bogu, kabinu nisam morao da delim ni sa kim. Moja dva kofera ležala su u mračnoj kabini, nemi svedoci da sam gotovo trideset godina živeo u Poljskoj, koja mi je tog dana izgledala dalja nego što mi izgleda danas, četrdeset godina kasnije. Bio sam ono što kabala naziva golom dušom – dušom koja je napustila jedno telo i čeka drugo. To putovanje učinilo je da zaboravim toliko mnogo činjenica i lica da sam počeo da podozrevam da postajem senilan. Ili je to bio privremeni napad amnezije? Da li je to bilo ono što se dešava s dušom odmah posle smrti? Da li je Pura, anđeo Zaborava, takođe anđeo Smrti? Poželeo sam da to zabeležim u notes, ali sam zaboravio da ga ponesem.

*

„Ko je?", pitao sam.
„Noćni portir."
Noćni portir? Šta li to noćni portir traži usred noći?, pitao sam se u sebi. A naglas sam rekao: „Ša nije u redu?"
„Ima jedan telegram za vas."
„Telegram? Za mene? Tako kasno?"

„Nadstojnik mi ga je dao da vam dam, ali sam ja zaboravio."

Iskotrljao sam se iz kreveta i pao na pod. Ustao sam, skinuo čaršav s kreveta i njime se umotao. Onda sam otvorio vrata.

„Evo, izvoľte."

Jedan crni čovek pružio mi je telegram.

Hteo sam da mu dam novčić od pet centi, ali on nije imao strpljenja da čeka, pa je zalupio vrata.

Otvorio sam telegram i pročitao:

BLOKIRANA U ATINI SA DETETOM. POŠALJI NOVAC ODMAH.   LENA

Bila je tu i neka adresa koja je izgledala kao grčka. Kakvo je ovo ludilo?, pitao sam se. Da pošaljem novac odmah? Ovog minuta? Šta ona radi u Grčkoj?

Zbacio sam čaršav i pogledao u ručni sat. Bio je stao u pet i petnaest. Da li je to bilo danas, ili je već bilo sutra? To ionako nije bilo važno. U Atini, od svih mesta na svetu... Bogati ujak iz Amerike poslao bi ček na 100.000 dolara, kao u lošem komadu u teatru *Skala*. Imao sam žclju da se smejem, da pijem onu rđom zagađenu vodu iz slavine, i da mokrim. Stajao sam neko vreme pored lavaboa i zurio, kao da tražim načina da istovremeno ispunim sve tri potrebe. Onda sam prišao prozoru, otvorio ga i pogledao vlažnu ulicu, njene crne prozore, ravne krovove, sjajno nebo bez mesečine, neprozirno i nepokretno poput nekog planetarnog pokrivača. Nagnuo sam se koliko god sam mogao, duboko udahnuo isparenja grada, i objasnio sebi i silama noći:

Izgubljen sam u Americi, izgubljen zauvek.[*]

---

[*] Isak Baševis Singer (1998): *Ljubav i izgnanstvo*, Rad, Beograd. Preveo: Ljubomir Veličkov.

STVARNOST KOJA TO NIJE
Kristof Ransmajer

Kada završite čitanje Ransmajerovog romana *Užasi leda i mraka*, ostaje jedino pouzdano osećanje da je stvarno čitanje stvarne knjige završeno i to „stvarno" je prva uobrazilja oko ovog romana. Potonje „čitanje" nezaboravnih delova ove čudesno upečatljive knjige tek će doći, a sasvim je sigurno da će se neke njene stranice iz naše svesti brisati, ali ko zna kad.

Ne čudi nas što je Kristof Ransmajer 1996. godine delio s Ruždijem značajnu evropsku nagradu za roman. Takođe ne čudi što se za ovoga pisca ovde ne zna. Ne čudi, jer je za mnoge od nas književnost još i iznad svega, već otužno ruženje komunista, peglanje đeneralskih mundira i, mada ga tako jadno poznajemo i razumemo, oknjižavanje crkveno-manastirskog sveta.

Oni koji su u detinjstvu, gubeći se, zaranjali u knjige *Kroz pustinju i prašumu*, knjige o kapetanu Nemu, o deci kapetana Granta, ovom knjigom su dobili potresno svedočanstvo o putovanjima kroz nemoguće, ponovni nauk o tome šta je čovek sve kadar da učini samo da bi otkrio nepoznato i priveo ga ljudskoj svesti. Jedino u šta ćete teško poverovati jeste da pisac nije bio član ekspedicije o kojoj piše. A istinski pisci su uvek „tamo".

Ransmajer na kraju knjige, smerno i dostojanstveno, izveštava koje je citate koristio, i odakle, i da su oni u knjizi štampani kurzivom, a to je skoro pola knjige. Pisac ih jasno ističe. Ali, taj podatak jedino u ovome romanu nije važan. Možda u ovoj knjizi ništa nije izmišljeno, a sve je fikcija. Sve se stvarno dogodilo, a sve je na nivou nemogućeg. Rečju, ni najtananijim instrumentom tekstualne analize, nećete lako uočiti šavove i prelaze između dokumenata, stvarnog dnevničkog zapisa istraživača Severnog pola i piščevog rukopisa. Tu veštinu i sklad nisam godinama sreo. To je sigurno jedan od razloga tolikog cenjenja ovog pisca u svetu. Sve drugo je u sferi književnog sveta i magije pripovedanja. Jer stvarne biografije stvarnih vođa ekspedicije na Severni pol 1872. godine, Čeha Julijusa Pajera i Austrijanca Karla Vajprehta, tačna imena članova brodske posade, čak i imena pasa za vuču, čak i jasne fotografije – kroz knjigu sve lagano postaje fikcija i pretvara se u univerzalni, zapanjujući čovekov napor da nedosegute delove svoga bića razotkrije, prisloni i poravna sa nikada dosegnutim delovima geografije ove predivne planete za koju ne možemo dočekati da baš sva postane pakao.

Stvarne ličnosti postaju univerzalni likovi, oni začudni ljudi iz skuta nadljudskog posvećenja jednog Nikole Tesle, i retkih njemu sličnih, ili pristigli u život s blistavih rubova halucinantnih krugova fiks-ideja Aleksandra Velikog da se stigne i osvoji i sam Kraj sveta, ali bez mača i krvavih armada.

Naravno, posle pretvaranja čitaoca u potpunog saučesnika u mukama i naporima ove već odavno zaboravljene ekspedicije, Ransmajer ne može da odoli a da naspram posvećenog čoveka ne stavi samo Čoveka. Iskidane i polumrtve, jedva svesne sebe, Evropa ih slavi do histerije. Opis dočeka i svečane povorke u Beču (citiran izveštaj „Noje Fraje Prese" od subote 26. septembra 1874), ravni su onim prizorima povratka kosmonauta s Meseca. Ali neće proći ni pola godine, a pojaviće se Ljudi, ušuškana i glupava salonska buržoazija, članovi akademija, vajni naučnici i nosioci Svih ordenja, salonski brbljivci i zlikovci javnog mnenja, i krenuće ruganje i neverica, uvrede i nipodaštavanja nadljudskih ostvarenja.

Uzdignuti izuzetnom knjigom i grubo vraćeni ljudima na njenim zadnjim stranicama, kažemo, poraženi, što da ne. Rugali su se Tesli, Ajnštajnu, Helderlinu, Žoržu Bataju, Beli Hamvašu i tolikim podvižnicima kroz istoriju. Da se to nije dogodilo i piščevom rukom označeno, ovaj roman bi bio samo draga bajka.

Imponuje što u našoj sredini imamo izdavača koji prepoznaje izuzetna dela i, mada znajući našu sredinu, ipak ih objavljuje. Kristof Ransmajer je svakako dar na srpskom jeziku čitaocima već zagušenim lokalnim temama, i ponovno učenje o onome što se tako šturo zove „ljudska priroda".

Recimo na kraju kako nije čudo što je „Geopoetika" prepoznala da ovaj roman treba da prevodi jedan vrstan pesnik, kakav je Zlatko Krasni.

Iz knjige:

Čak iako bi nekom uspelo da se popne uz ovu zvečeću ledenu konstrukciju i da u vraninom gnezdu sekirom napravi mesta – taj ne bi video ništa što bi mogao da doviкne onima dole. Nebo nad vodom raspršio je vetar. Led je beskrajan. Kada Vajpreht naređuje da se skinu jedra, a skida i košnu katarku, tada znaju da su za ovu godinu izgubili. Ali možda će se dogoditi neko čudo.

Možda je polarna svetlost što se pojavljuje od prvih septembarskih nedelja nebeski znak, najava predstojećeg oslobođenja. Kada je prvi svetlosni talas prešao preko njihove napuštenosti, smaragdno zelen, a onda predivan u svim bojama duge, Marola pada na kolena moleći se. Pomoći će im Bogorodica. Ali Vajpreht im kaže da ne treba da veruju čudima već njemu.

Pre svega je polarna svetlost ta koja novajliju u ovim krajevima ispunjava čuđenjem – to je ta nerešena zagonetka koju Priroda vatrenim slovima piše po arktičkom zvezdanom nebu. Ono što je daleki odblesak munje u sparnoj letnjoj noći, u poređenju sa olujom u punoj snazi, slabi je odsjaj polarne svetlosti u našim krajevima prema impresivnom prizoru Prirode na krajnjem severu. Ceo nebeski svod je u plamenu; u gustim snopovima neprestano seva na hiljade munja na sve strane, i to u pravcu one tačke na nebeskom svodu koju pokazuje slobodna magnetna igla; oko te tačke trepere i svetle i talasaju se i dižu u divljoj haotičnosti intenzivni svetlosni beli plamenovi obojenih ivica; kao da ih šiba vetar, vatreni svetlosni valovi se ukrštaju i pepliću od istoka prema zapadu, i od zapada prema istoku. U neprestanoj promeni crveno ustupa mesto belom, a zeleno crvenom. Hiljade i hiljade zraka bez prestanka se uzdižu u snopovima, jureći da dostignu tačku kojoj svi teže, a to je magnetski zenit. Kao da je oživela legenda koju smo učili u starim hronikama, da su nebeske vojske vodile boj i pred očima stanovnika Zemlje borile se munjom i ognjem. Sve se to događalo u najdubljoj tišini, nema nijednog tona, sama Priroda kao da je zaustavila dah, ukočivši se od oduševljenja nad vlastitim delom.

Karl Vajpreht

*

Takvu zakrpu razara jedan jedini udisaj ledenog mora... Poput naroda koji diže ustanak, tako se sada protiv nas podigao led. Preteći su od ravnih površina nastajale planine, od lakog ječanja nastajalo je zvečanje, režanje i urlik, povećano do hiljadostrukog zavijanja... Sve bliže je zvonjava i šuštanje, kao da hiljade bojnih kola jure preko peščanog polja. Snaga pritisaka neprekidno raste; led već počinje da pod nama podrhtava, da cvili u svim registrima, najpre kao zujanje bezbroj strela, zatim trešteći, uz buku, istovremeno najvišim i najdubljim glasovima – sve besomučnije urlajući on se uzdiže, razara u koncentričnim rasprskavanjima, okruženje broda kotrlja polomljene delove sante. Jedan užasno kratak ritam zavijanja najavljuje vrhunac te sile. A zatim sledi prolom, nekoliko crnih linija iskrsavaju usred snega. To su nova prskanja u neposrednoj blizini, i već se u sledećem trenutku pretvaraju u provalije... Ledeni zidovi se uz tutnjavu pomeraju i obrušavaju, nalik na grad koji se ruši... Nove mase se lome u okolini naše male sante; njihove ploče se okomito uzdižu iz mora, neki neizmerni pritisak ih savija u obliku luka, nova polja iskrsavaju čak u mehurima, kao jeziv dokaz elastičnosti leda.

Kristalne čete ratuju na sve strane, a između njih se voda survava kao u kotao; ledene litice pršte prilikom pada, a sa rasprskavajućih obronaka teku reke snega... I usred tog meteža brod! On se okreće, naginje i uzdiže; ali ono što je užasno, jeste posledica pritiska koji bezbednosne, debele hrastove daske zgnječi za tili čas i kada sâm brod počinje da pucketa... Ljudi odavno više ništa ne rade, jedino se u duhu bore za svoj život. Prestali su da povezuju led užadima; u početku trče smeteno, hitaju sa svojim lampama do procepa, sve dok led koji svuda okolo puca ne počne da davi sam brod. Noć krije i brigu jednih i mračno raspoloženje na licima drugih. Reči se ne mogu više čuti, razumljivi su još jedino krici... Ima li igde na Zemlji takvog haosa? Zakoni prirode vladaju bez svesti o užasu što ga izazivaju.

Julijus Pajer

*

Subota, 15. avgust

Dan i noć su prazna imena za proticanje ovog vremena. Noći ne postoje. Postoje samo promenljive boje i različita snaga svetlosti, samo Sunce koje kruži oko broda da nikada ne potone ispod obzora, samo vreme koje pokazuje časovnik i datum.

*

Nedelja, 29. avgust

Dan u ledenom moru, odmah ispod 81. stupnja severne širine. Dan bez ikakvih događaja. To što Sunce u ovoj oblasti sada, nakon više od četiri meseca, opet zapada na horizontu, kao da se ne tiče nikoga na brodu. Jozef Macini doživljava zalazak – to je samo nestajanje u oblacima, nešto obično bez ikakve bleštave aure i purpurnih lukova svetlosti – kao novi početak nebeske mehanike koja je dugo nedostajala; napokon se smenjivanje dana i noći opet nastavlja. Ali ne, to nije nikakva noć, već samo neki srebrnasti sumrak, nakon koga ne sledi mrak.

*

Severni okean je jedno široko polje na kome se može umnožiti slava Rusije kao i izvući mnogostruke koristi... Okean se nalazi na daljini od petstotina do sedamstotina vrsta od sibirske obale i tokom letnjih meseci slobodan je od masa leda koje sprečavaju plovidbu brodova i koje moreplovce izlažu opasnostima da budu zarobljeni. Briga za ljude je, istina, uvek mnogo teža nego briga za utrošena sredstva – međutim, uporedimo korist i slavu za otadžbinu: ako narodi za neki mali komad zemlje koji žele da osvoje, možda i iz puke ambicije, šalju hiljade ljudi, čak cele armije u smrt, onda za osvajanje ledenog mora, gde je reč o dobijanju čitavih zemalja u drugim krajevima sveta, o umnožavanju brodske plovidbe, trgovine i moći za slavu države, ne bi imali više od stotinak žrtava.

Mihail Vasiljevič Lomonosov
osamnaesti vek

*

Ako budem imao sreće da to more pronađem, nameravao sam da čamcem zaplovim u pravcu severa. Za transport preko leda, svoje poverenje sam poklonio uglavnom eskimskom psu.
Isak Izrael Hejs
devetnaesti vek

Mister Hejs! Isto tako biste mogli da pokušate da plovite po krovovima grada Njujorka.
Henri Dodž
devetnaesti vek

*

Mi sigurno nismo krenuli da bismo tražili matematičku tačku koja obrazuje severni kraj zemljine osovine – jer doći do te tačke ima sàmo po sebi tek malu vrednost – već da bi započeli ispitivanja u velikom, nepoznatom delu Zemlje koji okružuje Pol, i ta ispitivanja će imati jednako veliki naučni značaj, bez obzira na to da li putovanje vodi preko samog matematičkog pola, ili ostane malo dalje od njega... Ali se do Pola mora stići, kako bi se prestalo s tom sumanutošću.

Fritjof Nansen
početak XX veka

*

Većina ljudi misli na „avanturu" kada se spomene reč „otkrića". Zato želim da utvrdim razliku između ova dva izraza, i to sa stanovišta pronalazača. Za pronalazača je avantura ništa drugo do nimalo dobrodošao prekid rada. On ne traži napetost nerava, već činjenice koje su do sada bile nepoznate. Često njegova putovanja ne predstavljaju ništa drugo do trku s vremenom, kako bi izbegao smrt od gladi. Za njega je avantura samo greška u proračunima, koju je otkrilo „ispitivanje" činjenica. Ili je to nesrećni dokaz za to da niko ne može da u obzir uzme sve mogućnosti... Svaki pronalazač doživljava avanture. One ga podstiču, i rado misli na njih. Ali on ih nikada ne traži.

Roald Amundsen
dvadeseti vek

*

Kloc koji je tako dugo nem, i kao vlastiti spomenik ležao u kabini, hoće opet da preuzme svoju dužnost; zimu je proveo u Sank Leonhardu; upravo se vratio iz Pasajertala.

Aleksandar Kloc je kao i pre. Nije veseo, ali kao i pre. Tokom tih dana prvi put vide harpunistu Karlsena kako se smeje, vide ga oduševljenog. „Pogledajte samo tog Kloca. Pogledajte ga! Stoji tu baš kao Sveti Olaf; on je kao sveti Olaf!" I svetac-zaštitnik Norveške je posle dugo vremena razmišljanja i ćutanja pronašao svoj put u svet, svojim neprijateljima je krvavo presudio i nastavio svoje delo preobraćanja. A on, Karlsen, veruje da zna zbog čega je Kloc sada opet normalan čovek; duša mašiniste Kriša je poslednjih dana sve češće napuštala svoju smrtnu ljušturu, kako bi istražila put u večnost; na tim putovanjima mora da je, međutim, srela dušu lovca i ubedila je da se vrati. I tako je Klocova ukočenost prošla.

*

Učesnici austrougarske ekspedicije na Severni pol žele da krajem maja napuste brod i vrate se u Evropu. Budući da pre tog časa valja preduzeti još jedno, dva, možda i tri putovanja na sankama zbog istraživanja Zemlje Cara Franje Josifa, ukazuje se potreba da se ova namera, i s tim povezana očekivanja, odenu u određene forme, kako bi tako smeli poduhvati bili što manje uznemirujući i za one koji ostaju na brodu, i za one koji će putovati. (...)

I mada ih skorbut muči, javlja se više mornara koji bi da prate gospodina poručnika na njegovom prvom putovanju sankama, više nego što Pajeru treba; prilaze oficirskom stolu, opisuju gospodi svoju istrajnost i snagu i umanjuju svoje bolesti. Onaj koji je koliko juče ležao u groznici, danas želi da vuče saonice teške nekoliko cenata kroz krhki led; ne, ne samo zbog časti, šta *čast* uopšte znači posle dve polarne noći? Ali jednoličnost života na brodu podnosi se svakim danom sve teže. A obećane su i premije. (...)

„Mašinista umire", kaže Haler, „sme li se ići kada neko umire?" Ali zapovednik na kopnu je na sankama već postavio zastave. Njega više ništa ne može zaustaviti.

Devetog marta Kriš je ležao nepokretan i u stanju agonije u svojoj bolesničkoj postelji. Lukinović je pored njega čuvao stražu. Poverovavši da Kriš umire, počeo je da pred nesvesnim, ali ipak još živim čovekom otvara kapije večnosti, i da mu ceo sat na fanatičan način svoje južnjačke domovine glasno dovikuje: „Gesu, Giuseppe, Maria vi dono il cuor e l'anima mia!" Bili smo prisutni i zaposleni u svojim kabinama, nismo se usudili da prekinemo ovu radnju čija namera je, istina, bila pobožna, ali čiji utisak beše jeziv... 10. marta izjutra napokon napustismo brod... Ovo „napokon" me posle dugogodišnjeg čekanja toliko uzbudilo da prethodnu noć nisam mogao da zaspim; i oni koji su odlazili, kao i oni koji su ostajali, behu tako uzbuđeni kao da je bila reč o osvajanju Perua ili Ofira, a ne hladnih, snegom pokrivenih zemalja. S neopisivom radošću počesmo težak, mehanički svakodnevni posao vučenja sanki.

Julius Pajer

*

Dok smo rasklapali zavejani šator, svaki predmet koji bi pao u sneg odmah bi bio prekriven njegovim pokretnim talasima. Na arktičkim putovanjima uopše i nema veće probe istrajnosti nego što je savlađivanje mećava i nastavljanje marša bez obzira na sve nižu temperaturu. Nekolicini mojih pratilaca, nenaviknutih na užasnu grubost takvog vremana, odmah su se smrzli prsti, zato što su nesmotreno zakopčavali svoje kapute i štitnike za lice tek kada bi izašli iz šatora. Naše čizme od platna za jedra bile su tvrde kao kamen; svako je cupkao da bi stopala zaštitio od smrzavanja... Prekriveni snegom i pogrbljeni, muškarci i psi su vukli sanke, psi spuštene glave i podvijenog repa, ukočeni od snega; samo su oči još bile slobodne... ovo hodanje protiv vetra, koje su najteže osetili oni koji su vukli, imalo je za posledicu da su se gotovo svima smrzli nosevi... Grupica ljudi izložena tako niskoj temperaturi predstavlja jedan neobičan prizor. Ako hodaju u maršu, iz njihovih usta izlazi dah poput pare, parni omotač od finih ledenih iglica okružuje ih i sakriva gotovo do nevidljivosti; i sneg preko koga hodaju isparava toplotu što je dobija od mora ispod sebe.

Očni kapci se smrzavaju i kad nema vetra, i budući da se ne mogu zatvoriti, moramo ih često oslobađati od leda. Jedino je brada manje prekrivena ledom nego inače zato što dah iz usta odmah uz šuštanje pada kao sneg... Osećanje hladnoće se, međutim, najjače izražava kod stajanja u mestu, i to kroz hlađenje tabana, verovatno zbog brojnih završetaka nerava. Nervoza, apatija i želja za snom su posledica toga, i to objašnjava poznatu vezu između odmaranja i smrzavanja. Zaista je za grupu koja putuje i koja mora da obavi veliki talas učinka pri veoma niskoj temperaturi prvi uslov da što manje stoji, a intenzivno hlađenje tabana tokom podnevnog odmora jeste glavni razlog zbog kojeg poslepodnevni marševi u tolikoj meri iscrpljuju moralnu snagu. Velika hladnoća utiče na ono što telo izbacuje, kao što zgušnjava krv, dok povećano izlučivanje ugljene kiseline povećava potrebu za hranom. Sekrecija znoja prestaje potpuno; a lučenje iz sluzokože nosa i očiju permanentno se povećava, mokraća poprima gotovo jarkocrvenu boju, povećava se potreba za mokrenjem; u početku se javlja zatvor koji traje pet ili čak osam dana, i prelazi u dijareju. Zanimljivo opažanje je i beljenje brade pod takvim uticajima.

Julius Pajer

Uskršnja nedelja, 5. april

Medveđe meso je sada bila naša glavna hrana; jeli smo ga po volji sirovo ili kuvano. Slabo kuvano meso, naročito od starih medveda, bilo je još gore nego sirovo, prava hrana za galebove, ali nepodesna čak i za đavolju dijetu na dane kada se u paklu posti. I inače, polarne zemlje teško da su u stanju da zadovolje sladokusce; s retkim izuzecima, njihovi proizvodi su za ljudske obroke neukusni. Ako ih neko hvali, to je samo od nevolje. Jer činjenica je da su puste obale polarnih zemalja istinska postojbina gladi.

Julius Pajer

*

Ložač Pospišil više ne može da vuče; obe ruke su mu se smrzle i ispljuvava krv. Letis i Haler su dali da im

Kloc raseče čizme sa oteklih nogu; sada hramlju u cipelama od uvijene irvasove kože. Lukinović se povređuje prilikom oblačenja, a Katarinić boluje od snežnog slepila; njegove očne duplje su rane iz kojih kaplju suze; napor mu iz pora isteruje krv, što se na koži smrzava u crne kraste. Pajerovo lice je prekriveno gnojavim osipom. Sada je dovoljno. Moraju da se vrate. Najviše pati Pospišil; ječi od bolova i boji se da će mu doktor amputirati promrzle ruke. Ujutro petnaestog marta Pajer ložaču daje kompas i naređuje mu da krene sam na brod. Možda će Kepeš ipak uspeti da mu spase ruke. Kad Pospišil te večeri stiže na *Tegethof*, nije više u stanju da govori; iz njegovih usta izlazi samo mumlanje i krv. Vajpreht ga pita, protresa ga, pita ga. Ložač samo nerazumljivo muca. Vajpreht mu uzima ruku, okreće ga polusvesnog u pravcu odakle je došao i stalno mu u uvo viče – Gde? U jednom trenutku njegova ruka pokazuje severozapadno, prema mraznom isparenju. Vajpreht ne uzima sa sobom ni pušku. Odlazi trčeći, čak i bez krzna. Oficiri Broš i Orerl kreću odmah za njim sa osam mornara. Orerl nosi krzno za zapovednika; ali ne mogu da ga stignu. Gotovo tri časa su tako prošla dok Vajpreht nje dobio odgovor: *Karl! Ovde!* To je prvi put tokom njihovih godina u ledu da je zapovednika neko oslovio imenom. To se više neće ponoviti.

*

Još u samrtnom času mašiniste, drvodelja Antonio Večerina povijen od skorbuta, reume i groznice, počinje s radom na kovčegu od smrekovine. Drugi drže počasnu stražu. Više od jednog časa se tako mole – uz italijanska, nemačka i hrvatska prizivanja svemogućeg. Zatim Kloc i Haler peru telo mašiniste i oblače ga. Kriš mora biti sahranjen dostojno i sa svim počastima na obali nove zemlje, a ne da bude prepušten ledenom moru kao bilo koji pomorac. Mornar Antonio Lukinović prilaže mrtvačku košulju; to je jedna ojačana i lepo ukrašena platnena košulja koju je želeo da nosi na dan svog povratka u rodni grad Brac i u čiji rub sada ušiva relikviju, jedan sekutić za koji je neki tršćanski trgovac tvrdio da je uzet iz usta kamenovanog Svetog Stefana i da poseduje snagu da jednoj duši pomogne da nađe put u raj. (...) Aleksander Kloc sedi do kasno u noć iznad drvenog natpisa i boji jedan grubo urezan zapis koji Krišu hoće da prikuca na krst:

> Čovek u svojoj veličanstsvenosti
> ne može da opstane
> već mora da ode kao stoka.

„Kloc, tako nešto mu ne možeš staviti na grob", prekasno prekida Haler pobožni posao svog druga.

„A što da ne? To stoji u Svetom pismu."

„To tamo možeš pročitati, ali ne smeš to napisati."

Dva dana kovčeg s ukrašenim telom pokojnika počiva na odru na palubi. Uprkos zaštitnim daskama na konstrukciji rastu bizarne, krhke figure od ledenih kristala čiji se oblici neočekivano menjaju, brišu i opet vraćaju. Harpunista Karlsen zastaje tih dana veoma često pored odra, udubljuje se u prizor kristalnih figura i pokušava da iz igre njihovih preobražavanja iščita zamke i prepreke na koje će naići duša mašiniste na svom putu iz vremena. Rascvetani kristali leda, kaže Karlsen, svedoče o ognju čistilišta i odugovlačenju blaženosti; tek kao staklo čist, svetlucav led jeste znak spasenja. Devetnaestog marta lome ledeni pokrivač s kovčega i iznose Ota Kriša s broda.

*

Kada je kraj tako prisutan, onda se više ne sme gubiti ni dan u tugi, strahu ili nejasnim planovima za budućnost; svaki sat ima sada da bude posvećen pripremi drugog putovanja sa sankama, velikog putovanja prema krajnjem severu kopna. Tako hoće Pajer. Vajpreht se slaže s njim. Čak i ako svi propadnu i ako nijedna domovina i nijedna akademija ne čuju nikada za njihovo otkriće – bar moraju sami biti sigurni dokle se širi *Zemlja Cara Franje Josifa* i koji je njen kosmografski značaj. Tako hoće Pajer. I Vajpreht se slaže s njim. (...)

Kilometar po kilometar premeravači napreduju ka krajnjem severu. Mere i krste i pate. Jedino Pajer kao da ovu novu torturu podnosi s oduševljenjem.

*

Četiristopedeset milja, više od osamsto kilometara, računa Pajer kasnije, prevalio je po *Zemlji Franje Josifa*. Sada je dosta, kaže Vajpreht, kaže zapovednik na vodi i ledu, nema više odlazaka. I zapovednik na kopnu mora da se povinuje.

Svaka briga je minula; časno smo se mogli vratiti, jer nam osmatranja i otkrića koje smo napravili više niko nije mogao oduzeti, a predstojeće povlačenje nije nam moglo naneti nikakvo veće zlo osim smrti.

Julius Pajer

*

24. avgust 1874, sedam je časova uveče i sa jugozapada duva samo lak povetarac, posade ruskih jedrenjaka *Vasilij* i *Nikolaj* usidrenih u jednom zalivu Novaje Zemlje vide kako im se približavaju četiri čamca, i ne čuju nikakvo klicanje, već samo pljeskanje vesala, i prepoznaju zastave i znaju da su to oni nestali ljudi o kojima se sada mnogo govori po lukama ledenog mora. Neki od stranaca ne mogu da se popnu sami uz lestvice *Nikolaja* pa im se mora pomoći. Kada Vajpreht kapetanu Teodoru Voronjinu predaje jednu u Petersburgu izdatu carevu poslanicu i dok Voronjin u tišini glasno i zamuckujući čita da car Aleksandar II Nikolajevič preporučuje austrougarsku ekspediciju na Severni pol brizi svojih podanika, ruski mornari skidaju svoje kape i pred izmoždenim, od čireva i promrzlina unakaženim strancima padaju na kolena.*

---

* Kristof Ransmajer (1997): *Užasi leda i mraka*, Geopoetika, Beograd. Preveo: Zlatko Krasni.

LEKOVITI ALHEMIČAR

Kao što drevni alhemičar ubacuje u svoje tajnovite peći mnoge metale ne bi li dobio kamen mudrosti, tako i knjiga Paola Koelja (Brazil, 1947), *Alhemičar*, sjajnim prevodom Radoja Tatića a u izdanju beogradske „Paideje", ubačena u našu čitalačku stvarnost, uz svest da smo dobili još jedan biser latinoameričke književnosti, otkriva i poražavajuću sliku naše kulture.

Da je ovo delo pisano na srpskom, moglo bi biti i ismejano, proglašeno za pretenciozno oponašanje starinskog skaza i preživelog mudrovanja iz sveta bajki. Ali kada se kaže da je *Alhemičar* objavljen u 46 zemalja Amerike, Evrope i Azije, da mu tiraži premašuju dva miliona primeraka, e tada će književna čaršija govoriti o univerzalnoj snazi i vajkati se kako to mogu, opet, samo Latinoamerikanci.

Ova očaravajuća knjiga nema evropske psihoanalize, ne zna za dekonstrukciju i konstrukciju, avaj ne zna nijednom porom za postmodernu, nema nacionalnih heroja, đenerala, kraljeva i kraljica, „naše" i „njihove" strane, ali ima esenciju smisla pripovedanja, ono zbog čega je književno delo i izborilo posebno mesto u ljudskoj svesti.

Alhemičara počnete da čitate hrlimice, a onda se opomenete saveta da prežedneli ne smeju ispiti čašu izvorske (lekovite) vode naiskap. Potom ga čitate sve se plašeći da će se prebrzo ukazati poslednja strana. Koeljo lakoćom postupka bajkovito propušta u stvarni život, žeđ za saznanjem vođena rukom mudraca iz legendi, a pojedinačni junak, uronjen u legendu, pred nama opstaje kao prirodan tok, promičući iz plana u plan neosetno.

Kao da je Koeljo isčitavao neku drugu stranu stvarnosti i bio u bibliotekama u koje mi nismo ušli (a tako su nam bliske), jer ovaj pisac ne haje za konvencije, uspostavljena pravila i vrednovanja. Pred nama je prastara – moderna knjiga, a oni milionski tiraži dokazuju da čitalaca IMA, da književnost nije poklekla pred pomahnitalom i poražavajućom aždajom „prodavac-kupac", da je savremeni čovek i te kako željan književnog, pitkog, mudrog kazivanja bez ikakvih ograda i uočljivih rezova, spreman da prepozna čistotu *Dafnida i Hloje* iz 40. godine naše ere.

Priču o svojim putovanjima i traganjima za ispunjenjem Lične Legende (kako je zove kralj čarobnjak), pripoveda čobanin s prostranstava Andaluzije (ulickana Evropa opet je zatečena jer to nije otužni intelektualac, neorealista, žensko pismo, postmodernista, kurentni disident). U želji da putovanjima upozna mudrost i smisao, uviđa da su mnogi ljudi kao i njegove ovce zatrpani u svom statičnom biću večitim traganjem za vodom i hranom.

Koeljovog *Alhemičara* treba čitati kao lek biću izranjavanom pihtijastom evropejskom prazninom koja hoće da bude nadmoćni obrazac književnog, sastavljen u bunaru presahlih i uskislih ideja i druge strane te iste obrazine, uobražene književnosti „ni o čemu", hvaljene do začuđujuće bezočnosti.

Putujući karavanom, uči se karavan i pustinja i knjige o alhemiji, i mudrost preživljavanja i univerzalni jezik kojim SVE govori, i tajna kristala i tako običan susret s kraljem čarobnjakom na pijačnoj klupi, a iz svega ističu prelivi lepote priče i tako začuđujući nenasilni povratak književnog dela svome izvoru i pot-vrđivanju dubokog smisla postojanja ove nikada do kraja razjašnjene a tako potrebne ljudske umotvorine.

Iz knjige:

Mladić nije znao šta da kaže. Starac je nastavio:
- Ti si za mene bio pravi blagoslov. I danas sahvatam jednu stvar: svaki blagoslov koji odbijemo pretvara se u prokletstvo. Ja od života više ništa ne tražim. A ti me primoravaš da sagledavam bogatstva i horizonte koje nikada nisam upoznao. Sada, kad ih poznajem, i kada poznajem svoje ogromne mogućnosti, osećaću se gore nego što sam se ranije osećao. Jer znam da mogu da imam sve, a nije mi do toga.

Nastavili su još neko vreme da puše nargile, dok je sunce polako zalazilo. Razgovor su vodili na arapskom i mladić je bio zadovoljan sobom jer je govorio arapski. Jedno vreme je verovao da se od ovaca može naučiti sve o svetu. Ali od njih se arapski ne može naučiti.

„Mora da ima još stvari na ovome svetu koje se ne mogu naučiti od ovaca", pomisli mladić, dok je, ćuteći posmatrao Prodavca. „Jer su one obuzete jedino traganjem za vodom i hranom."

*

Mladić odgovori da je Španac. Englez je bio zadovoljan: iako je imao arapsku nošnju, mladić je barem bio Evropljanin.

On znakove naziva „srećom" – reče Englez, pošto je debeli Arapin otišao. – Kada bih mogao, napisao bih ogromnu enciklopediju o rečima „sreća" i „slučajnost". Upravo tim rečima se ispunjava Univerzalni jezik.

*

– Posmatrao sam karavan kako prolazi pustinjom – reče, najzad. – On i pustinja govore istim jezikom i zato ona dozvoljava karavanu da prođe. Ona će proveriti svaki njegov korak da bi videla da li su u savršenom skladu; i ukoliko je to slučaj, on će stići do oaze.

*

– Naučio sam da svet ima jednu Dušu, i ko shvati tu Dušu, shvatiće govor stvari. Naučio sam da su mnogi alhemičari proživeli svoju Ličnu Legendu i na kraju otkrili Dušu Sveta, Kamen Mudrosti i Eliksir Mladosti.

„Ali, pre svega sam naučio da su te stvari toliko jednostavne da se mogu ispisati na jednom smaragdu."

*

– Fatima je žena pustnje – reče Alhemičar. Ona zna da muškarci moraju da odu, da bi mogli da se vrate. Ona je već pronašla svoje blago: tebe. Sada ona čeka da ti pronađeš ono što tražiš.

– A ako ja odlučim da ostanem?

– Bićeš Savetnik Oaze. Imaš dovoljno zlata da kupiš mnogo ovaca i mnogo kamila. Oženićeš se Fatimom i prvu godinu proživećeš srećno. Naučićeš da voliš pustinju i upoznaćeš svaku od pedeset hiljada urminih palmi. Primećivaćeš kako one rastu, otkrivajući svet koji se uvek menja. I sve više ćeš razumeti znake, jer je pustinja učitelj bolji od svih učitelja.

„Sledeće godine ćeš se prisetiti da postoji neko blago. Znakovi će početi sve upornije da govore o tome i ti ćeš pokušati da ih prenebregneš. Koristićeš svoje znanje samo za dobrobit oaze i njenih stanovnika. Plemenske poglavice će ti zbog toga biti zahvalni. Njihove kamile će ti doneti bogatstvo i moć.

„Treće godine će znakovi nastaviti da govore o tom blagu i tvojoj Ličnoj Legendi. Ti ćeš početi noćima da hodaš po oazi, a Fatima će postati tužna, jer si zbog nje prekinuo tvoj put. Ali ti ćeš joj pružiti ljubav i ona će ti uzvratiti. Setićeš se da ona nikada od tebe nije tražila da ostaneš, jer žena pustinje ume da čeka svog čoveka. To nećeš moći da joj zameriš. Ali mnoge noći provešćeš hodajući po pesku pustinje i između palmi, razmišljajući da si možda mogao ići napred, imati više poverenja u svoju ljubav prema Fatimi. Jer u oazi te je zadržao tvoj strah da se više nikada nećeš vratiti. I tada, znaci će ti nagovestiti da je tvoje blago zauvek zakopano.

„Četvrte godine, znakovi će te napustiti, jer nisi hteo da ih slediš. Plemenske poglavice će to shvatiti i bićeš izbačen iz Saveta. Tada ćeš već biti bogat trgovac s mnogo kamila i mnogo robe. Ali ćeš ostatak života provesti lutajući između palmi i pustinje, znajući da nisi ispunio svoju Ličnu Legendu i da je sada to prekasno."

„I nećeš shvatiti da ljubav nikada ne sprečava čoveka da sledi svoju Ličnu Legendu. A kada se to desi, onda će to značiti da nije bilo reči o pravoj Ljubavi, onoj koja govori Jezik Sveta."

*

Fatima je ušla u šator. Sunce samo što nije izašlo. Kada svane, ona će početi da se bavi onim što je radila tolike godine; ali sve se promenilo. Mladić već neće više biti u oazi, a ni oaza neće imati značenje koje je doskora imala. Neće to više biti mesto s pedeset hiljada urminih palmi i tri stotine bunara, na koje su hodočasnici dolazili, zadovoljni posle dugog puta. Za nju će, počev od tog dana, oaza biti prazna.

Počev od toga dana, pustinja će biti značajnija. Uvek će gledati prema njoj, nastojeći da pronikne koju zvezdu prati mladić u potrazi za blagom. Moraće slati svoje poljupce po vetru, u nadi da će oni dodirnuti mladićevo lice i ispričati mu da je ona živa, da ga čeka, onako kako žena čeka hrabrog čoveka, koji je otišao u potragu za snovima i blagom. Počev od tog dana, pustinja će biti samo jedno: nada da će se on vratiti.

*

Onaj koji se meša u tuđu Ličnu Legendu, nikada neće otkriti sopstvenu.

*

Mladić se onda okrenuo Ruci Koja je Sve Napisala. I pre nego što je išta progovorio, osetio je da vaseljena ćuti, i on takođe zaćuta.

U tišini koja je nastupila, mladić je shvatio da pustinja, vetar i Sunce takođe traže znakove koje je ova Ruka ispisala, i nastojali su da slede svoj put i shvate ono što je bilo napisano na jednom običnom smaragdu. Znao je da su ti znakovi rasuti po Zemlji i po Svemiru, i da njihov izgled nije imao nikakav motiv niti značenje, i da ni pustinja ni vetar ni sunce, a ni ljudi ne znaju zašto su stvoreni. Ali ova Ruka je imala razlog za sve to i samo je ona bila u stanju da čini čuda, da pretvara okeane u pustinje i ljude u vetar. Jer samo je ona znala koja to viša sila gura Vaseljenu prema tački gde će se šest dana stvaranja pretvoriti u Veliko Delo.

I mladić je zaronio u Dušu Sveta i video da je Duša Sveta deo Duše Boga i video je da je Duša Boga njegova sopstvena duša. I da je, prema tome, mogao da čini čuda.

*

Nehotice je utonuo u san, a kada se probudio, Sunce je bilo visoko odskočilo. Onda je počeo da kopa ispod korena smokve.

„Stari lisac", razmišljao je mladić. „Sve je znao. Čak mi je ostavio i malo zlata da bih mogao da se vratim do ove crkve. Kaluđer se nasmejao kada je video kako se vraćam u ritama. Zar nisi mogao toga da me poštediš?"

„Ne", čuo je kako govori vetar: „Da sam ti sve ispričao, ti ne bi video Piramide. Zar nisu lepe?"

Bio je to glas Alhemičara. Mladić se nasmešio i nastavio da kopa.[*]

---

[*] Paulo Koeljo (1996): *Alhemičar*, Paideia, Beograd. Preveo: Radoje Tatić.

UKLETOST NALIČJA
Aleksandar Genis

Da li je to samo deo ironije Aleksandra Genisa kada svoju knjigu *Dovlatov i okolina*, naziva lingvističkim romanon, ili je to samoironizirajuće drugo ime za ukletost naličja? Jer ova knjiga nije roman, ali jeste lingvistički opojna. Možda je od svega, samo igra nekih „drugih Rusa", na koje nismo navikli (u ovom slučaju ruskih Jevreja).

Genisova knjiga o Dovlatovu, pre svega je mučna, vesela, tužna i potresna priča o emgraciji u Americi i čudesno uspešan portret pisca Dovlatova. Ali gradeći književni portret Dovlatova, Genis ispisuje i knjigu o sebi, literaturi, o muci i bedi emigracije, navlačeći na sve to spasonosnu masku sarkazma. On veli:

„Emigrantsku literaturu čini dijalog sa sopstvenom prošlošću, koji autor vodi iz tuđe sadašnjosti." Potresnost ovakvog svedočenja ne trpi komentar.

Magija Genisove knjige, uz sve ostalo, i u tome je što mi ne poznajemo dovoljno delo Dovlatova, a kroz Genisovu knjigu Dovlatov nam postaje blizak, znan, usvajajući, izrasta u čudesnu i slojevitu ličnost koja postaje deo našeg sveta, a to se retko postiže kada su posredi knjige o drugima. I, dok je većina ruskih pisaca emigranata na putu do slobode prošla kroz robije i gulage, s Dovlatovim se život surovo poigrao, gurajući ga na mesto zatvorskog čuvara dok je služio vojni rok. Dovlatov robiju upoznaje s druge strane, ne manje potresno i razarajuće po ljudsko biće. Stoga će zapisati nešto drukčije od Solženjicina: „Po Solženjicinu", kaže Dovlatov, „logor je pakao. A ja mislim da pakao predstavljamo mi." Naravno, Istina (ako tako šta još na ovome svetu postoji), biva kada se „mi" i logor spoje u jedno.

Nažalost, izbegli iz naličja života pod sovjetskom vlašću, na „opojan" Zapad, pisce emigrante najčešće čeka društvena margina zemlje u koju su stigli. Genis svedoči: „Prva redakcija *Novog Amerikanca* bila je smeštena u sobi veličine ormara. Dok se u redakciji nisu pojavile dame, konsultacije smo održavali sprat niže, u toaletu."

Ma koliko je ova knjiga književni portret Dovlatova, koji je, van sumnje, bio *spiritus movens* „treće generacije" emigranata, ovo je svedočenje i o mnogim drugim piscima, ali i svojevrsna *ars poetica* samog Aleksandra Genisa. Još relativno mlad, Genis će u ovoj knjizi izneti niz mudrih stavova o književnosti, stvarnosti, prijateljima, književnim postupcima i radovima, saopštavajući ih nenasilno i nepretenciozno, skriveno iza maske ironije i samosarkazma.

Pokazujući duboku povezanost s Hemingvejem (miljenikom ruskih emigranata), i sa Selindžerom, ni za treutak neće odustati od bolno otvorenog i iskrenog svedočenja o pijanstvima, greškama, patnjama, ne samo Dovlatova, već cele grupe pisaca oko njega. Naravno, daleko i na prvi pogled nenamerno, iza svih tih života, a time potresnije, stoji musava i krvava zavesa, na trenutke do neverice neljudska – sovjetska vlast, pod čijom se rukom odrastalo, ili robovalo, pre izbeglištva. Zato, retko kad smo do sada u literaturi naišli na tako potresan i spušten ispod ljudskog dna, kao što je Genisov opis dočeka Nove godine, 1972. u Rigi, u vatrogasnom depou fabrike mini-autobusa, tadašnjem Genisovom radnom mestu. Taj mučni insert iz života, prevazilazi svu onu potresnu paletu svedočenja u Genisovoj prethodnoj knjizi u kojoj o životu u Sovjetskom Savezu govori „samo" kroz jelovnik.

Na kraju knjige, Genis će da kaže da je ona tek sada završni nekrolog za Dovlatova. Ako jeste tako, onda je ovo najčudniji nekrolog savremene književnosti. Da, Dovlatov je sav tu, gromadan, potpuno predan literaturi, raskidan i sagorevajući u naporu da ostvari što bolje delo. Ali u ovakvom „nekrologu" upoznajete i mnoge druge. Jer u emigraciji se ne živi u Americi – živi se u svom večitom okruženju, enklavi i svojevrsnom getu. Tu se, zapravo, preživljava. I tu su mnogi, znani i neznani. Za Solženjicina Genis kaže da je sasvim distanciran od emigracije. Ali za Josifa Brodskog vele i on i Dovlatov: „Josif je jedini uticajni Rus na Zapadu koji otvoreno, mnogo i efikasno pomaže ljudima." Pomenuće Genis i Eduarda Limonova, koga u emigrantskim krugovima niko nije podnosio sve dok ga nisu oterali u Pariz i tamo mu, kako kaže Genis, pomogli da konačno nabavi šprinterice na štikle. Ovo je tipična Genisova ironija.

Iako nije roman, iako je knjiga o drugom (Dovlatovu), knjiga o drugima i knjiga pomalo i o sebi, iako je čudesan, volšeban nekrolog (ukoliko to nekrolog uopšte može da bude), van svake sumnje, Aleksandar Genis nas po drugi put na srpskom jeziku vezuje za svoj tekst. Knjigu *Dovlatov i okolina* treba mirno isčitati, a pouke i pregršt ponuđenih slika, stavova, teorijskih postavki i burlesknog ruganja životu, ne bi li se on nadvladao i pretočio u vrednu literaturu, uzimati kao nasušnu potrebu, primenljivu svuda gde je pisaca i literature i one čudesne pojave koja bi htela da se zove Život.

Iz knjige:

Stvar je u tome da štamparska greška poseduje ono zagonetno svojstvo anegdote: ona nema autora. Zasmejava nas upravo nenamernost zbrke. Greška se izruguje ne samo sa izokrenutom rečju nego i govorom kao takvim. Štamparska greška demonstrira ranjivost pisma, nesavršenost govora, nezaštićenost jezika pred haosom koji uz šalu i smeh podriva beživotnu ozbiljnost štampane stranice.

Smeh – to je naš aplauz slobodnoj slučajnosti, koja je uspela da se probije do smisla.

*

Jedina zaštita sveta pred našim neukrotivim stremljenjem prema uspehu jeste – nesavršenost same čovekove prirode. Sposobnost činjenja grešaka – to je naš urođeni sistem samozaštite. Otuda greška ne nagrađuje nego dopunjuje svet. Debakl i uspeh nisu antiteze, nego polovi jednog te istog globusa. I u tome se sastoji metafizičko opravdanje greške. Bahatost, lenjost, pijanstvo jesu razorni ali i spasonosni, jer, istrebivši poroke, ostajemo nasamo s vrlinama, od kojih tek ne možemo očekivati milost.

*

Situacija se kod nas radikalno promenila tek kada je *Novi Amerikanac* dospeo u ruke američkog biznismena. Novi bos, kada nije sedeo u zatvoru, pridržavao se zakona ortodoksnog judaizma i zahtevao isto to od redakcije.

Ne znajući ruski, postavio je svog komesara koji je iz jednog članka izbacio prezime Andre Žida. Dovlatov to ne pominje – zvuči neverovatno. Zato je u *Beležnice* dospela jedna druga epizoda. Jednom smo na prvoj stranici objavili mapu srednjovekovnog Jerusalima. Sledećeg jutra sam naleteo na gnevnog vlasnika. Hteo je da zna ko je uneo tolike crkve u jevrejsku prestonicu. Rekoh da su – krstaši.

Rastavši se od *Novog Amerikanca*, Dovlatov se s olakšanjem vratio filozofiji etničke nezainteresovanosti. Ni najmanje nije verovao u mogućnost nacionalne književnosti. „Rusi smatraju Babelja ruskim piscem", pisao je, „Jevreji smatraju Babelja jevrejskim piscem. To je jedino važno." U odgovor na sve primedbe on se pozivao na kosmopolitu Brodskog koji je, po rečima Dovlatova, „uspešno izvlačio rusku književnost iz provincijalnog blata."

*

Haiku poezija zapanjuje svojom neprobirljivošću. Ovi stihovi ne „rastu iz smeća", nego ostaju s njim. Njima je svejedno o čemu govore, jer važan je pogled a ne slika. Haiku ne priča o onome što pesnik vidi, nego nas primorava da vidimo ono što se i bez njega vidi.

Mi ne vidimo svet onakvim kakvim nam se čini, niti onakvim kakvim bi mogao biti, niti onakvim kakav bi trebalo da bude.

Mi vidimo svet onakvim kakav bi on bio bez nas.

Haiku pesme ne fotografišu momenat, one ga klešu u kamenu. One zaustavljaju tok vremena kao zaustavljeni a ne kao pokvareni časovnik.

Haiku pesme nisu lakonične nego samodostatne.
Nedorečenost bi predstavljala suvišak.
To je – konačno ishod oduzimanja.
One podsećaju na piramide čija monumentalnost ne zavisi od njihovih dimenzija.
Radnja haikua se razvija izvan granica teksta. Mi vidimo njen rezultat: život i neospornu prisutnost stvari, beskompromisnu realnost njihovog postojanja.
Stvari su ovim stihovima zanimljive ne zato što nešto simbolišu, nego zato što one, stvari, postoje.
Reči u haiku pesmi moraju biti zapanjujući tačne – kao kad staviš ruku u vrelu vodu.

*

U suštini, antiteza književnosti nije ćutanje, nego neodgovorne reči.

*

Ne radi se o tome da na svetu nema krivih, nego o tome da ih ne izvodimo na sud. Svaka presuda je nečasna, ali ne zbog toga što zakon tereti jedan tas, nego zato što rasterećuje drugi.

*

Ideja „dati prema zaslugama" toliko se gadila Sergeju, da se jedanput konfrontirao sa celim radiom *Sloboda*. Bilo je to onda kada su Amerikanci u odgovor na terorističke akcije Libije bombardovali Gadafijev dvorac. Dok su zaposleni uzbuđeno brojali ubijene i ranjene, od besa ubledeli Dovlatov je govorio kako je nedostojno radovati se tome.

*

Dovlatov nije sažimao, nego razređivao stvarnost. Ono suvišno se u njegovim pričama spaja s neophodnim, kao dve strane istog lista.

Obrazac Dovlatovljeve proze nije bila poezija nego muzika. On bi mogao da ponovi reči jednog kompozitora koji je o svojim delima rekao ovo: „Crno – to su note, belo – to je muzika."

*

Na svih šesnaest saradnika *Novog Amerikanca* dolazila je jedna ljudska plata. Zakuska na redakcijskim banketima završavala se pre otvaranja flaša. Šećer smo krali u kafeteriji. Griška Riskin je jednom pojeo limun, drugi put mentol bombone. Ali niko se nije žalio. Štaviše, naš predsednik Borja Meter je rekao da kad si gladan već nije dosadno.

*

U pozadini je svega obilje ljubavi svojstveno piscima. U njihovoj uspaljenoj svesti svako napisano slovo se pretvara u spermatozoid koji se na sve načine dovija da prodre u tuđu nutrinu i da se tamo odomaći. (...)

Dočepavši se slobode, emigrantski pisci su pre onih u domovini stekli slobodu da stvari nazivaju svojim imenima. Tada se ispostavilo da te stvari i nemaju svoga imena. Svaki put se mora izmišljati iz početka. Oni istinoljubivi, kao Limonov, pošteno su prepisivali s taraba. Liričari su se upuštali u živopisne pojedinosti. Nadrealisti su konstruisali sistem prozračnih analogija. Čak i moralisti, kao Solženjicin, u Americi su prelazili na uspaljeno „okanje": „On pogodi obrvom u oval njenog oka."

*

Istine radi, moram reći da sam upravo na *Slobodi* čuo ono što mi je na najlepši način iskomplikovalo život. Jednom na plaži, uključivši „spidolu", začuo sam glas koji je govorio o književnosti ono što od tada maštam i sam da kažem. Preko radija su emitovali „Šetnje sa Puškinom".

Pa ipak, Sinjavski je živeo u Parizu. A u njujorškoj redakciji stvari su vodili emigranti Drugog talasa. Razumeti njih bilo je još teže nego razumeti starce iz *Nove ruske reči*. Rat je još više zapetljao njihovu prošlost.

Jurasovljeva prošlost bila je bespogovorno herojska. Knjiga u kojoj je opisao svoju burnu sudbinu, postala je bestseler. Očevici pričaju da je, dospevši iz nemačkih logora kod Amerikanaca, Jurasov izluđivao medicinske sestre. Zatim se, već na „Slobodi", uveliko kladio na konjskim trkama. Kada je počela perestrojka, Jurasov se interesovao u ambasadi da li je ukinuta smrtna kazna koju su mu u odsustvu izrekli u Moskvi. Nas je ovaj impozantni starac s nakostrešenim obrvama gledao s visine – kao trgovac Kalašnjikov. (...)

Najzagonetnija ličnost *Slobode* je bio Rjurik Dudin. Rat je proveo u Nemačkoj, gde je studirao filozofiju kod Hajdegera. Upoznavši ga na redakcijskoj zabavi, oprezno sam počeo razgovor o egzistencijalnoj strepnji i horizontu bića. Dudin me nije slušao – pokazivao je prisutnima bodež, bez koga, po njegovim rečima, nije izlazio iz kuće. Zbunjen, mašio sam se oštrice, ali je Dudin gadljivo sklonio oružje. „Od znojavih ruku na sečivu ostaju fleke", dodao je efektno, „od krvi – nikada."

U pravom smislu reči smo dospeli na *Slobodu* kada je tamo komandovao Jurij Gendler. Mada nas je Sergej molio da ne žurimo sa zaključcima, Gendler nam je prvo izgledao kao lud čovek. Nije voleo književnost, a obožavao je sve ostalo – bejzbol, Holivud, ribolov, baštovanstvo, avijaciju. Time je čudnije da je bio u zatvoru zbog širenja zabranjenih knjiga. O tome je znao da priča satima, i uvek zanimljivo. Logor je kod njega ispadao smešan kao rat kod Švejka. Gendler se, na primer, sećao da je u Lenjingradu ležao u susedstvu s najkonfornijom ćelijom – u njoj su držali Lenjina. Na vođin rođendan iznova bi je krečili i ukrašavali cvećem, pripremajući te-ve emisiju o zverstvima carističkog režima.

*

Pošta me podseća na Dovlatovljeve junake. Svoju privlačnost duguju neefikasnosti, u konkretnom slučaju – sporosti. Oaza neužurbanosti u svetu opasnih ubrzanja, pošta ne zahteva spontani odgovor. Telefon nas zatiče nespremne, a pismo mirno čeka da ga otvorimo ili čak zaboravimo. Priča se da su Kinezi najviše cenili upravo „odstajala" pisma. S pravom su smatrali da za mesec dana dobra vest neće propasti, a da će se loše obezvrediti.

Sve ih je stavio u džep Viktor Mihajlovič Golovko, koji mi je svakog meseca slao po jednu svesku. Golovko je odrastao u takvoj zabiti da je u seosku biblioteku dospeo kao učenik petog razreda. Videviši toliko knjiga, zaplakao je i zaključio da je sve na svetu već napisano. Posle odsluženja vojnog roka, žena mu je kupila mašinu za pisanje da se ne bi odao piću, i on je počeo da piše o svemu i svačemu – kao *Britanska enciklopedija*.

Jednom su kod Golovka upali lopovi, ali nisu ništa našli jer je novac bio skriven u treći tom Dovlatovljevih dela. Od tada Viktor Mihajlovič poštuje Sergeja više nego bilo kog drugog pisca.

Dovlatova su slušaoci uvek voleli, i pisama je dobijao više nego svi ostali zajedno. Žalio se da se sva završavaju na isti način – molbom da se pošalju farmerke.

*

Novu 1972. godinu čekao sam na svom tadašnjem radnom mestu: u vatrogasnom depou fabrike mini-autobusa u Rigi.

Od tada sam posetio četrdesetak zemalja na četiri kontinenta, ali čudnije mesto nisam sreo. Moje kolege su podsećale na junake teatra apsurda. Prošlost im je bila različita, dok se sadašnjost nije dala razlikovati. Sve ih je spajao notorni alkoholizam i apsolutno zadovoljstvo svojim položajem. Dospevši na dno, izbavili su se straha i nada i delovali su kao najsrećniji ljudi u našem gradu.

Živeli su po svom, i njihov moral se rastakao u tajanstvenim sferama bezgranične tolerancije. Staroverac Razumejev se praznio ne skidajući pantalone. Pukovnik Kolosencev je spavao s kćerkom. Aktivista Bruscov se nije razdvajao od Lacisovog romana *Ribarev san* i brisao se mojim peškirom. Kapetan duge plovidbe Strogov igrao je šah jedan sat dnevno a pio tri puta godišnje, ali sve bez izuzetka – od tečnog lepka, do ulja za kočnice.

U takvom društvu sam, dakle, sedeo i čekao Novu godinu. Sa zakuskom nismo bili sasvim načisto. Vatrogasci su ispod snega u pustari nabrali neku divlju travu i dotle su je kuvali u državnom loncu dok buljon nije dobio boju zelene tinkture. Onda su skinuli mušemu s kuhinjskog stola i istresli mrvice u čorbuljak. Sa pićem je bilo prefinjenije: pila se dezodorantna tečnost „brezina vodica", čija je boja isto vukla na smaragdnu, pri čemu je svaki imao sopstvenu flašicu. (...)

Malo šta sam u životu voleo tako čista srca kao da pijucnem. Votka mi je oduzela ne jednog prijatelja, ali neću da grešim dušu. Spasla me je od sudbine Cadika. Nisam ni naočari nikada nosio, trampivši namenjenu mi kratkovidost za čir koji sam dobio od „solncedara" (opštepoznata marka jeftinog veštačkog portvajna, prim. prev.).

„Ne pije narod od muke i očaja", pisao je Sinjavski, „nego iz večite potrebe za čudesnim i izuzetnim." „Realnost je", ponavlja za njim omladina sa Interneta, „iluzija izazvana nedostatkom alkohola u krvi."

Čak ni u Danteovom paklu, gde se muče sitni halapljivci, nije predviđeno mesto za pijance.

*

Između stanja pijanstva i trezvenosti, postojao je, ipak, neki zračak svetlosti, o kome je Sergej tako škrto govorio da sam sklon da verujem da su upravo u tim kratkim trenucima i nastajale njegove najbolje priče.[*]

---
[*] Aleksandar Genis (2000): *Dovlatov i okolina*, Geopoetika, Beograd. Prevod: Draginja Ramadanski.

MUDROST ODRICANJA

Pripadnik treće generacije ruskih emigranata na Zapadu, Aleksandar Genis se na srpskom jeziku pojavio knjigom *Crveni hleb i američka azbuka*. Narugavši se svim etabliranim odrednicama žanra, tu knjigu je nazvao lingvističkim romanom. Na prvi pogled veselo, ironično i skoro naivno, govorio je o Americi iz vizure došljaka, a potom o jelovniku u Sovjetskom Savezu, gradeći, iza geste gotovo nemarnog ćaskanja, potresno svedočanstvo. Ta, obimom nevelika knjiga, bezmalo preko noći, postala je i popularan i neobičan barometar. Jer, ko je u njoj prepoznao snagu svedenog, ironijski lucidnog iskaza, prepoznavao je izuzetnog autora, ili, još više, prepoznavao sasvim novu generaciju ruskih pisaca i mislilaca koji žive na Zapadu.

To više nije bila izložba krvavih prnja i zavoja, rana i užasnih svedočanstava prebega iz Sovjetskog Saveza koji je, na slobodi, odlučio da kaže SVE, ili onoliko koliko napaćena duša može da izdrži dok svedoči. Bila je to knjiga samoironizirajućeg autora bez dlake na jeziku, koji je u nešto više od trideset stranica, pričajući o jelovniku u prvoj zemlji socijalizma, pokazao zapravo svu bedu i ponižavajuće stanje tamošnjeg čoveka. Ko je prepoznao lucidnost tog pisanja, prepoznao je da se najavljuje, ili već uveliko stvara, novi talas Rusa koji žive Tamo, negde u slobodnom svetu.

Ta čudesna, sarkastična, a zapravo ubitačna knjiga, bila je dovoljna da Genis postane miljenik. Njegova naredna knjiga na srpskom jeziku, bila je knjiga o ruskom emigrantu u Americi, Jevrejinu, značajnom piscu Dovlatovu. O Dovlatovu, ali i o mnogim ruskim piscima emigrantima. Opet svedeno i neraspričano, đavolski iskreno, mučno i bolno, ali pripovedano kroz smeh i ironiju. Istina, stisnutih zuba, ali kroz smeh.

Sada, posle treće Genisove knjige na našem jeziku *Tama i tišina*, jasnije vidimo Genisa i njegov osobeni postupak. Bliža nam je njegova filozofija, odlučnost da svoje knjige ne ugurava u žanrovske odrednice, igrajući se, često, neponovljive slagalice. Ona začudna mudrost i dubina, koja bi tako jasno blesnula u prethodnim, posle ove knjige nam je prirodna.

Nije nas Genis osvojio samo ironijom, neobičnim zapažanjima, neponovljivim uočavanjima detalja, ubitačnim i do drskosti jasnim i originalnim viđenjima. Da, opominjala nas je njegova snaga odricanja od osebujnosti i širine opusa, te slatke zavodnice za vratom svakog autora. U odricanju od teksta, plenila nas je čudesna sposobnost poentiranja suštine, a iznad svega, osvajala nas je, probijajući se kroz kondenzaciju rukopisa, neobična obaveštenost i znanje. Čitajući Genisa, pitali smo se, na kojim je to on izvorima saznanja bio, znajući da emigranti, ma koliko daroviti, tragično gube godine i godine u prilagođavanju, savladavanju stranog jezika, konačno, ostvarenju kakve-takve egzistencije u novoj i stranoj sredini.

Tama i tišina nam otkriva, uz demonstraciju jeretičkog odricanja od teksta, autora koji duboko poznaje dalekoistočne filozofije i Zen drevne Kine. To čini onaj isti Genis koji se u prethodnim knjigama poigrava simbolima i značenjima bednog jelovnika sovjetskog čoveka. Govoreći o kineskom vrtu, mi vidimo da je Genis kadar da kroz jedan kamen vidi bitak svih planina i prepoznaje dovoljnost samo jedne vlati trave da bi se kroz nju videla cela livada i sve livade sveta. A to je ono prefinjeno i zapadnom čoveku često tako neuhvatljivo poimanje prirode i sveta drevne Zen misli.

Genis *Tamu i tišinu* otvara sa trideset zapisa nekoga ko misli na način Zena? Sa trideset mikrofilozofskih traktata? Sa trideset pevanja o kineskom vrtu i poimanju simbolike sveukupnosti? O čoveku Ovde? Sa trideset... čega? Teško je reći. Ali nije teško utvrditi da su to trideset mudrih, sabijenih tekstova visoke demonstracije „odricanja" od obilja iskaza. Takvog Genisa, niti smo poznavali, niti smo očekivali. Ta nesvakidašnja širina znanja, upravo pleni kroz ovu knjigu.

Tek posle tih trideset kratkih zapisa, kroz koja Genis pokazuje svoje duboko razumevanje filozofije drevne Kine, tumačiće, pokazivati i otkrivati nam suštinu stvaralaštva Ezre Paunda, kao retko ko do sada, tako prirodno i s tako malo teorijske aparature (a, pothranjujući sopstvenu glupost, verovali smo da o tome znamo sve). Ukazujući na nezaustavljivi prodor na Zapad drevnih kineskih tekstova dvadesetih i tridesetih godina ovoga veka, Genis će pokazati zastrašujuću, samosatiruću nameru Ezre Paunda, opijenog filozofijom stare Kine, da kroz svoj „cantos", ep monstruoznog obilja i obima, prenese već umornoj zapadnoj misli dalekoistočnu mudrost, verujući da će njegov spev biti planetarni granični kamen novog poimanja. I ne samo to. Genis kroz celu *Tamu i tišinu* pokazuje gde, koliko i s kolikom opravdanošću je veliki talas kineske filozofije prisutan, i stalno se širi, u zapadnoj književnosti, arhitekturi, idejama, svakodnevici, poimanju bića i nebića, životu, i onome posle života.

Genis koga smo do sada poznavali, posle ove knjige, svakako je i neki drugi, ili bolje reći, bliži i razumniji. Ali ne samo Genis. Treća generacija ruskih pisaca i filozofa emigranata u Americi (a s pažnjom pratimo knjige čudesno umnog teoretičara Epštejna), demonstrira novi kvalitet ruskih emigranata na Zapadu, ljudi zavidnog obrazovanja i obaveštenosti, otvorenih, za koje se, dok ih čitate, ljubomorno pitate: „Kad su stigli da sve ovo prouče, saznaju, nauče, otkriju, razumeju, vide?", uspevajući da budu okrenuti beskompromisnom poimanju i tako drukčijem a bliskom načinu vrednovanja, bez udvaranja ikome, bez one otužne slovenske samosažaljivosti, nama tako tragično svojstvene. A počinjali su, kako svedoči Genis u knjizi o Dovlatovu, u redakciji svoga siromašnog emigrantskog časopisa, čiji sobičak nije bio veći od jednog šugavog toaleta. Poređenje s toaletom nije slučajno, jer su saradnike časopisa upravo „primali" sprat niže, u toaletu, budući da je u „redakciju" moglo da stane najviše troje-četvoro ljudi.

U *Tami i tišini*, dok govori o kineskom vrtu (a time zapravo govori o suštini kineske starostavne mudrosti, filozifije i poimanja života i prirode), Genis će, koga ovako zdušno preporučujemo, reći i ovo: „Pesak je zagrobni život kamena." Ili: „Čak ni nebiće nije večno, čim je u stanju da postane biće." A dok tumači Ezru Paunda, skoro usput će zapisati jednu od krucijalnih istina Paundove, i ne samo Paundove generacije: „Tridesetih godina su se modernisti, neshvaćeni ili nepriznati od strane demokratije, okretali ka fašizmu ili ka komunizmu, nadajući se da će im jaka vlast omogućiti da ostvare sopstvene estetičke programe." Moj Bože, koliki broj pisaca i u nas i u Evropi može svojim ponašanjem da potvrdi istinitost ovog iskaza.

Da završimo ovu preporuku neodoljivom zapitanošću samog Genisa. Govoreći o svetu ovde, ovom našem, krhkom i nepouzdanom, i onome Gore, Tamo, svetu posle naših iluzornih egzistencija, Genis veli:

„Nije nam loše sa ove strane, nismo ni željni da se domognemo tuđeg po cenu svojega, jednostavno, nam nije jasno šta je to tamo kuda nas ne puštaju."

Iz knjige:

Ako budizam ispoveda etičku bezuslovnost – da čovek može biti i treba da bude srećan nezavisno od svega, onda vrt, kao budistička tvorevina, ispoveda tu istu bezuslovnost na estetskom planu.

Zen vrt se može primiti svuda. Može se podići bilo gde, i može da znači bilo šta. To čak nije umetnost nego – ugao posmatranja.

Takav vrt je moguće nositi sa sobom kao naočari. Gledajući kroz njih moguće je izdvojiti iz okoline vrt nevidljiv za drugoga.

*

Tama i tišina navode nas na nečinjenje, jer nas sputavaju: kad čovek nema šta da radi, on nema ko da bude.

Čovek je ono što čini. Kad čovek ne čini ništa, on postaje niko. Tačnije, nije više ono što je.

*

Kineski stihovi su kao detektivska priča: čitaocu nude dokaze od kojih on gradi svoju verziju. (Istina, tu ne može biti pravilnog odgovora, jer jedno čitanje ukida drugo.)

Pristupiti rešavanju ovog rebusa-koana moguće je sa svake strane, na primer, od cveća. Crveno i belo cveće predstavlja sve cvetove sveta. Pomenuvši njihovu različitu boju, pesnik podvlači njihovu istovetnost: cveće ostaje cveće, ma kakve boje bilo. I pored svega, suština cveta, njegova esencija je – u cvetu. Otuda je u monohromnom slikarstvu Kine samo cveće i slikano tušem u boji. (...)

Planine stoje na svojim mestima, mi ne. Kiša može da pada ili ne, ali planine se od toga ne menjaju – menjamo se mi, jedina promenljiva veličina u pejzažu.

*

Na Istoku nije bilo Platona i Aristotela. Kinezi nisu znali za svet ideja, koje obitavaju u onostranom metafizičkom prostoru, ni za mimezis, teoriju podražavanja prirode. Vidljivo i nevidljivo za njih su bile dve strane uvijene u Mebijusovu traku. Ne znajući za zapadnjačku provaliju između Boga i čoveka, ne verujući u stvaranje sveta ni iz čega, Kinezi su poverili pesniku drugačiju ulogu negoli Zapad. Platon je nazivao stvaralaštvom sve što izaziva prelazak iz nebitka u bitak. Na taj način, umetnik svojim delom stvara drugu prirodu po slici i prilici Onoga, Koji je stvorio prvu. Na Istoku umetnik učestvuje u prirodi, ispoljavajući harmoniju rastvorenu u njoj, čiji neizostavni deo jeste i on. (...)

Kineski stihovi ne stvaraju novu i ne prodiru u drugu realnost. Oni daju da se iskaže ona koja jeste. Stihovi izvlače smisao koji je „ubrizgan" u svet. Time oni ne odbacuju prirodu, ne konkurišu joj, nego je dovršavaju. Povezujući je sa nama, oni čine svet neporecivo jedinstvenim. Svako umetničko delo je manifestacija celovitosti postojanja.

Od vremena Lao Cea Istok poznaje jedan svet; Zapad – vremena Sokrata – dva.

*

Suština modernističkog pogleda na svet je u spoznaji iscrpenosti zapadnog puta. Kriza „objektivne realnosti", za koju se ispostavilo da je tek konstruisani jezik i kulturni artefakt, spojila se sa iščezavanjem samog subjekta spoznaje – naše ličnosti. Nakon Marksa i Frojda čovek postaje puka igra klasnih snaga ili podsvesnih želja. Za umetnika, koji je zavirio u ovaj gnoseološki bezdan, ostao je jedini izlaz – da počne sve iz početka, da se vrati onom stanju sveta koje još nije raščlanjeno konceptima i kategorijama. Modernizam nije značio rasap nego pre „ropotarnicu" – pregnuće sinteze prve planetarne kulture.

*

Po zamisli grandiozan ep Ezre Paunda – njegovi *Cantosi* koji poražavaju svojim zamahom i razdražuju svojom složenošću – jeste najambiciozniji spomenik Istoka na Zapadu.

Ta poema je trebalo da reši centralni problem vremena. Modernizam ga je ovako formulisao: Beda Zapada se sastoji u odsustvu univerzalnog mita, bez kojeg svet ne može izbeći duševnu usamljenost i duhovnu zaparloženost. Mit – to je karta postojanja koja svakom pruža odgovore na sva pitanja. Svet, protumačen od mita, moguće je obuhvatiti mišlju, moguće ga ja razumeti, u njemu je moguće živeti. Nauka, koja je zamenila mit, lišila je vasionu zajedničkog imenitelja. Ona nam je dala fragment umesto celine, pretvorivši čoveka u specijalistu koji se samo time teši da mu neznanje nije univerzalno.

Lišiti kulturu mita znači ostaviti ljude bez zajedničkog jezika i osuditi ih na razmirice i rat. Paund je smatrao da je spas – u umetnosti, shvaćenoj kao sredstvo opštenja: „Komunikacija, to je cilj svih umetnosti." A najvažnija od svih je – ep. On je rečnik jezika na kome govori kultura. Ep je njen kolektivni glas. On produkuje rituale koji povezuju čovečji rod. Ep nas štiti od straha pred nepoznatom sudbinom. Preobraćajući budućnost u prošlost, on savlađuje vreme, zamenjujući tamu nadolazećeg svetlom večnošću sadašnjosti. (...)

Definitivna zamisao *Cantosa* oformila se pod uticajem *Ulisa*, koji je presudno delovao na sve Džojsove saborce. Nadahnut njime, T. S. Eliot je pisao da je Džojs, zamenivši narativni metod mitološkim, ponovo načinio savremeni svet pogodnim za umetnost. Za Paunda je *Ulis* bio podstrek za stvaranje dela koje je zaokupilo njegov dugi i često mukotrpni život.

Napisavši novog *Odiseja*, Džojs je sazdao demokratski epos svakodnevlja, epos prosečnog malograđanina – ispričao je istoriju Odiseja koji se vratio kući.

*

Prirodan život nema potrebe za natprirodnim. Otuda Konfučije kod Paunda svojim ćutanjem o „životu posle" odbacuje metafiziku. U Kini nije postojala provalija između Boga i čoveka koja je stalno rađala buru u zapadnoj duši. Na Istoku, gde je sve parno, Nebo postaji samo zajedno sa zemljom. Oboje potiču iz jedne životodavne praznine – Tao, do koje vodi saznanje svih stvari. Njihova priroda je isto tako neobjašnjiva i jednostavna kao i priroda Boga. Zato nas Konfučije ne podučava bogoslovlju, nego religiji – umeću da smestimo svoj mali život u veliki život kosmosa.

Slediti taj ideal nije lako, ali samo zato što niko osim nas ne može da prokrči put do njega. Samo metodom pokušaja i grešaka učimo da ne skrećemo u stranu s puta: „Svako može da postigne suvišak, lako je gađati mimo mete."

(...)

Cantos je – neuspeh koji je Fokner nazvao blistavim. Paundova tragedija je u tome što se fragmenti snažnih misli, odlomci retke lepote, stihovi prodorne dubine, detalji nezaboravne upečatljivosti – nisu složili u jednu celinu. Nismo dobili ep. Tekst *Cantos* ostao je u istoriji književnosti ali ne i u samoj istoriji.

*

Najupadljivija razlika između Kine i zapada je orijentacija u vremenu. Dok mi budućnost smeštamo ispred a prošlost iza sebe, Kinezi prošlost obeležavaju rečju „šan" – „vrh", to jest vreme za njih teče od gore ka dole. Otuda su u Kini utopije bile retrospektivne a reforme konzervativne, uvek se radilo o uspostavljanju ranijeg poretka. Kineskom mišljenju je i uopšte strana ideja progresa. Zapad je uvek privlačila onostrana slika nepropadljive večnosti – zlatni vek Hesioda, Platonovo carstvo ideja, hrišćanski raj, svetla budućnost komunizma. Kinezi su žudeli za fizičkom besmrtnošću, ali ih vanvremenost nije zanimala. Njihovu sliku sveta formirao je i činio princip stalnih promena, formulisan u najstarijoj knjizi na svetu, *Knjizi promena*. Dok je Faust maštao da zaustavi trenutak, pregradivši reku vremena, Kinez je težio da se rastvori u njoj.

Na Zapadu je umetnik stvarao u nadi da njegova remek-dela mogu da se takmiče sa večnošću. Horacije upoređuje svoje stihove s onim najdugovečnijim od svega za šta zna – sa „carskim piramidama". Autor kineskog analoga *Spomenika*, pesnik Su Ši, naziva svoje delo „velikim nabujalim potokom koji stremi napred, birajući nepoznati put". Večnost piramide nije ista kao večnost reke: piramida je izazov vremenu, reka sama simboliše vreme. Druga večnost je znatnija, pouzdanija od prve, kao što je meka voda jača od tvrdog kamena. Su Ši piše: „Nema više države Ćing a breskva još cveta, i reka, kao i pre, žubori." Sve veštačko je osuđeno da umre, a sve prirodno da se preporodi.

*

Posmatrajući zapadnjačko platno, uvek možemo ustanoviti gde se nalazi izvor svetlosti. Na kineskoj slici svetlost dolazi iznutra, a ne spolja, nju same od sebe izlučuju planine, reke, drveće, oblaci. To nije tehničko već teološko pitanje, koje je učinilo da putevi Zapada i Istoka budu tako različiti. Naša kultura je navikla da smešta Boga s druge strane realnosti – on spolja posmatra svet. Upravo ovu hipotetičku tačku gledišta, izmeštenu izvan granica slike, fiksira zapadni umetnik.

Kineska teologija ne priznaje kategoriju transcendentalnog – onostrano za nju jednostavno ne postoji, jer je metafizika – tek nevidljivi nastavak vidljivog sveta. Sinteza jednog i drugog čini onu jedinstvenu i nedeljivu realnost koju je umelo da prikazuje klasično slikarstvo srednjovekovne Kine.

(...)

Svet, u svoj njegovoj celovitosti, može prikazati samo onaj umetnik koji vodi računa o paritetu stvari i njenog odsustva. Nedostatak je više negoli obilje, i zamenivši sabiranje oduzmanjem, praznina je sposobna da ispuni ispražnjenost. Otuda kineski pejzaž često zauzima samo četvrtinu lista. Ostavljajući neispunjenim veliki, a ponekad i veći deo lista, umetnik zamenjuje fragment, koji čini svaka slika, celinom, koju čini svaki pejzaž. Praznina vraća nacrtani pejzaž njegovom izvorištu. Umetnik ne izdvaja pejzaž iz prirode, nego ga ostavlja unutar nje. Praznina mu zamenjuje ram koji u zapadnoj umetnosti razgraničuje kulturu od privida. Na Istoku se samo nedoslikana slika može smatrati završenom.

*

Zapad je doveo do savršenstva umetnost odgonetanja tajni, ali umetnost življenja s njima može da se nauči samo na Istoku.

*

Kineski vrtlar, kao prorok, sveštenik ili pesnik, stvara svoje remek-delo u duši posmatrača. Rukujući prirodnim elementima, sarađujući s prirodom, povinuje se slučaju, on kreira nemu postavku scene. Skupivši sve delove vrta ujedno, vrtlar ih raspoređuje u duboko pro-mišljenom, simboličnom ali ipak slobodnom poretku. On utiče na pojačavanje i ispoljavanje prirodnih svojstava stvari. S mnogo ljubavi i smirenja on portretiše haos ovozemaljskog postojanja, ne trudeći se da mu nametne svoj, ljudski, poredak. Time se kineski vrt izdvaja od svih drugih. Versaj, na primer, spada u spomenike kulture koji su svirepo potčinili sebi prirodu. Pomoću prekrasne simetrije rundela i travnjaka on pretvara gomilu u procesiju, šetnju u ceremoniju, dokolicu u lekciju iz civilizacije. Pa ipak, ne samo evropski nego ni japanski vrt ne liči na kineski. Znameniti vrtovi kjotskih hramova ne rukuju prirodom, oni je pojednostavljuju, svodeći vodu i planinu na pesak i kamenje. Ti oskudni pejzaži zembudizma govore o iluzornosti svake stvarnosti. Kineski vrt pak čini svaku iluziju stvarnom. On predstavlja ono čega ne može biti: zemaljski raj. Na Zapadu je vrt smatran nesavršenom kopijom Edena. Učeni Kinez, koji ne priznaje transcendentalnu dimenziju, smatrao je rajem svoj vrt i nije tražio drugi. Ćutke, kao četiri godišnja doba, takav vrt nas uči sopstvenoj mudrosti: očuvanju duševnog mira, osećajnom poniranju, umeću mirovanja vodenog ogledala, da bi i u nama mogla da se odrazi beskrajna modrina neba. Iz takvog vrta, kao iz zagrobnog carstva, nema povratka – kroz njegove vratnice ulaziš kao jedan a izlaziš kao drugi čovek.[*]

---

[*] Aleksandar Genis (2000): *Tama i tišina*, Geopoetika, Beograd. Prevela: Draginja Ramadanski.

INDUSTRIJA ZABORAVA
Pol Virilio

Da li je Viriliova knjiga *Informatička bomba* mučni brevijar popisa neljudskosti i globalne dehumanizacije koja je već nad nama, ili nemoćni krik tradicionalnog čoveka pred najezdom „industrije zaborava" i prevođenja svake misli, promišljanja, filozofiranja, fenomenologije, teorija vrednosti (o umetnosti da i ne govorimo, o istoričnosti pogotovo), u sintetički broj, čip i kibernetičku stvarnost? Čini se i jedno i drugo.

Čitajući knjigu Pola Virilia, čovek se, od stranice do stranice, od citata do citata, nemoćno, pomalo naivno, neprestano pita: ZAŠTO? ZAŠTO? Kome Sve to treba? Pita jer ne zna, jer i ne pomišlja, u svojoj još prisutnoj (ali ne zadugo), misaonoj lagodnosti i širini istorije nauke, umetnosti, filozofije, religije, antropologije, da već uveliko jedna čudesna sorta ljudi čini SVE da istoriju, tu pred nama, obesmisli, umetnost dovede do ivice potpune marginalizacije, a to znači, još samo za korak pa izlišnosti, da duh koji promišlja naprosto spreči u tome, otimajući svako sredstvo u komunikaciji koje nije broj, munjeviti čip, simbol i kôd, koji se mogu jedino pretvoriti u još brže i još sintetizovanije čudo. Zašto?

Čitajući ovu knjigu, čovek se pita koliki stid i neusaglašenost sa svojim bićem (ako se još može govoriti o biću u tradicionalnom smislu), osećaju tvorci nadolazećih kibernetičkih, informatičkih sistema, koji žele da izbrišu sve u ljudskoj svesti i da na mesto duhovnosti stave jedan jedini Broj, Simbol, virtuelni kôd – šta osećaju u trenucima jutarnjeg buđenja, kada shvate da su čak i oni upravo sanjali (o srama!), sanjali uzbudljiv san pun boja i neobičnih svetova, govor vila i parče čudesne priče. Ili mi i dalje postavljamo glupa pitanja, ne uviđajući da tvorci „industrije zaborava" i ne sanjaju, ili sanjaju Samo svetove iz fundusa svojih kompjuterskih virtuelnih stanja i mutacija.

Čitajući ovu knjigu, za prirodnog čoveka, tradicionalnog, okrenutog književnosti, muzici, filozofiji, uzbuđenjima poniranja u arheološke slojeve, potresnu, uznemiravajuću knjigu, neprestano nam je pred očima i u svesti kapitalno delo Eriha Froma *Anatomija ljudske destruktivnosti*. Virilio nas je naterao da posle toliko godina ponovo isčitamo Froma. I, ponovo, bolna spoznaja. Jer, ako biste Viriliovu knjigu stavili kao poslednje poglavlje Fromove *Anatomije ljudske destruktivnosti*, jedva da biste primetili „prelaz" u tekstu. Ono o čemu govori Virilio, nesrećan zbog toga, samo je poslednje poglavlje Fromove *Anatomije*. Nažalost.

Virilio: „Sve to nije ništa naspram skorog otkrića 'automatske obrade znanja', to predstavlja generalizaciju amnezije koja će biti poslednje ostvarenje *industrije zaborava*, kada bi trebalo da sve analoške informacije budu zamenjene numeričkim kodiranjem kompjutera smenjujući govor slike i stvari. Bliži se početak vladavine brojeva, broj kao sredstvo sprema se da definitivno nadvlada analogno, sve što ima neku sličnost ili srodstvo sa živim bićima ili stvarima."

From: „Svijet postaje suma beživotnih artefakata. Cijeli čovjek postaje dio totalne mašinerije kojom on upravlja, ali kojom je istovremeno upravljan. Neki nas specijalisti uvjeravaju da će se roboti jedva razlikovati od živih ljudi. Ovo dostignuće neće izgledati tako zapanjujuće – čovjeka je ionako već teško razlikovati od robota."

Virilio: „Kibernetizovati svu razmenu, mirnodopsku ili ratnu, to je diskretni cilj savremenih inovacija kraja milenijuma. Poslednja tvrđava je taj izolovani 'čovek planeta', koga po svaku cenu treba osvojiti ili svesti na pravu meru kroz industrijalizaciju živih bića."

Zašto? Zbog bržeg i lakšeg stvaranja profita? Naravno. Zbog veće mogućnosti potpunog vladanja? Naravno. Da li je u savremenom svetu psihijatrijski poziv doista sveden na folklor, ako se oni koji bi celokupnu ljudsku svest, civilizacijske slojeve misli, kulture, umetnosti, tradicija, tako uzbudljive ljudske razlike, sveli i ugurali u jedan jedini mamutski kompjuterski ekran, pod apsolutnom kontrolom i potpunom mogućnošću eliminacije svega što samostalno promišlja, mašta, stvara, krši, odriče... – i dalje tretiraju kao trezveni i ozbiljni naučnici?

Tek posle Viriliove knjige shvatamo težinu govora onoga američkog kongresmena koji je tumačio pojam „posleistorijskog" koje treba što pre uspostaviti, govoreći o izlišnosti istorije i nakaradnosti uvažavanja istoričnosti, govoreći o ljudskom stvaranju, o umetnosti (skoro posprdno) kao nepotrebnom balastu komično suprotnom Velikoj Informatičkoj Mreži i profitu i profitu i profitu, i Vladavini, naravno. Tek sada shvatamo da ono više nije anegdota u kojoj mladi, priljubljeni uz svoje kompjutere, na pominjanje Kanta, Platona, Kjerkegora, Ničea, pitaju „a u kojem je filmu taj tip igao?"

I da završimo citatom iz Viriliove knjige: „Mondijalizacija, dakle, nije samo dovršenje ubrzanja istorije, već i ispunjenje, zatvaranje polja mogućnosti zemaljskih horizonata. (...) Načelo odgovornosti prema budućnosti čovečanstva je sramotno 'konzervativno' načelo za one koji ništa toliko ne priželjkuju kao revoluciju kraja, taj nihilizam svemogućeg progresa koji prati XX vek."

Ostaje samo krhka preporuka da se ova Viriliova knjiga ozbiljno isčita. Ali, Samo to. Nada kao da ne ostaje. Jer, očito je, milioni i milioni obrazovanih znaju, čitali su, čuli su za Fromovu *Anatomiju ljudske destruktivnosti* i mnoge druge velike studije i analize. I?? NIŠTA. Novi dan se rađa da bi otpočela nova Destrukcija i Dekonstrukcija. A Duhovnost? Taj pojam se lagano briše iz indeksa mnogih sistema globalne informatičke Mreže. Da li je to naša neumitnost? Pol Virilio upozorava.

Iz knjige:

Kada je 1936. godine Blez Sandrar uspeo, ne bez poteškoća, da uđe u studije-tvrđave američkog industrijskog filma, osetio je tamo, kao i drugim delovima zemlje, *mistifikaciju*: „Kakva dobra šala!, napisao je on, ali koga žele ovde da prevare, u ovoj demokratiji, ako ne suvereni narod?"

*

„Oni koji ne vole televiziju, ne vole Ameriku!", tvrdio je Berluskoni, za vreme čuvene izborne kampanje na italijanski način. Juče se moglo isto to reći za one koji ne vole bioskop a danas za one koji ne vole Internet ili buduće trase informacija, za one koji ne smatraju da je dobro *slepo* verovati ludilu metafizičara tehnokulture.

*

Jedan stari japanski prijatelj nedavno mi se poverio: „Ne opraštam Amerikancima, zbog toga što Hirošima nije bila čin rata već eksperiment."
Treba strahovati da danas, posle okončanja nuklearnog odvraćanja Istok–Zapad i velikog neuspeha socijalnog eksperimentisanja početkom veka, globalni ekonomski rat koji se survao na našu planetu ne postane eksperimentalan i naročito bioeksperimentalan.

*

Već je biolog Žan Rostan smatrao da nas „radio nije možda učinio glupljim, ali je u svakom slučaju učinio glupost zvučnijom."
„Mase se žure, trče, prolaze kroz epohu veoma brzim koracima. Misle da idu napred, ali u suštini samo hodaju u mestu i padaju u prazninu", zabeležio je Kafka.
Bolest brzine prevoza – nazvana *kinetoza*, učinivši delimično od nas hendikepirane-motore, voajere-putnike – prethodila je, logično, *bolesti trenutnih prenosa*, sa zavisnicima od multimedijalnih mreža (*net-junkies*), vebabolicima (*webabolics*) i drugim kiberpankerima obolelim od bolesti Interneta (*Internet addition disorder*), čija je memorija postala starinarnica, spremište natrpano gomilom različitih slika, neupotrebljivih simbola, na brzinu nagomilanih i u lošem stanju.

A najmlađi su, zalepljeni za ekrane još od osnovne škole, već oboleli od hiperkinetičkih poremećaja nastalih usled disfunkcionisanja mozga koji stvara nesuvisle aktivnosti, teške poremećaje pažnje, nagla nekontrolisana motorna pražnjenja.

Za to vreme, s banalizacijom pristupa trasama informacija, teče umnožavanje putnika u sobi, tih dalekih izdanaka tihog čitaoca, koji će sami trpeti od celine poremećaja komunikacija, stečenih u toku poslednjih decenija razvoja tehnike.

*

Već tokom dvadesetih godina, veliki trgovac sikama Rene Gempel imao je priliku da vidi, u Berlinu, dela nemačkih ekspresionista, i bio je obuzet zebnjom, smarajući da ona neće značiti ništa dobro. Nije oklevao da proveri u koncentracionom logoru Nojengam (Neuengamme) (gde je trebalo da umre l. januara 1945) „da od skoro bezazlene ideje nazvane ljubav, ljudska mašta može zamisliti užasan mrtvački ples na zidu kosturnice". Dakle, novi umetnici su se do tada zadovoljavali korišćenjem životinjskih leševa konzerviranih u formolu, a čoveka su pokazivali kao jednostavno anatomsko oblikovanje.

Granica je trebalo da bude pređena 1998. sa izložbom *Svetovi tela* u Manhajmu, u Muzuje tehnike i rada. Posetioci, njih 780.000, gurali su se da bi posmatrali 200 ljudskih leševa koje je predstavio izvesni Ginter fon Hagens.

Taj nemački anatom je naime izumeo postupak da bi konzervirao mrtvace i, naročito, da bi *ih isklesao* plastificirajući ih. On je dakle predstavio, uspravljene kao antičke kipove, prikaze oderanih ljudi koji mašu svojom kožom kao trofejom ili još druge prikaze, koji su pokazivali svoje utrobe, oponašajući Dalijevu *Milosku veneru sa ladicama*.

Kao objašnjenje, doktor fon Hagens se zadovoljio da ponovi ove reči: „Ovde se radi o slamanju poslednjih tabua."

Nastaje pomak i uskoro ćemo moći da nazivamo avangardnim umetnicima ne samo nemačke ekspresioniste koji su prizivali ubistvo, nego i druge njihove nepoznate savremenike koji bi trebalo da imaju svoje mesto u veoma posebnim kolekcijama našeg stoleća.

Ilze Koh, na primer, ta toliko romantična plavuša, koja je izabrala, 1939. godine mračnu dolinu blizu Vajmara, tačno tamo gde je Gete voleo da se šeta i gde je zamislio svog Mefista, *duha koji sve proriče*: „Radovi odmah počeše i logor dobi, sasvim prirodno, ime pesniku drage šume, *Buhenvald*."

Ona koju su kasnije nazvali „kuja iz Buhenvalda" očigledno nije mogla da zna za duhovit postupak doktora fon Hagensa, ali je imala estetske težnje veoma slične njegovim, pošto je odrala svoje nesrećne ljubavnike i napravila od njihove kože različite predmete, kao što su abažur ili novčanici.

„Umetnik donosi prvo svoje telo", govorio je Pol Valeri.

*

Godine 1906, *Vorld*, dnevni listi iz Njujorka, dao je sledeći naslov: „Vratite mi telo moga oca!"

Radilo se, u stvari, o molbi jednog mladića, pripadnika naroda Inuita, koji je otkrio da je skelet, prikazan u jednoj vitrini Muzeja prirodnosti u Njujorku, bio skelet Kizuka, njegovog oca.

Devet godina pre toga, ovaj je umro sa četvoricom svojih drugova Eskima, usled galopirajuće tuberkuloze, ubrzo posle iskrcavanja na američko tlo.

Mladi Minik, tada osmogodišnjak, prisustvovao je pogrebu, ali radilo se u suštini samo o maskaradi koju su organizovali naučnici Odseka za antropologiju sa Kolumbija univerziteta, željni da prisvoje leš i da spreče dečaka da otkrije da je njegov otac, od tog trenutka, pripadao kolekciji Muzeja.

U toj aferi, Robert Peri, budući pronalazač Severnog pola, nosio je, govorilo se, veliku odgovornost, on koji je posmatrao Eskime kao nižu rasu, kao podljude, kao „korisne instrumente svog arktičkog poduhvata".

Dakle, gnusni zločin Muzeja iz Njujorka, otkriven 1906. u dnevnom listu *Vorld*, bio je unapred oslobođen krivice, u času kad je svetska štampa upravo osvajala Severni pol, jedan od najuzbudljivijih – naučnih, sportskih, kulturnih – ciljeva naše civilizacije.

*

Ne sumnjajmo više, posle neobuzdane eksploatacije Zemlje i njene *geografije*, eksploatacija *kartografije* ljudskog gena je već dosta napredovala, otkrivalački projekt jedne industrijske tehnologije u punoj ekspanziji koja teži da svede stanje *primerka* svakog člana čovečanstva koji više nije za upotrebu, ljudi koji, kao Minikov otac, doslovno ne bi više bili individue – *individuum*, ono što je nedeljivo.

*

„Onaj koji zna sve, ne plaši se ničega", tvrdio je juče Jozef Paul Gebels. Od sada, sa uvođenjem u orbitu novog tipa panoptičke kontrole, *onaj koji će videti sve*, ili skoro sve, neće imati razloga da se plaši svojih neposrednih konkurenata.

U stvari, nećemo ništa razumeti u *revoliciji informacije* ako ne prozremo da ona priziva, na čisto kibernetički način, *revoluciju sveobuhvatnog potkazivanja*.

*

Posle prve bombe, *atomske bombe* koja je sposobna da rastvori materiju radioaktivnom energijom, pojavljuje se na kraju ovog milenijuma avet druge bombe, *informatičke bombe* koja je kadra da rastvori mir nacija interaktivnošću informacije.

*

„Poređenje nije razum", glasi stara poslovica. A sada, sa nužnošću globalne konkurencije za jedinstvenim tržištem, poređenje je postalo GLOBALAN fenomen koji zahteva integralno izlaganje, ne samo mesta, kao do juče, sa telenadzorom puteva, nego još i osoba, njihovog ponašanja, njihovih akcija i intimnih reakcija. (...)

Kao što je to duhovito rekao Alber Kami: „Kada svi budemo krivi, nastaće prava demokratija."

*

Novi elektronski vavilon neće propasti od preobilja jezika, već od njihovog nestanka. Ne radi se više o tome da se govori, piše, misli, kao Severnoamerikanci, zahvaljujući standardnom pseudoengleskom, nego da se čini sve to u isto vreme, sve brže i brže.

Brevety is the soul of e-mail (Skraćenica je duša i-mejla), poručuje surferima Nikola Negropont u *Being digital*.

Tehnološko ubrzanje je izvelo prvo prenos s napisane na izgovorenu reč – s pisma i s knjige na telefon, na radio – danas izgovorena reč (glagol) logično slabi pred trenutnošću slike u realnom vremenu. Sa neobrazovanošću i nepismenošću, započinje epoha mikroprigušivača, nemog telefona, ne zbog tehničkog kvara, nego zbog socijalnog kvara, zato što uskoro jedni drugima nećemo imati šta da kažemo, niti će biti realnog vremena da to kažemo – a naročito nećemo znati kako da se ponašamo da bismo slušali ili nešto rekli, kao što već ne znamo više dobro da pišemo, uprkos revolucije fakulteta koji bi tobože trebalo da reaktivira pismo. (...)

Kao što je slutio Kaspar David Fridrih: „Narodi neće više imati glasa. Neće im više biti dozvoljeno da imaju savest i samopoštovanje."

„Politika je pozorište koje se često igra na gubilištu", rekao je Sveti Tomas Mor koji je to iskusio na svojoj koži.

*

„Nezrelost i infantilnost su najsigurnije kategorije za definisanje modernog čoveka", piše Gombrovič. Posle

Alisinih vrtoglavih metamorfoza, stigli smo do Petra Pana, deteta koje je tvrdoglavo želelo da pobegne od svoje budućnosti.

Bitan životni čin u drevnim društvima, prelaz u odraslo doba, izgledalo je da isčezava iz civilizacije gde je svako nastavljao da se igra bez ograničenja u godinama.

Za dvadesetak godina društvene kao i političke odgovornosti, vojne obaveze, svet rada itd. nestaće, i uskoro će se svaki pojedinac, ili svaka aktivnost koja nije vezana za detinjariju oceniti kao „elitna" i biće kao takva odbačena.

*

Na putu predsedničke neodgovornosti, Klinton će predložiti da se automatizuju odmazde protiv neprijatelja američkih interesa u svetu.

Američka vlada je 10. februara 1998, kada se već strahovalo od opasnog sukoba, objavila, kako bi se upotpunila slika opšte nepromišljenosti, da je odlučila da neće krenuti u napad na Irak pre zatvaranja Olimpijskih igara, koje su se održavale u Japanu.

Na taj način se izbeglo da gledaoci budu zbunjeni nizom protivrečnih slika, gde bi se euforija Zimskih igara mešala sa manje utešnim prizorima novog Zalivskog rata: to bi dovelo do konstantnog prebacivanja, usled čega bi bili oštećeni i sponzori tih raznih unosnih manifestacija.

*

Ali kada bude pet miliona *live cameras* raspoređenih po svetu i nekoliko stotina hiljada potencijalnih korisnika

Interneta u istom trenutku, bićemo svedoci „vizuelnog kraha", a takozvana *televizija* će svoje mesto prepustiti opštem *telenadzoru* sveta gde će slavni *virtualni mehur* finansijskih tržišta prepustiti svoje mesto *vizuelnom mehuru* kolektivnog maštanja, sa odgovarajućim rizikom eksplozije „informatičke bombe", koju je još pedesetih godina najavio Albert Ajnštajn.

*

Velike brzine postepeno zamenjuju velike prostore, a površina – ogromna površina zemaljske kugle – ustupa mesto sjedinjavanju globalne brzine.

Upravo to je *live*, stvarno vreme mondijalizacije: *gde svetlost brzine* istiskuje svetlost Sunca i danonoćnog smenjivanja. Sunčevi zraci i njihove senke su nadmašene zračenjem elektromagnetnih talasa, do te mere da dan u *lokalnom* kalendarskom *vremenu* gubi svoju istorijsku važnost, u korist dana u *globalnom* univerzalnom *vremenu*.

*

To sve nije ništa naspram skorog otkrića „automatske obrade znanja", to predstavlja generalizaciju amnezije koja će biti poslednje ostvarenje *industrije zaborava*, kada bi trebalo da sve analoške informacije budu (audiovizuelne i druge), to će biti uskoro, zamenjene numeričkim kodiranjem kompjutera smenjujući govor slika i stvari."

Ovo očigledno vodi ka odricanju svake *fenomenologije*. Daleko od toga da se pokušavaju „spasiti fenomeni (pojave)", kao što je to zahtevala filozofija, oni se od tada moraju izgubiti, sakriti iza računanja koja prevazilaze svako promišljeno trajanje, svako mudro mišljenje.

*

No future je zaista parola koja odgovara reljefu stvarnog vremena mondijalizacije *gde se sve događa a da nije potrebno nigde poći*, ići ka drugim živim bićima koja vas okružuju, ka drugim mestima, stvarima koje čine vašu okolinu.

*

U poslednje vreme: „Neki od pozorišnih oblika, nažalost, pokušavaju da integrišu, čak i nadmašuju brzinu masmedija, replike tako brzo slede jedna drugu da je efekat sličan brzini u korak s 'daljinskim upravljačem na pogled'."

*

Mondijalizam, dakle, nije samo *dovršenje* ubrzanja istorije, već i *ispunjenje*, zatvaranje polja mogućnosti zemaljskog horizonta.

*

Od sada se, zahvaljujući povezivanju bioloških i informatičkih nauka, nazire stvaranje „kibernetskog eugenizma", koji ništa ne duguje politici pojedinačnih nacija – kao što je to bio slučaj u loboratorijama koncentracionih logora – već apsolutno sve duguje nauci, ekonomskoj tehnonauci od koje jedinstveno tržište zahteva komercijalizaciju celine života, privatizaciju genetske baštine čovečanstva.

*

Zahvaljujući informatici i progresu biotehnologije, nauka je u stanju da ugrozi vrstu, ne više kao juče, radioaktivnim uništavanjem ljudske sredine, već kliničkom inseminacijom, kontrolom izvora života i porekla jedinke.

*

Informacija je neodvojiva od svog energetskog ubrzanja, jer usporena informacija više nije ni informacija dostojna tog imena, već samo pozadinska buka.

*

Kibernetizovati svu razmenu, mirnodopsku ili ratnu, to je diskretni cilj savremene inovacije kraja milenijuma. Ali poslednja „tvrđava" više nije u tolikoj meri Evropa Ekonomske zajednice, koliko taj izolovani „čovek planeta" koga po svaku cenu treba osvojiti ili svesti na pravu meru kroz industrijalizaciju živih bića.[*]

---

[*] Pol Virilio (2000): *Informatička bomba*, Svetovi, Novi Sad. Prevod: Nenad Krstić.

UKLETOST IZUZETNIH
Danijel Dž. Borstin

Ako se čovek izbori protiv svoje pretencioznosti i glupave uobraženosti koja mu šapuće da sve o čemu piše Borstin u svojoj kapitalnoj knjizi *Svet otkrića*, već zna, biće široko i mnogoznačno nagrađen.

Pred nama se iznova otvara uzbudljiva plejada izuzetnih ljudi kroz istoriju, koji su morima, okeanima, dalekim i pretećim planinama, sablasnim tunelima i utvarama prastarih grobnica, mučnim i opojnim a krhkim, uvek po čoveka krhkim koracima, otkrivali lice, oblik i prirodu ove ponajčešće nesrećne Zemlje i čoveka na njoj. Ali, isto tako, kroz epruvete, laboratorije, sočiva, matematiku, zvezdane sisteme znane samo Tvorcu, pokušavali su da pokažu ono Dalje, Dublje, dodajući pločicu na mozaiku ljudskog saznanja o nama i svetu u kojem smo, ko zna zašto – uronjeni.

Pomenimo samo najmarkantnije: Kolumbo, Balbo, Magelan, Kuk, Kopernik, Galilej, Kepler, Paracelzus, Vezalijus, Harvi, Rej, Line, Darvin, Paster, Vinkelman, Tomsen, Šliman, Adam Smit, Kejns, Njutn, Dalton, Faradej, Klark Maksvel, Ajnštajn.

Od ove skupine impozantnih izuzetnika, možda je samo Njutn bio za života slavljen skoro kao božanstvo (i sam se i te kako brinući oko toga). Ostali su, najčešće, kušali ukletost velikog talenta, snage posvećenja, upornosti proviđenja, prolazeći kroz neverovanja, poniženja, anateme, progone ili bolnu anonimnost. To bi mogao biti onaj Prvi krug darivanja i saznanja (ili uvek potrebnog obnavljanja znanja), koji donosi Borstinovo veliko delo. A ono je takvo da s nestrpljenjem čekamo objavljivanje ostala dva toma.

Onaj drugi krug spoznaje, koji izrasta iz ovoga dela sam po sebi, neumitan, čak se izmičući autorovoj nameri, ma koliko i on znan, svojim sistematskim protezanjem i trajanjem, valjda od prve ljudske zajednice do danas, potresniji je i porazniji. Šta to pokazuje ovo kapitalno delo i ne htejući? Pre i iznad svega, dok čitamo o istoriji otkrića, isčitavamo, zapravo, Tanku nit sazdanu od najplemenitijih i najređih vrsta ljudskog duha, koja se vekovima provlači kroz more krvi, ratova, otimanja, satiranja drugih, građenja carstava da bi bila Jedina, kroz nepregledne kolone pljačkaša pod blagoslovom svih dvorova i neiscrpno alavu žeđ za tuđim. Jer, svakog kralja, vojvodu, cara, izbornog kneza, najmanje interesuje da li je Zemlja stvarno okrugla i koji je njen položaj na Nebu. To će, ionako, biti kako kaže da **jeste** sveti otac u Vatikanu. Gospodare jedino intersuje gde se na toj Zemlji nalaze nova blaga, bregovi zlata koji bi mogli biti samo njihovi, gde su niz nepoznatu, ili tek otškrinutu Afriku, obale na kojima leže dijamanti i ostalo drago kamenje nadohvat ruke. Naravno, skoro usput, obavljaće se lov na ljude, crne i jake, zapravo neljude jer ne znaju za našeg boga, prestravljene došljacima, koji će biti vekovima sjajno roblje.

Nažalost, ovo krvavo kolo interesa nije daleka prošlost. Ono traje do ovoga dana i podneva. Dinastičkim moćnicima svaki Magelan je dobar ukoliko donosi izveštaje o blagu za koje još niko ne zna.

Posle godina i godina predanog rada i odricanja, izuzetni čovek donosi kralju teleskop. Sad će, kao niko na Zemlji, moći da gleda zvezde i da vidi da je Zemlja... Kralj i njegov general se smeše. Vele: „Sjajno! Sad ćemo moći da uočimo neprijateljsku vojsku na ogromnoj daljini i da joj priredimo pokolj."

Jedan drugi, kad već niko više ne veruje, poziva tri kardinala da se umilostive i pogledaju kroz mikroskop mikrokosmos prvi put viđen ljudskim okom. Vele: „Uzbudljivo! Kako ste izveli ovu magiju i obmanu da vidimo neki neobičan svet na kraju ove cevi?! Doista moćna iluzija. Bravo! Kakav veseli šarlatan i zabavljač!" Naravno, progone, lomače, izopštenja, anateme i robijanja u okovima, ne treba ni pominjati.

Da, Borstin, američki istaknuti istoričar, vlasnik značajnih nagrada i predavač na mnogim prestižnim univerzitetima u svetu, jeste opojan. Vredi mirno iščitati 750 stranica i ponovo gledati Kolumba koji umire u neznanju šta je otkrio, ili biti svedok apsurdne smrti čarobnog kapetana Kuka, ponovo drhtati u noći pred otkriće sa Šlimanom i prikradati se kroz čudesne laboratorije posvećenika, ali bogme i sklanjati pogled od genijalnog Njutna, gotovo ogavno samoljubivog, koji sebi priseže slavu i pravo na Jednost.

Treći krug spoznaje Borstinove knjige je takođe prisutan od kako je čoveka; krug sazdan od Straha, Zatucanosti, Dogmi, Neznanja, užasa pred istinom koja bi mogla da promeni postojeće kojim smo već ovladali. Iza svakog narednog rta je Pakao, satansko grotlo i Kraj sveta. Svaka naredna matematička radnja je vođena rukom Satane, svako neobično naučno saznanje i otkriće Samo je alhemičarska, mističarska iluzija u vlasti Nečastivog. Svako ko narušava već uspostavljeni Red o čijoj neporecivosti svedoče sveti oci matere crkve, ili je umobolnik ili rušitelj koga treba ukloniti.

Ipak, prolazeći kroz ovo delo istorije ljudskih otkrića, čudi i ohrabruje i i te kako imponuje da je Čovek, istina redak i poseban – ma koliko bio svestan da su ljudi od svog naopakog postanja u kojeg se upetljala neka Strašna Greška, sazdali svoju istoriju koja je sva od krvi i ratova, otimanja, robovanja beščašća i gluposti – nalazio snage i vere da Treba, da Vredi pronicati u Novo, otkrivati po cenu života, tragati za novom formulom ili morskim prolazom do satiranja, nalazio snage i smisao u promišljanju kosmosa i onoga tajnovitog zvezdanog čuda koje tako superiorno svedoči o Beskonačnom (bar kad je naš bedni život u pitanju).

Možda ovu preporuku za čitanje i promišljanje Borstinove knjige koja na kraju daruje neverovatan (a samo sažetak) poklon od 35 gusto kucanih stranica, rudnik literature i bibliografskih napomena, ipak treba završiti izuzetnom rečenicom Alberta Ajnštajna kojom se i ova knjiga završava: „Večna tajna sveta jeste njegova shvatljivost."

Možda će mnogi, isčitavši i ovo, reći da su sve to odavno znali. Ipak, čitajući Borstina, darujete sebi jedan pouzdan i izuzetno širok civilizacijski Uvid.

Iz knjige:

Teorija o podudarnosti postala je astrologija, koja je tragala za novim vezama između prostora i vremena, između kretanja fizičkih tela i objašnjavanja celokupnog ljudskog iskustva. Napredak nauke zavisiće od čovekove spremnosti da poveruje u neverovatno, da prekorači granicu koju nalaže zdrav razum. Čovek je sa astrologijom učinuo svoj prvi krupan naučni skok ka obrascu za opisivanje načina na koji su nevidljive sile sa neizmerno velike udaljenosti, iz same nebeske dubine, oblikovale svakodnevne tričarije. Nebo je tako bilo laboratorija prve nauke čovečanstva, baš kao što će unutrašnjost ljudskog tela, intimna unutrašnja sfera njegove svesti, i nepoznati kontinenti atoma postati poprište njegovih najnovijih nauka. Čovek je nastojao da upotrebi svoje sve veće poznavanje obrazaca iskustva koje se ponavlja u svojoj neprestanoj borbi da raskine gvozdeni beočug ponavljanja

*

Negde oko 1330. godine, sat je postao ono što je danas, jedan od dvadeset četiri jednaka dela dana. Ovaj novi „dan" obuhvatao je i noć. On je meren vremenom između dva podneva, ili preciznije, onim što bi današnji astronomi nazvali „srednjim solarnim vremenom". Prvi put u istoriji, „sat" je poprimio precizno značenje koje je bilo isto tokom cele godine i na svim mestima.

Kad počinje „dan"? Odgovori na ovo pitanje skoro su jednako brojni kao i na pitanje koliko bi dana trebalo da bude u nedelji. „I bi veče i bi jutro, dan prvi", čitamo u prvom poglavlju Knjige postanja. Dakle, prvi „dan" je, u stvari, bio noć. Možda je to bio još jedan način da se opiše misterija Stvaranja, i da se prepusti Bogu da svoju čudesnu tvorevinu ostvari po mraku. Vavilonci i drevni Indusi računali su svoj dan od izlaska sunca. Atinjani,

kao i Jevreji, počinjali su „dan" sa sunčevim zalaskom, i toga su se pridržavali sve do devetnaestog veka. Pravoverni muslimani, koji su se doslovce pridržavali Svete knjige, i dalje su počinjali dan sa zalaskom sunca, kada su podešavali svoje časovnike na dvanaest sati.
(...)
Astrološki pokazatelji na javnom časovniku u italijanskom gradu Mantovi ostavili su dubok i snažan utisak na jednog posetioca iz 1473. godine jer su pokazivali „pogodno vreme za puštanje krvi, hirurške zahvate, šivanje haljina, oranje zemlje, preduzimanje putovanja i druge stvari koje su veoma korisne na ovom svetu."

*

„Svi koji napuštaju zemlju, odlaze na Mesec", tvrde Upanišade, drevni indijski tekstovi, „koji otiče od njihovog zadaha tokom prve polovine svakog meseca." Manihejci, pristalice persijskog mudraca Manija (216?–276? n. e.) dodeljivali su Mesecu istaknutu ulogu u svojim mističkim učenjima, da bi od mešavine zoroastrijanskih doktrina i hrišćanstva stvorili jednu novu, privlačnu sektu koja je navodila na iskušenje mnoge rane hrišćane, među kojima je bio i Sveti Avgustin. (...) Polumesec, koji predstavlja simbol besmrtnosti, krasio je zagrobne spomenike starog Vavilona, keltskih zemalja i čitave Afrike.

Let duša na Mesec nije bila puka metafora. Po stoicima, Mesec je okruživao pojas koji se dolikovao naročitim fizičkim svojstvima Duša, taj plameni dah, po prirodi stvari se uzdizala kroz vazduh ka nebeskim vratima. U neposrednoj blizini Meseca pronalazila je to

„predvorje" od etera, materije, koja toliko nalikuje samoj suštini duše da se ona tu zadržavala, lebdeći u savršenoj ravnoteži. Svaka duša bila je vatrena kugla prožeta inteligencijom, a sve duše uglas pevale su u večnom horu oko blistavog Meseca. U tom slučaju, elizijska polja nisu se nalazila na Mesecu, kao što su tvrdili pitagorejci, već u eteru koji je okruživao Mesec, u koji su mogle da stupe samo odgovarajuće, čiste duše.

*

Sticajem srećnih okolnosti, oko 1165. godine u Zapadnoj Evropi se na tajanstven način pojavio doslovni tekst jedne poslanice sveštenika Jovana njegovim prijateljima, vaseljenskom caru rimskom Emanuelu I i kralju Francuske, u kojoj obećava da će im pomoći da osvoje Sveti Grob. Naučnici nikada nisu ustanovili ko je zaista napisao tu poslanicu, gde i zašto. Sada znamo da se radi o krivotvorini, ali ne znamo na kom jeziku je prvobitno napisana. *Poslanica sveštenika Jovana* doživela je nevcrovatnu popularnost širom Evrope. Pojavilo se preko stotinu njenih rukopisanih verzija na latinskom, uz brojne druge verzije na italijanskom, nemačkom, engleskom, srpskom, ruskom i hebrejskom.

*

Mongolsko carstvo bilo je kopneno carstvo, dva puta veće od Rimskog carstva iz vremena najvećeg širenja. Džingis-kan i njegove horde sišli su iz Mongolije u Peking 1214. godine. Pola veka kasnije zauzeli su bezmalo celu Aziju, a zatim krenuli ka zapadu, preko

Rusije, i stigli do Poljske i Mađarske. Kada je godine 1259. na presto stupio Kublaj-kan, njegovo se carstvo prostiralo od Žute reke u Kini do obala Dunava u Istočnoj Evropi, i od Sibira do Persijskog zaliva.

Bez izuzetnih sposobnosti i naročitih dostignuća ovih mongolskih vladara i njihovog naroda, put za Kinu tada verovatno ne bi bio otvoren. Kada bi onda Marko Polo pronašao put? Bez Marka Pola i svih koji su uzburkali evropsku maštu i izazvali nestrpljenje da se dopre do Kine, da li bi se pojavio Kristofor Kolumbo?

(...)

Tatarski general, ovenčan pobedničkom slavom u Persiji, poslao je svoje izaslanike svetom Luju, francuskom kralju Luju IX, koji je u to vreme bio u krstaškom pohodu na Kipru i ponudio mu savez, tražeći saradnju. Da su hrišćanski vladari i papa tada bili voljni da se pridruže jednom ovakvom savezu, mogli su da podele slavu, kao i dobitak, posle pohoda na Turke ismailićane i tako uz pomoć pagana ostvare cilj zacrtan hrišćanskim krstaškim pohodima. Snaga islama bila je u to vreme na zalasku. Da su hrišćanske vođe bile spremne da tatarima prvo postanu sadruzi po oružju protiv zajedničkog neprijatelja, papa Inokentije IV i snage hrišćanstva mogle su da ih kasnije lako načine sadruzima i u veri. (...)

Godine 1251. na dvoru Mangu-kana u tatarskoj prestonici Karakorumu, koji se nalazio daleko od Velikog zida, na severu, franjevac Vilem Rubruk bio je iznenađen kada je pronašao sveštenike sa svih strana sveta i iz svih religija – katolike, nestorijance, Jermene, manihejce, budiste i muslimane – kako u miru vode rasprave, nadmeću se ne bi li dobili pomoć od kana.

„Varvarski" tatari, kojima ni do jedne dogme nije bilo stalo toliko da bi se bavili zabranama, otvorili su put za hrišćanski Zapad. Tatarsko osvajanje Persije donelo je uobičajenu mongolsku politiku niskih carina, sigurnih puteva i slobodnog prolaza za sve – i tako otvorili put ka Indiji. Osvajanje Rusije od strane Tatara otvorilo je put za Kinu. Velikim suvozemnim Putem svile kroz Aziju, kojim se uz velike napore vekovima putovalo, Evropljani nisu prolazili sve do ovih tatarskih osvajanja.

*

Čak i pre oživljavanja Ptolomejevog učenja, u vreme kada se Marko Polo vratio u Veneciju, portolani, ta zapažanja brižljivih moreplovaca, bili su za buduća pokolenja sakupljani u veće mape i atlase. Najimpresivniji od ovih atlasa koji je sačuvan bio je tzv. Katalonski atlas iz 1375. godine, napravljen za aragonskog kralja. Autor ovog atlasa bio je Kresk Jevrejin, Abraham Kresk, Jevrejin iz gradića Palma na ostrvu Majorka, kartograf i kraljev majstor za pravljenje pomorskih instrumenata.

Nije bilo slučajno što su Jevreji igrali glavnu ulogu u oslobađanju Evropljana od ropstva hrišćanske geografije. Proterivani od mesta do mesta, oni su doprineli da kartografija, iako i dalje privilegija samo prinčeva i plemstva, postane međunarodna nauka koja je nudila činjenice podjednako vredne u zemljama svih vera. Marginalizovani od hrišćana i muslimana, Jevreji su postali učitelji i emisari koji su arapsko učenje preneli u hrišćanski svet.

*

Princ Enrike skupio je informacije o unutrašnjosti zemlje, odakle je stizalo bogatstvo Seute. Čuo je priču o čudnovatoj trgovini, „trgovini bez reči", za ljude koji nisu govorili istim jezicima. Muslimanski karavani koji su išli od Maroka na jug preko Atlasa stizali su posle dvadeset četiri dana na obale reke Senegala. Tu su marokanski trgovci na različite gomile istovarivali so, perle od seutanskih korala i jeftinu robu. Onda bi nestali s vidika. Lokalna plemena, koja su živela u blizini okolnih rudnika gde su kopali zlato, dolazili bi na obalu i stavljali pored svake gomile, koju su Marokanci istovarili, određenu količinu zlata. Onda bi oni nestali s vidika, ostavljajući marokanskim trgovcima mogućnost ili da uzmi zlato ponuđeno za određenu gomilu, ili da umanje gomilu svoje robe koja bi tako smanjena odgovarala ponuđenoj ceni. Potom bi se marokanski trgovci udaljili i postupak bi se nastavio.

*

Posada koja samo što se oporavila od tropske vrućine na ekvatoru, bila je u panici. „Pošto su brodovi bili mali, a more hladno i drugačije od mora oko Gvineje... oni su sebe već videli kao otpisane." Posle oluje, Dijas je krenuo na istok sa svim jedrima podignutim, ali nekoliko narednih dana od kopna nije bilo ni traga. Ploveći prema severu oko 700 kilometara, iznenada su ugledali visoke planine. Dana 3. februara 1488. godine uplovili su u zaliv Mosilbaj, oko 370 km istočno od mesta koje se danas naziva Kejptaun. Uz pomoć promisli i oluje, dospeli su tamo gde nikakav plan ne bi mogao da ih odvede... oplovili su oko južnog vrha Afrike. Kada su se iskrcali, domorici su pokušali da ih oteraju kamenjem. Dijas je jednog ubio strelom iz samostrela, i to je bio kraj njihovog susreta. Nastavili su dalje uz obalu koja se sada pružala pravo na severoistok još 500 km do ušća Velike reke riba i zaliva Algoa.

Dijas je želeo da nastavi do Indijskog okeana i da tako ostvari san mnogih vekova, ali posada to nije želela . „Iscrpljeni i užasnuti velikim morima kojima su plovili, jednoglasno su počeli da se bune i zahtevaju da ne idu dalje." Zalihe su im bile skoro potrošene i mogli su da se snabdeju hranom samo ako bi se vratili do broda sa zalihama koji je ostao daleko iza njih. Zar nije bilo dovoljno vratiti se sa ovog putovanja i doneti novosti da je Afrika zaista okružena morem? Posle susreta sa svojim kapetanima, koji su svi potpisali dokument kojim se izjašnjavaju da žele da se vrate, Dijas se složio. Kada su okenuli brodove, Dijas je prošao pored kamenog orijentira, postavljenog kao znak da su tu bili, „s toliko tuge kao da ostavlja svoga sina osuđenog na večni izgon, prisećajući se uz kakve je sve opasnosti po njega samoga i po njegove ljude pređeno toliko rastojanje s jednim jedinim ciljem, a onda mu Bog nije dopustio da do svog cilja dođe."

Na putu kući, vratili su se do broda sa zalihama koji su napustili pre devet meseci i na kojem je ostalo devetoro ljudi. Od njih dvetoro samo su trojica bili živi, a jedan od njih se „toliko obradovao videvši svoje prijatelje da je umro usled iznenađenja jer je zbog bolesti bio veoma slab". Brod sa zalihama, koji su crvi bili izjeli, ispražnjen je a onda zapaljen i dve karavele su krenule ka Portugaliji, gde su stigli decembra 1488. godine,16 meseci i 17 dana po odlasku.

Kada su Dijasove karavele, upropašćene vremenskim nepogodama, uplovile i lisabonsku luku, na dokovima je bio i tada još uvek nepoznati Kristofor Kolumbo, koga je rezultat Dijasovog putovanja veoma zainteresovao.

Dijasa njegov vladar nikada nije nagradio na pravi način i on je ostao zaboravljeni čovek portugalskog doba otkrića. On jeste nadgledao izgradnju brodova za Vaska da Gamu, ali nije učestvovao u Gaminom uspešnom putovanju, putovanju ka Indiji. Samo je njegova smrt, godine 1500, kada je igrao neupadljivu ulogu u Kabralovom putovanju sa flotom od trinaest brodova ka obalama Brazila, odgovarala njegovom životu. Uragan je potopio četiri Kabralova broda, a jednim od tih brodova upravljao je Dijas. „Bacivši ih u ambis tog velikog okeana... ljudska tela poslužila su kao hrana za ribe, a ta tela su verovatno bila prva u tom moru, jer su plovili u potpuno nepoznatim oblastima."

*

Tokom vekova u kojima se Alahovo carstvo povlačilo sa zapada, Indijski okean, oblast prirodnih nemira i sukoba, ostao je začuđujuće miran. Tu se arapska pomorska snaga slobodno razvijala. Briljantno otelotvorenje te snage, Ibn Madžid, sin i unuk poznatih arapskih moreplovaca, koji je sebe nazivao „pobesnelim morskim lavom", proslavio se kao čovek koji je znao najviše o navigaciji u strašnom Crvenom moru i u Indijskom okeanu. On je postao muslimaski svetac-zaštitnik pomoraca i u znak sećanja na njega pravoverni moreplovci izgovarali bi prvu suru Kurana, „Fatihu", pre nego što bi se otisnuli na neko opasno putovanje. On je bio autor trideset osam radova, što proze, što poezije, i pisao je o svakoj pomorskoj temi koja je bila aktuelna u njegovo vreme. Čak i danas, kada je reč o nekim oblastima, smatra se da je njegovo delo neprevaziđeno.

Mora da je neko božansko proviđenje čuvalo Vaska da Gamu na njegovom prvom putovanju. Začuđujućom, podudarnošću kada je on na domaku Malindija konačno pronašao stručnog i poverljivog arapskog kormilara da njegovu flotu provede kroz Indijski okean, bio je to isti Ibn Madžid. Portugalski kapetan nije znao koliko je imao sreće. Niti je Ibn Madžid, dok su uplovljavali u luku Kalikut, mogao da shvati da je na delu bila igra slučaja, jedna od najvećih u istoriji. Veliki arapski stručnjak za moreplovstvo je, ne znajući, vodio velikog evropskog pomorskog kapetana prema uspehu koji će označiti poraz arapskog moreplovstva u Indijskom okeanu. Arapski istoričari pokušavali su da opravdaju Ibn Madžidovu ulogu time što su govorili da je on sigurno bio pijan kada je Vasku da Gami poverio informaciju koja će ga bezbedno odvesti do njegovog odredišta u Indiju.

*

Krajem avgusta 1520. godine, preostala četiri Magelanova broda zaplovila su dalje na jug, prema ušću reke Santa Kruz, gde su ostali do oktobra, kada je stiglo južno proleće. Sada se Magelan suočio sa drugim velikim ispitom, ispitom moreplovačkog umeća s kojim se malo koje moglo porediti izuzev Odisejevog. Magelan je morao da pronađe prolaz kroz kontinent nepoznate veličine. Ma koliko taj put bio krivudav i vijugav, morao je da ga pronađe. Kako je mogao da bude siguran u to da prolaz nije ulaz u ćorsokak? Kako je mogao da zna da se ne ulazi sve dublje u srce kontinenta?

Prolaz je bio tako krivudav, s brojnim zalivima i rekama koje nikuda nisu vodile, da se do samog kraja uopšte nije moglo videti otvoreno more. Kada je Magelan osetio da se nalaze blizu kraja moreuza, poslao je jedan dobro opremljen čamac u izvidnicu. „Ljudi su se vratili za tri dana", piše Pigafeta, „i izvestili da su videli rt i otvoreo more. Glavnokomandujući je zaplakao od sreće i tome je rtu dao ime Rt Dezeado (želja), jer smo ga toliko dugo priželjkivali."

Za Magelana je širina Tihog okeana bila nemilo iznenađenje! To će, naravno, biti njegovo najveće i najneočekivanije otkriće.

Sada su znali da imaju samo trećinu planiranih zaliha, za putovanje tri puta duže nego što su očekivali, ali neka Pigafeta, koji je bio tamo, ispriča priču:

„U sredu 28. novembra 1520. godine izašli smo iz moreuza i našli se sa svih strana okruženi Tihim okeanom. Već tri meseca i dvadeset dana bili smo bez sveže hrane. Jeli smo dvopek, koji više nije bio dvopek, nego mrvice dvopeka, prepun crva jer su oni jeli naše zalihe. Stravično je smrdelo na mokraću pacova. Pili smo žutu ustajalu vodu. Jeli smo i komade volovske kože što je obmotavala ležišta krstova i štitila spoj od guljenja užadi, koja je bila izuzetno tvrda od sunca, kiše i vetra. Ostavili bismo je u moru četiri do pet dana a onda bismo je nekoliko trenutaka držali na vrhu žeravice i tako bismo je jeli; često smo jeli i piljevinu s dasaka palube. Pacovi su prodavani za pola dukata (oko 1,16 funti u zlatu), pa čak i po toj ceni nije ih bilo lako kupiti. Desni i donji i gornji zubi kod nekih ljudi su oticale, pa nisu ni na koji način mogli da jedu, te su umirali. Dvadesetoro ljudi umrlo je od te bolesti, kao i div iz Patagonije i jedan Indijanac iz zemlje Verzan."

*

Doba otkrića dovelo je do preporoda basne. Morske nemani dugačke pet stotina stopa cvetale su kao nikada do tada. Morski vilenjaci i sirene sada su opisivani do nezapamćenih tančina – visoki mužjaci s duboko usađenim očima i dugokose žene – željni da utole glad obrokom od crnaca ili Indijanaca, ali jedu isključivo ispupčene delove tela – oči, noseve, prste na rukama i nogama i polne organe. I sam Kolumbo je izvestio o svom susretu s tri sirene. I, naravno, rog jednoroga je imao tako čarobna isceliteljska svojstva da je, na venčanju Katarine Mediči i francuskog prestolonaslednika, kralj Fransoa I primio jedan takav rog kao raskošan dar od pape Klementa VII lično. Verodostojnost sumnjivih legendi sada su potvrđivala svedočanstva jezuitskih misionara, imućnih plantažera šećera i treznih pomorskih kapetana. Oni koji nisu umeli da čitaju latinski tekst, mogli su da uživaju u brojnim štampanim ilustracijama.

*

Da je Keplerova porodica bila bogata, on se možda nikada ne bi posvetio astronomiji. Teologija je bila njegova prva ljubav, i on je nevoljno odustao od priprema za svešteničٔki poziv u Tibingenu da bi se zaposlio kao nastavnik matematike u jednom malom gradu u južnoj Austriji. Imao je dopunski izvor prihoda izdajući kalendare koji su predviđali vreme, sudbinu prinčeva, bune seljaka i opasnosti od invazije Turaka. Astrologija je ostala Keplerov izvor prihoda i kad je sve drugo propalo. Proricanje je, rekao je on, ipak bolje od prosjačenja.

Njegova ekstaza nakon otkrića trećeg zakona planetarnog kretanja priziva ostale velike religiozne proroke:

„Od te zore pre osam meseci, od toga dana od pre tri meseca i od pre nekoliko dana, kada je popodnevno sunce osvetlilo moje divne spekulacije, ništa me više ne sputava. Slobodno se prepuštam svetoj mahnitosti; usuđujem se da iskreno priznam da sam ukrao zlatne barke Egipćanima da bih izgradio tabernakl za moga Boga, daleko od granica Egipta. Ukoliko mi oprostite, ja ću se radovati; ukoliko me ukorite ja ću to podneti; kocka je bačena, i ja pišem ovu knjigu – koju će čitati ili sada, ili će je čitati prekosutra, svejedno mi je. Ona može da čeka na čitaoca čitav vek, jer je sâm Bog na svedoka čekao šest hiljada godina."

*

Kopernikansko učenje ležalo je poluuspavano čitavih pola veka posle Kopernika. Bez teleskopa heliocentrična teorija bi možda dugo ostala interesantna ali neuverljiva hipoteza. Teleskop je bio taj koji je promenio sve. Ono što je sam *video* uverilo je Galileja u istinitost onoga što je pročitao. I on u tome nije bio sam. Do pojave teleskopa branioci hrišćanskog pravoverja nisu osećali nikakvu potrebu da zabrane kopernikanske ideje. Ali ovaj novi uređaj, koji se obraćao direktno čulima ukinuo je nadlaženost sveštenstva nad nebesima. Astronomija je transformisana od područja arkanskih teorija na učenom jeziku u javno iskustvo.

*

Njutnove pozne godine, kada je postao idol „filozofskog" Londona, mogu se hronološki pratiti kroz zajedljive svađe s podređenima i osvetoljubive spletke protiv svih koji bi pretili da mu postanu ravni. U jednoj od prvih podmuklih epizoda pakosno je lišio nesrećnog kraljevskog astronoma Džona Flemstida (1646–1719), zadovoljstva da objavi naučna rešenja svoga života. Iako izmučen slabim zdravljem, Flemstid je izumeo nove tehnike astronomskog posmatranja, poboljšao mikrometarske zavrtnje i izdeljenost na podeoke, potrošio sopstvenih 2.000 funti i konačno napravio najbolji instrument toga doba za svoj rad u Griniču. Tokom dvanacst godina obavio je dvadeset hiljada posmatranja, koja su po tačnosti daleko prevazilazila rezultate Tiha Brahea. „Ne želim vaša računanja, već jedino vaša posmatranja", odvratio je nadmeni Njutn, prkoseći Flemstidu. U svom gnevu, Njutn je pretio da će odbaciti sopstvenu „mesečevu teoriju" i za to okriviti Flemstida, ukoliko Flemstid brzo ne odgovori. (...) Njutn je sakupio sve Flemstidove neobrađene rezultate posmatranja iz griničke opservatorije, potom ih je sabrao i objavio.

Flemstid je uspeo da otkupi trista od četristo primeraka, koliko je prvobitno bilo štampano, pažljivo izdvoji onih dvadeset sedam stranica koje je bio pripremio za štampu i ostatak spali. Njegovu čast odbranila su dvojica prijatelja koji su 1725. u tri knjige objavili katalog zvezda koji je postao prekretnica u savremenoj astronomiji po tome što je prvi koristio prednosti koje pruža teleskop.

*

Prizor stroleća u novoj javnoj naučnoj areni bila je Njutnova bitka protiv velikog barona Gotfrida Vilhelma fon Lajbnica. Sada je ulog za onog koji prvi stigne do pronalaska bio jedna od najvećih naučnih nagrada svih vremena – slava zbog otkrića diferencijalnog računa.

Sam Njutn je još 1699. poslao dopis Kraljevskom društvu u kojem je optužio Lajbnica za plagijat. Danas znamo što se u to doba nije znalo, da je lično Njutn napisao „nepristrasan" izveštaj. (...) Pored toga, on je bio pisac stotina drugih dokumenata koji su „razobličavali" Lajbnica i veličali originalnost njegovog velikog otkrića diferencijalnog računa. Najupečatljiviji primer njegove akademske neumerenosti bili su brojevi *Filozofskih transakcija* za januar i februar 1715. godine, koje je u celosti (sa izuzetkom tri stranice) posvetio još jednoj polemici protiv Lajbnica, kao i dalja pomeranja datuma Njutnovog otkrića unazad, u šezdesete godine sedamnaestog stoleća. Da bi dodatno ponizio svoga neprijatelja i razglasio presudu odbora, sazvao je poseban sastanka Kraljevskog društva na koji je pozvao celu diplomastku zajednicu. Njutn je „jednom prilikom zadovoljno" izvestio jednog učenika da je „slomio Lajbnicovo srce odgovorom koji mu je posalo".

Lajbnic je umro 1716, pre no što je Njutn iskalio sav svoj bes. Ali Lajbnic je ostvario posmrtnu pobedu. Matematički svet usvojio je Lajbnicove sumbole – slovo *d*, kao i *dx* ili *dy*, zatim dugo *s* (početno slovo reči *summa*) – kao i naziv *calculus integralis* (koji je Lajbnicu 1690. godine predložio Jakob Bernuli I) i oni su preovladavali u matematičkim udžbenicima do kraja dvadesetog veka.

*

„Onaj ko ne ore zemlju plugom, teba da ispisuje pergament svojim prstima", savetovao je jedan monah svoju sabraću u šestom veku.

Ovaj sveti rad je postao oblik pokajanja. „Jakov je zapisao određeni deo ove knjige", čitamo, „ne po svojoj slobodnoj volji, već pod prinudom, vezan okovima, baš kao što se neki begunac ili izgnanik vezuje." Opat Sv. Evrula, školovani pisar, bodrio je (oko 1050. godine) svoju pastvu pričom o jednom grešnom bratu koji se spasao vrednim radom u skriptorijumu. Kada je umro, đavo je bio spreman da ga odnese u pakao. Ali, kada je taj, po zlu poznati brat stupio pred Strašni sud, Bog je ugledao prelepi i veliki folio svetih tekstova koje je on bio prepisao. Odlučeno je da će mu za svako slovo koje je ispisao u toj knjizi biti oprošten po jedan greh. Kako je to bila veoma velika knjiga, anđeli su, sabravši njegove grehe, otkrili da čak i pošto su mu svi gresi bili oprošteni, jedno slovo preostaje. Božanski sud je tada milosrdno presudio da duši tog monaha treba dozvoliti da se vrati u njegovo telo na zemlji kako bi on mogao da se popravi u životu.

*

Mada je na početku izgledalo da se štamparstvo opravdano naziva „veštinom očuvanja svih drugih veština", bilo bi tačnije da je neki prorok nazvao štamparstvo „veštinom koja može da preobrazi sve veštine". I ne samo veštine! Tomas Karlajl je 1836, manje od tri veka posle Gutembergove Biblije, mogao da kaže: „Onaj ko je prvi skratio posao prepisivača, zahvaljujući pronalasku pokretnih štamparskih slova, raspuštao je najamničke vojske, otpuštao većinu kraljeva i senata i stvarao jedan sasvim novi, demokratski svet."

*

Srednjovekovni rimski krečari obogatili su se praveći malter od parčića odlomljenih sa razgrađenih hramova, javnih kupatila, pozorišta i palata, kao i razbijenih mermernih ukrasa i kipova. U ciglani „Sant Adriano" pečen je mermer sa obližnjeg carskog foruma, „Agosta" je trošila komade Avgustovog mauzoleja, a „La Penja" se snabdevala parčićima odlomljenim sa Agripinog javnog kupatila i hrama boginje Izide. Privremene ciglane podignute su u Dioklecijanovim kupatilima, blizu vile Livija, kod bazilike Julije i kod hrama Venere i Romula, gde su ostale sve dok materijali s tih građevina nisu potrošeni. Cela četvrt oko Flaminijevog Cirkusa prozvana je „Krečana". Jedan dokument izdat u Vatikanu 1. jula 1426. ovlastio je jedno udruženje krečara da sruše baziliku Julija na Via Sakri da bi mogle da prave cigle od parčadi travertita, pri čemu je jedini uslov bio da papske vlasti dobiju polovinu proizvoda.

*

Hajnrih Šliman nikada nije izgubio svoje romantične ambicije. Rešen da jednoga dana otkrije Troju, svaki slobodan trenutak provodio je čitajući, kako bi usavršio svoje obrazovanje. (...) U toku šest meseci potpuno je savladao engleski jezik, pri čemu je, između ostalog, „napamet naučio celog *Vejkfildskog sveštenika* Olivera Goldsmita i *Ajvanha* ser Voltera Skota". Francuski, holandski, španski, italijanski, portugalski i još neke jezike naučio je da piše „i tečno govori" za samo šest nedelja. Tokom putovanja po Srednjem istoku, naučio je da se služi arapskim.

„Koliko god da je silna bila moja želja da naučim grčki, nisam se usudio da počnem da ga izučavama sve dok nisam stekao umereno bogatstvo; stoga što sam se plašio da bi me taj jezik isuvuše opčinio i otuđio me od mog trgovačkog posla."

Početkom maja 1873, dok su njegovi radnici otkopavali vrh antičkog zida, Šliman je primetio neki sjajni predmet. Kako se prisećao sedam godina kasnije u sopstvenom, melodramatičnom opisu tog događaja:

„Da bih spasao tu dragocenost od svojih radnika i sačuvao je za arheologiju, nisam smeo da gubim vreme; to sam, mada još nije bilo vreme za doručak, smesta naredio da se proglasi *paidos* (pauza)... Dok su radnici jeli i odmarali se, ja sam velikim nožem otkopavao dragocenosti. To je zahtevalo znatan napor i podrazumevalo znatnu opasnost, pošto je utvrđeni zid, ispod koga sam sâm morao da kopam, svakog trenutka mogao da se obruši na mene. Ali pogled na tolike predmete, od kojih je svaki od neprocenjive vrednosti za arheologiju, dao mi je smelost, te ni u jednom trenutku nisam pomislio na ma kakvu opasnost. Ne bih, međutim, nikako mogao da izvučem to blago bez pomoći moje drage žene, koja je stajala pored mene spremna da uvije predmete koje sam iskopavao u svoj šal i da ih odnese."

*

U osamnaestom veku, kada je Bifon proširio kalendar prirode na tantalovske eone, pobožni hrišćani su i dalje smatrali da je biblijska hronologija, na osnovu koje je nadbiskup Ašeg utvrdio da se postanje zbilo 4004. pre nove ere, suviše umirujuće da bi bilo odbačeno. Za njih, kao da se colokupna rana istorija svodila na događaje između Edenskog vrta i Jerusalima, potanko opisana u Bibliji. Događaji iz antičke istorije koji su se ticali Biblije odigrali su se isključivo u oblasti Sredozemlja ili u njenoj okolini, a baština čovečanstva se svodila na baštinu Grčke i Rima. Kada je Njutn uzeo putovanje Argonauta kao vremensku granicu za svoj hronološki sistem, i on je zadržao biblijske događaje u centru pažnje.

Ali šta se dešava *pre* biblijskih vremena? Danas nam se može učiniti čudno što je tako mali broj hrišćana postavio to pitanje. Ali za hrišćanske vernike takvo pitanje je bilo bespredmetno: Šta se događalo *pre* istorije? Pre nego što se bilo šta zaista dogodilo? Reč „preistorija" nije se pojavila u rečniku evropskih jezika sve do devetnaestog veka. U međuvremenu je evropskim misliocima nekako polazilo za rukom da iz svog istorijskog vidokruga izostave veći deo prošlosti naše planete.

*

Na evropskom Zapadu, značenje reči i ideja koje opisuju čovekova društvena dostignuća poprimila su obeležje hvalospeva i sebičnosti. „Kultura" (od latinske reči *cultus* za „poštovanje") je prvobitno označavala odavanje počasti. Potom je označavala rad na obrađivanju zemlje, a kasnije je proširena na negovanje i oplemenjivanje duha i ponašanja. Konačno, do devetnaestog veka „kultura" je postala naziv za intelektualnu i estetsku stranu civilizacije. Tako je Vordsvort oplakivao svaki život „u kome je draž kulture potpuno nepoznat".

U poznatom iskazu Metjua Arnolda, „kultura" je „upoznavanje sa onim najboljim što je saznato i izrečeno u svetu". Ovo je bio naziv koji je najmanje obećavao u jednoj tolerantnoj naučnoj studiji svih ljudskih društava. Ali Tejlor je preuzeo reč i načinio čudo uspevši da je oslobodi šovinističkog i provincijalnog prizvuka. Zbog ovog uspeha, i zbog toga što je od „kulture" načinio neutralan termin i žižu nove društvene nauke, opšte je prihvaćeno da je on osnivač moderne kulturne antropologije. U njegovo doba zvala se nauka gdina Tejlora."

(...)

Stariji običaji još opstaju u nižem sloju svekolikog modernog života. „Prošlost je neprekidno potrebna da bi se objasnila sadašnjost", pisao je Tejlor, „a deo da bi se objasnila celina." „Izgleda da nema ljudske misli koja je toliko primitivna da je izgubila dodirnu tačku s našom vlastitom mišlju, niti je toliko drvena da je raskinula vezu s našim vlastitim životom." (...)

„Animizam" je bila njegova reč za najuži oblik religije. Ovo je definisao kao verovanje u duhovna bića. Činilo se da postoje ljudska plemena, primetio je Tejlor, koja „uopšte nemaju religijske predstave". Divljaci su videli duhovna bića u biljkama, životinjama i crtama pejzaža. A iz takvih stihijskih shvatanja ponikle su sve religije – preko verovanje u zagrobni život, do kasnijeg poistovećivanja s moralnim elementima, i dalje kao monoteizma.

„Animizam" je bio njegov najsnažniji protivotrov britanskom provincijalizmu i samodopadljivosti. I putokaz ka bezbrojnim drugim stazama koje su od viktorijanske Engleske vodile natrag ka prezrenim divljim plemenima. Dok se Darvin usudio da izvrši bočni napad na hrišćansku pravovernost, Tejlorov napad je bio izvršen spreda. Njegov „razvojni" pristup čovečanstvu predstavljao je preteći, a možda i kobni udarac dogmama o raju, iznenadnim otkrivenjima hrišćanskih jevanđelja i Spasitelju. Da li je bilo moguće da su se velike istine monoteizma razvile postepeno iz sveukupnog iskustva čovečanstva?

*

U Ajnštajnovom umu jedinstvo pojava – za kojim su tragali Dalton i Faradej – izvelo je „naučne" probleme i paradokse izvan ranijeg vidokruga isključivo hermetičkih flozofa. Baš kao što su fizičari prikazivali atom pomoću planetarnih i nebeskih sistema, tako je i ono što je bezgranično malo ukazivalo na beskonačno. Vreme i prostor su se sjedinili u neuhvatljivoj zagonetki, koja je navela Ajnštajna na zaključak da „večna tajna sveta jeste njegova shvatljivost".*

---

* Danijel Dž. Borstin (2001): *Svet otkrića*, Geopoetika, Beograd. Preveli: Raša Sekulović, Borivoj Gerzić, Srđan Simonović i Vladimir Ignjatović.

POETIKA IMAGINACIJE
Gaston Bašlar

Pre dve, dve i po decenije, tri knjige prevedene na naš jezik, među piscima, kritičarima, teoretičarima književnosti i univerzitetskom elitom, načinile su izuzetno važan pomak ka drukčijem načinu vrednovanja i analiza, spoznaja i viđenja književnosti, manje konvencionalan, skoro prevratnički, izuzetan u svakom slučaju.

Bile su to knjige Žorža Bataja *Erotizam*, Bahtinova *Poetika Dostojevskog* i Gastona Bašlara *Poetika prostora*. Od ove trojice, evropsku i svetsku „slavu" i izuzetnu recepciju svoga celokupnog dela, Bataj doživljava posthumno. Nov i prevratnički originalan, Bahtin je još na granici klasičnog postupka. Gaston Bašlar je sav nov, univerzitetskim tumačima gotovo šokantan, neprihvatljiv, skoro neozbiljan (okoštalim umovima novo je uvek neozbiljno).

Tako je bar u prvim godinama. Veoma brzo, Bašlar će u mnogim kulturnim sredinama steći veliki broj ili sledbenika, ili poštovalaca njegovog dela i načina mišljenja.

Bašlar je, bezmalo preko noći, podelio pisce i kritičare. Voleti, razumeti, usvajati Bašlara, značilo je pripadati užem krugu stvaralaca, ličnostima čiji duh mirno i srećno plovi prostorima ezoterije i carstvom imaginacije i, naravno, na one koji su na njegove knjige ostajali ravnodušni, nalazili sigurnost u klasičnoj i okoštaloj akademskoj teoriji i „učenosti".

Odbacivši sve klasifikacije i bilo kakvu žanrovsku podelu (najčešće nasilnu i stupidnu), Bašlar je pisce podelio na pisce Vatre, Vode, Zemlje i Vazduha. Iz tog ključa, počeo je svoje originalne i zanosne analize i tumačenja.

Knjiga koja se ovih dana pojavila na srpskom jeziku, u prevodu Mire Vuković, govori o piscima Vazduha, o letu (ali uvek naviše), o imaginaciji kretanja, o budnom snevanju, u kojoj Bašlar za sebe kaže da je **analitičar imaginacije**.

Potvrdu svojih viđenja, teorija i tumačenja, Bašlar će posebno nalaziti kod Šelija, Edgara Alana Poa, Bodlera, Viljema Blejka, Ničea.

Bašlar nije teoretičar i tumač, čiji je pristup lako primenljiv u sistemu klasične edukacije, čiji bi metod izučavanja književnog dela mogao lako postati primenljiv metod – model. On je, iznad svega, onaj preko korisni paralelni tok izučavanja književnog dela, uvek tako potreban korektiv, stalni dokaz da sve rečeno, tumačeno i „shvaćeno", može i drukčije da se vidi, tumači, prepozna, da se kroz delo ide, ne stranputicom, ali svakako nekim drugim putem – putem Gastona Bašlara, koji stalno ističe **Imaginaciju kao osnovnu psihičku vrednost**.

Ophrvani mučninom prizemnog, neizbežnim i monotonim spuštanjem umornih stopala na tešku zemlju (i simbolično i stvarno), zemlju otežalu od mraka koji se izliva iz nas, u neprozirnosti koju smo sami stvorili zbirom svih strahova i nespremnosti da gledamo drukčije, obnevideli u blatu svakodnevice, da bismo, makar na čas, poverovali da spasa, prozračnosti, smisla, lebdenja duha, uspinjanja, prilaženja sebi Gore, u visinama **imaginacije** duha ima, treba uzeti u ruke knjigu Gastoba Bašlara *Vazduh i snovi*.

Dok čitate Bašlara, prati vas, tišti utisak da čitate nešto što živi uz vas, u vama, na šta smo prestali da mislimo, prestali da osluškujemo u sebi i sledimo ga, zatrpani Hidrom realnog i profanog. Idući kroz ovu knjigu, bivamo sve više svesni onoga Drugog, uzvišenijeg, i tim otkrićem bivamo obradovani.

Važno je istaći, ova knjiga ne nudi samo drukčiji pristup i prolaz kroz književno delo, ona, sugestivno, gotovo nezadrživo, nudi drukčiji pristup življenju, drukčiji odnos prema stvarnom i uspostavljenom koje, iznad svega, nastoji da nas potopi sivilom, poslušnošću i bezličnošću, jer, Bašlar uporno ponavlja „... biti lagan i prozračan, oslobođen svih težina i konflikata bića". Naravno da to nije lako, ali je nagrada za ostvareno izuzetna.

Lako ćete slediti Bašlara dok prolazi kroz poeziju Šelija, Edgara Alana Poa, Bodlera, Blejka. Ali kada otvori poglavlje o Ničeu, otvoriće možda i mnoge nesporazume, iznenađenja i čudesno originalna tumačenja. Ne morate usvojiti njegovo tumačenje Ničea, međutim, grdno ćete pogrešiti ako ga pomno ne iščitate pre negoli iznova progovorite o Ničeu. Već etablirani filozofi, sigurni u svoj misaoni sistem, možda će se spočetka poglavlja o Ničeu ironično nasmešiti onim poznatim gestom (na nesreću) onoga ko je poverovao da zna kako više nema sporog oka njegovog učenog viđenja i tumačenja. Isčitavši poglavlje o Ničeu, ironični, možda prezriv smešak nad rečenicama nefilozofa, koji govori o genijalnom filozofu, može se lako pretočiti u saznanje da Bašlar otkriva jednog drugačijeg, ili još složenijeg, ili još jasnijeg Ničea, ili, barem, još jedan dobar put ka potpunijem tumačenju i razumevanju čudesnog i genijalnog mislioca. Bašlar Ničea tumači kao pesnika i, kao malo ko,

Niče je potvrda njegove psihologije imaginacije. Evo kakav i koji Niče interesuje Bašlara: „Onaj ko ume da udiše atmosferu koja ispunjava moje delo zna da je to atmosfera visina (...) Led je blizu, samoća ogromna – ali pogledajte kako spokojno sve počiva u svetlosti! (...) Da li sam od zimskog neba naučio dugo svetlo ćutanja?" (citat iz *Zaratustre*).

A pesnici? Već zaglušeni povikama nedarovitih i prizemnih o kraju književnosti, a tek Poezije, ovu knjigu ne moraju uzeti kao brevijar, ali je sigurno treba prisezati kao dobrog vodiča, čistača svakojakih nanosa i zagađenja zapalih u ljudskom biću današnjice, kao dobrog podstrekača i putokaz ka mnogim otvorima i prolazima bića, duha, mašte, leta i stvarne Slobode iskaza.

Ogrešili bismo se ako ne pomenemo prevodioca. Gaston Bašlar do kraja demonstrira onu znamenitu francusku školu tečnog, lakog, muzikalnog govorenja i pisanja. I, tu je zamka. Dok čitate prevod, godi vam taj opojni, ritmički, lagan način iskazivanja. Ali trebalo je, sigurno, mnogo znanja i napora da se taj jezički brzar i skokoviti potok izlije na srpskom jeziku. Mira Vuković pouzdano u tome uspeva.

Završimo ovu preporuku samim Bašlarom: „San je kosmogonija jedne večeri. Svake noći sanjar ponovo stvara svet."

Iz knjige:

Prevazići misao je pravi zakon poetskog iskustva.

Pesnike tada možemo razvrstati tako što ćemo od njih tražiti da odgovore na pitanje: „Reci mi koji je tvoj beskraj, pa ću saznati smisao tvog sveta, da li je to beskraj mora ili beskraj neba, da li je to beskraj duboke zemlje ili beskraj lomače?" Za imaginaciju je beskraj oblast u kojoj ona potvrđuje svoju čistotu, u kojoj je slobodna i sama, pobeđena i pobednička, ohola i uzdrhtala. Tada slike uzleću i gube se, uzdižu se i stropoštavaju u samu svoju visinu. Tada se nameće realizam nestvarnosti.

*

Biće kome nedostaje *funkcija nestvarnog* neurotično je isto onoliko koliko i biće kojem nedostaje *funkcija stvarnog*.

*

Pozitivni dinamizam vertikalnosti toliko je jasan da možemo izreći ovaj aforizam: Onaj ko se ne penje pada. Čovek kao čovek ne može da živi horizontalno. kad miruje, kad spava, on najčešće *pada*. Retki su oni koji spavaju penjući se. Oni koji to čine, spavaju vazdušastim snom, šelijevskim snom, opijeni pesmom. Teorija materijalnosti, kakvu je razvila bergsonova filozofija, lako bi ilustrovala ovaj aforizam o prvenstvu penjanja. Eduard Le Rua, koji je umnogome razradio teoriju materije kod Bergsona, pokazao je da navika umrtvljuje psihičko nastajanje. S naše vrlo posebne takče gledišta, navika je tačna antiteza stvaralačkoj imaginaciji.

*

Imaginarni pad vodi osnovnim metaforama jedino kada je reč o *zemaljskoj* imaginaciji. Duboki pad, pad u crne ponore, u provalije, po pravilu je imaginarni pad vezan za imaginaciju voda, a ponajviše za imaginaciju mračne zemlje. Da bi se sve okolnosti takvog pada mogle razvrstati, potrebno je zamisliti sve patnje zemaljskog bića koje se, u dramatičnim noćima, bore s provalijama, koje, na dnu tog imaginarnog rudnika, gde se toliki ljudi zlopate u paklenim morama, koristi i lopata i pijuk, i ruke i zubi. Ovakvi silasci u pakao mogu se s tačke gledišta poetske imaginacije opisati jedino ako imamo snage da se jednoga dana suočimo s teškom i složenom materijalnom imaginacijom zemlje.

*

Postavićemo načelo da u svetu sna ne letimo zato što imamo krila, već verujemo da imamo krila zato što smo leteli. Krila su posledica. Načelo oniričnog letenja je dublje. Dinamična vazdušna imaginacija mora ponovo da otkrije baš ovo načelo.

*

Onirično letenje nam donosi dokaz da je Antejev mit pre *mit sna* nego mit života. Samo je u snu udarac noge dovoljan da nas vrati našoj eteričnoj prirodi, životu koji kreće uvis.

*

Nije nimalo slučajno što krila na petama nalazimo u mitovima i bajkama svih podneblja. U tezi o istoriji letenja, Žil Diem kaže da na Tibetu „budistički sveci putuju vazduhom pomoću izvesne obuće nazvane 'lake noge'" i pominje bajku o letećoj cipeli koja je veoma rasprostranjena u narodnoj književnosti Evrope i Azije. Čizme od sedam milja (na engleskom čizme od hiljadu milja) imaju isto poreklo.

*

U *Izgubljenom raju* (knjiga V), Milton govori o nebeskom anđelu sa šest krila i kaže „treći par mu stope krasio je perima na svakoj peti grimizom neba". Velika krila, izgleda, ne bi bila dovoljna za zamišljeni let, pa tako i nebeski anđeo mora imati onirična krila.

*

Postavljajući nas iznad sopstvenog bića, ljubav prema ljudima samo dodatno pomaže biću koje teži da živi iznad sebe, na samim vrhovima bića. Zato imaginarna levitacija prihvata sve metafore ljudske veličine: ali psihički realizam levitacije ima sopstveni, unutrašnji zamah. To je dimanični realizam vazdušne psihe.

*

Bodlerovo saglasje počiva na dubokoj saglasnosti materijalnih supstanci; ono ostvaruje jednu od najvećih hemija oseta, u mnogo čemu *jedinstveniju* od Remboove alhemije. *Bodlerovsko saglasje* je moćni čvor materijalne imaginacije. U tom čvoru, sve imaginarne materije, svi „poetski elementi" razmenjuju svoja bogatstva, jedan drugim hrane svoje metafore.

*

Razumeo sam, Šelija: „I sa usana njenih, kao sa zumbula punog medne rose, kap po kap pada tečni šapat, od kojeg čula premiru od strasti, sladak kao *pouze* muzike planeta koju slušamo u blaženstvu."
U kom smislu se može reći da neki zvuk postaje vazdušan. Onda kada je na granici tišine, kada lebdi na dalekom nebu – nežnom i velikom. Paradoks važi i za malo i za veliko. Beskrajno slabi zvuk, *pouza* cvetne harmonije, pokreće beskrajnu veličinu govorećeg sveta. Istinski doživljavamo šelijevsko vreme u kojem se „svetlost pretvara u ljubav", u ljubavni šapat, u kojem su glasovi toliko ubedljivi da uče ljubavi čitavu vasionu. Čujemo korake nepomičnog vetra. Čujemo *ritam kontinuiranog* kretanja „koje liči na duh onoga vetra čiji meki korak čini san dubljim".

*

Ko god da je pročitao dramu *Prognanici* mora priznati da je Balzakovo „poznavanje" srednjovekovne filozofije, Danteove kosmogonije, krajnje detinjasto. Ali baš zato što je erudicija tu slabija, imaginacija je snažnija, slike su neposrednije. Dante, kako ga Balzak zamišlja, predstavlja samo jedno njegovo psihološko iskustvo, ali ovo iskustvo je *pozitivno*; ono nosi obeležje jednog vrlo duboko iskrenog oniričnog sveta.

Potvrdu za to nalazimo u drugom Balzakovom delu. *Serafita* je, naime, u celini podređena temama psihologije uzdizanja. Duboko poremećena duša poput Strinbergove, u trenutku kada je ovaj pisac, kako sâm kaže, „osuđen od sila na pakao izmeta", u *Serafiti* nalazi oslobođenje. „Serafita postaje za mene jevanđelje, i podstiče me da obnovim savezništvo sa onostranošću, do te mere da mi je život ogadio i da me nesavladiva čežnja gura ka nebu." Balzak je taj koji je Strinberga podstakao da čita Svedenborga. Poznajući Strinbergovu dramatičnu iskrenost, ne smemo potceniti psihički značaj iskušenja uzdizanja koja je našao u *Serafiti*. Strinberg je razapet između neba i zemlje. „Orfila i Svedenborg, moji prijatelji, štite me, hrabre i kažnjavaju." On je i hemičar i vizionar.

*

Za dinamičnu imaginaciju, prvo biće koje leti u snu je sam sanjar. Ako ga u njegovom letu neko i prati, to je najpre silf ili silfida, oblak, senka; to je koprena, obavijeni i obavijajući vazdušni oblik, srećan što je nejasan, što živi na granici vidljivog i nevidljivog. Da bismo videli ptice koje imaju telo i perje moramo se vratiti danu, jasnim i logičnim ljudskim mislima. Ali kad je svetlost prejaka, duhovi sna nestaju. Na poeziji je da ih ponovo nađe kao sećanje na onostranost. Duša koja ne zaboravlja ne može da se prevari: pre nego što stvori pticu, san, poput Tusnelovog Boga, stvara *duha koji leti*.

*

Tako Blejk piše (*Prva proročka knjiga*): „Morska ptica uzima nalet vetra kao odeću za svoje telo." Zar ne osećamo dinamički da se ptica zaogrće sopstvenim *tragom* kao kaputom? Zar ovaj kaput koji se leluja ne uvećava nalet vetra? Mitološka bića razvejavaju oluju, oluja im je u ustima. Kod Blejka čitavo telo stvara oluju. Morska ptica je suštinski olujno biće, ona je dinamično središte oluje. Za Blejka je let sloboda sveta. Zbog toga je prizor zarobljene ptice uvreda dinamizmu vazduha.

*

U opisnom *Katalogu slika, pesničkih i istorijskih izuma*, koje je sâm naslikao, Blejk piše: „Onaj ko ne zamišlja s jačim i boljim potezima i s jačom i boljom jasnoćom od one koju njegovo smrtno oko može da vidi, uopšte i ne zamišlja."

*

Evo kakao ševu slika Adolf Rese: „A onda, slušajte: to ne peva ševa... već ptica boje beskraja." Mogli bismo isto tako lepo reći: boje uzdizanja. Ševa je mlaz šelijevske sublimacije: laka je, nevidljiva. Ona je otprve pobedničko *odvajanje* od zemlje: njen krik nema ničeg blejkovskog. On nije oslobađanje, on je otprve sloboda. U svim akcentima njenog pevanja odjekuje transcendentnost. Razumemo zašto je Žan Paul ševi pripisao geslo: „Pevaš, dakle letiš." (...)
Pevajući o nadi, ševa je stvara. Za Leonarda da Vinčija, ona je proročica i isceliteljka (*Beleške Leonarda da*

Vinčija): „Priča se da ševa, kada je donesu kod bolesnika koji će umreti, odvraća pogled od njega... Ali, ako bolesnik treba da ozdravi, ptica ne skida oči sa njega i zahvaljujući njoj on ozdravi."

*

Edgar Po je znao i to da stvarnost imaginarnog pada treba tražiti u paćeničkoj supstanci našeg bića. Problem tvorca imaginarnih ponora bio je u tome što je ovu patnju trebalo izazvati odmah, što je u čitaočevoj duši trebalo stvoriti imaginarni pad pre nego što se *razvije film objektivnih slika*. Prvo treba uzbuditi, pa tek onda pokazati. Aparat diskurzivnog užasa funkcioniše tek naknadno, pošto je pisac već dotakao dušu suštinskom stravom i duboko je uznemirio. Tajna Poovog genija nalazi se u nadmoći dinamične imaginacije. Na primer, već na prvoj stranici priče *Bunar i klatno*, koja će kasnije biti pretrpana užasavajućim pojedinostima, imaginarni pad dat je u svojoj tačnoj supstancijalnoj obojenosti. „Iznenada se spustila tama noći; učini mi se da su svi osećaji utrnuli u bezumnom, vratolomnom skoku duše u Ad. Zatim se vasiona pretvori u tišinu, i mir i noć. Bio sam se onesvestio."

(...)

Postati lak ili ostati težak, na ovu dilemu izvesne mašte svode se sve drame ljudske sudbine. Najjednostavnije, najsiromašnije slike – čim se rasprostru vertikalno – dobijaju nešto od prirode vazduha i zemlje. One su suštinski simboli, prirodni simboli, koje imaginacija materije i sile uvek prepoznaje.

*

U skladu s našim metodom, primere ćemo zatražiti od samo jednog pesnika. U *Psalmu Kralja Peote*, O. V. de L. Miloš uzvikuje: „Poželeo sam da zaspim na ovom prestolu vremena! Da odozdo uvis padnem u božanski ponor."

*

Metafore se okupljaju i nude nam duhovne stvarnosti. Ako u poretku slika živimo punim životom, razumećemo stranice poput ove na kojoj Jakob Beme (*O tri počela božanske suštine ili o večnom rađanju bez porekla*, prevod nepoznatog filozofa,1802) piše: „Ali sada razmisli odakle dolazi boja u kojoj se plemeniti život uzdiže tako da od oporog, gorkog i vatrenog postaje prijatan? Drugog uzroka osim svetlosti nećeš naći. Ali odakle dolazi svetlost koja toliko sija u mračnom telu? Hoćeš li da kažeš da dolazi od sunca? Ali šta to onda sija u noći i dovodi te misli i pamet u stanje da vidiš i zatvorenih očiju i znaš šta činiš. (...) Ako razmislimo o poreklu četiri elementa, to poreklo nalazimo, vidimo i jasno osećamo u nama samima... Jer to se poreklo može prepoznati i u čoveku i u dubini ovoga sveta, premda čoveku lišenom svetlosti može izgledati vrlo čudnovato da može govoriti o poreklu vazduha, vatre, vode, zemlje...

Reč tako opšta, pojam tako apstraktan, kakav je pojam svetlosti, dobija zahvaljujući tome što ga imaginacija strasno usvaja kao jedan intimni karakterni smisao, *subjektivno poreklo*.

*

Penjući se s oblacima ka svetu svetlosnog odmora, Miloš je imao utisak da to neko čelo osvaja svoju svetlost, i dopire do „apsolutnog mesta Potvrđivanja". „Iznad lobanje, malo iza nje, pojavi se tada slaba svetlost slična svetlosti baklje odražene u nekoj usnuloj vodi ili starom ogledalu." Ova slaba svetlost ubrzo će se pomešati s nebeskom zorom. U ovoj svetlosti između sanjara i sveta postojaće savršena srazmera. „Slušaj, dete moje, neumorno ću ti ponavljati: čitava vasiona juri u tebi, obasjavajući divnim oreolom glavu sveprisutnog."

*

Hugo fon Hofmanstal je zabeležio „pozitivnu proizvodnju" koja čitaoca treba da uključi u književno delo: „Kada se tajanstveno probudi prozitivna proizvodnja, u danu koji nije kao drugi dani, po vetru i suncu koji ne liče na uobičajeni vetar i sunce, lice prinudi glumca da ga igra; ovaj ne vrši čin volje, već se povinuje naređenju: 'Danas ćeš me čitati a ja ću u tebi živeti'." Ovo naređenje već se oseća u *produktivnoj slici*. Ovu sreću sliku čitalac je prinuđen da *odigra*, da *doživi* u smislu *aktivne imaginacije* koja joj je podarila život. Pisac obdaren imaginacijom postaje tada za čitaoca *pozitivno* nad-ja. Ako ga stičemo doživljavajući pesmu, *nad-ja* estetske imaginacije je jedna usmeravajuća sila koja nam utilitarno i racionalno obrazovanje i previše uskraćuje. Ali, avaj! Književna kritika zaboravlja poetsko nad-ja. Zato nam ono i izgleda tlačilačko. Nije li čudo što se književna kritika, gotovo bez ostatka, udružila sa „realizmom" i što se naroguši na svaki pokušaj idealizacije? Umesto da je podstiče, kritičar – strah i trepet iz Tarba (aluzija na naslov Polanove knjige – prim. prev.) – kako je to dobro pokazao Žan Polan, sprečava sublimaciju. S one strane potiskivanja idealnog, koji se navodno zasniva na stvarnosti – a reč je zapravo samo o stvarnosti potiskivanja – koje veruje da se oslanja na razum – a zapravo je samo sistem potiskivanja – treba, dakle, ponovo otkriti *pozitivno* pesničko nad-ja koje poziva dušu da prihvati svoju pesničku, svoju vazdušnu sudbinu, sudbinu pravih pesnika, Rilkea, Poa, Bodlera, Šelija, Ničea.

*

Čak i kad radi pod zemljom, Niče zna kuda ide. Ne prepušta se nekoj pasivnoj inicijaciji, već neposredno deluje protiv zemlje. (...) Za Ničea nema inicijacije; on je uvek prvi *inicijator*, apsolutni inicijator, onaj koga niko nije uveo. Pod zemljom, njegov lavirint je prav, to je skrivena sila koja hoda, koja *krči* sopstveni put. Tu nema ničeg zavojitog, ničeg slepog. Krtica je životinja koju Niče dvostruko prezire. Čak i pod zemljom, u podzemnom radu, Niče već zna „formulu svoje sreće: jedno 'da', jedno 'ne', prava linija, *cilj*..."

(...)

Dokazati da Niče nije *pesnik vatre*, nešto je teže. Jer genijalni pesnik koristi metafore svih elemenata. Uostalom, **metafore vatre su prirodni cvetovi jezika** (naglasio: R. A.).

(...)

Kada u vatri uživamo kao u običnoj materiji, ona postaje *dobro siromaha* koje nadčovek prezire. „Ugasi se plamičku!" Eto šta „velika, večna amazonka, nikad ženstvena i mila kao golubica" kaže duši omekšaloj od neke unutrašnje topline.

(...)

Vatra je životinja hladne krvi. Vatra nije crveni jezik zmije, već njena čelična glava. Hladnoća i visina, to je njen zavičaj.

I sam med, lekovita i topla supstanca za tolike sanjare, za Ničea je leden: „Donesite mi meda, ledenog meda iz zlatnih košarica." I Zaratustra zahteva (*Žrtva u medu*) da mu bude pri ruci „med žut i beo, dobar, ledeno svež zlatni med iz saća. (...) Kod Ničea, med je *hladna vatra*, čulni spoj koji može da iznenadi samo logičare koji ne poznaju sintezu sna.

*

Nije li zimsko nebo i njegova tišina, zimsko nebo „koje često zna da prećuti i svoje sunce", suprotno šelijevom nebu koje je toliko puno muzike da bismo mogli govoriti o muzici pretvorenoj u supstancu? Da li sam od zimskog neba, pita se Niče (*Zaratustra, Na Maslinovoj gori*) naučio „dugo svetlo ćutanje"?

(...)

Niče je svoje čitaoce upozoravao (*Ecce homo*): „Onaj ko ume da udiše atmosferu koja ispunjava moje delo, zna da je to atmosfera visova, da je u njoj vazduh oštar. Treba biti stvoren za takvu atmosferu, inače nam preti velika opasnost da se prehladimo. Led je blizu, samoća ogromna – ali pogledajte kako spokojno sve počiva u Svetlosti! Pogledajte kako se slobodno diše! Koliko stvari osećamo pod sobom!"

*

Jedan navod biće nam ipak dovoljan da pokažemo da nebo, u samom našem biću aktivno priprema univerzalno buđenje (*Zaratustra, Pred izlazak sunca*): „O, nebo nada mnom, ti čisto! Duboko! Svetlosni ponoru! Posmatrajući te stresem se od božanskih žudnji.

Da se bacim u tvoju visinu – to je moja dubina! Da se sklonim u tvoju čistotu, to je *moja* nevinost!" (...)

„Nateraću sunce da se rodi. Ja sam noćni stražar koji objavljuje vreme buđenja, **noć je samo jedna duga potreba za buđenjem**" (naglasio R. A.).

*

San je upravo najlekovitiji u trenutku kad nas odvaja od stvarnosti.

*

San je kosmogonija jedne večeri. Svake noći sanjar ponovo stvara svet.

*

Drvo je biće koje duboki san ne sakati.

*

Biće je uvek na dobitku ako očuva učešće u kosmičkom.

*

Književna slika nije odeća koja treba da zaodene neku golu sliku, niti daje reč nekoj nemoj slici. U nama govori imaginacija, govore naši snovi, naše misli. Imaginacija je očarana književnom slikom. Književnost nije zamena ni za jednu drugu delatnost. Ona ostvaruje određenu ljudsku želju. Ona je *ispoljavanje* imaginacije.

Nekakvo apstraktno uho, kadro da čuje neme glasove, budi se tokom pisanja; ono nameće kanone koji određuju književne radove. Jezik pisan s ljubavlju priprema neku vrstu projektujućeg slušanja, koje nije nimalo pasivno. *Natura audiens* prethodi onome što je *Natura audita*. Pero peva! Kada bismo usvojili ovaj pojam *Natura audiens* razumeli bismo koliko je dragoceno sanjarenje Jakoba Bemea.

„A šta čini sluh da bi ti čuo ono što zvoni i što se miče? Zar bi rekao da *to* dolazi od zvuka spoljne stvari koja tako zvuči? Ne, to mora biti nešto što hvata zvuk, što iznutra *saučestvuje* sa zvukom, i što razlikuje zvuk koji se svira ili peva..." Još jedan korak i biće koje piše čuje pisanu Reč, reč stvorenu za ljude.

*

Kako je nepravedna kritika koja u jeziku vidi samo okoštalost intimnog iskustva! Naprotiv, jezik uvek ide malo ispred naše misli, malo je uskomešaniji od naše ljubavi. On je lepa funkcija ljudske nepreznosti, dinamogenična hvalisavost volje, ono što precenjuje moć. U više navrata isticali smo u ovom ogledu dinamični karakter imaginarnog preterivanja. Bez ovog preterivanja, život ne može da se razvija. U svakoj okolnosti, život uzima previše da bi imao dovoljno. Potrebno je da imaginacija uzima previše kako bi misao imala dovoljno. Potrebno je da volja previše mašta, kako bi dovoljno ostvarila.*

---

* Gaston Bašlar (2001): *Vazduh i snovi*, Izdavačka knjižarnica Zoran Stojanović, Novi Sad. Prevod s francuskog: Mira Vuković.

MAESTRO KEPEC
Per Lagerkvist

Ranih šezdesetih godina prošlog veka, kada se intelektualni svet u našoj kulturi, u trenutku osvojenih određenih sloboda opijao Sartrom, Kamijem i idejama egzistencijalizma, a kao izvornik svih tih ideja počeo grozničavo da se prevodi Seren Kjerkegor, a u sklopu svog tog događanja virtuozni Bulgakov dobijao nove poklonike, neko je, mudro, bez naročite pompe, preveo novelu Pera Lagerkvista, švedskog nobelovca, o milionima mrtvih koji očajni od sopstvenih ispovesti čemernog života kreću da traže Gospoda i da mu postave sva pitanja smisla. Objavljivanje te novele u nas, bio je sudbonosni susret i korisna opomena da dokoni Bog nije baš svu pamet i talenat ostavio samo u Francuskoj.

U pokrenutoj, vrednoj i preko potrebnoj ediciji ‚Antologija svetske književnosti', Narodna knjiga je pomalo neočekivano (naš početni i pogrešni utisak), uvrstila izuzetnu knjigu ‚Baraba' Pera Lagerkvista. Na sreću, ovaj dubok i misaon pisac ponovo je naišao u nas na dobru percepciju, pa je izdavač već u narednom kolu, u prevodu Nade Jaćimović objavio remek delo svetske književnosti, Lagerkvistovog ‚Kepeca'.

Možda povratak Per Lagrekvista u našu kulturu neće imati onaj potresni povratak Hermana Hesea koji je ponovo (osamdesetih godina prošlog veka) do masovnosti zavodio naročito mlađi intelektualni svet, ali će, bez sumnje, književnom iskustvu i našem čemernom poimanju svetske književne baštine otvoriti nove ‚prolaze' i spoznaje. Jer, još nedavno, jedan od naših mlađih stvaralaca i procenitelja književnosti koji je opsednut velikim, sažimajućim pregledima sveopšteg stanja i znanja, govoreći ponovo i ponovo o pogodcima i promašajima ‚Nobelove nagrade', pominjući onu obaveznu, već otužnu floskulu kako nagradu nije dobio veliki Tolstoj (a grofu je prvom nuđena i on ju je mirno odbio pa su onda išli da pitaju Anatola Fransa, što mnogi u nas ne znaju), navodeći spisak velikih promašaja velikog, misterioznog žirija, naš umni autor veli da je ‚Nobela', pored mnogih minornih, dobio i neki Lagerkvist (!!).

Ne hajući za trenutne propovedi trenutnih teoretičara, Per Lagerkvist će, drsko do sablasnog, za junaka svoga dela uzeti kepeca u službi srednjevekovnog kralja. Takvim izborom glavnog lika, Lagerkvist čini maestralni otklon od ljudi, jer će Kepec s početka romana reći da ne pripada ljudima, da su kepeci neka posebna vrsta, te će kroz usta nečeg ‚neljudskog' sasuti savremenom svetu u lice sve njegove poroke, gadosti, licemerja, brutalnosti, uživanja u krvi i ratu, strast za ubijanjem. Koristeći taj mudri otklon, saopštiće duboko ironijsku a smislenu porugu o religioznosti često teško odvojivu od licemerja. Pokazaće koliko su rituali sahrana, smrti i oplakivanja samo u funkciji društvenih igara, opet licemerja i puki instrument u rukama graditelja iluzija i obmana.

Porazno po nas je što Kepec sve to govori bez trunke patosa, ali i bez zazora. Njegovo zgražanje i čak otvoreno gađenje nad ljudima, s početka nas malo žacne i začudi, da bi nas do kraja knjige uveo u duboku potrebu da promišljamo sve što je ljudsko, terajući nas time do određenog pročišćenja i složenijih samospoznaja. Veliki pisac, poigravaća se, krajnje jednostavno i nenasilno, uvešće u priču mističnu ličnost, Velikog majstora, kraljevog intimusa Bernarda (čitaj Leonarda, Leonarda da Vinčija) koji za kralja opsednutog ratom, pravi neverovatne mašine i instrumente, koji istovremeno slika i nikako ne uspeva da dovrši veliku slike 'Poslednje večere'. Slika i kraljevu ženu koju Kepec naziva kurvom i bludnicom. Kada ona umre u histeriji samokažnjavanja pred raspećem, Bernardo uspeva da, gledajući njeno mrtvo lice ponovo naslika njen čudesan portret sa mističnim smeškom. Narod je gleda kao Bogorodicu i izlaže sliku u crkvi, a ona neuspela slika bludnice i beštije stoji u dvoru kao kraljev omiljeni portret. Ali, to je samo fina, prateća, jedva primetna nit koja teče kroz roman ispovesti jednog kepeca.

Da velikim delima vreme teško može nauditi, pokazuje i 'Kepec' Pera Lagerkvista. Ovaj roman skoro porazno anticipira naš savremeni svet. Bilo bi tako lekovito da se mnogi naši pisci koji prepričavaju samo ono što je lokalno i kritičari koji te knjige proglašavaju knjigama godine, mirno nadnesu nad snagom i načinom pisanja Pera Lagerkvista, njegovom funkcionalnom rečenicom, prividnom jednostavnošću koja se s lakoćom penje do najuniverzalnijeg, konačno, piščevom spremnošću da kaže 'sve', bez zazora, daleko od onog glupavog straha epigonske svesti pred savremenim sudom.

Iz knjige:

Ne ovo je nečuveno! Ovo izaziva veću uzbuđenost od bilo čega drugog što se dogodilo tokom ovoga užasnog perioda! Popušta mi tlo pod nogama i gubim bilo kakvu veru u bilo šta!

Može li se to zamisliti – gospodar smatra da on i kuća Montancinih treba da se pobratime, i da potpišu sporazum da nikada neće voditi bilo kakav rat jedan protiv drugog! Prestaće sa onim neprestanim ratovanjem, i svečano će se obavezati da sa tim završe za svagda. Nikada više neće dići oružje jedan na drugog! Kažu da je il Toro prvo negativno odgovorio, očigledno razjaren time što je neposredno pre toga napadnut. Ali, gospodar je, sve oduševljenije, nastavljao da izlaže svoju ideju. Zašto bi se naša dva naroda međusobno uništavala, čemu će služiti svi ti besmisleni ratovi! Ratovi su, s izvesnim prekidima, trajali tokom poslednjih nekoliko vekova, a da ni jedan nije mogao konačno da pobedi onog drugog, i obe strane su samo izgubile tim beskonačnim ratovanjem. Oni su nam sa sobom doneli gomilu nevolja i strahota. Koliko bi nam samo bilo bolje kada bismo živeli u miru i uzajmnom razumevanju, tako da naše zemlje mogu da cvetaju i budu srećne, kao što je uvek trebalo da bude? Kažu da je onda Lodovik počeo da sluša gospodareva izlaganja, i da je u njima pronašao nešto razumno. I sada je odgovorio da pristaje na njegov predlog i da prihvata poziv na pregovore o ovom večitom miru i potpisu ovog veličanstvenog poduhvata.

Verujem da je svet poludeo! Večiti mir! Nikada više rat! Kakve otrcane fraze, kakve detinjarije. Da li ljudi veruju da mogu da promene nešto tako, kao što je svetski poredak.

Kakvo umišljanje! I kakva verolomnost prema prošlosti, prema svim velikim tradicijama! Nikada više rat! Zar krv nikada više neće teći, a čast i junaštvo se više neće računati kao bitne. Zar srebrni rog nikada više neće ječati i konjanici ići u napad s uzdignutim kopljima, zar se trupe nikada više neće sukobiti i širiti herojsku smrt na bojnom polju. I zar ništa više neće postaviti granicu ljudskoj beskrajnoj uzvišenosti i uzdignutosti. Zar ni jedan Bokarosa neće ići napred sa svojim širokim mačem, s ožiljcima od boginja i stisnutih usana, da pokaže ovom soju koje sile vladaju nad njima. Zar će se rasušiti osnovni temelji života.

Pomirenje! Može li se zamisliti nešto sramotnije! Pomirenje sa svojim smrtnim neprijateljem! I kakvo poniženje i uvreda za nas! Za našu vojsku, za naše pale! Kakva bruka za naše oborene heroje, koji su se sada, žrtvovali potpuno uzaludno. Toliko je odvratno što se sve odjednom preokrenulo.

Nema reči kojima bi se opisala moja bezgranična mržnja. Moja vera u gospodara, u mog gospodara, narušena je na jedan takav način da se od njega nikada neću oporaviti. Potonuo je toliko duboko koliko je mogao da potone jedan gospodar. Večni mir! Večito primirje! Nikada više neki rat! Samo mir, mir! Očigledno da nije lako biti kepec takvom vladaru.

*

To je istina! Ona bitanga više ne visi na vešalima! A ja sam takođe saznao i gde je nestao. Iznenadio sam onog starog učenjaka u sred njegovog svirepog posla!

Primetio sam da mora da se nečim bavi dole u podrumu, jedna vrata, koja to inače nisu, stajala su otvorena.

To sam primetio još juče, mada nisam dalje razmišljao o tome. Danas sam otišao tamo i pobliže ispitao kako stoje stvari i zatekao otškrinuta vrata. Ušao sam u jedan dugačak, mračan prolaz, a potom došao do još jednih vrata koja takođe nisu bila zatvorena, prošao sam kroz njih ne praveći nikakvu buku – i tamo unutra, u velikoj prostoriji, na svetlu koje je dolazilo kroz prozor u južnom zidu stajao je starac nagnut nad Frančeskovim rasporenim lešom! Prvo nisam verovao svojim očima, ali je on ležao tamo i onako otvoren, videli su mu se utroba, srce i pluća, izgledao je baš kao neka životinja. Nikada nisam vedeo nešto toliko odvratno, niti sam ikada, čak, mogao i da pretpostavim nešto toliko odvratno kao što je čovekova utroba. Ali, on je stajao nagnut nad njim i strudirao ga s napetim interesovanjem i pažljivo je sekao negde oko srca jednim sasvim malim nožem. Toliko je bio obuzet onim čime se bavio, da nije ni primetio kada sam ušao u prostoriju. Činilo se da ništa drugo nije postojalo za njega sem te odvratnosti kojom se bavio. Ali je, konačno, podigao glavu i pogledao s veselim sjajem u očima. Njegovo lice je bilo toliko opčinjeno, kao da je doživeo neki uzvišeni trenutak. Mogao sam da ga posmatram koliko god sam želeo, pošto se on nalazio na svetlu a ja sam bio u dubokoj senci. A između ostalog, on je bio potpuno odsutan u svojoj opčinjenosti, kao neki prorok koji govori sa Bogom. Ovo je zaista bilo odvratno.

Jednak gospodaru! Jedan gospodar koji se zanima odgonetanjem zagonetki iz utrobe prestupnika. Koji kopa po leševima!

Noćas su sedeli budni sve do posle ponoći i pričali, kao nekad ranije. Govorili su o prirodi, o tome koliko je beskonačno velika i bogata. Jedan jedini veliki kontekst, jedno čudo! Vene koje teraju krv kroz telo, koje arterije izvora koje vode kroz vodu u zemlju, pluća koja dišu, baš kao što okeani dišu svojim plimama i osekama, skelet koji daje potporu telu, baš kao što stenovita naslaga daje potporu zemlji - a tlo je njihovo meso. Vatra unutar zemlje, koja je poput topline duše i koja je, takođe, nastala od sunca, to svetog, starog, obožavanog sunca, od koga sve duše vode poreklo i koje je izvor i uzor svem životu i koje svojom svetlošću obasjava sva nebeska tela u svetskom svemu. Jer, naš svet je samo jedan među hiljadama univerzuma svih nebrojenih zvezda.

Bili su kao obuzeti. I morao sam da ih slušam, šta god da su govorili, bez mogućnosti da prigovorim bilo šta. Sve sam ubeđeniji da je on ludak i da je na putu da i gospodara pretvori u takvog. Neshvatljivo je koliko je u njegovim rukama slab i lako povodljiv, moj gospodar.

Kako može neko ozbiljno da poveruje u takve maštarije? Kako može neko da veruje u taj kontekst, u tu božanstvenu harmoniju svega, kako ga je on, takođe, nazvao. Kako može neko da koristi takve velike, lepe i besmislene reči? Čudo prirode! Pomislio sam na Frančeskovu utrobu i povraćalo mi se.

Kakva sreća, uzviknuli su uzbuđeno, posmatrati velelepno bogatstvo prirode! Koliko beskrajno mnogo toga ima tamo da se ispita. I kako će se čovek uzdići moćan i bogat spoznajući sve to, sve te zarobljene sile, i iskoristiti ih u svoju korist. Elementi će se pokorno povijati prema čovekovoj želji, vatra će mu ponizno služiti, obuzdana uprkos svojoj divljini, zemlja će nositi stotine plodova pošto je otkrio zakone biljaka, reke će mu biti pokorne, odane sluge, a okeani će nositi njegove brodove oko cele divlje zemlje, koja poput prelepe zvezde lebdi u svemiru. Da, čak će i vazduh da pokori sebi, pošto će jednoga dana naučiti da imitira let ptice, i oslobođen tereta i sam će lebdeti poput njih, i baš kao što zvezde lebde, prema cilju koji ni jedna ljudska misao još uvek ne može da shvati niti nasluti.

Fuj! Kako je veliko i božanstveno živeti! Kako je nedokučivo velik ljudski život.

Nije bilo kraja njihovim klicanjima. Bili su poput dece koja su maštala o igračkama, o toliko igračaka da nisu znali šta bi radili sa svima. Posmatrao sam svojim pogledom kepeca ne promenivši ni jednom izraz na mom starom, izboranom licu. Kepeci nisu poput dece. I oni se nikada ne igraju. Istezao sam se da bih im napunio vrčeve kada bi ispili iz njih tokom svoje silne priče.

Šta oni znaju o veličini života? Kako znaju da je velik? To je samo način govora, nešto što voliš da kažeš? Može se, podjednako, tvrditi i da je mali. Da je besmislen, potpuno beznačajan, sićušan insekt koga možeš noktom da smrviš. I ako ga smrviš noktom, on nema šta tome da prigovori. Podjednako je zadovoljan svojim nestankom kao i bilo čim drugim. A i zašto ne bi bio? Zašto je toliko važno postojati? Zašto bi on tome težio ili, sve u svemu, bilo čemu? Zašto mu sve, zapravo, ne bi bilo sasvim svejedno?

Gledati u bedra prirode! Kakva je sreću u tome? Kada bi zaista to mogli da urade, preplašili bi se, ispunilo bi ih užasom. Oni veruju da je ona tu zbog njih, zato što oni veruju da je sve tu zbog njih, radi njihovog blagostanja i njihove sreće, da bi njihov život bilo zaista veliko i božanstveno živeti. Šta oni znaju o tome? Kako znaju da se misli baš na njih i na njihove neverovatne, detinjaste želje?

Ko zna s čim priroda ide bremenita, šta krije u sebi kao svoj plod budućnosti? Ko o tome može da naslućuje. Zna li, možda, jedna majka šta nosi? Kako bi ona to mogla da zna. Ona strpljivo čeka svoje vreme, i potom može da se vidi šta je rodila. O tome bi jedan kepec mogao da ih pouči.

Sve ima, na svoj način, neko značenje, sve što se događa i čime se ljudi bave. Ali, sam život nema nikakvo značenje i ne može da ga ima. Onda ne bi mogao da postoji. Takva je moja vera.

*

Pošto i sami nisu učestvovali u bojnom pohodu, ne mogu da se postave u situaciju kakva ona, zapravo, jeste. Ako čovek pokuša da im malo opiše život u ratu i sve opasnosti, lica im dobijaju priglup izraz nepoverenja i, istovremeno, ne mogu da sakriju svoju pritajenu zavist. Pokušavaju da se pretvaraju da ja nisam prisutvovao tolikim događajima koliko želim da predstavim i da uopštc nisam efikasno učestvovao u sukobima o kojima sam pričao. Lako je primetiti zavist iza toga. Prisustvovao! Oni ne znaju da moj mač još uvek stoji krvav u svojim koricama, posle poslednje velike borbe tamo napolju. Ja ga ne pokazujem, jer ne mogu da odam vojničku veštinu koja toliko obilato buja na polju i u kojoj je, na primer, don Rikardo toliko dobar. Ja samo stavim ruku na dršku mača i lagano odem svojim putem.

Bilo je tako da smo tokom velike dvodnevne borbe bili primorani da savladamo jedno brdo između našeg desnog krila i grada. To nas je dobro koštalo. Ali se time naš strateški položaj znatno poboljšao. Gospodar se odmah potom uputio gore na brdo da nadgleda moguć-nosti koje su ova nova osvajanja nudila, i ja sam ga, prirodno, pratio. Skroz gore, nalazio se zamak u kojem je Lodovik priređivao zabave, prilično lep zbog svog položaja i okružen čempresima i stablima breskve. Nekoliko vojnika i ja pretražili smo zamak da bismo se uverili da se tamo ne kriju nikakvi neprijatelji, koji bi mogli da nam prirede neprijatno iznenađenje i da ugroze gospodarevu ličnost. Ali, tamo su bila samo dvojica starih slugu koji su bili toliko zanemoćali da su, jednostavno, ostavljeni i gospodar je naredio da ne smeju ništa da im urade. U međuvremenu, uputio sam se dole u podrum koji niko nije planirao da pretraži, ali gde je neko, isto tako, mogao da se sakrije. Tada sam, neočekivano, nabasao na jednog kepeca koji je, očigledno, pripadao Lodovikovom dvoru – on drži mnogo kepeca – i koji je iz nekog razloga, takođe, bio ostavljen. Potpuno se prestravio kada me je ugledao, i pobeže u jedan polumračan prolaz. Povikao sam – Stoj! – ali on ne stade na moj povik, iz čega sam morao da zakljičim da nije imao čiste nemare. Da li je bio naoružan ili ne, nisam mogao da znam i lov kroz uske, krivudave prolaze je stoga bio veoma zanimljiv. Na kraju se ušunjao u jednu sobu gde je postojao izlaz koji je on, očigledno, planirao da iskoristi, ali pre nego što je uspeo da dosegne vrata našao sam se iza njega. Uz setno jecanje shvatio je da je bio uhvaćen. Lovio sam ga kao pacova izvan zidova i sada sam znao da nije mogao da mi umakne. Na kraju sam ga priterao u jedan ćošak i bio je moj. Nabo sam ga na svoj mač, koji je samo prodro kroz njega. Pri sebi nije imao ni štit, niti bilo šta drugo što se nosi u borbi, već je bio obučen u smešan plavi somotski kaput s čipkom i ukrasima uz vrat, baš kao dete. Ostavio sam ga da leži tamo gde je ležao i vratio se na dnevno svetlo i borbu.

Ovo nisam ispričao jer mislim da nije naročito značajno. To je bila sitnica, jedan potpuno običan događaj tokom rata. I to nije nešta o čemu idem okolo i hvališem se, samo sam izvršio svoju jednostavnu obavezu kao vojnik. Niko čak i ne zna za to, ni gospodar, niti bilo ko drugi. Niko ne sluti da je moj mač obojen krvlju, i da će ostati takav kao sećanje na moje dosadašnje učešće u borbenom pohodu.

Na neki način mi je žao što sam ubio kepeca, jer bih više voleo da vidim da je bio jedan od ljudi, koje mrzim. A borba bi, povrh toga, tada bila još uzbudljivija. Ali, ja mrzim i moj vlastiti narod, omražena mi je i moja vlastita vrsta. A tokom borbe, naročito kada sam zadavao smrtonosni ubod, osetio sam jedinstveno uzbuđenje, kao da sam izveo neki obred u nekoj religiji koja mi je potpuno nepoznata. Isto sam osetio kao kada sam zadavio Jozafata, neobuzdanu želju da zatrem svoj vlastiti rod. Zašto? Ne znam. Uopšte ne razumem. Da li je moja sudbina da želim da istrebim i svoju vlastitu vrstu?

Imao je onaj piskutavi glas kastrata, koji imaju svi kepeci, i mnogo me je nervirao. Moj glas je grub i dubok.

To je odvratan i sramotan rod.

Zašto nisu kao ja!

*

Na dvoru je žalost. On je izgubio svoju dvorsku ludu. Danas je bila sahrana. Pratili su ga cela dvorska svita i svi konjanici i plemići u gradu, njegovi lični potčinjeni, kojima sigurno iskreno nedostaje, mora biti prijatno služiti kod jednog tako nehajnog i rasipnog gospodara. Gomila sveta stajala je i blenula na ulicama kuda je prošla pogrebna povorka, priča se da su jadni bednici voleli njegovu lakoumnu ličnost. Čudno, oni vole takve. Dok sami gladuju, uživaju da čuju priče o bezbrižnom i rasipničkom životu. Priča se da znaju sve priče o njemu, o njegovim podvizima i uspešnim „šalama", i prepričavaju ih u svojim prljavim straćarama oko njegove palate. Sada im je priredio i tu radost da mogu da prisustvuju njegovom veličanstvenom pogrebu.

Gospodar je išao na čelu povorke, pognute glave, očigledno potišten od tuge. Kad god je trebalo da se pokaže u javnosti, uvek je bio vredan divljenja. Mada to možda, zapravo, i nije vredno toliko velikog divljenja. Zapravo je u njegovoj prirodi da se krije.

Niko se nije usudio da bilo šta izusti. Šta oni kasnije kažu u svojim šupama, u svojim palatama, ništa ne znači. Ovaj događaj je predstavljen kao sudbonosna greška. Don Rikardo je slučajno popio zatrovano vino, koje je bilo predviđeno samo za visoke goste. Njegova neugasiva žeđ bila je dobro poznata, on je, nažalost, sam prouzrokovao svoju tragičnu smrt. Što se ostalog tiče, svako može da veruje šta želi. To da su Montanaca i njegovi ljudi otrovani, raduje sve.

Gospodarica nije prisustvovala sahrani. I dalje leži. Ona i dalje leži ista, nepomična i kao odsutna od svega, i odbija da u sebe unese bilo kakvu hranu. To jest, ne odbija, zato što ona ništa ne govori, ali ne mogu u nju njišta da unesu. Ona glupava sobarica tumara tamo crvenih očiju i uzbuđena, i jecajući briše svoje blede, debele obraze.

Na mene niko ne sumnja. Zato što niko ne zna ko sam.

Veoma lako je moguće da ga on zaista žali. Njegovo biće je takvo da to uopšte nije nemoguće. Verovao sam da on voli da žali za njim, da smatra da je to plemenito i lepo. Osetiti vitešku, nesebičnu tugu je uvek nešto uzdižuće i prijatno. A uostalom, uvek je veoma držao do njega, iako je, takođe, istovremeno želeo njegovu smrt. Sada, pošto je otišao, postao mu je naročito drag. Ranije je uvek postojalo nešto stanovito poput zavoja što je ometalo njegova osećanja prema prijateljima. To više ne postoji. Pošto je dobio ono što je želeo, oseća se sve više vezanim za njega.

Svi pričaju o don Rikardu. Pričaju o tome kakav je bio, kako je živeo i kako je umro, šta je rekao tada i tada, kako se velikodušno ponašao tom i tom prilikom, kako je bio veliki vitez, i koliko veseo i hrabar čovek. On je na neki način življi nego ikada. Ali to biva neko vreme pošto neko umre. To brzo prođe. Ništa nije toliko sigurno do da će čovek biti zaboravljen.

Oni, u međuvremenu kažu da on nikada neće biti zaboravljen. I time što lažu o njemu, da je bio neko potpuno divan i naročit nadaju se da će moći da ga održe živim zauvek. Imaju čudnu odbojnost prema smrti, naročito kada se radi o nekima od njihovih mrtvih. Stvaranje mita teče punom parom, i onaj koji zna istinu o ovoj propalici i prostoj, nepromišljenoj dvorskoj ludi, mora da se zapanji onim šta ovi mogu da postignu. Ni najmanje ih ne tangira to što sve to nema nikakve veze sa istinom, oni misle da je on bio radost i poezija, a bog zna sve, i da svet više nije isti i da neće više moći da čuju njegov grohot i da više nema njegovih veselih šala, i potpuno su savladani i obuzeti nedostatkom i prazninom bez njega. Svi neverovatno mnogo vole da ga žale.

Gospodar časno učestvuje u ovoj sentimentalnoj predstavi. Tužno sluša hvale i ponekad doda ponešto, što deluje naročito lepo zato što potiče od njega.

Inače, mislim da je u svakom slučaju prilično zadovoljan svojim malim plaćenim ubicom, svojim malim potrčkom. Mada, prirodno, ništa ne pokazuje. Nije mi pomenuo ni jednu reč o tome, ni priznanje, niti prekor. Jedan gospodar ne mora da se pretvara pred svojim slugom ako ne želi.

Izbegava me. Tako uvek čini posle takvih stvari.

Gospodaričina tuga ne dobija nikakav oblik. Ne znam kako će se to tumačiti – verovatno to znači da mnogo žali za njim. Ali ona, zapravo, samo leži i blene.

Ja sam razlog što ona žali. Ako je potpuno očajna, to je onda zbog mene. Ako se promeni i nikada ponovo ne bude kao ranije, to će biti zbog mene. I ako leži tamo poput stare ružne žene i više se ne brine kako izgleda, i to je takođe zbog mene.

Nikada nisam verovao da imam takvu moć nad njom.

*

Gospodarica tone sve dublje. Gotovo je mučno posmatrati njeno propadanje, ovo razjedinjavanje koje se događa u njoj i svu tu nebrigu, ravnodušnost i prljavštinu kojima je okružena. Jedino što još uvek govori o njenom poreklu i njenoj prošloj ličnosti je njena tvrdoglavost i duševna snaga kojima sprovodi svoju sudbinu i sprečava okruženje da na nju ima bilo kakvog uticaja.

Posle sobaričinog razboljevanja niko ne sme da uđe kod gospodarice i nered u sobi je gori neko ikada. Sada ne uzima nikakvu hranu i toliko je iznurena da mi je jedva jasno kako može da stoji na nogama.

Ja sam jedini koji sme da je poseti. Ona me preklinje i moli me da dođem i pomognem joj u njenoj nevolji, tako da može da mi prizna svoje grehe.

Prilično sam uzrujan. Dolazim pravo od nje i još uvek sam ispunjen gotovo zastrašujućim osećanjem moći koju ponekad imam nad ljudima. Opisaću kakva je bila ova poseta njoj.

Kada sam ušao, prvo, kao i obično, nisam video ništa. Onda se pojaviše prozori kao svetliji delovi zida, uprkos debelim zastorima na njima, i potom je ugledah kako kleči ispred raspeća u večitoj molitvi. Bila se toliko unela u molitvu da nije čula kada sam otvorio vrata.

U sobi je bilo toliko zagušljivo da sam jedva mogao da dišem. Gadilo mi se. Sve mi se gadilo. Miris, polumrak, njeno zgrčeno telo, njena mršava vrlo neumesno razotkrivena ramena, žile koje su joj izbijale po vratu, neuredna kosa koja je izgledala kao staro svračije gnezdo, sve što je nekada bilo vredno voleti. Obuzela me je neka vrsta besa. Iako mrzim ljude i ne volim da ih gledam u njihovom ponižavanju.

Iznenada čuh sebe kako pobesneo vičem tamo u mraku, pre nego što me je ona primetila, pre nego što je znala da sam došao tu:

„Čemu se moliš! Zar ti nisam rekao da ne smeš da se moliš! Da ne želim tvoje molitve!".

Okrenula se, ne preplašeno, već polako, cvileći puput šibane kuje i ponizno pogledala u mene. Takvoj ne nedostaje bes jednog čoveka. Nastavio sam bez ikakve popustljivosti:

„Da li veruješ da njega zanimaju tvoje molitve! Da će ti oprostiti zato što tu klečiš, preklinješ i moliš ga, i neprestano priznaješ svoje grehe! Kakva je umetnost u priznavanju svog greha! Veruješ li da će dozvoliti da ga time zavaraš! Zar ne veruješ da te je on prozreo!

Ti voliš don Rikarda, ne njega! Zar ne verejuš da ja to znam! Da li misliš da možeš da me prevariš, da me odvedeš iza svetla svojim đavolskim veštinama, svojim mučenjima, bičevanjima svoga napaćenog tela! Tvoj ljubavnik je onaj za kim žudiš, dok tvrdiš da žudiš za onim tamo na zidu! Ti voliš njega!"

Posmatrala me je potpuno prestravljeno. Blede usne su joj drhtale. Onda se bacila na moje noge i zastenjala:

„To je istina! To je istina! Spasi me! Spasi me!"

Osetio sam da sam je jako uznemirio kad sam čuo ovo njeno priznanje.

„Ti pohotna kurvo! – uzviknuo sam – Koja se pretvara da voli svog spasitelja dok u tajnosti ležiš sa svojim kurvarem iz pakla! Koja varaš svog Boga s jednim koga je on bacio u dubine pakla! Ti đavolice, koja oči prikrivaš za razapetog i opisuješ mu svoju rasplamsalu ljubav, dok svim svojim mislima uživaš u zagrljaju drugog! Zar ne shvataš da te on mrzi! Zar ne shvataš!"

„Da! Da! – stenjala je uvrtala se oko mojih nogu poput zgažene maske. Osetio sam gađenje gledajući je kako puzi tamo ispred mene, to me je samo nerviralo, začudo, nisam uopšte uživao u tom da je gledam kako se tako opruža. Pružila je ruke ka meni:

„Kazni me, kazni me ti biču božiji!! – gušila se. I dohvati bič tamo na podu i pruži mi ga, a ona se skupi poput psa. Ščepao sam ga u mešavini gađenja i razjarenosti i zamhnuo njime preko njenog omraženog tela, dok sam čuo sebe kako vičem:

„To je onaj razapeti! Onaj koji visi tamo na zidu je taj koji te bičuje, onaj koga si toliko puta poljubila svojim rasplamsalim, lažnim usnama, koga si tvrdila da voliš! Da li znaš šta je ljubav? Da li znaš šta on zahteva od tebe?

Ja sam patio zbog tebe, ali te za to nikada nije bilo briga! Sad ćeš i sama osetiti šta je to patnja!"

Bio sam potpuno izvan sebe, jedva da sam znao šta radim. Zar nisam znao? Da! Znao sam! Tražio sam svoju osvetu, tražio sam osvetu za sve! Delio sam pravdu! Sprovodio sam svoju užasnu moć nad ljudima! Ali, uprkos svemu, nisam istinski uživao u tome.

Ona nije ispustila ni najmanji zvuk pritužbe dok je to trajalo. Naprotiv, bila je potpuno mirna i smirena. I kada je bilo gotovo, ostala je isto da leži, kroz mene na neki način oslobođena svog nemira i agonije.

„I da večno goriš u vatri zaborava! I neka plamenovi večno ližu tvoje ogavne bokove, koji su uživali u ljubavnim strašnim gresima!"

S ovom presudom napustio sam je i ostavio je da leži tamo na podu kao da drema.

Otišao sam svojem domu. Srce mi je lupalo dok sam se peo uz stepenice do stana za kepece i za sobom zatvorio vrata.

Dok sam ovo pisao, smirio sam se i samo osećao beskrajnu prazninu i umor. Moje srce više ne lupa, ono se uopšte ne oseća. Zurim ispred sebe, a moje lice je tamno i potpuno bez radosti.

Možda je bila u pravu kada je ono rekla, da sam ja bič božiji.

Sedim ovde uveče posle istog ovog dana i posmatram grad koji leži tamo dole ispod mojih nogu. Smrkava se nad njim i zvona su prestala da zvone za pokoj duša, i kupole i ljudi sve više nestaju. U sumrak, vidim dim sa lomače leševa kako se izvija između njih, i osećam kako onaj lepljivi miris dopire sve do ovde, do mene. Širi se poput gustog vela preko svega i uskoro će biti potpuni mrak.

Život! Čemu? Čemu služi, u čemu je njegov smisao? Zašto bi se nastavljao tako beznadežan i ispunjen potpunom prazninom?

Ja okrećem njegovu baklju na dole i gasim je o crnu zemlju, i noć je.[*]

---

[*] Per Lagerkvist: „Kepec", prevela Nada Jaćimović, „Narodna knjiga", Beograd, 2003.

PRIPOVEDAČKA PRESA
Anatonio Lobo Antuneš

Zavedeni pripovedanjem portugalskog nobelovca Žoze Saramaga, smirujući profesionalno nestrpljenje (ali i strepnju), uzimamo u ruke roman Antonia Lobo Antuneša, jednog od najznačajnijih i najprevođenijih portugalskih pisaca, uz saznanje da mu je u dva maha, za korak, izmakla Nobelova nagrada.

Dok se Saramago mirno i sporo, melanholično i usamljenički kreće kroz Lisabon, opijajući nas majstorstvom pripovedanja, Antuneš u svom romanu „Iza božjih leđa" neštedimice udara teškom presom, sabijajući književni iskaz, razgolićujući sve, koristeći reči koje čovek može izgovoriti samo u najintimnijim trenucima, bacivši za leđa književnu konvenciju da se za delove tela, života, ljudskog pakla, zlobe i gluposti okrvavljene imperijalne nezasitosti, iznalaze neke blaže reči. Ako ste kod drugih pisaca na obalama reke njihovog pripovedanja, meandrima i iznenadnim ponornicama, smišljenjim mestima prekida romanesknog toka, odmorištima, kod Antuneša stojite pred monolitom prozne gustine u kome se, skoro bezdušno, sve naziva pravim imenom.

Pisac izuzetnog obrazovanja i erudicije (psihijatar po struci), Antuneš nam nudi roman-krik ljudske čamotinje i pustoši življenja, a da to nije koketiranje sa otužnim intelektualcem (već toliko puta viđenim), koji jadikuje nad apsurdnom egzistencijom.

Antuneš nam baca u lice, sabivši sav roman u onaj Munkov „Krik", ledene optužbe, izokrenute utrobe i sopstvene i svoje generacije koja se našla u paklu sramnih kolonizatorskih pokolja u Angoli. Ali, ne samo to. Onaj koji pripoveda (u romanu niko nema imena), u sklopu jedne rečenice kreće se kroz pogibije, teška stradanja, do sedenja u bistrou sa svojom sagovornicom koja kroz celu knjigu ne progovara ni jednu reč, ali tako postojano sluša dok ječi teška presa ljudskog ispovedanja; ređaju se rovovi, smrt, ranjavanja, maštanja očajnika o povratku mirnim senkama udobnog doma, nostalgija za Lisabonom pojačana lomatanjima po afričkim zabitima.

Već u narednoj rečenici izneće sav čemer, zagušenost i teskobu tog žuđenog Lisabona, prizore građanskog života, glasove tetaka, slike ručnog rada krotkih žena iz porodica višeg staleža, poziv ženi koja sedi s njim u bistrou da provedu krâj te noći zajedno, istovremeno razobličavajući nekakav mogući eros utopljen u reku alkohola, razobličavajući sebe samoga, bedu nabranih godina izmrcvarene ličnosti. Šiba i portugalske despote koji do satiranja nedužnih naroda produžavaju kolonijalizam. Skoro istovremeno, teku prizori vojnih akcija po afričkim divljinama, slike ljudi koji mu izdišu na rukama (onaj koji pripoveda je lekar), teške i neprijateljske zore u Lisabonu i tek, s vremena na vreme, tračak neke nadane nežnosti, dodirivanjem kolena ispod stola bistroa. Sve naziva otvoreno i ogoljeno do jedva podnošljivog onome koji pripoveda. Možda je još samo Per Lagerkvist u „Kepecu" tako bez ostatka razotkrivao obrazine i ljudske maske ispod kojih ljubomorno čuvamo ono što nazivamo naš život i čovek.

Čudan je privid da je pred nama ono što zovemo stvarnosna proza. Ogoljen život i ogoljeno biće, bez ali i možda, već uvek jeste u svojoj potpunoj nagosti, pod perom izvanrednog pripovedača, pretvara se u fantastično i nadrealno.

To što je sav roman ispripovedan od sutona do zore, Antunešu je manje važno, skoro usputno. Vreme, mesto, romaneskna forma, likovi bez i sa imenom, naglašena nova poglavlja, prekid i predah toka pripovedanja - sve je to odbačeno kao literarna konvencija u odnosu na ono šta se saopštava, a saopštava se kao da se udara maljem, pri čemu se pihtijasto tkivo življenja pretvara u sabijenu, neprozirnu materiju samoće i beznađa.

Potresno je i bolno za čitaoca kada, posle svih razobličavanja, on bezimen njoj bezimenoj sa kojom provodi noć, uputi jednu običnu, ljudsku molbu (jedina negde iz daljine dozvoljena toplina), da bude tu, u njegovoj sobi, kraj kreveta dok on ne zaspe. Cela pustinja Gobi ljudskog čemera, ta obična ljudska molba postaje jedva podnošljiva, poput one završne Kafkine rečenice u „Procesu" ... „da je stid bio jači od smrti".

Nije čudo što je Antuneš dva puta bio korak do Nobelove nagrade, i nije čudo što je nije dobio jer bi se u mnoge fine i dobro zaštićene stomake izlila samo žuč.

Ohrabruje činjenica da se Antuneš poslednjih godina veoma prevodi u svetu. Prevod ovog proznog monolita na srpski, u kojem pisac ne dozvoljava da se traže sinonimi ili umiveniji izrazi, za istinskog prevodioca bio je veliki izazov. Težak poduhvat obavljen je izvanredno. Pored nizova izvikanih veličina koji pokorno slede očekivane klišee, otrežnjavajuće je iščitati Antuneša.

Iz knjige

Verujete li u skokove, u velike zaokrete, unutrašnje zemljotrese, visoke uzlete ekstaze? Osvestite se, draga moja, sve je to samo optička varka, bezazlena igra ogledala, prosta pozorišna podvala u kojoj nema druge stvarnosti osim kartona i celofana od kojih je dekor uobličen i samo mu snaga naše mašte daje privid života. To je kao ovaj bar i ove lampe u stilu Art Nouveau sumnjivog ukusa, njegovi stanovnici priljubljenih glava koji jedni drugima poveravaju sočne banalnosti u blagoj alkoholnoj euforiji, muzika sa dna sale daje našim osmesima tajanstvenu dubinu osećaja koje nikada nismo posedovali, još pola flaše i poverovaćemo da smo Vermeri, kadri da objasnimo, domaćom jednostavnošću jednog gesta, dirljivu i neizrecivu gorčinu našeg stanja. Blizina smrti čini nas još obazrivijima, ili bar smotrenijima: u Luandi, u isčekivanju polaska, za par dana, ka borbenoj zoni, povoljno smo menjali metafiziku za ilegalne kabaree ostrva, prostitutke na sve strane, ispred nas kofa s penušavim vinom i mala striptizeta koja se skida na sceni s nezainteresovanošću umornih matorih zmija kad menjaju košuljicu. Ponekad sam se budio u sobi nekog sumnjivog pansiona ne shvatajući kako sam se tamo našao, oblačio sam se u tišini, nalazio cipele ispod nekakvog prslučeta od crne čipke, ne želeći da remetim san tela umotanog u čaršaf, od koga nisam razaznavao više od zbrkane kosmate mase. I zaista, u skladu sa proročanstvom moje porodice, postao sam čovek: neka vrsta tužne i cinične podlosti, sazdana od očajničke pohlepe, samoljublja i žurbe da se sakrijem od sebe samog zauvek je zamenila slabašno zadovoljstvo detinje radosti, smeha bez zadrške i zadnjih misli, balsamovanog čistotom, s vremena na vreme mi se čini da čujem noću, vidim, vraćajući se kući, u nekoj pustoj ulici, odjek slapova poruge iza mojih leđa.

*

Ne, ne boli me ništa, možda malo glava, to je samo sitnica, pritisak, nesvestica. Ovaj jednolični žagor razgovora, ovi izmešani mirisi, crte lica koje se rasčlanjuju i pomeraju dok govore, zbunjuju me: ne poznajem nikoga, nemam naviku da boravim u tim egzotičnim hramovima u kojima se više ne žrtvuje životinjska utroba već ljudska jetra, u modernim katakombama kojima oskudna svetlost zavetnih svetiljki i molitveni zvuk razgovora daju ton bogohulne religije, u kojoj je barmen zlatno tele, nepokretan iza oltara šanka, okružen đakonima svakodnevnih posetilaca, koji u njegovu čast podižu ritualni blek-velvet. Krstovi od flaša jeftine brlje zamenjuju raspeće, postimo za Uskrs da bismo smanjili nivo masti u krvi, pričešćujemo se nedeljom vitaminima koji čiste naše telo, ispovedamo grupnom psihoanalitičaru naša skretanja s puta čestitosti i plaćamo, pokajnički njegov mesečni račun; ništa se nije promenilo, kao što vidite, osim što sebe smatramo ateistima jer, umesto da se bijemo rukama u grudi, to čine lekari stetoskopom. Osećam se sada, razumete, kao kada sam u detinjstvu sa ocem odlazio u crkvu na mise za preminule rođake gde sam nepogrešivo stizao sa zakašnjenjem i smeštao se kraj krstionice, s rukama na leđima, kao Robespjer u grombi kaputu koji pogledom začikava kutije za milostinju i tužne glinene oči svetaca. Nema sumnje, pripadam nekom drugom svetu, ne znam tačno kom ali, pretpostavljam, tako dalekom u prostoru i vremenu da ga nikada neću ponovo naći, možda nekadašnjem zoološkom vrtu i crnom profesoru koji kliže unazad na klizalištu pod drvećem, između kaveza sa životnjama i kolica prodavca sladoleda. Da sam žirafa, voleo bih vas u tišini, motreći na vas preko ograde kao setni kran, voleo bih vas neveštom ljubavlju dugajlija, prežvakavajući žvakaću gumu od lišća, ljubomoran na medvede, mravojede, papagaje, ptice i krokodile, i spustio bih svoj vrat niz čekrk od tetiva ne bih li sklonio glavu na vaše grudi, u drhtavim naletima nežnosti. Jer, dozvolite mi da vam priznam, ja sam nežan, nežan sam čak i pre šestog viskija bez vode ili pre osmog drambuija, glupo i pokorno sam nežan kao bolestan pas, jedan od onih pasa sa isuviše ljudskim preklinjućim očima koji nam ponekad na ulici, bez razloga, priljubljuju njušku uz nogavice stenjući s mučnom robovskom strašću, kao u sonetima iz almanaha, lijući suze od uvelih ljubičica. Dve stvari, draga moja prijateljice, još delim s klasom iz koje potičem (izneverivši tako poster Če Gevare, tog Karlosa Gardela revolicije, koga sam okačio iznad kreveta da bi me štitio od malograđanskih košmara, i koji na mene deluje kao neka vrsta magnetne pločice) jeftinu emociju koja me tera da cmizdrim pred televizorom u kafani dok se prikazuje serija, i panični strah od podsmeha. Ono što sam želeo da postignem, na primer, bez oholosti i stida, jeste da krunišem svoju ćelavu glavu tiroloskim šeširom s perom. Ili da pustim da mi raste nokat na malom prstu. Ili da zaglavim tramvajsku kartu za burmu. Ili da pregledam pacijente odeven kao siroti pajac. Ili da vam poklonim moju fotografiju uramljenu u aluminijumsko srce kako biste je posmatrali jednoga dana kada budete bili debeli, debeli, debeli i spokojni kao uškopljeni mačor, isčekujući smrt na matineima u Odeonu.

Međutim, u vreme o kojem vam govorim, imao sam kosu, mnogo kose, dobro, dovoljno kose iako kratko ošišane, po pravilima službe, i skrivene pod vojničkom kapom, i spuštao sam se iz Luande put Novog Lisabona u pravcu rata, preko čudesnih beskrajnih horizonata. Shvatate me, ja sam čovek iz jedne duguljaste i prastare zemlje, iz grada ugušenog kućama koje se umnogostručavaju i ogledaju u keramičkim fasadama i ovalnim jezercima, i iluzija prostora koju ovde poznajem, jer je nebo sačinjeno od golubova koji su tako blizu, sastoji se od jednog mršavog komada reke koju oštre obale s obe strane pritiskaju i koju ruku jednog bronzanog moreplovca ukoso preseca s herojskom plahovitošću. Rodio sam se i rastao u jednom skučenom svetu od heklraja, hekleraja moje bake i hekleraja od manuelinske gotike, glavu su mi istkali u filigranu dok sam bio dete, navikli su me na sićušnost ukrasnih drangulija, zabranili mi deveto pevanje Luzijada i naučili me odkad znam za sebe da mašem maramicom umesto da jednostavno odem. Sve u svemu, nadzirali su moj duh i sveli moju geografiju na probleme vremenskih zona i neproračunato radno vreme činovnika čija se karavela na putu ka Indiji preobrazila u pisaći sto sa sunđerom za lepljenje markica s jezikom u njemu. Da li vam se nekada desilo da sanjate, nalakćeni na jedan od tih užasnih stolova i da završite dan na nekom trećem spratu na Kampu de Orike ili Povoa de Santo Adrijano, slušajući sopstvenu bradu kako raste u praznim predvečerjima?

Da li ste već doživeli onu svakodnevnu smrt buđenja pored osobe koju prezirete? Da oboje kolima odlazite na posao, s podočnjacima od nesanice, već otežali od razočarenja i umora, prazni od reči, osećanja, života. Zamislite onda da odjednom, bez najave, sav taj svet u deminutivu, ta paukova mreža tužnih navika, sva ta seta svedena na pritiskač za papir u kome pada sneg, u kome jednolično pada sneg, ispari, da nestanu koreni kojima vas je ščepala ravnodušnost vezenog jastuka, da se pokidaju karike koje su vam dosadne i budite se u kamionu, ne baš udobnom, svakako, i prepunom vojske, istina, koji kruži nezamislivim predelom gde sve treperi, boje, drveće, džinovski obrisi stvari, nebo koje otvara i zatvara stepenište od oblaka o koje se pogled sapliće dok ne padne natraške kao velika, uhvaćena ptica.

*

Da li biste vi, s aseptičnim izgledom sekretarice sposobne i bez peruti, bili kadri da dišete unutar jedne Bošove slike, dok vas guše demoni, gušteri, gnomi koji se rađaju iz ljuske jajeta, sa lepljivim zastrašujućim očima? Ispružen u rovu, u iščekivanju da napad prođe, gledajući u krute siluete eukaliptusovih krošanja nalik na grobno ozbiljne svedoke nekog dvoboja, s beskorisnim GZ u oznojenim rukama i cigaretom zabodenom u usta kao čačkalica u ćevap, izgledao sam kao Beketov lik čekajući granatu iz bacača jednog „godoa" spasitelja. Romani koje treba da napišem gomilali su se na tavanu moje glave kao stari aparati svedeni na gomilice rasutih delova koje ne uspevam da sastavim, žene sa kojima neću leći ponudiće drugima svoje raširene butine kao žabe na času biologije, gde neću biti da bih ih čerečio pohlepnom britvom mog jezika, moje dete koje treba da se rodi predstavljalo bi samo neverovatno ostvarenje jednog dalekog popodneva u Tomaru, u jednoj sobi u oficirskoj kantini, s prozorom koji je gledao na trg, i sa gustim suncem u dalijama, dok mi u krevetu slavimo vatrenu liturgiju jedne želje, isuviše rano isčezle. Tomar: dušeci koji škripe kao štavljena koža, brzi zagrljaj, uspravljeni penis vlažan od žeđi, debeo od nabreklih vena, crven kao cvet Pesanje, ruka koja ga je trljala između dojki, usta koja su ga pila, pete koje su mi dodirivale stražnjicu, iznureno ćutanje „jutra posle". Danas kada je sretnem, osećam se kao da posmatram izbledeli pravougaonik koji na zidovima ostavljaju ramovi a da se ne možemo prisetiti same slike, i uzalud pokušavamo da razaznamo, iza ostarelih i ozbiljnih crta koje s mukom grade izraz bezazlenog drugarstva koji nikada nije bio njen, mlado i veselo lice koje sam voleo, zatvoreno nad svojim vlastitim zadovoljstvom kao latice noćnog sveta. A ipak, razumete, na taj način ona ipak ostaje u meni uprkos godinama i gorčini osujećenih pomirenja, uprkos ranama od međusobnih laži i očaju od konačnog odvajanja: ona tamnokosa mršava devojka, krupnih ozbiljnih očiju, koju sam upoznao na plaži dok je posmatrala talase s rasejanom gordošću ravnodušnih mesoždera, koji kao da se odjednom gube u bolnim i ustajalim razmišljanjima, terajući nas u senoviti kutak zaboravljenih beskorisnosti.

*

U četiri sata ujutro ogledala su još dovoljno milosrdna ili mutna da nam ne uzvrate sliku našeg lica, izgužvanog i skvrčenog od noći bez sna, koje zamućene oči oživljavaju beživotnim treptajem: jaka svetla na aerodromu sprečavala su me da se u staklu suočim sa svojom nesigurnom siluetom, nakrivljenom ka torbi u ruci kao štap za pecanje prema debelom i masnom ulovu, sati i sati provedeni u avionu iskrivili su mi kravatu, preobražavajući je u mekanu krpu nalik na Dalijeve satove, bore su se nagomilavale oko trepavica kao koncentrični krugovi od peska u japanskim vrtovima; između čoveka koji se usamljen vraća iz rata u svoj grad, hodajući kroz grozdove ravnodušnih stranaca, i nas koji smo se uputili kao izlazu iz bara duž hodnika od potiljaka i profila čija monotona različitost liči na lutke iz izloga u Baiši, okamenjene u ukočenim pozama patetične beskorisnosti, postoji samo neznatna razlika od nekoliko mrtvih na bojištu, leševa koje vi niste poznavali, koje potiljci i profili nikada nisu videli, stranci na aerodromu za njih nisu čuli i oni su zbog toga nepostojeći kao vaša nežnost prema meni, taj brzi usiljeni smešak koji skoro da ne uspeva ni da se rodi, mirna ruka koja s ravnodušnošću prihvata moje prste, beživotna bedra dok ih moja sa žudnjom stišću, vaše telo izmiče mom kao što nam udovi izmiču posle šeste ture pića, nazavsini od nas, lebdeći pokretima hobotnice kojima nedostaje žičana veza od kostiju, i unutar vaše glave kruže nerazumljive misli iz kojih se osećam prognanim, osuđenim da ostanem, stojeći, u iščekivanju, na otiraču pred ulazom u vaš ironični pogled kao pred konzervom za koju nemam otvarač. Sećate li se pecaroša za vreme vikenda na zidu kraj autoputa, kako čitave noći prema reci zabacuju upornu i sreću udičicu? Dakle, ako biste lagano spustili glavu na moje rame, ako bi vaš kuk milovao moj sve dok, od trenja, ne iskoči plamen jedne zadovoljne erekcije, ako bi se vaša trepavica najednom ovlažila, dok zurite u mene pogledom punim odobravanja i prepuštanja, možda bismo mogli da pronađemo u sebi ono isto unutrašnje veselje koje koža s mukom zadržava kako ne bi eksplodirala, isto zgusnuto zadovoljstvo očekivanja i nade, istu radost koja se hrani samom sobom kao što jutro proždire, svojim svetlim naborima, svetlucavo srce dana. Mogli bismo ostariti jedno pored drugog u dnevnoj sobi uz televizor s kojim bismo gradili stranice jednog domaćinskog ravnokrakog trougla, pod zaštitničkom senkom abažura s resama i mrtve prirode s jarebicama i jabukama, setnog kao osmeh slepca, i pronaći u flaši drambuija iz kućnog bifea zašećeren protivotrov za bolest. Mogli bismo jedno drugom utrljati melem Menopauzol u naše papagajske kljunove i složno kapljati, u vreme obeda, iste kapi za pritisak, a nedeljom bismo se, nakon bioskopa, zahvaljujući poslednjem poljupcu u nekom indijskom filmu u Avisu, sjedinili u grčevitom zagrljaju nedonoščadi, dok nam kroz veštačke vilice zviždi tužni bronhitis kao para iz vrelog čajnika. A ja, ležeći na leđima na ortopedskom krevetu, nalik na tvrdu drvenu dasku fakira, da bih predupredio probadanja išijasa, sećao bih se zdravog i vatrenog mladića kakav sam pre mnogo godina bio, kadar da unedogled jedem pečenu piletinu ne rizikujući žgaravicu, kada mi horizont budućnosti nije bio ograničen pretećim elektrokardiogramom nalik na obrise venca Anda, u trenutku kada se vraćam iz rata u Africi da bih upoznao ćerku, u jednom od onih tužnih novembarskih svitanja nalik na kišno jutro u gimnazijskom dvorištu dok traje čas matematike.

*

Želeo bih da vam pričam o Malanžeu, gradu okruženom kućama kurvi i eukaliptusa, gradu bandi brbljivih avanturista, tipova opreznog pogleda, ukoso, nehajno posedalih na esplanadama kafea. Želeo sam da vam pričam o čudesnom gradu Malanžeu, o svetlostima koje kao da se rađaju iz tla u žestokoj i nasilnoj radosti, iz bunkera PIDE-e i arogantne komande policije, razumete, gde se oseća nezainteresovanost i narednici.

Od Malanžea do Luande, četiri stotine kilometara puta prolaze kroz fantastična brda Salazara, sela načičkana kraj asfaltnog puta kao bubuljice oko usana, veličanstveni tok reke Donda u kome se naslućuje prisustvo mora, u sporosti njegovih laganih kukova kao u žene iz Pavije, i u belim dugonogim pticama u zalivu Luande, što ovlaš dotiču vodu svojim vretenastim telima. Ali najvažniji u Malanžeu bili su minuti koji predhode zori, nestvarni, oštri, besmisleni trenuci koji predhode zori, bezbojni ili iskrivljeni kao lica od nesanice ili straha, pogled na puste ulice, jezovita tišina drveća čije ruke kao da se povlače, bojažljivo, morene nekim bezrazložnim strahom. Pre svitanja, znate kako je, svi gradovi se uskomešaju, izborani od neudobnosti kao čovek koji nije spavao, vrebaju svetlost, neodlučno rađanje svetlosti, ježe se kao bolesni golubovi na krovu, kad im zadrhti noćno perje u praznoj bojazni kostiju. Prvo sunce, bledo, narandžasto, kao da je slikano olovkom na nebu od bledog srebra, susreće grad, izbijajući lagano iz geometrijske zbrke od kuća, naboranih trgova, zgrčenih avenija, sokaka bez prostora, senki lišenih tajni što su se sakrile u unutrašnjost dnevnih soba, među sjajnim čašama, i uramljenih osmeha pokojnika, brkova zakrivljenih kao sarkastične obrve profesora matematike nakon što zada težak zadatak sa slavinama. Svi gradovi se usplahire, ali Malanže se, razumete, previjao drhteći nad samim sobom kao što se ja naginjem, u krevetu, nad vama, bojeći se dana koji me čeka, sa neizdržljivim teretom kamena na mojim grudima, i pepelom koji se gomila u mojim rukama i koji, peruć ih, ostavljam u restoranima, pre večite bezukusne šnicle za ručak. Hteo bih da vas zamolim da ne izlazite odavde, da me pratite, da ostanete da ležite sa mnom ne čekajući samo jutro, već i noć, i drugu noć, i sledeću, jer osamljenost i usamljenost mi se uvijaju u utrobi, u stomaku, u rukama, grlu, sprečavaju me da se krećem i da govorim, preobražavaju me u biljku koja se bori sa smrću nesposobna da vikne ili da se pokrene, u iščekivanju sna koji ne stiže. Ostanite sa mnom sve dok ja, konačno, ne zaspim i udaljim se od vas neobjašnjivo i mlitavo gamižući poput brodolomnika koji pluta po oseci, ostavite me potrbuške, sa ustima u jastuku, balim na jastučnicu nerazumljive reči, spustite me na dno napuštenog bunara svojevrsne smrti, i ostavite me da hrčem u mojoj dubokoj komi od lekova i alkohola. Ostanite sa mnom sada kada jutro Malanžea raste u meni, trepti unutar mene, naopako, bezobličnim kretnjama odsjaja, i sam stojim na gradskom asfaltu, blizu kafane i parka, obuzet neobičnom željom bez cilja, neodređenom i žestokom, da mislim na Lisabon, Žižu ili more, da mislim na bordele pod eukaliptusima i njihove krevete pune lutaka i hekleraja. Strah od povratka u moju zemlju zaustavlja mi dah jer, razumete, nigde više nema mesta koje je moje, bio sam isuviše dugo daleko da bih pripadao ovde, ovim kišovitim jesenima i misama, ovim dugim zimama koje su izgubile sjaj poput svetlosti iz pregrejane sijalice, ovim licima koje jedva prepoznajem pod iscrtanim borama koje je izmislio neki ironični pozorišni šminker. Lebdim između dva kontinenta koja me odbacuju, bez korena, u potrazi za praznim prostorom gde bih se usidrio, i koji je, možda, na primer, širok planinski venac vašeg tela, neko udubljenje, kakvu bilo udolinu u vašem telu, da u nju stavim, znate kako je, moju stidnu nad.[*]

---

[*] Antonio Lobo Antuneš: „Iza božjih leđa", prevela Tatjana Conić, „Paideia" 2002.

RAZOBLIČAVANJE
Metju Nil

U grozničavoj potrazi za novim Salmanom Ruždijem, savremena britanska književnost je preplavljena, uz bučne medijske najave, piscima koji su rođeni u Indiji a žive u Engleskoj. Ma koliko čitane i tražene na britanskom tržištu, te knjige, najčešće, uz časne izuzetke, liče jedna na drugu prepune etno-zapisa nama stranih društvenih običaja, pravila i morala sveta Indije koji se sudara sa evropskom kulturom. To dokumentarno prepričavanje života (a literatura je pripovedanje), uz nerazumno slavlje, vrhunskim knjigama nobelovca Naipola koje su, blago rečeno, dosadne ali, dosadne ne zato što pokušavaju da nam predstave svetove druge kulture, već što su dosadne, spore, dokumentarne do bljutavosti.

Otkriće engleskog pisca Metju Nila, vredno je i prijatno iznenađenje. Upoznali smo ga preko njegove prve knjige „Gospodin stranac", koja je posledica njegovog jednogodišnjeg boravka u Japanu, za koju je dobio nagradu „Somerset Mom", ali nas, svakako, ne bi izazvala da o njoj pišemo.

Njegov drugi roman „Engleski putnici", bio je u najužem izboru za nagradu „Buker", a dobio je uglednu nagradu „Vidbred".

Polovina je devetnaestoga veka, kapetan Kjuli kreće sa ostrva Man (malo ostrvo između Engleske i Irske, naseljeno keltsko-irskim stanovništvom, sa posebnim jezikom), na popravljenom, nevelikom jedrenjaku i posadom od desetak ljudi, svi Manjani, sa tovarom pića i duvana skrivenim u duplom dnu broda, da bi ga negde u Engleskoj dobro prodali. Presreće ih brod engleske carine i zbog neke izmišljene sitnice, sprovodi u londonsku luku. Siromašni Manjani ne mogu da plate drakonsku kaznu, večito krivi i sumnjivi Englezima, jer su Manjani, jer nisu Englezi, jer su u Engleskoj stvarno stranci. I tada počinje ono po čemu je ovaj roman i te kako vredan čitanja.

Metju Nil nas vodi kroz tri isprepletene pripovesti. Prva je neverovatna avantura mornara sa ostrva Man. Da bi se oslobodili drakonske kazne i zaplene broda, prihvataju otkupninu od grupe ljudi koji organizuju ekspediciju do Australije i dalje, do Tasmanije, na svom čemernom i iskrpljenom brodu. Polaze na tako veliki put a da nemaju ni pomorske karte.

Drugi tok priče su engleski nazovi naučnici: zaluđeni župnik velečasni Đefri Vilson, koji veruje da mu je Bog dao znak da pronađe Raj, mesto gde su živeli Adam i Eva pre sagrešenja, a to je, po njegovim ‚proučavanjima' upravo Tasmanija. Tu je lekar hirurg dr Tomas Poter koji će ekspediciju iskoristiti da u svojoj studiji dokaže superiornost anglo-saksonske nacije, za šta su određeni bogataši u Londonu spremni da investiraju to suludo putovanje. Tu je i treći član, botaničar Timoti Renšo, koga je ambiciozna majka ubedila da je veliki naučnik.

Treći tok ovoga vrednog i potresnog romana potpunog razobličavanja ljudskih karaktera, jeste pakao koga australijskim i tasmanijskim starosedeocima otvara svojim dolaskom beli čovek. Ovaj sloj knjige je svakako i najpotresniji i, dok ga čitamo, neprestano nam je u mislima izuzetna knjiga Ronalda Rajta „Oteti kontinenti" koja govori o zatiranju Maja, Inka i Asteka. Povrh svega, Metju Nil, sa posebnom hrabrošću i elokvencijom, pokazuje svu grubost, glupost i sebičluk engleskih osvajača, časno, budući da je i sam Englez.

I dok se gušite od silnih nepravdi, stidite se pred večitim ogledalom koje pokazuje prokletog belog čoveka koji, gde god da dođe, donosi smrt, porobljavanje, poniženja do neverovanja i stradanja nedužnih, ne možete da ostavite knjigu ni za čas, jer vas spretnim pripovedanjem Metju Nil tera da saznate kako će, iz neprilika u nepriliku, izaći moreplovci sa ostrva Man, gurnuti u nemoguću avanturu, varani i proganjani u svakoj luci na tom doista golemom i za to vreme preopasnom putu.

Potresna je ispovest i svedočanstvo Piveja (istorija kaže da je na Tasmaniji preživeo samo jedan domorodac /!!/), sina domorotkinje i belog osvajača, ispovest koja pokazuje satirućno i tragično uplitanje Evropljana u život tamošnjih ljudi koje nadmeni kolonizatori posmatraju kao bedne životinje i, naravno, ma koliko prezrenim, pokušavaju da nametnu hrišćanstvo (milenijumski idiotizam: Samo je moj bog Bog, čiji krvavi danak načinje i 21. vek), verujući da ih time spašavaju. Sredstva ‚prosvetljenja' i ‚brige' su zatvori, lanci, bičevanja, silovanja i boleštine na koje su domorodci neotporni.

Možda najveća vrednost ovoga romana leži u ostvarenosti lika jedva normalnog velečasnog Đefri Vilsona. Danas se retko u prozi sreću do kraja i tako originalno izgrađen donkihotovski sindrom. Ali, grešni smo kad ovo kažemo, jer velečasni Vilson nije dobroćudni, zaneseni vitez od Manče. On je opasni religiozni fanatik koji stiže čak do Tasmanije i, kada je sve izgubljeno, kada je život o samom koncu, on ni za čas ne posumnja u svoju bogomdanu misiju, ne odustaje od svoga verovanja da je otkrio raj, on, Raj sada konačno sretnom čovečanstvu.

Metju Nil za koga kažu da je obišao više od 82 zemlje sveta, uspešno se odmiče od svake pristrasnosti, ironijski i kritički šiba ljudsku glupost, predočava potresne prizore ljudske bede, prevara, ludila, zla, licemerja, malograđanštine, fašizoidne umišljenosti o superiornosti naroda kome se pripada, prizore zatiranja jednog celog naroda, a da nam kroz sve to pripoveda o jednoj nečuvenoj plovidbi preko pola sveta i silnih mora samo da bi se zaradila neka parica i izbegla nezaslužena okrutna kazna.

Van svake sumnje, uz poplavu, s pravom ili ne, izvikanih imena iz sveta, Metju Nila treba čitati, jer je po sredi nesvakidašnji pisac, koji, pohodivši mnoge zemlje i narode, piše bez zazora, čineći nas svojim ‚Engleskim putnicima', mudrijim i darivanim.

Iz knjige

Prema mom iskustvu, kada nesreća jednom snađe čoveka, onda ide do kraja, a kuter Obalske straže kapetana Klarka, brod Njenog Veličanstva - Delfin, bio je oličenje loše sreće. Kad se njegov brod ustremi na nas, još sam se samo nadao da ćemo naići na nekog smušenog starijeg gospodina, na nekog trbušastog koji pati od reume i razmišlja o penziji, te će samo zevnuti na naše papire, ali ne, ni blizu. Kapetan Klark koji je stupio na

Sinseriti bio je jedan od onih Engleza sa bleštavim tokama, što iz odore zevaju na svet, žudeći da otkriju kakve je zakone zaobišao i prekršio. Ma ni „dobro jutro" nije rekao dok se osvrtao, a odmah za njim popela su se šestorica vojnika da se ne bi osećao usamljenim. Rekao je samo „Kapetane..."

Tako nam je malo nedostajalo, tako malo. Ajde ne budali, kapetane Klark, nosi sebe i svoju gizdavu odoru poprskanu ribom i prištedi sve one brige i putovanja i skrivanja po podrumima i još svašta gore - mnogo gore. Od same pomisli na to zadrhtim od želje. Ali ne. Već se bio prebacio preko ograde tako da su mu se videli još samo glava i ramena, kada mu je došlo da baci taj poslednji pogled u mom pravcu, znate, iz ljubaznosti - kao da je meni stalo do osmeha tog prdonje - i tada se nešto zbilo. Već sledećeg trenutka se peo ponovo na palubu, i zano sam da smo u nevolji.

„Šta vi to imate?"

Pitanje nije uputio meni nego Kvajlu, kuvaru, a Kvaj je izgledao kao da ga je grom ošinuo. „Samo sir", promucao je, „za naše svinjče".

Klark mu istrgne sir iz ruku - pristojno parče nimalo domaćeg oblika - i dobro ga onjuši. „A odakle bi bio taj sir?"

Brzo mi je sinulo o čemu se radi. Odmah uz pristanište one stenovite neupadljive luke bilo je puno prodavnica i Kvajl se verovatno iskrao do njih, a da ga niko nije primetio. Videvši da će nas mucanje tog prostodušnog blesana uvaliti u još veću nevolju, prostrelio sam ga pogledom kako bih ga ućutkao. „Iz Pila, zar ne?"

„Znači, ovo je manski sir?" Klark ga okrene u ruci, i tada sav nekako pobledi i podiže sir da i ja vidim. „I pretpostavljam da je ovo napisano na manskom".

Da čovek ne poveruje, za dno se zalepio oveći komad francuskih novina u koje je bio umotan. Znao sam da je Kvajl šupljoglavac, ali ipak nisam mogao da verujem opet da je toliki mamlaz. A sve zbog jednog beskorisnog svinjčeta.

Klark je na brzinu bacio pogled na novine. „Datum je od pre četiri dana". Teško da biste u njemu prepoznali istog čoveka kakav je bio do pre jedne minute. Ni traga više onoj, zlatom optočenoj, ljubaznosti. Sada je dahtao dok je govorio, a lice mu se sasvim izobličilo od besa. Tužno je to što ne bi bio upola toliko besan da ga nisam onako lepo upecao sa grafikama kraljice Viktorije i celog njenog potomstva. Bio je nasamaren i bio je toga svestan, a uniformisani Englezi najviše mrze kad stranac od njih napravi budalu.

Morao sam da kažem nešto: „Nismo li bili naišli na neki ribarski čamac? Biće da si od njih kupio sir, zar ne Kvajle?"

„Mislim", rekao je glasom ledenim kao inje, „da je vreme da pođete u London i da popričate sa nekom gospodom iz carinske službe Njenog Veličanstva". Zatim se nagnuo preko ograde da pozove vojnike nazad. „Delfin će vas pratiti", dodao je cinično, „da se slučajno ne izgubite".

*

PIVEJ, 1831 - 35. G.

Prvi put sam čuo za božanstvo belaca koje se zove BOG, onda kada smo išli kroz šumu sa Robsonom. O, bilo je zanimljivo imati ovde nekog belca, tako blizu da sam ga mogao čak dodirnuti prstima, a pre toga su jedini num koje sam ugledao bili oni koje smo proboli ili koji su nas ubijali. Robson je bio tu i vodio nas je. Bio je pomalo debeo i prljav u svojoj belačkoj odeći od mrtve kože, ali se smejao dok nas je vodio tamo-amo, sve dalje, brzo kao da ne može da čeka. Čitavim putem nam je pričao o bogu.

„Ko ga je stvorio?" - pitao bi i gledao bi nas posebnim pogledom. Kad nisam odgovorio, on bi to rekao umesto mene, pomalo tužan, tako da sam se osećao kao da sam zao i pokvaren. „Bog te je stvorio". Čak ni tada nije bilo gotovo. Još nekoliko koraka, i opet bi počeo iz početka: „Ko te je stvorio, Pivej?" Ovoga puta sam odgovorio i to brzo, samo da se opet ne naljuti.

„Bog me je stvorio".

Od toga bi se nasmešio.

Naravno, ja sam znao da nas nije stvorio taj prikan bog, nego oni drugi koji su tajna, kao što svi dobro znaju. Ali to nisam nikad rekao Robsonu, jer nisam hteo da ga rastužim kad je tako ljubazno hteo da nas spase. Osim toga, to nije za uši nekog nepoznatog stranca. Zaista, Robsonov bog je bio nerazmrsiva zagonetka. Svi su znali gde su naši pravi jer su se svake noći mogli videti kako sjaje na nebu, ali kad sam pitao Robsona gde je bog, on je samo odgovorio „On je svugde". Rekao je čak da je on tri čoveka, što mi se činilo strašno zagonetnim. Rekao mi je takođe da kad ne bismo verovali da je bog svugde, bog bi se onda jako naljutio i poslao bi nas na neko gadno mesto da gorimo, što sam verovao da mora da je strašno. Naši pravi nikada nisu marili da li ti znaš da su oni na nebu. Naprosto su bili na nebu.

Da, voleo sam Robsona tih dana hoda prema moru, čak i veše nego Hidika, mada mi je bio kao stariji brat.

Robson bi me potapšao po glavi - tada sam bio još dosta mali - i rekao: „Zdravo mališa!" - i vremenom sam počeo da razmišljam da je nekad ranije došlo do neke velike greške i da je on moj pravi otac, što je bila blažena pomisao. Čak sam sanjario o tome da će Majka jednog dana prestati da želi da ga ubije i da će stati jedno uz drugo i pružiti mi zajedno nežnost.

Prve nevolje su počele u gradu belaca. Niko od nas nije bio na takvom mestu do sada, sem onih koji su ranije bili sa Robsonom, kao Kordevljeva sestra, a čak su i oni izgledali uplašeno dok smo stajali na jednom brežuljku i gledali odozgo velike kuće belih ljudi, mnoštvo njih.

I tako smo ušli. Ali, ako su ti beli govnari i poznavali Robsona - nisu nas - i stajali su ispred svojih kuća i gledali nas kao da smo neko jezivo ludilo, mada to uistinu nismo bili mi, nego oni, praznih očiju ispunjenih mržnjom i piskavim glasovima nalik ptičijim. Čak je i Robson tada izgledao uplašen, kako sam primetio i bilo mu je drago kad smo ušli u veliku kuću, napravljenu od kamena, čije je ime bilo ZATVOR, gde smo bili daleko od izbuljenih pogleda onih nitkova. Robson nije ostao, nego nas je ostavio s drugim num koje nismo poznavali, ali se uskoro vratio zadovoljnog izgleda i tada nam je rekao nešto najčudnije.

„Morate ovde da ostanete još nekoliko dana, žao mi je jer brod još nije spreman".

Najčudnije je, kako smo svi primetili, bilo ono MORATE. Šta se dogodilo sa MORAMO, pitao sam se. Hidik je odmah postavio pitanje: „Zar ti nećeš sa nama?"

„Pa ne mogu, naravno". Robson nas je gledao kao da smo neka nerazmrsiva zagonetka što već ne shvatamo.

„Napolju su još sva vaša braća i sestre koje treba spasiti, mnoštvo njih". Tada nam je uputio ljubazan pogled. „Ne brinite. Vratiću se čim budem mogao. Onda ćemo imati radosne vesti".

Vojnicu su nas vodili preko, dok mi je uskovitlani pesak upadao u oči, da upoznamo njihovog vođu koji se zvao NAREDNIK VILKS. Izgledao je strano i bio je pun mržnje kao da njegovim venama teče otrov, i držao je jednu pasiju životinju, vrlo malu kao da je neki pacov. Narednik Vilks nas nije pozdravio, nego je samo rekao vojnicima da nas povedu u kolibe koje su smrdele. Sve vreme vojnici su zurili u naše žene kao da je to sveža nova hrana koju treba probati.

Stvarno nema ničeg goreg od osećanja da si na smrt prevaren. Najgore od svega je bilo to što sam ja omogućio Robsonu da nas pronađe u šumi, i obožavao sam ga, čak toliko da sam sanjao da mi je otac. Robson, čije je ime postalo DEBELI GOVNAR ROBSON. Robson, koji je sad ponovo u svetu i traži još naših da bi ih uhvatio i doveo na ovo grozno stratište. Robson, kome čak ni ime ne mogu da izgovorim: ROBSONE, KOJI SI TI LAŽLJIVI NITKOV.

*

DŽORDŽ BEJNS - SLUŽBENIK
ZEMLJOPOSEDNIČKE
KOMPANIJE NOVOG SVETA, 1828. G.

Ako je u mom umu ostalo i trunka sumnje u odgovornost za počinjeno, ubrzo se raspršila. Nismo bili ni na pola puta prema naselju kad smo naišli na njih kako se tromim hodom vraćaju kući: deset stočara, sa Satonom na čelu, i svi sa puškama koje su nosili nekako razmetljivo. Neki su na sebi imali mokru odeću, verovatno na brzinu opranu da se uklone krvave mrlje. Teško sam mogao da verujem da su to isti ljudi koje sam mislio da poznajem i sa kojima sam se šalio.

„Ubice" upravo je vrisnuo g. Pirs. „Kakve ubice!"

Porekli su zločin, ali takvim tonom da je to jedva i bilo poricanje. „Biće da su oni zarobljenici opet imali posla", izjavio je Saton namignuvši Higsu.

„Šta onda, ako smem da znam, svi vi ovde radite?" - ispitivao ih je g. Pirs.

Saton je samo slegnuo ramenima. „Bili smo malo u lovu na ptice. Ubijali smo gavrane i slično". Gavrani su izraz za domoroce pa je to izazvalo prostački smeh kod ostalih.

Gospodin Čarls je sve vreme ćutke slušao, smešeći se pun razumevanja za moje reči. Tek pošto je završio obrok, a flaša rakije već je bila poluprazna, uputio mi je pažljiv pogled i izrekao svoje mišljenje. „I sami znate Džordž, da će ako g. Pirs sprovede svoju nameru i oni ljudi završe na sudu, nastradati jedino Kompanija, koja će propasti". Pripalio je lulu. „Ti ljudi zaslužuju kaznu, svakako, ali nijednom u kratkoj istoriji Van Dajmonove zemlje nije belac obešen zbog ubistva crnca, bez obzira na slovo zakona. Rezultat će biti silni otpori u Engleskoj, pogotovo od strane naših neprijatelja. Neće se uzeti u obzir težak posao koji smo ovde obavili. Novine će dići prašinu. Deonice će gubiti na vrednosti. A odatle je malo koraka do stečaja. Naravno, g. Pirsu sve to uopšte nije važno". Pućkao je lulu. „Bilo bi daleko bolje da je sve prepustio meni. Kao predsednik, lako bih ja neterao te ljude da zažale zbog svog čina - skoro isto tako kao i da su odvedeni u Hobart - i to bez mnogo galame".

„Hoćete li" upitao sam.

„Ne još, nego kad stigne Čempion i kad budemo imali višak radne snage?"

Istinu govoreći, sumnjam da me je trebalo ubeđivati. Došao sam ipak ovamo da tražim saučesništvo - da u društvu nađem zaklon pred onim prezrivim pogledom koji mi je g. Pirs dobacio kad sam odlazio - a to sam i dobio. I tako sam iste te večeri potpisao kratku izjavu punu laži. Posvedočio sam da, koliko mi je poznato, nije ubijeno više od šest domorodaca, i da su to učinili ljudi koji su se sami našli na udaru iznenadnog, ničim izazvanog napada.

*

VELEČASNI DŽEFRI VILSON,
JANUAR 1858. G.

Zašto bih očajavao? Nisam. Naravno da nisam. To je možda nezgodno - bio sam siguran da ću ugledati stene Edena kako se uzdižu preda mnom - ali ništa više. Kako bi jedna tako mala nesreća mogla da oslabi snagu moje vere? To je bilo poput kamenčića bačenog na čvrstu planinu, poput mrava koji se isprečio pred glomaznim slonovima.

Moja vera je pobedila. Posle samo nekoliko trenutaka pažljivog razmišljanja smislio sam objašnjenje jednako jednostavno koliko i istinito. Dobro je poznato da Gospodin Bog ponekad svoju decu stavlja na male probe kako bi se uverio u njihovu odanost. Tako je bilo i ovoga puta: isprobavao je jesmo li vredni toga. Čak sam smatrao da nam je pružena neka vrsta blagoslova. Nije li to bila sjajna prilika da iskažem svoje nepokolebljivo poklonstvo; da pokažem da mi je vera čvrsta kao stena? Na to razočaranje se odgovara sa radošću a ne sa tugom!

Ubrzo je tlo na obali postalo suviše močvarno da bi se njima moglo kretati. Stoga smo bili primorani da pratimo stazu koja je vodila dalje od jezera. Šta to smeta? Ubrzo ćemo se vratiti na jezero, u to nisam sumnjao. Takve poteškoće su bile vrlo uobičajene na dugoj stazi koju sam prešao. Nisam li prevazišao lažne tvrdnje geologa, ateista? Nisam li se iskazao po pitanju nalaženja našeg broda i izdržao sva iskušenja okeana? U poređenju sa takvima, ova geografska nepovoljnost je samo jedan krtičnjak koji će biti pregažen mojim nesalomivim uverenjem. Srce mi još nikad nije bilo tako ispunjeno nadom. Preduzeo sam, svakako sve što je bilo u mojoj moći da nam olakša put. Pre svega, molio sam se. Molio sam se u znak zahvalnosti što smo čitavi. Molio sam se da nas vodi u ovom našem skromnom nastojanju da mu služimo. Molio sam se da se moji saputnici okrenu molitvi.

Za manje od sat vremena na čvrstoj sam steni primetio bled, ali jasno vidljiv, otisak urezanog slova J, isto tako finih kontura kao onaj što je urezao Mojsije, u onoj drugoj velikoj divljini. Nije moglo da bude ni malo sumnje u to čije je ime predstavljao, i kakvom je veličanstvenom nadom zračio taj tvrdi kamen. Ni to još nije bilo sve. Dok sam stajao u čudu gledajući to najsvetije slovo, postao sam svestan da mi do ušiju iz obližnje šume dopire potmulo kreštanje neke lokalne ptice. Bez poteškoća sam razabrao značenje blagoslova skrivenog u njenom zovu: E-den, E-den. Ne verujem da sam ikada ranije osetio takvo blaženstvo.

Srce mi je treptalo od zanosa. Najbolji odgovor nevernim Tomama je delovanje, pa sam naprosto povikao: „Napred!" i smelim korakom krenuo udesno.

U brdima leži tajna. Ovo se odozgo nije činilo suviše velikim, ali nas je izgled prevario. Kako smo se uspinjali, počela je da pada kiša i više puta sam pomislio da smo dosegli vrh, ali bi nam se odmah ukazao novi greben koji je zauzimao čitav vidokrug. Malo-pomalo sam uviđao da se penjemo na pravu planinu.

„Eno ga", uzviknuo sam ugledavši čistinu na visoravni ispred nas. Ušli smo u još jednu šumu i bila je prava igra pratiti stazu, koja kao da se sa nama igrala žmurke.

Ko zna, Rajski vrt bi mogao biti odmah iza vrha baš ove planine. S toliko sam lakoće, s toliko nade sebi dočaravao ovaj prizor, da sam skoro osećao nešto nalik na bol. Eno! Moćna stena od najglađeg belog kamena, strma i čista, utvrđenje sagrađeno rukama divova. Eno! Staza koja njome vijuga tamo-amo, stepenice uklesane u kamen sve do otvora nad kojim možda još uvek straži ognjeni mač.

Nekoliko trenutaka vladala je stravična tišina. Poter je počeo tiho da zvižduće neku melodiju da bolje iskaže svoju nestrpljivost. Svejedno sam čekao dok mi je srce tuklo.

Nisam čekao uzalud.

Ono što se potom desilo mogu da opišem samo kao istinsko čudo: otkrovenje tako grandiozno da bi se moglo naći i u samom Svetom pismu. Iznenada je nebo planulo, kao da ga je prelomila jarka svetla pruga. Udarila je poput velikog prsta sudbine negde daleko od ivice grebena na kojem smo stajali, u neko mesto zaklonjeno od našeg pogleda. Kakve sam sve znake doživeo tog dana, ali nijedan nije mogao da se meri sa ovim!

„Onamo!" uskliknuo sam od zadovoljstva dok je oko nas treštala grmljavina. „Tamo leži Rajski vrt. Tamo moramo da idemo".

Poter je silazio za mnom. „Ovo je ludost. Put je suviše težak. Jednostavno ne mogu da vam dozvolim da nas izložite tolikim opasnostima".

Bila je to provokacija, i to silna, ali sam ipak sačuvao prisebnost. „Ne govorite besmislice", tiho sam mu dobacio.

Gledao sam kako mu se lice neobično zateže, kao da trpi neki bol. Reči koje mi je zatim uputio bile su izrečene glasno i jasno, tu nije bilo greške. „Zar ne vidite, blesane? Nema tu Rajakog vrta. Nikada ga nije bilo. A sada, za ime božje, vratimo se nazad pre nego što svi zbog vas poginemo".

Kako čovek može u trenu da progleda. Njega je zaposela veća zloba, veća sklonost izdaji nego što sam pretpostavljao. On nikada nije verovao u ovaj veliki poduhvat. Onda je mogao da bude samo jedan razlog zašto je pošao: da spreči otkriće Rajskog vrta. Začas je sve postalo jasno. Poslali su ga moji neprijatelji, geolozi, ateisti. Mora da je tako bilo.

*

DŽORDŽ OLDER, GUVERNER VAN DAJMENOVE ZEMLJE, GOSPODINU SMITSONU IZ ZATVORSKOG KOMESARIJATA DRUŠTVA PRIJATELJA, LONDON, 1829. G.

Vrlo sam zadovoljan što ste mi uputili pitanje o trenutnom stanju kaznenog sistema ove kolonije. Iskreno se nadam da će se ovo pokazati barem donekle korisnim za proučavanje ljudske prirode, u Engleskoj, kao i drugde, širom sveta. Od najranijih vremena jedna od najvećih mistrija koja je zaokupljala filozofe bila je zašto se ljudi okreću zlu i kako ih navesti da se poprave. Šta bi u iznalaženju odgovora na to pitanje moglo biti od veće koristi nego zemlja naseljena ljudima dokazane pakosti, i u kojoj je moguće na njima vršiti naučne oglede? Na osnovu te pretpostavke sam formirao svoje osnovne ciljeve, i tokom pet godina mog namesništva želja i namera su mi bili da stvorim delotvoran mehanizam za korekciju ljudi: pouzdan i nepogrešiv mehanizam koji bi ispravljao one koji su skrenuli sa puta poštenja.

Mnogo je već na tom polju učinjeno. Zatvorenik koji pristigne u Van Dajmenovu zemlju ubrzo će shvatiti, ako pažljivo razmišlja, da je postavljen na neku vrstu šahovske ploče morala i da njegovo napredovanje na njoj uveliko zavisi od njegovog vladanja. Ako se ponaša pravilno i pošteno, uspinjaće se polako ali sigurno, a uslovi će mu se ublažavati sve dok konačno ne dosegne najviši od sedam nivoa kazne i dobije otpusnicu, što označava početak njegovog prelaska u slobodan status unutar kolonije.

Ali, ako tada pogreši, uskoro će spoznati svoju zabludu. Propadaće ubrzano sa svakim novim nedelom ili drskim činom koji preduzme. Najpre mu se oduzima otpusnica i dodeljuje se kao radnik nekom posedu. Potom pada još niže, crnčeći na sve težim i težim javnim radovima, od građevinarstva, zatim u grupi povezanoj lancima, gde se pati na suncu i vetru. Sledećim pogrešnim korakom će iskusiti punu bedu života u zasebnom kažnjeničkim naselju, kakav je Mekveri Harbur na dalekoj zapadnoj obali, gde će se u okovima i do pojasa u hladnoj morskoj vodi mučiti gurajući velika debla, i na leđima će osetiti udarac biča ako i na trenutak zastane. Tako je stigao do sedmog i konačnog nivao kažnjavanja, s kojeg niko ne prelazi naniže, osim na više, da bi na taj način dospeo pred Njegov sud, sud najvećeg od svih sudija. Naš kažnjenik se, međutim, čak i tada može spasiti ako izvuče pouke iz svog slučaja. Ako popravi ponašanje počeće ponovo da se uspinje - mada će to znatno potrajati - suprotnim pravcem kroz svih sedam nivoa, sve dok na kraju ne bude nagrađen slobodom unutar kolonije.

Uistinu, razmišljao sam čak i o tome da li bi se jednog dana ovako moćan menanizam pravde mogao primeniti i u slobodnom društvu, i to ne samo u

vidu određene kazne, već i nagrade, tako da svaki pojedini aspekt života ljudi verno odražava njihovo vladanje.*

---

* Metju Nil: „Engleski putnici", prevod Nataša Trbojević, „Narodna knjiga" 2003

TRAGEDIJA DRUGOSTI
Brajan O'Doerti

Poput do tada nepoznatog Markesovog Makonda, izgubljenog negde u Ognjenoj zamlji, koji će kroz ‚Sto godina samoće' postati univerzalni simbol drugosti i iščašenosti življenja, a prepoznatiljiv u matrici istog u mnogim krajevima sveta, O'Doerti će u knjizi ‚Izjava oca Makgrivija', kroz jedno bezimeno selo, smešteno visoko u irskim planinama iznad gradića Keri, kroz pripovest o stradanju dvadesetak gorštaka, ostvariti onu, za književno delo tako vrednu prizmu kroz koju se neprestano prelama odnos pojedinačnog i opšteg. I ponovo, Oni drugi, koji žive po svojim merilima i običajima, biće izloženi cinizmu, nipodaštavanju, optužbama, sve do duboke tragičnosti.

Prvi vredan krug ove knjige jeste u njenoj začudnoj uverljivosti koja je ostvarena tako da se stalno pitate nije li zaista po sredi neki postojeći iskaz oca Makgrivija. O'Doerti pribegava autorskom zakonu, omiljenom u 18. i 19. veku i sprovodi ga bez ostatka. Onaj koji, navodno, istražuje celi slučaj, Vilijam Magin, pronalazi u sudskoj arhivi grada Kerija iskaz oca Makgrivija. Objavljujući taj iskaz, što je zapravo cela knjiga, Magin interveniše samo u fus-notama i, umesto da time opterećuje prozni iskaz, doprinosi njegovoj potresnoj uverljivosti.

Drugi sloj knjige jeste ostvarenost lika oca Makgrivija. Izbegavši ustaljeni kliše gde je katolički sveštenik, najčešće, fanatični sledbenik reči Hristovih do histerije ogrezao u propovedanju morala propisanog crkvenim kanonom, O'Doerti nam nudi izuzetan književni lik brižnog pastira, osećajnog i toplog, svesnog svoga nevelikog znanja i mana, prostodušnog i u mnogome ponarođenog, jer je već trideset godina sam sa gorštacima u planinskoj zabiti. Poreklom Irac, O'Doerti, sklonivši se iza Vilijama Magina, pa još dublje, iza oca Makgrivija, pokazuje nesvakidašnju sangu građenja likova irskog sveta. Njegovo pripovedačko umeće graniči se sa neumoljivom dokumentarnošću filmske kamere, pretvarajući sve to, nenametljivim sredstvima u izuzetnu književnu tvorevinu.

Tokom duge zime koja okiva planinu, jedna za drugom umire svih sedam žena u selu. Kada se prvih dana proleća, očajni, opustošeni bolom gubitka najmilijih, preživevši zimske okove i prolećna otapanja i odrone i klizišta, gorštaci, brižni roditelji pojavljuju u gradu kao čudo, grad se obrušava teškim optužbama i sumnjama, čineći od smrti nesretnih žena skoro kolektivnu krivicu sela, izvrgavajući gorštake opštoj poruzi, braneći svoju savest što nisu ništa učinili da pomognu. Vlast hoće, rušeći starostavni gorštački kodeks, da raskopa sedam grobova, odnese tela u grad i podrobnim analizama i seciranjima, utvrdi uzrok smrti. Istovremeno, ocu Makgriviju saopštavaju da je biskup (koji živi u raskošnoj palati poput nedodirljivog kneza), odlučio da ukine njegovu crkvicu na planini.

Drama podele na Mi i Oni izrasta u poraznu opštost, prisutnu od nastanka prvih primitivnih zajednica, od koje nas sva silina vekova i civilizacijskih pomaka niti je očistila, niti će. Preživevši uz patnje i narednu zimu, prvim silaskom u grad, gorštake sačekuje strašna optužba (koja se širi sve do Dablina), da su, ostavši bez žena, seksualno opštili sa ovcama. Tovareći im još po neku krivicu (oduzimaju im decu i smeštaju kod kaluđerica), jedne zatvaraju u tamnicu, a one koji nisu uspeli da se izgube bez traga, zatvaraju u azil za umobolne. Ocu Makgriviju, koji zalaže svo svoje biće da bi odbranio svoje gorštake i sačuvao mesto molitve u planinskoj zabiti, zabranjuje se da služi svetu misu dok se ne očisti od opoganjene pastve.

I konačno, treći, krajnje nenametljiv sloj, provučen je kroz celu knjigu. Sve se to događa dok svet prolama Drugi svetski rat. Vesti o tome čuju se, tek sporadično, na čkiljavom radio aparatu čije baterije ne izdrže ni do pola zime. Ljude u planini sve to ostavlja ravnodušnim, jer jedva da i znaju gde su gradovi koje Hitler satire i zemlje po kojima besni ljudska klanica. Ali, ne samo gradić Keri, već i ostali gradovi Irske, koji i te kako znaju gde je i šta je šta, dok Planetu satire svetski rat, domišljaju i šire priče o svojim gorštacima i ovcama. Nenametljivo utkivanje tog sloja u celu knjigu, O'Doerti pokazuje, retko viđenom proznom intarzijom, onu zastrašujuću ljudsku dimenziju da je moja briga najveća briga, a sve drugo, daleka magla koja mi je važna samo ako mi zasmeta.

Kad isčitate ovu knjigu kroz koju do bola pulsiraju civilizacijski krugovi u kojima dominira tragični ljudski sukob zbog nijanse boje kože, zbog drugačijeg reda reči u molitvi istom bogu, zbog drugačijih pripovesti uz vatru ognjišta, drugačijeg poimanja životnih vrednosti, sukob čiji se kraj u ovom svetu ni iz daleka ne nazire, ponovo vas prelije onaj bljutavi talas knjiga izvikane vrednosti.

Začudno je da se, iz američke produkcije koja je u ogromnoj meri danas fenomen za sebe jer se pretvorila u otužni negativ soc-realizma (droga, homoseksualnost, sida, već do neukusa iznova ispisani romani o odnosu starog profesora i njegove mlade studentkinje), probila ‚Izjava oca Makgrivija', stigavši do najužeg izbora za prestižnu Bukerovu nagradu.

Obuzimaće vas bes dok čitate ovu knjigu, tuga, stid što ste deo takvog ljudskog kola, ali ovaj suptilno gravirani pečat, još će dugo ostati utisnut u vašu svest.

Iz knjige

„Oh bože, ne mogu da verujem. Ogastas Džon glavom i bradom, da li je to moguće?", rekao je Šejmas kad se pojavio Džon. Šejmas je iz Listovela - rođak moje žene. Već deset godina studira medicinu na Univerzitetu Dablin, tamnokos je i mršav čovek bledog lica, naklonjen slikarstvu. Kad god sam dolazio u Dablin potražio bih ga i pozvao da se nađemo na piću, čak i kada se moja žena umorila od toga da me skuplja kojekuda i vodi kući. Kad me je zauvek napustila on mi to nije uzeo za zlo. Šejmas ima neobične navike u piću - pije bledi šeri jedan za drugim. Pije na onaj odlučan i nekako pažljiv način, onako kako to čine izvesni Irci, uključujući i mene - bar ja mislim tako. Priča koju mi je pričao bila je gotovo neverovatna.

Raspust je proveo u Keriju s još jednim studentom medicine iz Dingla, koji je priču o mrtvom selu čuo u planinama. „Mnogo je napuštenih sela", rekao sam.

„Ovo je drugačije", odgovorio je. „Došlo je do suđenja koje je osramotilo ceo grad. Još uvek ne žele da govore o tome".

Zainteresovao me je a onda više nije želeo da govori. Sedeo je nagnut napred kao da grli svoje piće i tetoši detalje priče koju nije želeo da podeli sa mnom.

„Kad se to dogodilo?"

„Pre mnogo godina", odgovorio je, „na početku rata".

„Ali, to je bilo pre samo petnaest godina", rekao sam.

„Pa?", upitao je slegnuvši ramenima. Čekao je da naručim još jednu turu.

„Sveštenik je bio raščinjen", kazao je. „Mnogo je žena umrlo. Nikad se nije saznala prava istina".

Više nije hteo da izusti ni reč, samo je tetošio svoj prokleti šeri i na sva moja pitanja nemo i mudro klimao glavom. Pa, izdavač je izdavač i bliži je svome časopisu nego svojoj ženi - to je sasvim izvesno kao što je izvesno da je moje ime Vilijam Megin. Imao sam kartu za večernji voz kojim sam narednog dana trebalo da odem do Holiheda, a odande za Dun Lire, pa sam pomislio da malo istraživanja neće biti naodmet. Namera mi je bila da ostanem nedelju dana, ali se ispostavilo da sam tamo proveo čitav mesec - u lutanju i potrazi. Rođen sam u blizini Dingla - prvo sam progovorio irski - ali ga nikada nisam previše voleo. Kad sam sklopio celu priču, pokazalo da se da ona nije prikladna za časopis, a nisam siguran čak ni u to za koga je ili za šta bila prikladna. Ali, svako može da je protumači onako kako mu se sveđa. Istu priči možete ispričati petorici ljudi i ako od njih zatražite da vam je ponove dobićete pet različitih verzija.

Godinama nisam išao u Keri - kad sam napunio šesnaest godina porodica se preselila u Viklou i nikada me nije privlačila pomisao da se vratim u Keri. Kao što kažu, dom nije tamo gde ti je srce već tamo gde razumeš proklete kučkine sinove.

*

„To što ću iz planinskog sela siću u grad za vas možda i jeste napredovanje", odgovorio sam, „ali ljudi koji žive tamo gore sigurno neće biti istog mišljenja. Kako će ti siroti muškarci i deca živeti bez sveštenika koji bi se starao o njihovim dušama? To selo postoji sam bog zna od kada - stotinama godina a možda i više".

„Tamo gore za njih nema života", izjavio je otac Darsi.

„Žive veoma teško - to je sasvim tačno", rekao sam. „Ali i takav život je bolji od silaska u dolinu. Tamo ih sasvim sigurno ne bi dočekali raširenih ruku".

„Nedeljom bi dolazili na vašu misu - a i vi biste odlazili tamo gore kod njih - kad god se ukaže potreba za tim".

Iako smo sedeli sasvim blizu - ovako kako sada sedimo vi ja - pogledao me je kao iz velike daljine. „Biskupu nije bilo lako da donese ovakvu odluku. Ali - sviđalo se to vama ili ne - došao je trenutak da se povinujete naređenju. Svi mi zakleli smo se na poslušnost, oče. Ni najmanje ne sumnjam u to da bi vaši ljudi bar deo svoje zemlje mogli da daju u najam - recimo pašnjake. To ne bi bio nikakav problem - samo ako bi hteli".

„Da li to znači da ste razmišljali o tome da i njih preselite?", upitao sam.

„Za njihovu stoku ima sasvim dovoljno ispaše i u okolini grada".

„Ima, ali tu ispašu treba nečim platiti", rekao sam. Bilo je očigledno da o farmerstvu ne zna ništa. Takođe je bilo očigledno i da je suviše dugo s buskupom.

„Da su prošlog leta ljudi iz vašeg sela prešli u dolinu, sada ne bi bilo svih tih smrti koje su izazvale veoma veliku zabrinutost - i to na najvišim mestima".

„Pa, oče", rekao sam, „od planine na kojoj živimo nema višeg mesta, a sem toga, niko ne može biti zabrinutiji od onih koji su direktno bili izloženi toj opakoj bolesti".

„Biskup je već razgovarao sa kanonikom. Sve je sređeno. Dogovoreno je da mu budete dodeljeni kao pomoć. Mislim da vam je poznato da je kanonik bolestan. Uz to, grad se širi i vernika je sve više. Zbog svega toga, kanoniku je pomoć i te kako potrebna - potrebni ste mu vi, oče".

„Oče", rekao sam, „vaše reči stavile su me na teške muke. Od mene se traži da napustim jato o kojem sam se starao trideset tri godine - takođe i da zatrem selo koje je postojalo i u doba naših pradedova, a verovatno i pre njih. Ti ljudi imaju drugačiji način života. Gaeilgeoir- i svakog leta dolazi kod nas samo da bi čuli pravi irski govor".

„Isto tako mogu da dođu i u grad - kad se vaši ljudi tamo presele", kazao je. „Ono o čemu ovde razgovaramo sasvim sigurno ne predstavlja kraj sveta".

„Ali predstavlja kraj njihovog sveta. A i jezik kojim govore nestaće istog trenutka kad siđu u dolinu".

„Pa ni to nije najgora stvar na svetu", kazao je otac Darsi. „Ako biste mogli da birate između jezika i boljeg života, šta biste vi izabrali?"

„Stare pse ne možete naučiti novim trikovima, oče", rekao sam.

*

Leto je bilo toliko prijatno i toplo da je prosto moglo da se pomisli da zime više nikada neće biti. Ali, stvari se ponavljaju kao da je priroda nekakav voz koji od stanice do stanice ide po tačno utvrđenom voznom redu. Ono što ste očekivali, dolazilo je prolazilo. Kad je došao Veliki post odrekao sam se čašice vina koju sam uveče pio pred odlazak u krevet. Uz Uskrs, iz doline ispod nas ceo dan mogla su da se čuju crkvena zvona. Došlo i vreme za strižu ovaca. Obično sam prisustvovao tome. Voleo sam da posmatram kako se iz velikih ljuštura od vune pojavljuju male ovce - sasvim gole i kao posramljene. Te godine nisam imao snage da budem svedok takvih prizora. Jaganjci su toliko porasli da više nisu tako često trčali do vimena svojih majki. Kad bi to i učinili, sirotu ovcu bi uspeli da odgurnu - toliko su bili napredni i jaki. Ovce nikada ne prestaju da žvaću - čak ni onda kada su im usta prazna. Vilice pomeraju postranice, onim svojim kružnim pokretima, zastajući samo toliko da vas pogledaju krupnim mehurastim očima potpuno praznog i tupog pogleda. Pri tome striju ušima - prvo jednim a zatim drugim. Kad su ih ljudi ošišali, njihove zadnje noge su se kretale tako pažljivo i otmeno da su čoveka podsećale na one žene sumnjivog morala koje na visokim štiklama subotom uveče odlaze u provod. Striža je ovce oslobodila zastora od prljave vune na zadnjicama. Ovan je sve ovo posmatrao povijenih rogova i vragolastog pogleda. Jaganjci se na njega nisu osvrtali, baš kao ni on na njih. Na ono nekoliko polja, stabljike krompira porasle su visoko a lišće na njima već je počelo da žuti po ivicama. Bašte su bile pune kupusa, prokelja i pasulja, koji su nicali i rasli na sve strane. Čak je izniklo i cveće - i pored toga što u selu nije bilo žena koje bi ga gajile.

Vesti koje su se čule sa radija bile su užasne, ali sve se to dešavalo daleko od nas. O katastrofi i smrti nije jednostavno razmišljati kad sunce sija usevi zriju - tog leta, sunce je kod nas bilo blistavo a rod više nego bogat. Pa ipak, najgoru vest nismo čuli sa radija, za nju smo saznali od ljudi iz grada. Jedan od njihovih momaka izgubio je život u Bici za Britaniju. Pao je s neba kao onaj siroti nemački mladić. Imao je svega devetnaest godina. Kad su tog vikenda najmlađa deca došla u selo, porazgovarao sam sa njima o tome jer nisam želeo da im ta smrt previše teško padne. Na ono što sam im rekao niko nije uzvratio, samo se jedan dečkić nekako čudno nasmešio. „Čemu se smeješ, neka ti Bog oprosti?", upitao sam. Ispostavilo se da je taj mladić maltretirao decu iz našeg sela i da ni najmanje nisu žalili što je nestao u plamenu negde iznad Lamanša.

*

Poštovani oče Makgrivi,

Veoma sam zabrinut što je i ove godine božansko proviđenje Vama i Vašoj pastvi namenilo tako veliku muku. I stvarno, zima nalik predhodnoj bila je krajnje neočekivana. Celi grad deli našu zabrinutost, što sasvim lako može da se vidi po pomoći koja je za vašu malu zajednicu prikupljena. Ljudi iz Crvenog krsta veoma požrtvovano koordiniraju svim pokušajima pružanja pomoći kako duž obale tako i u unutrašnjosti. Neke zajednice odsečene su od sveta, uključujući i jedno selo koje je, prema onome što u novinama piše, ostalo izolovano negde na planinama Viklou.

Hteo bih da vam u poverenju pomenem nešto što se ovde pojavilo u obliku govorkanja i glasina - hteo bih da Vam to pomenem i pored toga što cela stvar nije stigla do mene kao zvaničan izveštaj. Iako se izvori ovakvih priča mogu smatrati krajnje nepouzdanim, mislim da bi ipak trebalo da budete upoznati sa prirodom onoga što se ovde čuje. Ne bih voleo da budete iznenađeni ili zatečeni kad se s ovim na proleće suočite, mada se najiskrenije nadam da će do tada cela ta stvar biti uveliko zaboravljena.

Dakle, neki mladi ljudi kojima opijanje nije strano, prave okrutne šale na račun Vašeg sela, osiromašenog i desetkovanog, mada sasvim sigurno ne Vašom krivicom. Na ovo mi je skrenuo pažnju sin Manusa Folana, piljara, koji je jedno veče proveo s nekim od tih mladih ljudi. Među njima je bio i izvesni Džejms Donahu iz vašeg sela. Ono o čemu su govorili ne bi ni trebalo ni smelo da pređe preko bilo čijih usana - toliko je stvar sramotna i grozna. Neki od vaših župljana - bar tako ova glasina kaže - predhodne zime su opštili sa životinjama - ni manje ni više. Uveren sam da u tome nema ni trunke istine, ali i sami znate kako se kaže - onaj ko je upozoren, naoružan je i pripravan na sve. Sem toga, da

Vas nisam obavestio o tako ozboljnoj stvari, smatrao bih da sam se oglušio o svoju dužnost.

Ono što sam čuo zadržao sam samo za sebe - čak ni od samog kanonika nisam zatražio mišljenje. Siguran sam da imate sasvim dovoljno muka koje ničim ne treba pogoršavati. Ali, i pored toga što sam ubeđen da u tim glasinama nema ničega do zlobe i podlosti, smatram da Vi o tome jednostavno morate biti obavešteni.

Kroz zimu koja je strašna i ovde dole provlačimo se kako znamo i umemo. Ovakvo vreme kanonik podnosi veoma teško. Bolestan je još od Pokladnog utorka. S radošću isčekujem susret s Vama i ostajem u nadi da muke kroz koje tamo gore na planini prolazite, na Vama neće ostaviti nikakvog traga.

Vaš brat u Isusu Hristu
Fransis Stenton

*

Mladalački glas je zamro. Činilo se da je Bidi ostala bez daha. Ponovo se pretvorila u poznatu staricu koja se češala po glavi i praznim ustima žvakala tako da su joj se brada i nos gotovo sasvim spajali. Bolničarka koja je sedela na dasci ispod prozora proučavala je nokat na kažiprstu jedne ruke. Zatim je počela da čisti nokte na drugoj ruci.

„Šta znači čarapa od mleka i cipele od papira?"

„Ništa. Ja tako završavam svoje priče", odgovorila je.

„Priča je veoma lepa", rekao sam pokušavajući da prikrijem razočarenje. „Siguran sam da ih imate još mnogo".

„Imam, ali sve su mi se pomešale u glavi kad su u mene pustili struju. Ne mogu da ih se setim ni polovine".

„Pa", rekao sam, „nekada ste znali priču kojom su okončane sve priče tamo gore u planini. Priču o Mujrišu, ocu Makgriviju, malom Ejmonu i svima ostalima - Šejmasu, Oveninu i Tadiju".

„Ne zaboravi Tajga", kazala je. „Ali, to nije bila priča".

„Sad jeste", rekao sam.

„Čujem kako me zove majka", kazala je. „Moram da uđem u kuću".

„Ali vi ste već unutra", rekao sam.

„Znam ko ste vi", kazala je. „Vaša majka je bila Ciganka".

„Umorila se", kazala je bolničarka prilazeći nam. „Najbolje bi bilo da odete".

„Vi ste Cigankin sin - to znaju svi", kazala je Bidi.

„Dovešću vam ovamo Makgrivija, ako to želite", rekao sam.

„Držite ga što dalje od mene", odvratila je. „On me je i upropastio".

„Šta se dogodila za vreme bdenja, Bidi", upitao sam. „Ko je zapalio kuću?", dodao sam odmah ali - nisam dobio nikakav odgovor. „Zbog čega ste rasporili onog ovna, Bidi?"

„Piter Mari je veoma lep čovek", kazala je. „Prošle nedelje u crkvi uhvatila sam svoju majku kako krišom baca pogled u njegovom pravcu".

„Pazite, gospodine", upala je bolničarka. „Veoma je blizu tome da počne da pravi probleme".

„Kakve probleme može da pravi ta sirota stara žena?", upitao sam.

„Kad god bih otišla u klozet iza kuće", kazala je Bidi krajnje neočekivano, „zatekla bih ga svog upišanog. Taj čovek kao da nije pišao već zalivao cveće".

„Ko to?", upitao sam.

„Otac Makgrivi", odgovorila je. „Mora biti da je postajao razrok svaki put kad bi ušao u pišaonicu".

„Šta je bilo sa ovnom, Bidi?", upitao sam. „Zašto ste ga rasporili?"

„U tog ovna je ušao đavo", odgovorila je. „Morali smo da ga oteramo".

„Kako ste znali da je đavo u njemu", rekao sam.

„Po tome kako me je ta životinja gledala", kazala je. „U njegovim očima se videlo veliko zlo. Znala sam da ovan krije neku tajnu - uspela sam i da je otkrijem. Iz njegovih creva. Mujriš je ubio svog sina. Ubio ga je zbog stida i sramote".

„Kako ste to saznali?", upitao sam.

„Sve sam videla u crevima ovna", odgovorila je. „Rasprostrla sam ih po podu. Mujriša ne treba kriviti. On je mnogo fini čovek. Dok je Tajg bio samo misao koja mu je lutala po glavi, ni on ni bilo ko drugi nije mogao ni da pretpostavi šta će od tog dečaka postati. Bolje bi bilo da nikada nije rođen. Jedi tu supu ili ću ti je sasuti za vrat".

„Evo odmah, ništa ne brini", rekao sam. „Već srčem".

„On i ovca", kazala je. „Jaja je imao kao bik a đoka mu je bio debeo kao vaša ruka".

„Da li ste ga ikada videli s ovcom?", upitao sam.

„Svi oni su bili s ovcama - to je sasvim sigurno. Uostalom, bili su muškarci, zar ne? Takva im je priroda, razmišljaju jajima a ne mozgom".

„Jeste li to ikada videli?", upitao sam.

„Sve sam znala i sve mi je bilo jasno", odgovorila je. „Napred-nazad, unutra, napolje - brzo kao violinistin lakat. Ali sam ćutala. Vi ste bleda i jadna imitacija muškarca".

„Pazite šta radite", upozorila me je bolničarka, „ili će biti problema".

„Otac Makgrivi je znao", kazala je Bidi. „Znao je sasvim sigurno - onako kako je sigrno da ja sada sedim ovde. Zbog toga se i okomio na mene. Znao je da znam. Znao je šta su mi creva tog ovna rekla. Siroti Mujriš. Obesili bi ga kao psa. Ali, ja im to sigurno ne bih rekla. Čak ni da su počeli da me čereče. Gde su mi cipele?"

„Kad ovako počne, satima ne može da se zaustavi", kazala je bolničarka. „U takvim prilikama moramo da joj damo injekciju - da se smiri".

„Ko mi je uzeo cipele?", upitala je Bidi.

„Na nogama su vam", uzvratila je bolničarka. „Nema nikakve svrhe da joj se govori", kazala je obraćajući se meni. „Čuje samo ono što želi da čuje".

„Ko mi je dao dve leve cipele?" upitala je Bidi. Zadignute haljine i nagnuta napred gledala je u svoja stopala.

„Blagi bože, u pravu je", kazala je bolničarka. „Kako li se to moglo dogoditi? Doneću vam cipele", rekla je obraćajući se Bidi. Očigledno više nego zadovoljna, Bidi se naslonila u fotelju.

„Kako si rekao da se zoveš, sinko?"

„Magin", odgovorio sam. „Vilijem Magin".

„Ko bi to rekao? A zbog čega su te smestili ovde?"

„Došao sam da vas obiđem", rekao sam. „A videću se i sa Mujrišom".

„Njega su obesili", kazala je. „Zbog toga što je ubio svog sina".

„Pa, videću se s njim bez obzira na to".

„Baš lepo", kazala je Bidi.

„Preživeli ste dve strašne zime - tamo gore u planini", rekao sam.

„Hladnije od veštičije sise", odgovorila je. „Ali, u grobu će biti još hladnije".

„I za vas kažu da ste veštica, Bidi", rekao sam.

„Svaka je žena veštica", uzvratila je.

„Zbog čega?"

„Zbog toga što sve žene žele da jašu na muškoj dršci od metle. Kada je sredina i početak i kraj?" upitala je.

„To stvarno ne znam".*

---

* Brajan O'Deorti: „Izjava oca Mekgrivija", prevod: Vesna Petrović, „Dereta", Beograd 2004.

ISPOVEST POBUNJENOG ČOVEKA
Erlend lu

Onespokojavajući tvorci novih teorija, koji svakog meseca proriču smrt romana, smrt autora i njegovu ‚teorijsku utemeljenu' i ‚dokazanu' nevažnost, pisci Skandinavije, na našu radost, sa svoga dalekog severa drže lekciju posustaloj Evropi, uporno objavljujući izuzetna književna dela. U svojim fjordovima, zimama i čudesnim letima, ne dozvoljavaju da ih povuče opštesvetski (posebno dominantan u američkoj književnosti) talas bljutavog izokrenutog soc-realizma koji otužno prepisivanje još otužnije svakodnevice proglašava jedino relevantnim književnim tokom.

Ne čudi nas što čujemo da je norveški pisac Erlend Lu sa nepunih četrdeset godina već kultni pisac u svojoj zemlji. Njegov roman ‚Dopler', knjiga je pobunjenog čoveka, roman izuzetnog osveženja, čiji autor demonstrira sa zavidnom lakoćom književno majstorstvo. Ali, za razliku od poznatih pobunjenika koji svoju pobunu umotavaju u domišljene teorije nekih novih filozofija i koji računaju na kolone sledbenika, Luov pobunjeni čovek jednostavno kaže, drsko, naravno, nečuveno, a istovremeno očaravajuće nenasilno - ljudi su mi se smučili. Mrzim ih. Shvativši to, šta čini? Odlazi u šumu da živi sam.

Da li slučajno Erlend Lu počinje svoj roman rečenicom: „Umro mi je otac", kao što Kamijev ‚Stranac' počinje: „Majka je umrla juče"? Riskantno, svakako, ali Lu ne preza od bilo kakvog rizika jer ga umećem pripovedanja obesmišljava. Zašto pominjemo Albera Kamija? Kada isčitamo ovu furioznu knjigu koja vam stvarno ne dozvoljava da je ispustite iz ruke, shvatate da se uspostavio trougao koga, hipotetično, mogu da čine Kamijev ‚Pad', ‚Mišljenja jednog klovna' Hajnriha Bela i sada Luov ‚Dopler'. Sve tri knjige su ispovesti pobunjenog čoveka, koji odriče vladavinu društvene konvencije.

Razumno je verovati da Lu svesno svome glavnom liku daje porodično ime Dopler, ako znamo da je to instrument kojim možemo da utvrdimo zakrečenje naših krvnih sudova ili deformacije unutrašnjih organa (ali doplerov efekat znači i izmeštenost). Autoru ‚Doplera' je to već dovoljna činjenica i očekuje od čitaoca da je prepozna.

Koliko je posredi izuzetan pisac, pokazuje i nesvakidašnja lakoća pripovedanja, omamljujuća, a jednostavna, rizično iskrena a umešnošću svoje ostvarenosti nas tera da, poneseni, trčimo niz rukopis. Erlend Lu jeste divno osveženje izronilo iz savremene baruštine imitatora koji su poverovali da je književnost prepisivanje života i koji, u nedostatku imaginacije i duboke idejnosti, lepe po sebi konstrukciju i dekonstrukciju, post-modernu i post-post-modernu, podižući uporno i osiono žablje noge, sve se nadajući da će i njih da potkuju.

Koliko god je Luov glavni lik ostvaren do književne perfekscije gde nema ni jedne suvišne rečenice, ni jednog pasusa kojeg bismo preskočili, Dopler koji u sebi skoro sramnom lakoćom spaja drskost, oprečnost sa svim oko sebe, gestove prestupnika i gestove dobroćudnosti i blagosti, tako ovaj izuzetni pisac uspeva da izgradi i jedan bočni lik, ostvarujući istinski minijaturno remek-delo, lik Diseldorfa. U toj nesvakidašnjoj minijaturi egzistiraju, istovremeno, nespojive osobine i stanja, apsurdno i logično, beznađe i nadljudska volja, mržnja prema sopstvenom ocu (koga Diseldorf nikada nije upoznao jer je posmrče), i želja da se do savršenstva rekonstruiše maketa ogromnih razmera, spomenik časa očeve pogibije, Nemca, okupatorskog vojnika. Nedeljivim tokom idu i očaj i ljubav i beznađe i užas samoće i samoća kao jedino podnošljiva, optužba roditelja i nastojanje da se roditelju izgradi neka vrsta spomenika. I Diseldorf i Dopler sve to nose u sebi.

Ovo jeste lekovita knjiga. Erlend Lu ne preza da kaže ono što bi se malo koji pisac u današnjem ispolitizovanom svetu usudio da kaže. Mrzi ljude, mrzi dečiji TV program, beskrajno ponavljanje dečijih pesmica pretvara se u roditeljski pakao i moru, mrzi supermarkete, svoju briljantnost (koje se odriče odlaskom u šumu), sa ćerkom tinejdžerkom ne razume se ni u jednoj reči, ruga se svojoj norveškoj državi (ali daleko od onog doušničkog i kalkulantskog potkazivanja poludarovitih prebega i disidenata). Upravo se tu ostvaruje sva veličina ovoga pisca, jer, dok se otvoreno ruga svojoj norveškoj državi, šiba glupost i desnih i levih političara i glasača, u tom istom pasusu njegov Diseldorf, završivši svoje apsurdno a ljudski dubokorazložno delo posvećeno očevoj smrti, prinosi pušku i smešta cev u usta da se ubije, mahinalno uzima daljinski TV upravljač, pali televizor i gleda emisiju 'Norveška danas'. Ne žuri sa samoubistvom jer vremena ima na pretek. Gledajući serijal o neobičnim sudbinama običnih ljudi Norveške, spušta pušku i odustaje od samoubistva. Lu to ostvaruje bez patetike, mirom i jednostavnošću koja vas duboko potresa, a šta bi inače činila retka i vredna književna tvorevina.

Dopler nema želju da preobraća. Pritisnut tiranijom perfekcije, ne propoveda spas za druge, on se jednostavno, sam i sav svoj - povlači.

Još jedno izuzetno delo sretnog oglušenja o svetske pomame i patološka prizivanja kraja duhovnosti.

Iz knjige

Umro mi je otac.
A juče sam jednog losa lišio života.
Šta da kažem?
Bilo je ili on ili ja. Bio sam mrtav-gladan. Iskreno govoreći postajem kost i koža. Preksinoć sam sišao u Maridalen i uzeo seno sa jednog imanja. Otvorio sam balu nožem i napunio ranac. Onda sam malo otspavao, u zoru se spustio do usekline istočno od logora i rasprostro seno kao mamac po mestu za koje već dugo mislim da je savršeno za zasedu. Zatim sam legao na ivicu usekline i čekao nekoliko sati. Znam da ovde ima losova. Video sam ih. Dolazili su čak i do šatora. Tumaraju unaokolo po brdima i prate svoje više ili manje racionalne impulse. Ti losovi uvek nekuda idu. Izgleda da veruju da je negde drugde bolje. A možda su i u pravu. Na kraju se uprkos svemu pojavila jedna ženka losa. A iza nje je skakutalo mladunče. Malo me je pokolebalo što je i mladunče bilo tu. Više bih voleo da nije bilo s majkom. Ali je bilo. Pravac vetra je bio savršen. Stavio

sam nož u usta, ne mali nož, nego veliki, lovački, i čekao. Polako su mi se približavali. Usput bi tu i tamo čalabrcnuli malo vresa i mlade brezove kore u useklini. A onda je konačno stigla. Bila je baš ispod mene. Velika u pičku materinu. Losovi su veliki. Čovek lako zaboravi koliki su. Skočio sam joj na leđa. Naravno, u mislima sam sto puta prošao kroz to. Predvideo sam da se to losu neće dopasti i da će hteti da pobegne. Tako je i bilo. Ali pre nego što je životinja stigla da ubrza, zabio sam joj nož u glavu. U samo jednom zamahu prošao je kroz lobanju i zario joj se u mozak; odatle je virio kao neki po malo čudan šešir. Skočio sam na zemlju i otpuzao na sigurno na jednu veliku stenu, dok je njoj u sekundi pred očima promicao čitav život; svi dobri dani kada je bilo dovoljno hrane, sunčani, lenji letnji dani, kratkotrajna jesenja zaljubljenost i usamljenost nakon toga. Porođaj i radost što prenosi gene, ali i dosadni zimski meseci iz nekih ranijih godina, i nemir, onaj nestalni nagon, možda je čak osetila olakšanje što će ga se rešiti. Sve je to videla za tih nekoliko kratkih sekundi pre nego što je pala.

Stajao sam i gledao je neko vreme, kao i mladunče koje nije pobeglo, već je stajalo kraj mrtve majke i nije baš shvatalo šta se dogodilo. Osetio sam ubod nečeg neprijatnog i neobičnog. Iako sam veće neko vreme živeo ovde, to je bilo prvu put da sam ubio, i to veliku životinju, možda najveću u Norveškoj, i sasvim protivno svojim dobrim namerama oporezovao prirodu na jedan brutalan način i najverovatnije uzeo više nego što sam u stanju da dam, u svakom slučaju na kratke staze, a to mi se i nije sviđalo. Ali, glad je glad, a ja ću već dati nešto od sebe, pomislio sam, skočio sa stene i oterao mladunče pre nego što sam izvukao nož iz lobanje i rasporio mrtvog losa.

Velike komade mesa ispekao sam na vatri i najeo se prvi put posle nekoliko nedelja. Ostatak mesa okačio sam da se dimi u primitivnoj pušnici koju sam napravio poslednjih dan. Onda sam zaspao.

A kad sam se danas probudio, čuo sam mladunče kako muče ispred šatora. Čujem ga i dalje. Ne usuđujem se da ustanem. Ne mogu da ga pogledam u oči.

*

Već se smračilo kad sam se, potpuno iscrpljen, vratio u šator. A kada se mladunče ponovo pojavilo samo malo kasnije, nisam više imao snage ni za šta. Kapitulirao sam. Noćes smo spavali zajedno. Mladunče je zajednici doprinelo sa iznenađujuće mnogo toplote. Služio mi je kao jastuk veći deo noći, a kad sam se ujutro probudio, ležali smo i gledali se iz takve blizine i tako intimno kao što mi se retko dešavalo sa ljudima. Mislim da to nikada nisam doživeo čak ni sa svojom ženom. Čak ni na početku veze. Skoro da je bilo preterano. Bilo mi je žao što sam mu ubio majku i rekao sam da više ne treba da se boji i da od sada može da dolazi i odlazi kako mu drago.

Mladunče, naravno, nije reklo ništa. Samo me je gledalo velikim očima punim poverenja.

Blaženstvo je biti s nekim ko ne može da govori.

*

Ali gospodin Hat mi je iščileo iz svesti dok sam ležao u vresu. Pesmice su utihnule. I sve misli u vezi s kupatilom su, na volšeban način, uzele slobodan dan. Skoro da nisam mogao da se setim kada poslednji put nisam mislio na kupatilo. Ali sada mi je kupatilo isčilelo iz svesti. Odjednom više nisam mislio na to da li treba da uzmemo italijanske ili španske pločice, mat ili sjajne, ili ćemo jednostavno da se častimo mozaikom od stakla, za šta moja žena, naravno, zdušno navija. Boje da ne spominjem. Uopšte nisam mislio na boje. Ni na plavu. Ni na zelenu. Ni na belu. Nije bilo u pitanju to da me više nije bilo briga za boju plafona ili pločica, već je misao o tome jednostavno nestala. Oslobodio sam se te igre bez prestanka. Nisam više mislio ni na kombinovane slavine iako ih je bilo u sedamsto varijanti i sa rokom isporuke od šest nedelja ako su od četkanog čelika, ili nešto brže ukoliko se zadovoljite običnom izradom, ali zašto se zadovoljiti običnim. Ili kada, o kojoj smo morali da raspravljamo istog dana kada su Amerika i Engleska započeli operaciju u Iraku. Sećam se da sam se iznervirao kada sam shvatio da smo prinuđeni da zauzmemo stav i prema tom ratu. To me je jako uznemirilo. Kao da nije dovoljno što treba da biram između sve te opreme za kupatilo. Sada je trebalo još i da odaberem stranu u Iraku. Nije mi se sviđalo što se u svetu događaju stvari koje su ono za šta sam koristio moć mišljenja u suštini svodile na trice. Ne samo što mi prioriteti nisu bili u redu, već nisam to ni želeo. Nedeljama me je nerviralo što nisu mogli da sačekaju da završimo sa renoviranjem kupatila pa da onda počnu s bombardovanjem.

Ono o čemu sam, nasuprot tome, razmišjao, dok sam povređen ležao u vresu i dok mi je prolećno sunce grejalo lice, bilo je da mog oca više nema, i to zauvek, da ga nikada nisam zaista poznavao i da nisam ni osetio ništa posebno kad mi je majka rekla da je umro. Umro je noću. Iznenada. I sasvim tiho. Ali u vresu me je to pritislo svom težinom. Dramatika svega toga. Čovek je tu, a onda više nije tu. Od danas do sutra. Odjednom mi je to doprlo do mozga i uvideo sam da je ta razlika toliko neshvatljiva da bi i sama misao o tome trebalo da odustane i da se povuče. Šta sve čovek može da bude i da ima, a onda odjednom šta sve ne može da bude i ne može da ima, zašto što je po poslednji put bio i imao.

*

Kad sam se probudio, pomislio sam na nešto što mi je nekoliko dana ranije rekla moja šesnaestogodišnja ćerka dok smo sedeli u kafiću posle Gospodara prstenova - Dve kule u bioskopu Koloseum. Gledala ga je jedanaest puta pre toga i mislila je da više ne mogu da se izvlačim i da moram da pogledam taj film. U svakom slučaju više nije htela da prihvati da njen otac ne učestvuje u onome što je ona smatrala epohalnim događajem. Nekoliko nedelja je doslovno ležala u redu da bi nabavila karte za premijeru. Ona i njen dečko, i drugarice i njihovi momci. Obučeni kao vilenjaci. Jedva smo izboksovali u školi da dobije dozvolu da toliko izostaje usred školske godine, ali ona je primeran učenik i profesor engleskog je potvrdio da to nije ništa strašno, a uostalom, priča se da je Tolkin majstor da raspali maštu mladih, što je odlično, plus mi imamo toplu vreću za spavanje i sve što treba.

Dok smo izlazili iz bioskopa prešao sam se i rekao nešto o tome kako će sigurno proći neko vreme pre nego što Saruman izgradi novu kulu u podnožju brane.

Moja ćerka nije odreagovala na to, ali kad smo došli u kafić video sam joj u pogledu da je ljuta. U mojim očima je bila toliko zagonetna da sam u svakom trenutku bio spreman na sve. Tinejdžerke su mi oduvek bile nepoznanica, i to ponajviše kad smo bili istih godina. Od tada se jaz među nama samo produbio, što je i prirodno, a sad imam i sopstvenu tinejdžerku i kako sam razumeo te večeri pre skoro šest meseci, jaz je postao pravi ambis.

Rekla je da šokirana što je moj prvi komentar nakon gledanja jednog takvog epa mogao da bude toliko ciničan i toliko van konteksta moćne priče kojoj sam upravo prisustvovao. Pa, može se prisustvovati na razne načine, rekao sam. Gledali smo neverovatno skup film o trolovima. Bilo je fenomenalno. I drago mi je što sam ga gledao pošto tebi toliko znači. Rekla je da ne može to da prihvati i da to potvrđuje da je jaz između mene i nje upravo onoliki koliko se pribojavala, ili ako je to uopšte moguće, čak i dublji.

Šta hoćeš da kažeš? pitao sam.

Gledali smo priču o dobru i zlu, rekla mi je ćerka. Zar ne osećaš ništa u srcu?

Da, naravno. Pa već sam rekao da je bilo sjajno. Shvatam da je onaj prsten opasan i da mnogi hoće da ga se dočepaju, i da su dobro napravili onog, kako se zove, onog providnog što jede ribu...?

Goluma, rekla je.

E, baš njega, rekao sam. Dobro su ga napravili. Ne shvatam baš sasvim kako su to uradili, ali je impresivno. I scene borbe su bile moćne, kao i sve ostalo.

Znaš šta je tvoj problem, tata? rekla je tada.

Odmahnuo sam glavom.

Ne voliš ljude, rekla je. Nisu ti simpatični. I zato ja ne volim tebe.

Ustala je i otišla.

Raskinula je sa mnom kao da sam joj dečko. U stvari je to bilo prilično impresivno. Na trenutak sam bio gotovo ponosan na nju. Eno, moja ćerka, mislio sam kad je otišla. Uspeće u životu. Onda sam naručio pivo, odložio ono što se dogodilo u fasciklu namenjenu iracionalnim ispadima i pomislio da će za par dana opet biti ona stara. I bila je, manje ili više. Ali dok sam nekoliko dana kasnije ležao u vresu i osećao bolove u kukovima i sunce na licu, uvideo sam da je moja ćerka bila u pravu.

Ne volim ljude.

Ne volim ono što rade. Ne volim ono što jesu. Ne volim ono što kažu.

*

Kad sam sledećeg dana doveo Gregora kući, Nora mi je tutnula u ruke neki papir koji je otštampan sa internet strane koja se zove The Elvish Name Generator. Napisala je moje ime, Andreas Dopler, i program je uz pomoć Tolkinove jezičke logike, koja je sigurno prilično komplikovana i precizna, izračunao da je moje vilenjačko ime Valandil Tiwele.

Zvuči potpuno vilenjački. Zahvalio sam se i pitao da li time želi da mi saopšti nešto posebno. Odmahnula je glavom. Samo je htela da znam, kaže. Htela je da budem svestan toga da imam vilenjačko ime.

Dobro, kažem. Budi sigurna da ću biti svestan toga.

Zatim sam se oprostio od Nore, Gregusa i moje žene, koja se, uzgred budi rečeno, sjajno provela na dugom vikendu u Rimu. Brčkala se u klasičnoj kulturi i kupila odeću i još neke sitnice koje su joj očigledno povratile žar za životom. Zapanjujuće je koliko odeća i sitnice mogu da znače. Nova sitnica u pravom trenutku može da bude pravi spas. Bože, blagoslovi stvari. Moja žena sija i cvrkuće i zbog toga se skoro bez griže savesti vraćam u šumu u sumrak. Gregus bi najviše voleo da nastavi da živi sa mnom u šatoru, ali o tome može samo da sanja. Šuma je moja, i mislim da moram da budem sam u njoj ako želim da postignem ono za čim težim, iako ne znam baš tačno za čim težim. Može da bude malo kod tebe vikendom, kaže mi žena.

U šumi nema razlike između vikenda i radnog dana, kažem, tako da je odgovor ne, ili tačnije nema šanse.

Doći ću s njim do šatora.

Onda se spremi da dobiješ strelu u vrat, kažem.

Već nekoliko dana me muči motivacija. Sedim zaludan pored vatre, deljem strele i pitam se šta radim ovde u šumi. Ponekad pomalo bištem Bonga i pevušim bez žara. Poseta kući i život sa Gregusom pokvarili su nešto od onoga ritma koji sam bio ustanovio. Sad sam opet ispao iz ravnoteže. Mislim da sam se dosta promenio od onoga vremana pre nego što me šuma primila, ako se to može tako reći. Malo je pompezno, ali ipak vrlo istinito. Bio sam na svim uobičajenim mestima i radio uobičajene stvari koje ljudi u Oslu rade, a onda se najednom šuma otvorila i primila me u sebe. Usvojila me je. I bilo je i krajnje vreme. Sad to vidim. Bio sam na putu da zamrzim svoju okolinu i da postanem naporan. Ja nisam bio element koji je Oslo želeo na svojim ulicama. Nisam širio pozitivnost i energiju. Nisam bio premija. Ni za svoje najbliže, ni za posao, ni za difuznije društvo i ekonomske okvire koji njima upravljaju. Bio sam na putu da postanem teret, i tada sam isključen. Priroda je tako genijalno uređena da me je isključila pre nego što sam napravio neku stvarnu štetu. To je fascinantan sistem. Hiljade godina prirode i kulture tako su izoštrile mehanizam da se ovakvi kao ja izbacuju iz redova. Bivamo neutralisani. Neprijatelji naroda koji su na granici da probuše krhku iluziju zajedništva i smisla šalju se napolje da malo razmisle. Na more, na primer, ili na palninu, ili iza nekih zatvorenih vrata, ili, kao u mom slučaju: u šumu. To je prepredeno smišljena kazna koja se istovremeno doživljava kao nekakva nagrada.

Ovakve i slične misli motaju mi se po glavi dok sedim pored vatre.

Nemam pojma u kojoj meri su neke od ovih misli utemeljene u stvarnost. Takođe nemam pojma ni da li uopšte postoji ono što se tako samouvereno naziva stvarnošću. Jedino u šta do neke mere mogu biti siguran jeste da me vatra greje i da jedan mali los po imenu Bongo leži kraj mojih nogu i prede, ako se tako kaže kad losovi puštaju zvuke uživanja.

*

Sklapa oči i kao da se koncentriše.

Završio sam, kaže. Završio sam očevo lice. Trebalo mi je mnogo vremena. Ali bio je isti on. Bio je to on, na neki način. I kada je postao baš on, stavio sam ga u automobil i zatim na ulicu. Diseldorf klimne glavom u pravcu ogromne makete sela na podu. Okrenem se ka dnevnoj sobi da vidim, i stvarno ugledam oca kako sedi u automobilu. Približava se sudbinskoj raskrsnici, a sat na tornju većnice uskoro će početi da otkucava dva i dvadeset. Desiće se i desilo se. U stvari, slika je zadivljujuće dobra i jasna. Divim se onom što je Diseldorf učinio za svog oca. Ali, kao da ga je sve to koštalo nešto razuma.

I još? pitam.

Kako to misliš? pita Diseldorf.

Šta si još uradio? pitam.

Okleva malo pre nego što odgovori.

Malo sam razmišljao, kaže. Ali na kraju sam doneo sačmaru. Napunio sam je, legao na kauč i stavio kraj cevi u usta, ali nisam okinuo. Pomislio sam da mi se nikuda ne žuri, pa sam uključio TV, jer mi je daljinski baš bio pri ruci, i mogao sam da menjam kanale i sve to, a da ne moram da vadim cev iz usta. Odgledao sam ceo Dnevnik dok sam tako ležao, i mora da je bio petak, jer je posle Dnevnika išla Norveška danas, a nisam dugo gledao Norvešku danas, pa sam ležao i to odgledao. Je l' ti gledaš Norvešku danas? pita me.

Ponekad, kažem, Ali nisam odavno

Trebalo bi gledati Norvešku danas, kaže Diseldorf.

Pa da, kažem. Norveška danas je okej.

Govori o nama običnim ljudima, kaže Diseldorf. Govori o tebi i meni.

Može biti, kaže.

Govori o Norvežanima. A i o norveškim životinjama. Možda posebno govori o interakciji između Norvežana i norveških životinja.

A i topla je, kažem Diseldorfu. Topla je to emisija.

Je li nešto posebno ostavilo utisak na tebe? pitam.

Diseldorf tiho klima glavom.

Dve stvari, kaže. Prvo je bilo o jednoj Finkinji koja je kao mlada radila kao medicinska sestra negde u južnoj Finskoj. Za svoj prvi godišnji odmor je odlučila da krene autostopom na sever, da bi videla crkvu čija je slika stajala u jednom od udžbenika kada je bila mala. Ta crkva joj se urezala u sećanje. Mislila je da je lepa i želela je da je vidi, pa je krenula autostopom. Savetovali su joj da poslednju deonicu pređe autobusom, i dugo je bila sama u autobusu, ali se onda ukrcao jedan mladi Norvežanin i pitao ju je da li sme da sedne pored nje. Iako je autobus bio skoro prazan, pitao ju je da li sme da sedne pored nje. Počeli su da razgovaraju, i mic po mic, ona je odustala od posete crkve, pošla je snjim u Finmark gde su se venčali, dobili decu i tako to, i prošlo je pedeset godina. U reportaži se ona autobusom vraća do one finske crke. Neverovatno se raduje što ide tamo. Povela je i muža. I dalje su oboje živi i vole se, i sada konačno može da vidi crkvu koja ju je toliko privlačila i koja je razlog što joj je život ovakav. Ne znam zašto je to na mene ostavilo takav utisak, kaže Diseldorf, i pretvara se da mu niz obraz nije skliznulo nekoliko suza.

A druga stvar, pitam.

Bio je neki mladić iz zapadne Norveške, kaže. Sam je naučio skoro sve himne na svetu. I bilo je nečeg tužnog u tome, ali okolina ga je prihvatila i smatrali su da mu to dobro ide. Drugovi iz razreda su izvlačili ceduljice iz čaše i na tim ceduljicama su bila imena različitih zemalja čije je himne on zatim pevao, u originalu, i pri tom je pevao malo čudnim, pa stoga i posebno dirljivim glasom. Zbog tog dečka sam izvadio cev iz usta i patronu iz ležišta, kaže Diseldorf.[*]

---

[*] Erlend Lu: ‚Dopler‘, preveli: Sofija Bilandžija, Nataša Ristivojević, Mirna Stevanović, ‚Geopoetika‘, Beograd

JERETIČKA ČAROLIJA
Mario Vargas Ljosa ‚Raj na drugom ćošku'

Stigavši svojim romanima u svet na nesporno moćnom latinoameričkom talasu, začudo Mario Vargas Ljosa ostavljao me je manje zainteresovanim za njegove knjige. Videvši do koje mere je Ljosi bilo stalo da postane šef države, moje interesovanje za njegova dela još više je izbledelo. Voleo sam i volim potpune književne posvećenike. Njegov roman ‚Don Rigobertove beležnice' definitivno je učvrstio moj odbojan odnos prema njemu. Samo snagom profesionalnog mazohizma uspeo sam da ovu jedva smislenu knjigu pročitam do kraja.

A onda, celokupan odnos prema Ljosi biva radikalno izmenjen od časa kada sam uzeo u ruke njegov najnoviji roman ‚Raj na drugom ćošku'. S početka vaoma rezervisan zbog odbojnog naslova (to je ime jedne dečije igre), ulazeći u čudesni svet ove knjige izuzetne snage i smislenosti, bivam potpuno osvojen i, van svake sumnje, to će se dogoditi svakome ko iščita ovo kapitalno delo.

Ljosa u najnovijoj knjizi poseže za nečuvenim presedanom, ispisusje dva romana, naizmenično, u jednoj knjizi. Prvi roman je život i borba Flore Tristan (babe Pola Gogena), neverovatnog borca za prava ugnjetinih svoga veremena, prava radnika i žena. Drugi roman je život genijalnog Pola Gogena, od časa kada iz bića ovog likovnog velikana biva preko noći izbrisan bezlični malograđanin, berzanski službenik i u taj vakuum provaljuje biće izuzetnog slikara.

Ne obazirući se ni na kakva pravila (što je često očaravajuća osobina latinoameričke proze), rušeći sve važeće teorije romana (najređa su velika dela ili jedva da ih i ima, nastala tako što bi pisac pomno savladao jednu od važećih teorija pa tek onda prišao pisanju. Čin stvaranja, istinski, ostvaruje se visoko iznad glava pretencioznih tumača i važećih teorija), Ljosa jednu glavu posvećuje Flori Tristan, drugu Gogenu, ne trudeću se da ih međusobno poveže. Ispisuje izuzetno delo, dvojno, jedinstveno, a kada se sagledaju dometi majstorstva i oživljavanje likova, ta dvojnost pripovedačkog toka postaje manje važna, važna možda samo teorijskoj pikanteriji.

Ali, zašto ne samo knjiga o Flori Tristan (koja bi i sama bila uzbudljiva, koherentna i književno ostvarena do kraja), ili zašto ne roman o velikom Gogenu (koji bi time možda i dobio na ubrzanju i još upečatljivijoj opojnoj sugestivnosti)? Nije valjda to spajanje u jednu knjigu samo zato što su po sredi baba i unuk. Naravno da ne. I Flora Tristan i Pol Gogen imaju itekako mnogo zajedničkog. Pre svega, njihovi su životi u potpunosti, ali u potpunosti posvećeni misiji koja im je sudbinski određena.

Flora Tristan nije odrasla u intelektualnoj građanskoj porodici liberalnih pogleda gde bi se mogla roditi ideja borbe za ugnjetenog čoveka i opredeliti joj život. Na protiv. Iz svoje skučenosti i malograđanske bede, početnog čemernog obrazovanja, iz pakla braka bez ljubavi, Flora Tristan, odbegla i progonjena (kraj je 19.

veka i ženi koja napusti muža sleduje zatvor), izrasta u istorijsku ličnost, tribuna obespravljenih radnika i žena.

Gogenov čudesni životni preokret nam je poznat. A šta je zajedničko Flori i Gogenu? Oboje fanatično, bez pogovora, svoju porodicu stavljaju u drugi plan u odnosu na svoj poziv. Flora beži od muža goropodane zveri i pijanca, putuje i agituje, piše i uči u hodu, a decu ostavlja po bednim pansionima (i sama bez prebijene pare), na čuvanje ko zna kome.

Gogen se pakuje i neopozivo odlazi, sam u Polineziju, na Tahiti, a potom na Markiska ostrva, ostavljajući ženu i decu da ih više nikada ne vidi. I Flora i Gogen imaju homoseksualna iskustva; Flora zgađena nad muževljevom grubošću, potire iz sebe svaku muško - žensku seksualnost, ostvaruje, na kratko, toplinu nežnosti sa jednom ženom. Gogen, otkriva Polinezijom razbuđeni erotizam, potpuno omađijan izvornošću života Tahitija, jednom se prepušta homoseksualnom iskustvu. Konačno, kratki život i Flore Tristan i Gogena izazvaće spoljni svet svojim napadom. U Floru puca podivljali muž i ona nosi godinama metak u grudima, pored srca, koji će joj, uz razorenu utrobu muževljevim nasiljima, prekratiti život. Gogen dobija smrtonosni metak u Panami u obliku sifilisa, od koga, u strašnim mukama umire na vrhuncu stvaralaštva.

Ovaj dvojni roman je pisan tako da uvek zažalite što prestaje poglavlje o Flori i počinje, ili se nastavlja poglavlje o Gogenu, a onda opet žalite što se prekida o Gogenu i vraća na Floru i tako, maestralno ispisano do kraja knjige.

Jedno je piščevo umeće stvoriti i potpuno oživeti neki književni lik, a sasvim je drukčija veština, redak dar (nikada dovoljno rastumačen), kada pisac potpuno ulazi u psihu, misli, karakter, do neverovatnog poistovećivanja neke stvarne, istorijske ličnost. Sreli smo taj čudesni dar kod Margerit Jursenar u ‚Hadrijanovim memoarima', kod našeg Radovana Samardžića u izuzetnom delu ‚Mehmed paša Sokolović'. Ali, čini se, ovom knjigom, Ljosa do fascinacije uspeva tim poistovećivanjima da zaseni sve pre njega. Naprosto ne možete verovati da knjigu o Gogenu nije pisao neko ko je sav život, kao nevidljivi dvojnik, bio uz njega, u njemu, u Gogenovoj glavi. To isto čini (mirno navodeći stvarne datume i godine, što samo doprinosi verodostojnosti) sa Florom Tristan, što je valjda još zahtevnije, jer je u pitanju žena.

Ljosa ovom knjigom šalje teško i bolno svedočanstvo o, do juče obespravljenima do stanja nižih bića, radnika i žena, šibajući, bez zazora, svet eksploatatora i mučni život pobunjenog umetnika uronjenog u licemerje crkve, malograđanštine i presuditelja pariskih salona tog vremena.

Sugestivna do neprijatnosti, pisana rukom velikog majstora nesvakidašnje snage, ova dvojna, jedinstvena knjiga, ostaviće trajni pečat u ovome vremenu i na svakog čitaoca, narugavši se pri tom, svakoj etabliranoj književnoj zakonitosti.

Iz knjige:

April 1844.

Još je bila duboka noć. Na raskršću su ugasili plinske fenjere i kočijaš, utonuo u ogrtač iz kojeg su mu virile samo oči, podbadao je konje pucketavim bičem. Čula je zvona Sen-Sulpisa. Puste i mračne ulice izgledale su joj sablasno. Ali, na obali Sene pristanište je vrvelo od putnika, mornara i radnika koji su se spremali za polazak. Čula je naredbe i uzvike. Kada se brod otisnuo ostavljajući za sobom trag penaste zvezde u tamnim vodama reke, na prolećnom nebu je blistalo sunce i Flora je u kabini pila topli čaj. Ne gubeći vreme, zapisla je u dnevnik: 12. april 1844. I odmah zatim je počela da proučava svoje saputnike. Stići će u Okser predveče. Dvanaest sati da obogatiš svoja znanja o siromašnim i bogatim na ovoj rečnoj zbirci uzoraka, Flora.

U luci u Okseru trebalo joj je užasno mnogo vremena da istovari prtljag. Bravar Pjer Moro joj je rezervisao mali i stari hotel u centru u koji je stigla u zoru. Dok se raspakivala, zaiskrila je prva svetlost. Legla je u krevete znajući da neće oka sklopiti. Ali, prvi put posle dugog vremena, za tih nekoliko sati koliko je ležala i kroz pamučne zavese posmatrala kako nadire dan, nije razmišljala o svojoj misiji, žalosnom čovečanstvu i radnicima koje će regrutovati za Radničku uniju. Mislila je na kuću u kojoj se rodila, u Vožiražu, na periferiji Pariza, četvrti onih buržuja kojih se sada gnušala. Sećala si se one kuće, prostrane i udobne, sa čuvenim vrtovima i zaposlenim služavkama ili kako ju je opisivala tvoja majka kada više niste bile bogate nego siromašne i nezbrinuta gospođa se tešila tim prijatnim sećanjima zbog prokišnjavanja, promiskuiteta, natrpanosti i ružnoće dva sobička u ulici Foar? Morale su tamo da se sklone kada su im vlasti oduzele kuću u Vožiražu, tvrdeći da venčanje tvojih roditelja koje je u Bilbau obavio jedan francuski sveštenik u egzlu nije bilo legalno i da je don

Marijano Tristan, Španac iz Perua, bio građanin zemlje sa kojom je Francuska bila u ratu.

*

Matajea, april 1892.

Nadimak Koke mu je dala Teha'amana, njegova prva žena na ostrvu, jer predhodna Titi Sikice, ona novozelandsko-maorska berbljivica sa kojom je prvih meseci na Tahitiju živeo u Papeteu, a zatim u Paeji, i napokon u Mataji, zapravo nije bila njegova žena, već samo ljubavnica. U to vreme svi su ga zvali Pol.

Stigao je u Papete u zoru 9. juna 1891. posle putešestvija od dva i po meseca otkako je isplovio iz Marseja, sa pristajanjem u Adenu i Numeji, gde je morao da promeni brod. Kada je napokon kročio na Tahiti upravo je napunio četrdeset tri godine. Nosio je sa sobom sve što je imao, kao da naglašava da je zauvek ostavio Evropu i Pariz: sto jardi platna za slikanje, boje, ulja, i četkice, jedan lovački rog, dve mandoline, jednu gitaru, nekoliko bretonskih lula, jedan stari pištolj i malu gomilu odeće. To je bio čovek koji je izgledao snažno - ali tvoje zdravlje je već bilo krišom narušeno, Pole - plavih očiju, pomalo buljavih i nemirnih, sa pravim usnama, uglavnom iskrivljenim u prezrivu grimasu, i sa povijenim nosom kao mali grabljivi orao. Imao je kratku kovrdžavu bradu i dugu smeđu, pomalo crvenkastu kosu koju je vrlo brzo po dolasku u ovaj grad od jedva tri hiljade petsto stanovnika (petsto papa'a ili Evropljana), otsekao, jer mu je potporučnik Ženo iz francuske mornarice, jedan od njegovih prvih prijatelja u Papeteu, rekao da zbog te duge kose i mohikanskog šešira koji je nosio kao Bufalo Bil, Maori misle da je mahu, muškarac-žena.

Nekoliko nedelja po odlasku Titi Sikice, počeo je da oseća glad za ženom. Susedi iz Matajee, skoro svi Maori, sa kojima se dobro slagao koje je ponekad zvao u svoju kućicu na čašu ruma, savetovali su mu da potraži sebi ženu među stanovništvom na istočnoj obali, gde je bilo mnogo devojaka željnih da se udaju. Ispostavilo se da je bilo lakše nego što je mislio. Na konju je otišao u ekspediciju koju je krstio „u porazi za Sabinjankom" i u majušnom mestu Faone, u jednoj radnji pored puta gde se zaustavio da se osveži, prodavačica ga je pitala šta traži u tim krajevima.

„Ženu koja bi živela sa mnom", našalio se.

Gospođa širokih kukova, još uvek zgodna, malo je razmišljala pre nego što je ponovo progovorila. Ispitivala ga je pogledom kao da želi da mu pročita dušu.

„Možda bi vam odgovarala moja ćerka", predložila mu je na kraju, veoma ozbiljno. „Da li želite da je vidite?"

Koke je zbunjeno pristao. Nekoliko trenutaka kasnije gospođa se vratila sa Teha'amanam. Rekla je da ima samo trinaest godina, uprkos razvijenom telu, čvrstim grudima i butinama i mesnatim usnama koje su se otvarale preko belih zuba. Pol joj se približio, pomalo zbunjen. Da li hoće da bude njegova žena? Devojčica je, smejući se, pristala.

„Zar me se ne bojiš, iako me ne poznaješ?"

Teha'amana je odmahnula glavom.

„Jesi li bila bolesna?"

„Nisam".

„Da li znaš da kuvaš?"

Pola sata kasnije krenuo je natrag u Matajeu. Peške ga je pratila njegova tekovina, lepa meštanka koja je govorila sladak francuski i na ramenu nosila sav svoj imetak. Ponudio joj je da je podigne na sapi konja, ali devojka je odbila, kao da je to neko svetogrđe. Od prvog dana ga je prozvala Koke. Ime će se proneti kao metak i ubrzo će svi susedi u Matajei, a kasnije svi Tahićani, pa i neki Evropljani, tako da ga zovu.

*

Matajea, februar 1893.

Za jedanaest meseci koliko mu je trebalo da ostvari odluku o povratku u Francusku, od one tamara'a gde je na kaju spavao sa Maorijanom, Tutsitilovom ženom, sve dok zahvaljujući posredovanju Monfreja i Šufenekera u Parizu francuska vlada nije prihvatila da ga reparira pa je mogao da se ukrca na Dišafo 4. juna 1893. Koke je naslikao mnogo slika i napravio bezbroj skica i skulptura iako nijednom nije mislio da pravi remek-delo kao kad je slikao Manao tupapaua. Neuspeh sa portretom mervog deteta Sijasa (sa kojima je posle izvesnog vremena Ženo uspeo da ga pomiri) odvratio ga je od pokušaja da zarađuje za život slikajući koloniste sa Tahitija, među kojima je, po svojim malobrojnim evropskim prijateljima, važio za ekstravagantnog čoveka, koji nije za predstavljanje.

Teha'amani nije reko ni reči o svojim akcijama za reparaciju, jer se bojao da će, znajući da će je uskoro napustiti, njegova vahine prva napustiti njega. Bila mu je draga. Sa Teha'amanom je mogao da razgovara o puno toga, jer je devojčica, iako nije poznavala mnoge za njega važne teme, kao što su lepota, umetnost i stare civilizacije, imala vrlo bistar um i svojom inteligencijom je popunjavala praznine u svojoj kulturi. Svaki čas bi ga iznenadila nekom inicijativom, šalom ili iznenađenjem. Je li te ona volela, Koke? Nisi uspevao da saznaš. Kao kad bi je poželeo, uvek bi bila sprema; u trenucima ljubavi bila je srčana i vešta kao najiskusnija kurtizana.

*

Pariz, oktobar 1893.

U Parizu je sve bilo gore od gorega. Izgledalo je nemoguće da će stvari još da se pogoršaju posle onih meseci oporavka u Bretanji. U umetničkim krugovima vladali su nepoverljivost i neizvesnost zbog politike vredne prezira. Otkako je jedan anarhista ubio predsednika Sadija Karnoa, represivna atmosfera, potkazivanje i proganjanja naterale su u egzil mnoge njegove poznanike i prijatelje (ili bivše prijatelje), simpatizere anarhista kao što je Kamij Pisaro ili protivnike vlade, kao što je bio Oktav Mirbo. U umetničkim krugovima je vladala panika. Hoćeš li imati problema zato što si unuk Flore Tristan, revolucionarke i anarhistkinje? Policija je bila tako glupa da te je možda samo zbog porekla vodila na spisku kao subverzivno lice.

Nasledstvo strica Zizija se veoma smanjilo usled bolničkih i lekarskih troškova tako da je kupio kartu za treću klasu na Australijanu koji će, krenuvši iz Marseja 3. jula 1895. preći Suecki kanal i stići u Sidnej početkom avgusta. Odatle će preko Novog Zelanda krenuti za

Papete. Nastojao je da pre polaska proda slike i skulpture koje su mu ostale. Napravio je izložbu u sopstvenom ateljeu na koju su uz pomoć prijatelja i pozivnice koju je tajno napisao Šveđanin August Strindberg, čije su drame imale mnogo uspeha, došli neki kolekcionari. Prodaja je bila slaba. Napravio je licitaciju u hotelu Druo od svih preostalih dela i tu je bilo nešto bolje, mada ispod njegovih očekivanja. Toliko je žurio da stigne na Tahiti da to nije mogao da sakrije. Jedne večeri, u kući Molarda, Španac Pako Durio ga je pitao zbog čega oseća takvu nostalgiju za tako strašno udaljenim mestima od Evrope.

„Jer više nisam ni Francuz ni Evropljanin, Pako. Iako moj izgled govori suprotno, ja sam istetovirani ljudožder, jedan od onih crnaca odande".

Njegovi prijatelji su se smejali, ali on je, preterujući kao i uvek, govorio istinu.

*

Ruan i Sent Etjen, juni 1844.

Bila su to teška vremana jer je Andre Šazal žestoko proganjao. Otkrio je njeno boravište u Parizu i tužio je sudu da se otuđila kao supruga i majka. Tražio joj je dvoje dece koja su preživela (najstariji Aleksandar je upravo umro). Flora je mogla da plati advokata da brani, da otegne proces i presudu koja - branilac ju je predupredio - s obzirom na važeće zakone protiv žene koja napusti dom, za nju neće biti povoljna. Postojao je pokušaj prijateljskog dogovora u kući Florinog ujaka, komandanta u Versaju. Andre Šazal koga nije videla četiri godine pojavio se bazdeći na alkohol, staklastih očiju i sa ustima punih besa i prebacivanja. Bio je polulud od pizme i gorčine. „Vi ste me obeščastili, gospođo", ponavljao je drhtavo svaki čas. Suzdržavajući se izvesno vreme na molbu svoga advokata, Madam-la-Coler nije mogla više: zgrabila je keramički tanjir sa najbliže police i skrhala ga o glavu svoga muža. Ovaj se strovalio na pod uzviknuvši od iznenađenja i bola. Iskoristivši pometnju Flora je uhvatilo za ruku malu Alin - čije je starateljstvo sud dodelio ocu - i pobegla. Njena majka je odbila da joj pruži utočište, prebacujući joj da se ponaša kao sumanuta. To joj nije bilo dovoljno, nego je odala (bila si sigurna u to) njeno skorvište Andreu Šazalu, u jednom sirotinjskom hotelu u ulici Servandoni u Latinskoj četvrti gde se Flora sklonila sa Alin i Ernestom-Kamilom. Jednog jutra kada je izlazila iz hotela sa sinom, muž joj je došao u susret. Počela je da trči, a za njom Šazal koji ju je sustigao na vratima Pravnog fakulteta na Sorboni. Bacio se na nju i počeo da je udara. Flora se branila kako je mogla, pokušavajući da zaustavi udarce svojom tašnom a Ernest- Kamil je vikao uplašeno se držeći za glavu. Grupa studenata ih je razdvojila. Šazal je urlao da je ta žena njegova zakonita supruga i da niko nema prava da se meša u bračni sukob. Budući advokati su došli u sumnju. „Je li to istina, gospođo?" Kada je ona priznala da je udata za tog gospodina, mladići su se zbunjeno udaljili. „Ako je to vaš suprug, ne možemo da vas branimo, gospođo, zakon ga štiti"."Vi ste veće svinje od ove svinje", doviknula im je Flora dok je Andre Šazal silom vukao u policijsku stanicu na trgu Sen-Sulpis. Tamo ju je šef policije registrovao, opomenuo i upozorio da ne sme da napušta hotel u ulici Servandoni. Ubrzo će dobiti poziv od gospodina sudije. Andre Šazal je umiren otišao noseći malog Ernesta-Kamila koji je glasno plakao.

Nekoliko sati kasnije Flora je ponovo bila u bekstvu sa šestogodišnjom Alin. Zahvaljujući francima i pjastrima koji su stigli iz Arekipe, lutala je oko šest meseci po unutrašnjosti Francuske, uvek bežeći što dalje od Pariza, kao od kuge.

*

Kako si, Flora, u tim grozničavim godinama, dok si se na sudovima i ulicama borila sa Andre Šazalom, uspela istovremeno da napišeš Lutanja jedne parije? Ta sećanja na tvoje putovanje u Peru pojavila su se u dva toma u Parizu početkom 1838. i za nekoliko nedelja si postala poznata u francuskim intelektualnim i književnim krugovima. Napisala si je zahvaljujući toj neukrotivoj energiji koju si tek poslednjih meseci tokom ove turneje počela da gubiš.

Pojava Lutanja jedne parije donela joj je književni ugled i nešto para - dva izdanja su rasprodata za kratko vreme - ali i probleme. Skandal koji je knjiga izazvala u Parizu - nijedna žena nije ogolila svoj privatni život tako otvoreno, ni zastupala svoje stanje ,parije', niti se bunila protiv društava, konvencija i braka kao što si ti učinila - nije bio ništa u poređenju koji si izazvala u Peruu kada su prvi primerci stigli u Limu i Arekipu. Volela bi da si bila tamo da vidiš i da čuješ šta su govorila ona pobesnela gospoda koja su čitala francuski kada su se prepoznali u tako grubim opisima.

Knjiga samo što te nije koštala života. Andre Šazal ti nije oprostio portret, taj nemilosrdni portret. Nedeljama i mesecima je smišljao zločin. U njegovoj jazbini na Monmartru pronađeni su crteži groba i epitaf za „Pariju", sa datumom iz doba objavljivanja „Lutanja". U maju te godine kupio je dva pištolja, pedeset metaka, barut, olovo i kapsule, ne potrudivši se da uništi račune. Od tada se hvalio svojim prijateljima grafičarima u kafani da će uskoro izvršiti pravdu sopstvenim rukama „protiv te Džezabel". Malog Ernesta-Kamila je ponekad vodio da gleda kako vežba pucajući pištoljem u metu. Celog meseca avgusta 1838. videla si kako se šunja oko tvoje kuće u ulici Bak. Iako si upozorila policiju, ona nije učinila ništa da te zaštiti. Andre Šazal je 10. septembra izašao iz svog brloga na Monmartru i vrlo spokojno otišao da ruča u mali restoran na pedeset metara od tvoje kuće. Jeo je mirno, usredsređen na čitanje neke knjige o geometriji u kojoj je, po rečima gazde lokala, pravio beleške. U pola četiri si se vraćala kući peške, ubijena letnjom vrućinom i ukrstila si pogled sa Šazalom. Videla si kako se približava i znala si šta će se dogoditi. Ali tračak dostojanstva i ponosa sprečio te je da potrčiš. Nastavila si da hodaš visoko uzdignute glave. Na tri metra od tebe Šazal je podigao jedan od pištolja koje je držao u ruci i pucao. Pala si na zemlju od metka koji ti je ušao u telo kroz mišku i ostao u tvojim grudima. Kada se Šazal spremao da puca iz drugog pištolja, nišaneći, uspela si da ustaneš i otrčiš do obližnje radnje. Tamo si se onesvestila. Posle si saznala da Šazal, taj slabić, nije stigao da puca iz drugog pištolja i da se bez protivljenja predao policiji. Sada je služio kaznu od dvadeset godina prinudnog rada. Oslobodila si ga se, Flora. Zauvek. Pravda ti je pri tom dopustila da skineš prezime Šazal Alin i Ernestu-Kamilu i da ga zameniš sa Tristan. Zakasnelo, ali pouzdano oslobođenje. Samo što ti je Šazal za uspomenu ostavio taj metak koji će te u svakom trenutku ubiti ako se makar malo pomeri ka srcu.

*

Bordo, novembar 1844.

Onaj Listov koncert u Bordou krajem septembra 1844. kojem si prisustvovala više iz radoznalosti nego zbog sklonosti prema muzici (kakav li je taj pijanista sa kojim si se već šest meseci ukrštala i razilazila na putevima Francuske?) završio je kao drugi vodvilj; iznenadnom nesvesticom koja te je bacila na pod i privukla sve poglede publike - među njima i pobesnelog prekinutog pijanistu - ka tvojoj loži u Gran Teatru. Naduvala ga je hronika onog neupućenog novinara koji je iskoristio tvoju nesvesticu da te predstavi kao mondensku silfidu: „Zadivljujuće lepa, elegantna i vitka, ponosnog i živog duha, očiju punih Istočne vatre, duge crne kose koja bi mogla da joj posluži kao šal, lepog maslinastog tena, belih i finih zuba, madam Flora Tristan, spisateljica i društveni reformator, kći munja i senki, sinoć je doživela vrtoglavicu, možda usled transa u koji je pala od izvrsnog arpađa maestra Lista". Pocrvenila si do korena kose dok si čitala tu površnu glupost kad si se probudila u mekoj postelji.

*

Arnold Ruge se zaista vratio sledeće nedelje sa šest nemačih drugova, svi u egzilu, a među njima je bio i socijalista Mozes Hes, vrlo poznat u Parizu. Ni jedan od njih nije bio Karl Marks koga je zadržala priprema poslednjeg broja časopisa koji je izdavao sa Rugeom, tribunom grupe: Nemačko-francuski godišnjaci. Pa ipak, upoznala si ga nešto kasnije u živopisnim okolnostima, u maloj štampariji na levoj obali Sene, jedinoj koja je pristala da štampa Radničku uniju. Nadzirala si štampanje tih stranica u staroj štampariji na pedale lokala, kada je jedan raspomamljeni mladić sa bradom, znojav i lica zajapurenog od besa, počeo da se buni na užasnom grlenom francuskom i pritom je pljuckao. „Zbog čega štamparija nije poštovala svoje obaveze prema njemu i odlagala je štampanje njegovog časopisa da da prednost ‚književnom razmetanju' ove dame koja je tek stigla?"

Madame-la-Coler je, naravno, ustala sa stolice i pošla mu u susret.

„Književna razmetanja, rekoste?" - uzviknula je podižući glas isto toliko kao galamdžija. – „Da znate gospodine, moja knjiga se zove Radnička unija i može da promeni istoriju čovečanstva. Sa kojim pravom ste došli da se derete kao uškopljeni petao?"

Osoba koja je galamila je promrmljala nešto na nemačkom, a zatim priznala da ne razume taj izraz. Šta znači „uškopljeni petao"?

„Idite i pogledajte u rečnik i usavršite svoj francuski" - posavetovala mu je Madame-la Coler, smejući se, „i iskoristite priliku da obrijete tu bradu bodljikavog praseta zbog koje izgledate prljavo".

Crven zbog jezičke nemoći, čovek je rekao da ne razume ni šta je „bodljikavo prase" i da u takvim okolnostima nema smisla nastaviti diskusiju, madam. Oprostio se sa namrgođenim naklonom. Flora je kasnije od vlasnika štamparije saznala da je nervozni stranac Karl Marks, prijatelj Arnolda Rugea.

*

Najveći deo vremena je ipak, zahvaljujući opijumu provodila polusvesna, sa vrlo otvorenim očima i sjajem užasa u zenicama, kao da ima vizije. Ponekad je govorila nepovezane monologe u kojima je govorila o svome detinjstvu u Peruu, Londonu, o Arekipi, o svom ocu, o komitetima radničke unije, ili je pokretala vatrene polemike sa misterioznim protivnicima. „Nemojte da plačete zbog mene", čuli su je kako jednog dana govori Elezi i Šarlu koji su sedeli u dnu njenog kreveta. „Bolje me imitirajte".

*

Atuona, Hiva Oa, maj 1903.

Počev od 1. maja, takoreći više nije imao snage da ustane iz krevete. Ostao bi u svom ateljeu na spratu, utonuvši u bezvremensku neaktivnost, primećujući jedva da muve više ne vole samo zavoje na njegovim nogama; šetale su po ostatku njegovog tela i po licu, a da se i nije udostojio da ih otera. Pošto su ga noge još jače pekle i bolele, tražio je od Bena Varnija da mu vrati špric za injekciju. I od pastora Vernijea da mu da morfijum sa argumentom koji ovaj nije mogao da odbije:

„Kakvog smisla ima, prijatelju da toliko patim, kao da sam živ odran, ako je pitanje dana ili u najboljem slučaju meseci kad ću umreti?"

Davao je morfijum sam sebi, pipajući, ne trudeći se ni da dezinfikuje iglu. Omamljenost je uspavljivala njegove mišiće, bol se smanjivao, ali ne i njegova mašta. Naprotiv, uspaljivala se, žarila. Oživljavao je u slikama ono što je zapisao u svojim šarenim i bizarnim nezavršenim sećanjima o idealnom životu umetnika, divljaka u svojoj džungli i okolini nežnih i opasnih zveri, kao što su kraljevski tigar u šumama Malezije i kobra u Indiji. Umetnik i njegova žena, takođe dve zveri, okruženi čarobnim i opojnim mačkastim mirisima, živeli bi posvećeni stvaranju i uživanju, izolovani i ponosni, nezainteresovano i daleko od glupog i kukavičkog mnoštva u gradovima. Šteta što u šumama Polinezije nije bilo zveri, zvečarki, što su se u njima samo rojili komarci. Ponekad je video samog sebe ne na Markiskim ostrvima, nego u Japanu. Tamo je trebalo da odeš da tražiš Raj, Koke, umesto da dođeš na osrednju Polineziju. Jer u rafiniranoj zemlji Izlazećeg Sunca sve porodice su bili seljaci devet meseci godišnje i sve su bile umetnici preostala tri meseca. Japanski narod je privilegovan. Među njima nije došlo do tog tragičnog odvajanja umetnika od ostalih koje je ubrzalo dekadenciju zapadne umetnosti. Tamo u Japanu svi su bili sve: seljaci i umetnici u isto vreme. Umetnost nije bila u tome da se imitira priroda već da se savlada jedna tehnika i da se stvore svetovi drukčiji od stvarnog sveta: niko to nije učinio bolje od japanskih grafičara.

„Dragi prijatelji: skupite priloge, kupite mi kimono i pošaljite me u Japan - uzviknuo je iz sve snage u prazninu koja ga je okruživala, " neka moj pepeo počiva među žutima. To je moja poslednja volja, gospodo! Ta zemlja me oduvek čeka. Moje srce je japansko!"

Smejao si se, ali si doslovno verovao u sve što si uzvikivao. U jednom od retkih trenutaka u kojima je izlazio iz polusvesnog stanja od morfijuma, prepoznao je u podnožju svog kreveta pastora Vernijea i Tioku, svog brata po imenu. Oštro je insistirao da šef protestantske misije prihvati kao uspomenu na njega primerak prvog izdanja L'apres-midi d'un faune koji mu je lično poklonio Malarme. Pol Vernije mu je zahvalio iako je pastora sada brinulo nešto drugo:

„Divlje mačke, Koke. Šetaju ti po kući i sve jedu. Brine me da u inertnom stanju u kojem te ostavlja morfijum mogu da te ujedu. Tioka ti nudi svoju kuću. Tamo će te on i njegova porodica paziti".

Odbio je. Divlje mačke sa Hiva Oe bile su mu odavno tako dobri prijatelji kao divlji petlovi i divlji konji sa ostrva. Nisu samo dolazili da traže hranu, dolazile su i da mu prave društvo i da se interesuju za njegovo zdravlje. Uostalom, mačke su bile suviše inteligentne da pojedu jedno trulo biće čije bi meso moglo da ih otrije. Radovalo te je što su tvoje reči zasmejale pastora Vernije i Tioku.

Zamolio je, pokazujući, da mu prinesu sličicu koja ga je odavno pratila: onaj pejzaž Bretanje prekriven snegom. Čuo je kako se kreću po ateljeu; pomerali su stalak, škripao je, sigurno su mu nameštali spojnice da taj snežni pejzaž bude ispred njegovog kreveta, da može da ga vidi. Nije ga video. Samo je razlikovao neodređene forme, neke od njih mora da su ona Bretanja iznenađena olujom sa belim pahuljicama. Ali iako ga nije video, tešilo ga je saznanje da je pejzaž tu. Podilazila ga je jeza kao da pada sneg u Kući uživanja.[*]

---

[*] Mario Vargas Ljosa: „Raj na drugom ćošku", prevod Ljiljana Popović-Anđić, „Narodna knjiga" Beograd.

DUHOM MLADI VILENJAK
Šandor Marai

Da je kojom srećom rođen u zemlji izvan komunističkog totalitarizma, velikog pisca Šandora Maraia ne bismo otkrivali početkom 21. veka, već bismo ga proučavali i napajali se njegovim književnim umećem uz rame evropskih velikana, jer mu je doista tu mesto, a njegovih savremenika poput Hermana Hesea, Tomasa Mana, Hajnriha Bela, Albera Kamija... Od svega, s ponovnim osećanjem stida ali i besa što smo deo tog sveta, tek danas otkrivamo jednu neporecivu književnu veličinu. ‚Narodna knjiga' objavila je ‚Esterino zaveštanje' (četiri novele) i roman ‚Sveće gore do kraja', Šandora Maraia u prevedu Marije Tot-Ignjatović.

Pa ko je onda taj izuzetni i čudesni Šandor Marai?

Rođen je u Kasi 1900. godine. Sa osamnaest godina počinje da se bavi izdavaštvom u Budimpešti, a sledeće godine odlazi u Berlin i Frankfurt na studije. Godine 1920 zaposlio se kao novinar u ‚Frankufurter Cajtungu'. Član Mađarske akademije nauka postao je 1945. a tri godine kasnije, iz političkih razloga morao je da emigrira. Posle Švajcarske i Italije odlazi u SAD i od 1952. do 1967. radi u radiju Slobodna Evropa. Za kratko se vraća u Italiju, u Salermo, ali se ubrzo vraća u San Dijego gde će se 1989. ubiti. Godine 1990. postuhumno je odlikovan ‚Košutovom nagradom'.

Zanimljivo je da novele iz knjige ‚Esterino zaveštanje', tri pisane 1938. i 1939. godine, a poslednja 1989, pred sam kraj života, nose jedinstven pečat izraza, nijansiranih opservacija, oporih, često na granici izdržaljivosti, pa opet tananih tonova razumevanja ljudskog duha i stalnih teskoba njegovih junaka. Četvrta novela iz ‚Esterinog zaveštanja', ona iz 1985. ima podnaslov ‚krimić'. U 85. godini života Marai još ima snage i duha da se poigrava poput mladog vilenjaka, da, ne mareći za konvencije, pod naslov složene književne tvorevine ispiše - ‚krimić'. To i njegova odluka da sebi prekrati život, valjda uvidevši da je na samom rubu vitalnog ambisa, otvara nam žeđ da što više saznamo o ovoj neobičnoj ličnosti, a očito je, bar za sada, znamo još neprijatno malo.*

Prvi susret sa Maraiem dogodio nam se preko knjige novela ‚Esterino zaveštanje' i, naravno, prvom novelom u knjizi, „Mesar', koja je po književnom ostvarenju u samim vrhovima evropske novelistike. Verovatno završena negde 1938. godine, novela ‚Mesar' do te mere anticipira ovo naše današnje vreme (a tako dobro oslikava atmosferu u Nemačkoj tih godina), da bismo je,

---

* Nešto više od pola godine posle objavljivanja ovoga teksta, izdavačka kuća AED studio, iz Beograda, objavila je tri knjige Dnevnika Šandora Maraia; DVENVIK 1943-1947, 1948-1952, 1984-1989. Ove tri neverovatne knjige potpuno su nas upoznale sa ovim izuzetnim autorom. Na sreću, Dnevnici su pisani daleko od one prepoznatljive koketerije mnogih autora, gde je naknadna pamet najdominantnija, gde su njihove geste, odluke i ponašanja dobro prosejani i ulepšani za dnevnik. Marai se toga ne igra. Okrutan u svojoj otvorenosti do bola, kritičan kao bič i prema drugima i prema sebi, održao je lekciju i pokazao da je moguće ispisati i objaviti dnevnike koji će, nema sumnje, ostati visoki, često nedostižan uzor i model. Posebno je dramatičan detalj, o kome piše bez zazora, vajkanja i samosažaljenja, kada u poznim godinama, u 89. godini života kupuje pištolj i odlazi na strelište da uči da puca, kako u datom času odluke da sebi zaustavi život, koji polako postaje besmisleno mrcvarenje, ne bi načinio grešku.

tako oporu i drsku, drastičnu, ispripovedanu bez zazora i ograda, da je napisna onih dana, proglasili obrascem modernosti i svedenog izraza. Pisna je kao da su reči utkivane, a ispod tog čekića i udarca, skoro fizički osetite miris vremena, soba, grada, têla i zbivanja.

Da bi izradio lik Ota, ubice u noveli ,Mesar', Marai ne pribegava dugim i zamornim ekspozicijama stereotipa o strogom, despotskom ocu, dominantnoj majci, mučnom detinjstvu sa potisnutim seksualnim zlostavljanjima, koje su u to vreme dominirale evropskom li-teraturom. Ne. Uspostaviće s početka novele ogoljen pečat, direktan i krajnje sveden. Otov otac je uspešan sedlar u malom branderbuškom gradu pored Berlina. Srećna protestantska porodica jedne večeri odlazi u cirkus i pisustvuje, u šoku, mučnom događaju. Artistkinja na kraju predstave stavlja glavu u usta velike medvedice, koja, potpuno neočekivano, sklapa čeljust i ubija ženu.

Od uzbuđenja Otova majka se onesvesti. Marai nastavlja: „Te noći začet je njihov sin Oto. Deset meseci kasnije rodio se sa zubima. Porođaj je majci oduzeo život". Preko te čudne opaske skoro preletimo i tek kad saznamo da mladi Oto neće da se bavi sedlarskim poslom, već želi da bude mesar, jer ne može da zaboravi za njega divan osećaj kada je jednom prilikom, kao dečak, u rukama držao izvađene volujske oči, lagano zalazimo u mrežu zločina.

Retko kome piscu polazi za rukom da tako duboko i verno zađe u biće i psihu žene, kao što to čini Šandor Marai u noveli ,Južni vetar'. Ulaženje u tanano biće i psihu mlade, čedne devojke, začuđujuće je majstorstvo. Kao pandam možemo uzeti ono neverovatno poistovećivanje Marija Vargasa Ljose sa životom, patnjama i halucinantnim stanjima Pola Gogena. I tu se proverava veličina pisca, a u pomenutom postupku Šandor Marai to superiorno pokazuje.

Posebno poglavlje, koje bi zahvatilo mnogo složeniju analizu, jeste Maraievo građenje odnosa među ljudima. Bujica emocija, sećanja i podrazumevajućih nanosa života svedeni su samo na poneku šturu reč, simboličan gest ili pokret, prigušeni ton, skoro ništa, koji iza sebe podrazumevaju mnoštvo osećanja, lomova i iskustva. To je postupak koji Maraia stavlja u same vrhove evropske književnosti. Ovo se pre svega odnosi na glavni lik romana ,Sveće gore do kraja', generala i lik njegove dojlje Nini. Generalu je 75 godina, a Nini 91. Prvi gutljaj mleka general je, pre 75 godina posisao sa Nininih grudi. Marai kaže: „Nije imala ni rang ni titulu u kući. Samo su osećali da ima snagu. Samo je general znao da je Nini napunila devedesetu. Ali o tome nikome nije govorio".

Što je najlepše, taj odnos je samo prateći tok glavne okosnice romana koju čini vernost i nevernost dva prijatelja.

Sem neumornog Vase Pavkovića koji preporučuje Maraia i koji je urednik obe njegove knjige, još nismo videli ni jedan značajan tekst naših vodećih kritičara i presuditelja o Maraiu, ni jedno književno veče posvećeno otkriću - Šandor Marai. A i što bi? Mi smo neki drugi svet.

Kritičare treba i razumeti. Ona, skoro već blasfemija o postmoderni prohujala je imitatorskim svetom, (do nas ta vest, čini se, još nije stigla), a pojam post-post moderne je suviše nejasan, pa je malo ko spreman da stavi žeton na njega (da je bar Derida još živ, pa da ih osokoli). Promukli su, čini se i oni koji su legali i budili se sa konstrukcijom i dekonstrukcijom na usnama. U tom vakuumu, isprobavajući nove kostime, jedino mogu da ustvrde da je roman 21. veka - roman bez sadržaja, pa onda svaku graničnu pojavnost krste romanom, često suprotno svakom razumu, i romanom godine.

U našoj lâži i paralaži - otkrića velikog i prognanog pisca Šandora Maraia - nema.

Iz knjige:

ESTERINO ZAVEŠTANJE

MESAR

Živeli su sasvim mirno, iz njih je isparavao životinjski miris postojanja. Isparavanje krompira, hleba i piva. Grad je susednom Berlinu isporučivao mleko, povrće, junetinu i dadilje.

JUŽNI VETAR

Volela bi da pomogne ocu. Volela bi da sazna istinu - jer sada, kada je ona odrasla osoba, i zna sve, i veoma je pametna i upućena, zna i to da o istini još niko s njom nije popričao; na časovima francuskog jezika ni Ernestina ne govori mnogo o istini, kao ni na časovima muzike, i uopšte, niko nikada ne govori o tome. Oseća takvu radoznalost skoro kao fizičku patnju; kao da je gladna ili žedna, tako se oseća. Gleda stvari po sobi i sve je tako lepo odabrano i retko oko nje; Mari-Kristi već zna šta je lepo, i okrene glavu na drugu stranu, ako se na ulici ili tamo „napolju", u „životu", onako uopšte, u maglovitom i nepouzdanom spoljnom svetu susretene sa ružnim ili neukusnim. Mari-Kristi zna da nju uče lepom i uljudnom po sasvim izuzetnim metodama, i pomalo se oseća kao plemenite životinje u cirkusu koje preskaču obruče i poslušno se penju uz merdevine. Zahvalna je ocu, a istovremeno želela bi već jednom da popriča sa njim - ali otac ne podnosi Mari-Kristinin upitni pogled, strogo okrene glavu, ili zuri u tanjir ili priča sa majkom, tiho i svečano. „Ovo ovako neće biti dobro", misli sada Mari-Kristi. Nije u stanju da kaže šta to „neće biti dobro" - jer sve što je u životu okružuje dobro je, lepo i udobno. U svemu ima toliko sigurnosti, u kući i u predmetima - a tu sigurnost ne daju samo brave, ključevi i čelične roletne. Mari-Kristi u magnovenju već zna da umesto brava i ključeva nad sigurnošću kuće i bašte vladaju snažnije sile; nije to ni policajac na uglu, nisu to ni šofer ni baštovan, nije ni onaj neobičan, polucivil, poluvojnik, koji sa pištoljem oko pasa, ordenjem na prsima i kapom nalik na tanjir, čuva ovde kuće i bašte u celoj ulici, kao neki privatni policajac koga otmeni ljudi, predsednici i direktori drže radi sigurnosti svojih kuća. Ne, još nešto ili neko jači takođe čuva sve ovo. Mari-Kristi je širom otvorenih očiju gledala u tavanicu. „Samo ono što je u opsanosti mora da se čuva", misli ona. I sada odjednom se zacrveni.

Mari-Kristi ne razume ovu „opasnost", samo toliko zna da negde postoji - u zidovima ili u ljudima, ili u telefonu, ili je poštar donosi u kuću ili možda novine. Ona samo toliko shvata. A možda je u snovima opasnost, i u onim trenucima kada ukućani ne razgovaraju već ćute. „Za stolom je nepristojno razgovarati o opasanosti" - misli Mari-Kristi, i poče da se smeje. Svoje snove već duže vemena ne prepričava Ernestini, jednostavno zato što se ne seća snova. Pre dve godine - broji na prste - ne, pre tri godine još se sećala. Tada je sanjala jednostavno i sa lakoćom, u oštrim i okruglim slikama i u boji - kao da je i u snovima videla stvarnost, oca o majku, nameštaj; sve je bilo obasjano, čisto i jednostavno. Ali ima nekoliko godina kako drugačije sanja; noć je mutna, ponekad čak zastrašujuća, volela bi da se probudi, ali ne može, ponekad vrišti, i probudi se u trenutku kad Ernestina kleči pored njenog kreveta i pruža joj zaslađenu vodu da pije. „Mladost" - kaže kućni lekar kada se žale na Mari-Kristinine snove, i smeši se.

O sebi zna da nije lepa, ali je ipak vole - nije lepa, više je nezgrapna i neuljudno ružna, barem ona tako misli kada se ujutru, posle umivanja, sva crvena od hladne vode, pogleda u ogledalo; samo na tren se pogleda, jer Ernestina brižno vodi računa da se Mari-Kristi nepotrebno ne zagleda u ogledalo sa nepristojnom radoznalošću. Strogi su prema Mari-Kristi kod kuće i u internatu - vole je, ali sa tolikom strogošću kao da je stalno kažnjavaju zbog nečega. Zna da nije lepa, šataviše je mršava i koščata, a možda i ne liči na majku, već na oca. „Ne, otac i nije neki lepotan", pomisli tužno. Majka je lepa, ali je tako preterano i tako otmeno lepa, kao ona dama u pozlaćenom ramu iznad kamina; Mari-Kristi ponekad sa pobožnom pristrasnošću i sa sumnjom posmatra tužnu i zatvorenu majčinu lepotu, to umetničko delo kojim se neprestano mora baviti, neprestano mora veličati, kao neki redak i vredan predmet, koji samo u jednom primerku postoji na ovom svetu. Majka svoju lepotu doživljava kao umetničko delo, i neprestano se bavi njome, briše prašinu sa nje i glanca, i traži odgovarajuće osvetljenje i ujutro i uveče. Mari-Kristi smatra da ova neprestana briga i pažnja mora da su jako zamorna obaveza. Majka ponekad sa tolikom zabrinutošću govori o svojoj lepoti, kao o nekoj stranoj, bezličnoj pojavi. Svakodnevno iznova i iznova utvrđuje vrednost te lepote i trenutno stanje - a stručnjaci, koji brižno čuvaju majčinu lepotu, jedan drugome ustupaju kvake u našoj kući, tiho i diskretno, sa tajanstvenim osmehom nestaju iza tapaciranih vrata majčine garderobe, sa reflektorima, mašina koje tiho zuje, sa kremama, farbama i drugim tajanstvenim stvarima neguju majku. Majčina lepote ponekad tako deluje na Mari-Kristi kao da je težak bolesnik u kući, težak bolesnik koga moraju stalno bešumno i neupadljivo negovati. I ponekad se Mari-Kristi raduje što ona nije lepa, već ovako nezgrapno ružna i koščata, nalik na dečaka koji još nije odlučio koju će struku odabrati... - ne, Mari-Kristi se plašila majčine lepote, i ne bi volela da je oponaša ni u čemu.

*

Pomalo pognuto stoji, a topao vetar njiše mu krajeve njegovog neobičnog, preširokog mantila; stoji tako, i udubljeno čita pozorišni program na zalepljenim plakatima. Meri-Kristi se sada odjednom smiri. Čovek stoji tamo, kao likovi u snovima - u jakom svetlu, u potpunoj stvarnosti, a ipak kao da nije stvaran, čovek od mesa i krvi, kao da će istog trena učiniti nešto neobično kao u snu, pomeriti se, odjednom će se ispostaviti da ima troje oči, ili da zna da leti, i da je istovremeno zastrašujuće i smešno. Mari-Kristi ne mora da ga se plaši, kao što se čovek istinski ne plaši ni likova u snu, ma koliko da su strašni ili neobični - oni se naginju prema nama, ali mi znamo da nemaju pravu snagu nad nama, uskoro će zvoniti, doneće doručak, a lik će se odmah pretvoriti u dlakavog psa, a čovek se smeje i probudi se. Mari-Kristi se mirno približava oglasnom stubu, prema čoveku; zna da će uskoro stići do ćoška, gde prolazi tramvaj, i tamo će kupiti Albi onaj francuski modni časopis, koji je juče tražila od nje, bogati. Mirno korača, i zna da joj se ništa loše ne može desiti na ovom svetu, jer je svet pun ljudi sa pljosnatim kapama koji je čuvaju, a „uostalom". Ovo „uostalom" samo pomisli, malo drsko, Mari-Kristi; ova inače ne toliko pristojna reč koju je naučila u internatu od devojaka koje, s vremena na vreme, uvedu u modu pokoju reč, neku uzrečicu, neki podrugljiv i bezobrazan izraz, i sada ta, neizgovorena rač opominje je da se potajno, čini se, ipak plaši nečega. Možda udari vetra ili osvetljenja na ulici, gde polako pada mrak, ili senke drvoreda. Možda čovekovog mantila na vetru, ili - i ovo iznenađenje ispunjava je dubokim i radosnim čuđenjem - same sebe. Čuđenje i otrkiće da se čovek može i sebe plašiti tako su novi, tako zanimljivi da mora da uspori korak. Sada oseća prvi put ovaj strah, a novo osećanje tako utiče na nju kao da je dobila nešto na poklon, upravo danas, na svoj šesnaesti rođendan, kao da su je pozvali nekud, gde se radosne, nove i iznenađujuće, ali ne sasvim bezazlene stvari događaju ljudima, kao da su odali neku tajnu, koja je tako nova i interesantna da će i Alba vriskati od uzbudljive radoznalosti kada joj bude ispričala; ovo osećanje, koje ne razume, ovaj strah, koji je savim bezazlen, nikada neće ispričati Albi, niti madmoazel - nikada neće spomenuti, jer je upravo u tome smisao, to je magična i zastrašujuća suština tog otkrića, da se o tome mora ćutati, dugo, za ceo život. Mari- Kristi prođe pored čoveka, ne pogleda ga, mirno ide dalje, i plaši se nečega. Ne plaši se ona čoveka, to već zna zasigurno. Mirno, ujednačeniom koracima, vedro i ravnodušno gledajući pred sebe, i sa ovim osećanjem, kao san, kao da po malo leti - ne leti suviše visoko, možda samo pet centimetara iznad trotoara - i prođe pored stuba i čoveka.

Zna samo da je upoznala nešto; jedno osećanje čiju će slast i tajanstvenost, bolan teret i uzbudljiv strah, od sada, nositi celog života, jedno osećanje koje je istinski za „odrasle", ali tako drugačije od onog kako Mari-Kristi zamišlja tajne i osećanja odraslih; i ovo osećanje od sada će gospodariti njenim postupcima i snovima... „To je osećanje saučešća", misli Mari-Kristi, pomalo školski ponavljajući. Zaustavila se na uglu ulice, gde je davno, pre dva sata, zastala; odavde vidi kuću i metalne rešetke; i srce joj je teško. Zaustavila se, i oseća da je odrasla. Vetar je stao, zahladnilo je. Kada dodirne zvono na kapiji, pogleda prema nebu i vidi zvezde, na blistavom prolećnom nebu, čije je oblake rasterao jak vetar. Sve je sada mirnije, nebo, grad, ceo svet; samo je Mari-Kristi uznemirena. I zna da će od sada takva i ostati, jer je upoznala ono što nikome ne može da ispriča, i jer joj je u srce upala jedna kap gorko-vrelog osećanja, koje je suština svih ljudskih stvari. Tako ulazi u sobu gde je čeka Ernestina, uzbuđena i uznemirena, s pitanjima. Sedne na ivicu kreveta, sa šeširom na glavi, rukavicama u ruci, i jako je umorna. Volela bi da plače i volela bi da priča. Ali ne plače i ne priča, jer ona je odrasla.

LJUBAV U SRCU

Gledao je kroz prozor. Oblakoderi Menhetna, kao čopor bivola kraj pojila u maglovitom jutru, u tmurnoj masi stajali su tako uz obalu okeana.

SVEĆE GORE DO KRAJA

Iza zatvorenih šalona, u isušenoj i sagoreloj bašti, svojim poslednjim besom žarilo je leto, kao palikuća, koji je u svojoj bezumnoj jarosti naumio da zapali sva polja pre nego se odmetne u daleki svet.

*

Zamak je sve zatvorio u sebe, kao neka velika, ukrašena kamena grobnica, gde trunu kosti i odeća od sive i crne svile davno umrlih žena i muškaraca predhodnih generacija. I tišinu je zamak zatvorio u sebe, kao nekog zatočenog vernika, koji trune u podrumskom zatvoru, bradat i plesniv na truloj slami. Zatvorio je i uspomene, uspomene mrtvih, koje se kriju po tajnovitim skrovištima soba, kao gljive, vlaga, slepi miševi, pacovi i bube u prizemlju prastarih kuća. Na kvakama se osećao drhtaj jedne ruke, koja se ustručava da pritisne kvaku. Svaka kuća, gde je strast svom snagom dodirnula ljude, napuni se ovom nerazgovetnom sadržinom.

*

Od jutra do večeri učili su šta se nikada ne sme reći. U ustanovi u kojoj se vaspitavalo četristo učenika, vladala je takva tišina kao u unutrašnjosti paklene mašine, koja svakog trena treba da prasne. Svi su bili tu: iz čeških zamkova, kose boje zemičke, prćastih noseva i umorni, belih ruku iz moravskih krajeva, iz tirolskih zamkova, iz lovačkih kuća štajerske države, iz okolnih zamkova i iz mađarskih provincijskih kuća, sa dugačkim prezimenima, sa mnogo suglasnika i počasnim pridevcima ispred imena; titulama i činovima, koje su ovde, u ustanovi, odlagali u vrstu ormara, kao prefinjeno rublje iz Holandije ili po meri šivena građanska odela iz Londona ili Beča. Od svega toga ostalo je samo jedno ime i uz to ime jedno dete, koje je sada učilo šta sme i šta ne sme. Bili su tu dečaci Sloveni, u čijima se venama izmešala sva ljudska svojstvenost Imperije, bilo je među njima plavookih, jako umornih aristokrata, desetogodišnjaka, koji su gledali u prazno tako kao da su njihovi preci i umesto njih već videli sve. I jedan tirolski princ je pucao sebi u glavu, zbog ljubavi prema bratanici.

*

Svirali su Šopenovu „Fantaziju polonezu". Majka je svirala strastveno. Kao da se sve pokrenulo. I otac i sin osetili su iz ugla sale, u foteljama, u učtivom i strpljivom čekanju, da se u ona dva tela, u telu majke i Konrada sada nešto događa. Kao da je ta pobuna muzike odigla sav nameštaj, kao da je snaga zatresla teške, svilene zastore ukraj prozora, kao da je sve što su ljudska srca već sahranila, što je pihtijasto i užeglo, sada oživelo, kao da se u srcima ljudi pritajio jedan samrtni ritam, koji u nekom trenutku života kobnom snagom počne da kuca. Učtivi slušaoci shvatili su da je muzika opasna. Ali ono dvoje, majka i Konrad, zajedno uz klavir, više nisu marili za opasnost. „Poloneza" je bio samo izgovor, za oslobađanje snaga u svetu, koje će prodrmati i u vazduh dići sve ono što je čovek uradio i sada brižno čuva. Oboje su sedeli tako uspravno i ukočeno ispred klavira, sa zategnutim telima, pomalo nagnuti napred, kao da muzika diže u vazduh nevidljive, samo iz predanja poznate vatrene kočije, i u toj oluji i jurnjavi van sveta njih dvoje svojim ukrućenim telima i čvrstim rukama drže uzde oslobođenih snaga. Onda su naglo, sa jednim jedinim tonom zaćutali. Snop večernjeg sunca kroz prozorsko krilo obasjao je prašinu zlatne boje u vazduhu, i kao da se ona digla za kočijama muzike, koja se zaputila put nebesa u ništavilo i propast.

*

„Da, detalji su nekad jako važni. Prosto privežu sve, zalepe osnovni materijal uspomena. Na to sam mislio i ja, u tropima, kada je padala kiša. Ta kiša" - nastavi, kao da počinje da priča o nečem sasvim drugom – „mesecima lupa po limenom krovu kuće, kao mitraljez. Močvara isparava, a kiša je topla. Sve je vlažno, posteljina, knjige, duvan u metalnoj kutiji, i hleb. Sve je lepljivo. Sediš u kući, Maležani pevaju. Žena koju si primio u kuću sedi u uglu, i gleda. Satima mogu tako da sede, nepomično, i da gledaju. Prvo i ne obraćaš pažnju. Onda postaješ nervozan i narediš da izađe iz sobe. Ali ni to ne pomaže: znaš da tada negde drugde sedi, u nekoj sobi u kući, i kroz zid te gleda. Imaju velike tamne oči, kao psi sa Tibeta, oni nemi džukci, najpodmuklije životinje na zemaljskoj kugli. Gledaju te tim sjajnim, mirnim očima, i bilo gde da si, osećaš taj pogled, kao da te neko proganja zlim zracima. Ako vikneš na nju, nasmeši se. Ako je udariš, gleda i smeši se. Ako je najuriš, sedne na ulazne stepenice i gleda. Onda moraš da je pozoveš da se vrati. Stalno rađaju, ali o tome niko ne govori, ponajmanje one. Kao da uza se držiš jednu životinju, ubicu, sveštenicu, vračaru i suludu, i sve to u istoj osobi. Onda se umoriš, jer taj pogled je toliko jak da će umoriti i najjačeg čoveka. Jak je kao dodir. Kao da te neko neprestano miluje. Da poludiš od toga. Onda postaneš na sve to ravnodušan. Kiša pada. Sediš u sobi, piješ rakiju, mnogo rakije, pušiš sladunjave cigarete. Ponekad neiđe neko, ne priča mnogo, i on pije rakiju i puši sladunjav duvan. Želiš da čitaš, ali nekako ta kiša pada i u knjigu; ne doslovno, ali ipak stvarno, ne možeš da pratiš smisao reči, kišu slušaš. Želiš da sviraš na klaviru, ali kiša sedi tu pored tebe uz klavir i svira sa tobom. Onda stiže suša, to sjajno isparavanje. Čovek ostari brzo".

*

„Da, da, jednog dana stiže suočavanje sa istinom: a to ti je isto što i starost i smrt. No, tada već ni to ne boli. Kristina me prevarila, kakva je to blesava reč!... I baš sa tobom, kakva žalosna pobuna! Da, ne gledaj me tako začuđeno: izgovaram ovo sa sažaljenjem. Kasnije, kada sam saznao mnogo i razumeo sve, jer od ostatka brodoloma nešto od izdajničkih znakova vremenom je dospelo i do ostrva moje usamljenosti, sa iskrenim sažaljenjem pomišljao sam na prošlost, i video vas, dva pobunjenika u tami, moju ženu i mog prijatelja, dva bića koja se drhćući i sa grižom savesti, prestaravljeni od okrivljivanja samih sebe i goreći u plamenu te prkosne strasti, nesrećno bunite protiv mene na život i smrt... jadni vi! - pomišljao sam. Bezbroj puta sam mislio na to. I zamišljao sam detalje tih sastanaka, u kući kraj grada, u malom gradiću, gde su tajni sastanci gotovo nemogući, zatvoreni tamo, kao na nekom brodu, istovremeno tu mučnu javnost što ta ljubav daje, jer ta ljubav nema ni jedan jedini spokojan trenutak, ljubav čiji svaki trenutak prate pogledi posluge i podmukli pogledi okruženja, to skrivanje i drhtanje od mene, onih pola sata uz izgovor na tenis, muziku ili jahanje, one šetnje po šumi, gde moji lovci paze na svaki šum krivolovaca... zamišljam mržnju koja ispunjava vaša srca, svaki puta kada pomislite na mene, kada na svakom koraku nailazite na moju moć, moć supruga, moć veleposednika, na nadmoć mog društvenog i materijalnog položaja, na moju brojnu poslugu, i na ono što je moć nad moćima, a to je: vezanost koja vam naređuje da van svake ljubavi i mržnje morate znati: bez mene ne možete u potpunosti živeti, ni umreti. Vi, nesrećni zaljubljeni, mogli ste me varati, ali me niste mogli zaobići; uzalud ste oni drugačiji ljudi, nas troje imamo takav odnos, kao kakvi kristali unutar neke geometrijske formule. I ruka ti klone jednog dana sa oružjem, jer više ne možeš da se nosiš sa ovom hajkom, sakrivanjem, bedom... Šta ti je preostalo? Da odvedeš Kristinu? Moraš se odreći svoga čina, siromah si kao i Kristina, od mene ne možeš primiti ništa, ne, ne možeš pobeći sa njom, ne možeš ni živeti sa njom, ne možeš je oženiti, zadržati je za ljubavnicu je opasno po život, opasnije i od smrti: u svakom trenutku moraš računati na izdaju i na otkrivanje, uvek moraš živeti u strahu, da ćeš morati priznati meni, baš meni, prijatelju i bratu. Ova opasnost za tebe je nepodnošljiva. Jednog dana, kada su se pokazali neki znaci, da je situacija sazrela između nas dvoje, digao si oružje; a ja ću te kasnije, vrlo često i iskreno žaliti zbog tog trenutka. Mora da je vrlo mučan i težak zadatak ubiti nekoga ko nam je blizak" - reče onako usput. – „Nisi dovoljno jak za ovaj zadatak. Ili, prođe trenutak i ne možeš više učiniti ništa. Jer ima i toga, trenutak - i vreme donosi i odnosi stvari, samovoljno, jer nismo samo mi oni koji podešavamo naše postupke i pojave u vremenu. Dešava se da trenutak donese jednu mogućnost, koja ima svoje tačno vreme - i tako prođe trenutak, odjednom ne možeš učiniti više ništa. Ruka ti klone sa oružjem. A ti sutra otputuješ u trope".

*

„Umrla je od toga što si ti otišao, umrla je od toga što sam ja ostao i nisam joj više prilazio, umrla je od toga što smo nas dvojica, muškarci kojima je pripadala, bili podliji, oholiji, plašljiviji, grlatiji i ćutljiviji no što je jedna žena to mogla podneti; pobegli smo od nje, izdali smo je, jer smo je nadživeli. To je cela istina. Ovo moraš znati, u Londonu, kada svemu bude kraj, u poslednjem času, kada budeš sasvim sam. I ja ću znati, ovde u ovoj kući; u stvari, već znam. Nadživeti nekog, koga smo toliko mnogo voleli da smo bili u stanju i ubiti za nju, nadživeti nekog sa kim smo imali takav odnos da smo skoro svisnuli, to je jedan od najtajanstvenijih i najnečuvenijih zločina u životu".*

---

* Šandor Marai: „Esterino zaveštanje", „Sveće gore do kraja", prevela Marija Tot-Ignjatović, izdavač: „Narodna knjiga", Beograd

SLAVA I PAKAO ESTERHAZIJA
Peter Esterhazi

Kada smo pre desetak godina pisali o Beli Hamvašu i nedavno o Šandoru Maraiu, strepili smo da bi se odnekud mogao pojaviti i treći zglob na vratima stradanja, jer se tek u trougao može upisati krvavi krug besčašća, represije i poniženja. I evo ga, ovih dana je na srpskom, u prevodu Save Babića, u izdanju novosadskog ,Prometeja', izronio vredan a zastrašujući, treći zglob savremene mađarske kniževnosti.

Ugledni mađarski pisac Peter Esterhazi, poduhvatio se rizičnog i za ovo vreme skoro nerazumnog poduhvata da na 850 stranica (!) prikaže život svoje, a jedne od najstarijih evropskih porodica. Devet godina je nastajala ta kapitalna hronika Esterhazijevih.

Svestan obilja te vrste knjige, Peter Esterhazi primenjuje originalan postupak. Gradi dinamičan mozaik od 371. pasusa, gde je svaki pasus minijaturna priča za sebe. Naravno, neki pasusi se ulivaju u naredne, reminiscentno se vraćaju na neke pređašnje, ali je cela struktura prvog dela knjige (400 stranica) pisana tom metodom.

Celi prvi deo knjige posvećen je ocu, ocu kroz vekove, jer otac nasleđuje grofovsku titulu, imanja, moć, posede, ime. Majke dolaze iz raznih sredina. Sa dubokom lucidnošću analizira žensku prirodu, ali su zapravo svih 800 strana posvećeni ocu.

Građenje knjige kroz pasuse, pruža čitaocu uzbudljivo kretanje kroz prebogatu istiriju jedne porodice i time uklanja zamor isčitavanja tako obimnog dela. Štiteći se od patetike i zavidne istorije svoje porodice, pisac uvodi lekovitu ironiju, sarkazam, i često, bolnu iskrenost.

Ne mali broj pasuse izveden je do najvišeg proznog majstorstva, ali je ovaj postupak ostavio piscu određenu ležernost, spašavajući ga od visokih zahteva unutrašnjeg struktuiranja romaneskne građe. Treba reći da bi ovo delo bilo još prijemčivije da je pisac imao snage za sažimanja i odricanja od određenih izazova preobilnog materijala samog po sebi, olakšao bi recepciju da je objavljeno u dva toma.

Iako se autor čuva da Esterhazije kroz vekove imenuje, uporno govoreći „moj otac", gradeći, uz oporu ironiju i sarkazam, apoteozu Ocu, srednjeevropski čitalac, najčešće pogađa o kome pisac govori. Ovu obimnu knjigu mnogo lakše će primiti i zavoleti čitaoci iz zemalja bivše Austrougarske monarhije, jer će pronalaziti i sebe i svoje očeve i svoje daleke pretke.

Drugi deo knjige ‚Harmonia caelestis' je romaneskna struktura. To je bolan prikaz jedne stare porodice koja svoj pad, definitivni gubitak poseda, blaga, dostojanstva, titula, sve do najogoljenije egzistencije, gubi posleratnim dolaskom komunista na vlast. Komunistička vlast oduzima Sve, do najdoslovnijeg izbacivanja na ulicu i progonstva u duboku provincijsku zabit. Poslednji grof Esterhazi (autorov otac), prisiljen je da radi najteže fizičke poslove, godinama, a po sredi je redak intelektualac, doktor nauka, znalac mnogih jezika.

Treba reći da ovaj drugi deo knjige, uz izuzetne pasaže potresnih prizora i stanja, gubi na snazi. Veliki deo autorovog detinjstva, odrastanja, porodičnih trauma zbog gubitka svega, pomalo liči na već ostvarene knjige o stradanju pod komunističkim terorom.

Pisac izuzetnog renomea, posle devet godina završava svoje kapitalno delo. Oseća, kako sam piše, ogromno olakšanje posle devet godina mukotrpnog rada. Oseća, svestan vremena u kome živi, i zebnju oko prijema ovako obimnog dela. Raduje se jer knjiga nailazi na dobar prijem. Planira da nestane na neko vreme u nekoj morskoj nedođiji, posle prolaska kroz vekove svojih Esterhazija, sebe samoga, svoje porodice, tradicija i njihovih zatomljenja. Ali!

Koristeći, kako kaže, skoro iz obesti, skoro kao šalu, pravo da u konačno slobodnoj Mađarskoj zaviri u tajne policijske dosijee, odlazi u policiju da pogleda u lice ljudskom padu i bésčašću, u krvavu spregu komunističke vlasti i građana koji decenijama znaju ponajviše, ili samo, za strah. I?!!

U mučnoj zgradi tajne policije, za razliku od očekivane kafkijanske atmosfere i nekog neljudskog prijema, pitajući se šta uopšte tu radi, spreman na otvoreni otpor ljudi iz zgrade, nailazi na blag prijem, na ljude koji samo što ga ne teše, koji pokazuju neko, njemu još nepoznato razumevanje. Zašto. Uz osećanje jeze dok čeka da mu donesu prvu tajnu fasciklu, takav prijem ga potpuno izbacuje iz bilo kakve ravnoteže.

I sada, kada smo već đavola dobro povukli za rep, otvara vata pakla, stvarnog pakla, ne simboličnog - stvarnog. Otvara fasciklu i u šoku, gubitku svakog identiteta, panici i bolu do gubljenja svesti, prepoznaje očev rukopis! Rukopis njegovog Oca, onog oca, onog poštovanog oca, onog uzora, onog barda porodice, poslednjeg grofa u vekovnom nizu Esterhazija. Njegov otac, roditelj, bio je, ni manje ni više nego policijski doušnik.!

I dok mu se sav život survava, priseća se da je zapisao u drugom delu ‚Harmonie', da negde 1956 (njemu je tada 6 godina), oca nema danima, da je majka očajna, da dolaze po njega i vode ga u policiju da nešto potpiše umesto oca koji to odbija, da ga nalazi u ćeliji jedva živog, da su ga žestoko tukli, odbijali bubrege i pretili ko zna čime. Kadarov komunistički ‚narodni režim' stavio je usijanu krunu na glavu poslednjeg grofa Esterhazija prisilivši ga da baš On, ni manje ni više, bez ikakve mogućnosti izvrdavanja, bude doušnik, tajni agent, tajne komunističke policije.

Pisac, sin, stoji iznad tih dokumenata. Da pobegne od svega toga? Ne može. Da isčita sve i ćuti do kraja života? Ne može. Da pobriše sav smisao svoga postojanja? Ni to ne može. Odlučuje se za nečuveno. Odlučuje da onim 850 strana dopiše knjigu, koju će nazvati ‚Ispravljeno izdanje' i u kojoj će Sve reći, ispisati, preneti delove tajnih izveštaja, raskrinkati oca doušnika, ne prestajući da voli oca roditelja, oglasiti Svima svoj i svačiji jad koji je decenijama ubijao ne jednu naciju. Ali, ‚Ispravljeno izdanje', obelodaniće i strašnu istinu koja nije direktno vezana za autorovog oca i njegov nesretni doušnički rad - objaviće desetine i desetine i desetine imana streljanih posle neuspele pobune 1956. egzekucije za koje je Kadarov komunistički žrvanj tvrdio da se nikada nisu dogodile.

Obadve knjige su pred nama. Odlučio sam se na najteže, da ih čitam paralelno, skoro istovremeno. Gest ‚Ispravljeno izdanje' ta bespogovorna odgovornost pred ljudskom časnošću, naprosto je jedinstvena u savremenoj evropskoj književnosti. Peter Esterhazi, ispisujući i objavljujući (!) ‚Ispravljeno izdanje', izrasta u korifeja jedne nove dimenzije ljudske svesti i poimanja, vraćajući dostojanstvo pisca, slobodnog čoveka do neslućenih dimenzija.

Već odavno srođeni sa ljudskim paklom, završimo ovaj tekst autorovom rečenicom iz knjige: „Moj otac je u XVIII veku ubio religiju, u XIX Boga, u XX čoveka. Tišina je već odavno vladala, samo je u duši ljudi kloparao svet".

Iz knjige:

HARMONIA CAELESTIS

24.

Kazna je trebalo da bude egzemplarna. Moj otac jedva da je razabirao koju reč iz gomile monotonih slogova koji su mu bubnjali u ušima kao zvuci doboša. Vreme je bilo stalo. Prošlost, sadašnjost i budućnost bejahu izmešani, doboši su udarali, a u njegovim slepoočnicama odjekivahu, kao uznemireni damari, daleki zvuci pobedničkih bitaka, trijumfalnih povorki i juriša, kao i bubnjanje nekih drugih doboša presvučenih crninom, no koji tad nisu nagoveštavali njegovu smrt no nečiju tuđu. Moj otac, uprkos svojim godinama (ličio je pre na rano izđikljalog dečaka nego na zrelog mladića), već je video rane i stajao je oči u oči sa smrću, ali nikada još ovako, iz ove blizine. I upravo ta blizina, to osećanje daha smrti na svom golom vratu, to je bilo ono što je izvitoperavalo u njegovoj svesti sliku stvarnosti, kao kod kakvog astigmatičara kome blizina predmeta samo još više izobličava konture stvari. Ono do čega je mom ocu sada bilo jedino stalo - jer se u njegovom svetu najviše ceni, pored časna života, još samo časna smrt - jeste da sačuva onu dostojanstvenost koja se zahteva od jednog, ovde sledi ime moga oca, u ovakvom trenutku. Noć je proveo budan ali sklopljenih očiju i bez ijednog jedinog glasnog uzdaha, kako bi stražar, oka priljubljenog uz špijunku, mogao posvedočiti da je osuđenik spavao mrtvim snom, kao da mu predstoji venčanje a ne smrt.

Nije dozvolio da ga podižu, nego se, lak, uspravi na noge, tek malko pridržavan dvojicom ulana. Odjednom, još dok nije ni prekoračio prag ćelije, u njemu se javi, negde u grudima, zatim ga obli celog, izvesnost da će sve to da se završi onako kako to traži logika života. Jer sve je sad protiv smrti, sve je na strani života u ovom košmarnom snu: njegova mladost, njegovo poreklo, slava njegove porodice, ljubav njegove majke, carska milost, pa i to sunce koje pada na njega dok se penje u kočije, ruku vezanih straga, kao kakav razbojnik. Ali to potraja samo za krako, samo dok kočije ne dospeše do bulevara gde ga čekaše bučna svetina dovedena iz cele carevine. Kroz proređene salve doboša čuo je šum gomile, njen preteći žamor, video s mržnjom zamahnute pesnice. Gomila je klicala carskoj pravdi, jer svetina uvek kliče pobeniku. To saznanje skrši moga oca. Glava mu tek malo klonu na grudi, ramena se skupiše kao da se brani od udarca (doleteo je i po koji kamen), u pasu se pognu tek malo više. No to je bilo dovoljno da pučina oseti kako ga je hrabrost izdala, kako mu se gordost skršila. To izazva skoro radosno klicanje. (Jer svetina voli da vidi kako se lome gordi i hrabri).

Gospodo, stajao sam na dva koraka od njega, pričao je u oficirskom manježu još iste večeri onaj ulan nakostrešenih brkova. Kada su mu stavili konop oko vrata, gledao je smireno u ruke dželata kao da mu vezuje brokatnu maramu. Dajem vam, gospodo, svoju časnu oficirsku reč. Dva su mogućna zaključka. Moj otac je umro ili hrabro i dostojanstveo, sa punom svešću u izvesnost smrti, držeći glavu visoko, ili je zaista sve to bila samo dobro smišljena režija čije je konce držala u rukama jedna ponosna majka. Prvu, herojsku verziju, podržavali su i širili, usmeno, a zatim zabeležili i u hronikama, sankiloti i jakobinci. Drugu, po kojoj se moj otac sve do poslednjeg časa nadao nekom volšebnom obrtu, zabeležili su zvanični istoričari dinastije, kako bi sprečili rađanje legende. Istoriju pišu pobednici. Predanja ispreda puk. Književnici fantaziraju. Izvesna je samo smrt.

*

149.

Moj otac je težio istini, kao što je, prema svom rado ponavljanom shvatanju, teško lagati ako čovek ne zna istinu (da li je to mislio na Hortija, na Nemce dok je bio u zatvoru u Šopronkehidu ili direktno na komuniste, teško je reći). Jača veza od uobičajene vezivala ga je za rečeno, za izrečeno. Za govor je potrebno malo (više) snage, za izgovoreno malo više samo-tvrđenja. (Možda i samouspavljivanja, ali smatrajmo to ipak lapsusom). Moj otac je „u svakom pogledu malko bio veći od životne veličine". Kada je rođen, imao je šest kilograma. Po Bogu osamljenost je loša. Svaki čovek ima misao koju tokom svog života razume. Moj otac je to razumeo, ovo loše, i celog života se borio protiv toga. Nije živeo strogim životom, ni najmanje nije živeo strogim životom - kao pripadnik elitne lože slobodnih zidara Zur gekröte Hoffnung koji je osnovao car Franja, vladar koji je dobio francusko vaspitanje, čiji je nazovi drugar i pratilac na diskretnim noćnim izletima, opšteomiljeni Kvin-Kvin bečkog dvora, Mocart je njemu napisao čuveni Rekvijem Slobodnih zidara (po Kehelu br. 477), i po njemu je modelovana glavna uloga Kavaljer s ružom - ali je vredno prelistavao Sveto pismo. Saglasno svojoj konstituciji: probirljivo. Beležio je razlog tuge - budući da je, nasuprot radosti koja se vezuje za spasenje i za postojanje Boga, tuga gorki plod koji odvaja od Boga. Dokle će ovo potrajati, Gospode?, postavio je pitanje moj otac. (Ima onih koji antropomorfnu sliku boga smatraju uvredljivom, uvredljivom i za Boga i za čoveka. Moj otac ne spada među njih). Dokle ćeš okretati svoje lice od mene? Dokle ću se premišljati u sebi, i tugovati u srcu svaki dan? Nidokle: moj otac je imao neprijatelja u izobilju, ali u to vreme se baš i nisu okupljali. Dve sjajne generacije porodica su se nagomilale jedna preko druge, zatvarajući - pristrasno, na fin način bi se moglo reći: hoteći-ne-hoteći - puteve gotovo svima drugima. Čovek se svuda spoticao o njih. Otac i stric su bili verni labanci, Šalfijevi ljudi. Moj deda se od njih i oženio, sklopio je brak „sa Sidonijom Palfi koja je imala struk kao osica", koja je potom rodila dvanaestoro dece, a među njima i mog oca. Kada je ujka Jožef postao državni sudija, upravo je umesto obolelog Janoša Palfija predsedavao državnim saborom koji je bio na redu, pa iako je tada bila u modi odeća nemačkog kroja, on je do kraja zadržao mađarsku nošnju. Kraljica ga je volela, međutim kada joj je poverio da najvažnijim Nemcima nisu simpatični Mađari - vidite, grofe, još uvek se mršte na smrad kurckih topova!, rođak je slušao mršteći se - zato će ona, kraljica, izbegavajući ove, Mađare donositi svoje odluke, onda je Jožef iskreno odgovorio: Veličanstvo.

Državni zahtevi počivaju na drevnim zakonima na kojima je uvek polagana zakletva, ali nikada nije održavana.

Moj otac je bio odlučno nemaran, što nije bio znak htenja lakomislenosti, nego njene slobode, oslobođenosti, sve to postavljeno u globalnu borbu protiv tuge. Izvor melanholije je podmuklo srce, ali spretan čovek vraća dug, kaže Sveto pismo. Moj otac, izgleda, u postelju, iz postelje, celog života je vraćao ovaj dug. Bilo kako da je krivudala noć, svaki dan se već ujutro u devet javljao kod svoje vladarke. Marija Terezija bi ga dugo posmatrala, s njegovog lica, iz očiju, kolobara ispod očiju nije bilo teško isčitati minulu noć. U osnovi uzev, volela je mog oca, preciznije njegov talenat; nije mogla da se odupre njegovom talentu. Ali je prezirala njegovu lakomislenost.

*

148.

A opet: jedan moj otac, sasvim pouzdano Belorus, tokom osamnaest godina optuživao je moju majku da ga vara. S njom o tome nikada nije govorio, ali je krišom pakleno patio. Posle osamnaestogodišnje agonije uzeo ju je na odgovornost, a ona mu je s ubedljivom iskrenošću, odgovorila da je sumnja savršeno bez osnove. Moj otac je smesta pohitao u susednu sobu i ubio se. Nije mogao da podnese misao što je toliko vremena suvišno patio.

*

149.

Moja majka je građanka, građanka se ne sme uzeti za ženu. U redu. Zamolimo dakle, uz unapred pogođenu sumu, francuskog plemića, izbeglicu de Durvila, već u poodmalim godinama, da uzme odabranu glumicu, potom on premine, i bi tako, a onda 6. jula brzo vodimo pred oltar našu prijateljicu koja sada već nosi ime baronese de Durvil. Moj je otac (prirodno) dobro kalkulisao, društvo se ne pridržava sopstvenih principa ako ne poremeti sopstveni stil; tu i tada: neka se delikvent zna da postavi. Čak su i bečki fijakeristi znali da gospođica Rihard (u drugoj ulozi: moja majka) nije korenović Durvil, niti je kolenović baronesa, odatle je preuzeta samo novčana pozadina za lažni brak, o čemu je takođe ceo grad bio dobro informisan, pa ipak i opštepoznate zlonamerne dame iz bečkih salona samo su caktale o najnovijoj majstoriji dragog Kvin-Kvina (u drugoj ulozi: moj otac) skrivajući iza lepeza svoje pokvarene zube. Porast uticaja moga oca - najpre je dvorski kancelar, 64. veliki majstor viteškog reda „Sveti Ištvan", 65. mađarski kraljevski glavni komornik, 71. vitez „Zlatnog runa", 73. glavni dvorski majstor i 83. hrvatski ban, što ipak predstavlja trećeg državnopravnog dostojanstvenika Mađarske - omogućio mu je čak i da sina iz prvog braka valjanog starog Durvila odista prepolira u barona. Talenat je uvek višak, preterivanje, prekomernost po svojoj prirodi. Ne treba ga raspoređivati; netalentovanost, nedostatak talenta je ono što treba raspoređivati, na šta treba paziti, kao na očinji vid, s njim se ne sme neodgovorno razbacivati, nešto što moramo sačuvati za bolje (lošije) dane. Ne treba štedeti dobrotu, rekao je moj otac, treba štedeti zlo, tvrdičluk nekako mora da iživi i najbogatiji čovek.

*

193.

Moj otac se (jednom) ujutro probudio s osećanjem da se boji (strepi itd.). Jedva da je bio pri sebi, oči mu se lepe, vrat pretrnuo, a telo mu, kao češće u novije vreme, prekriva tanki veo, težak kao beton, jutarnjeg znoja, nije znao čega se boji (strepi itd). Nalazi se u njemu - kao još nikada. Takozvanim spiskom grehova nije odlagao vreme, njima se ni inače nije voleo da razmeće. Bio je osrednjih grešnik. Onda se možda od toga bojao? Odnosno da li je želeo da bude svetac ili grešnik? E, da, jednostavno se bojao da će izgubiti moju majku, a onda... onda mu neće ostati ništa, jer je moja majka, prema tvrđenju moga oca, jedina koju je moj otac smatrao stvarnom. Samo nju, ni svoje roditelje, oca, majku, ni decu, nikoga, samo moju majku. A Pazmanj? Moj otac je odmahnuo rukom. A kralja Leopolda? Moj otac je odmahnuo rukom. A Turci? Odm. A Erdelj? Odm. A stari grof? Odm. A tvoje ljubavnice? Pardon? i: o.! Što odmahuješ? Reci plemeniti oče moj, začetniče moga života, od koga potiče sve što je važno, kao u dobroj priči, što odmahuješ? On oseća da su svi, izuzev moje majke, produkt njegove fantazije, podanici svemira uspostavljeni od njegovih reči, a kada bi izgubio moju majku, onda bi izgubio reči, jer za drugu obalu reči je neophodna i ova obala, treba nešto što nisu one, ali on ne želi reči neposredno, njihov gubitak je samo znak, znak da posle toga njemu ništa ne ostaje, odista ništa, a on, kao regent svega, već odista dobro upućen u ništa, snaći će se tamo, neukusno, mada bi se pozvao na reformu zemlje, kao i na nacionalizaciju, s ravnodušnošću koja nije strana predmetu, ova knjiga ne zbunjuje, ili tek jedva, navikao je, on bi i dalje ostao regent svega, promena imena u zemljišnim knjigama, kao što je obično pominjao, njega ne uzbuđuje, i on to misli ozbiljno, u redu je i očevidno u proseku više vekova, bar što se tiče njegove ličnosti, to sve-ništa, čime samo želi da kaže, u unutrašnjem poretku, da sve to za njega nije metafora, nije intelektualni izlaz ili psihološko bekstvo, nego praksa, osećanje, iskustvo, međutim... Međutim, ako bi izgubio moju majku, onda bi odista postao skitnica, onda bi odista iz svega pao u ništa, slično nesrećnom Odiseju, i, naravno, zna da bi onda došla određena katarza, ali njemu ne treba katarza, njemu traba moja majka. Pljuje on na katarzu. Onda je otišao u pustinju na četrdeset dana, i postio je četrdeset dana i četrdeset noći i posle toga je ogladneo. Poželeo je saltimboka ala romana. Onda mu je prišao đavo i reče mu: Ako si sin Arpada, naredi da se ovo kamenje pretvori u hleb. Moj otac je spemno pretvorio kamenje u raženi hleb sa susamom. Onda ga je đavo poveo sa sobom u sveti grad, i postavio ga na sims crkve. Moj otac je klimnu glavom, spustio se unutra, jer tako beše pisano. Popeli su se još na brdo Gelert, ako me ničice budeš poštovao, onda itd. Moj otac je osećao da njegovu oholost hoće da poštuje, to ga je jedilo, uvek su isticali da je aristokrata pa tako, tako je pokorno ničice obožavao đavola. Onda ga je ovaj ostavio, i gle, prišli su anđeli i služili moga oca. I ništa se nije promenilo, lagano, korak po korak, jutro po jutro, strepnja je nestala.

*

Druga knjiga

ISPOVEST JEDNE PORODICE ESTERHAZI

127.

Sanjao sam (sanjario) da sam se kod Gospoda Boga interesovao za svog oca. Ispipavao, pipkao, ispitivao. Kakav je. Želeo sam da znam kakav je. Što je sigurno, sigurno je. Time sam ispunjavao vreme u stomaku moje mame. A Gospod i nije davao suštinski odgovor ni posle višestrukih požurivanja. Da on nije vračara (govorio je glasom mladog glumca Imrea Šinkoviča). Ali ja ne pitam kakva će biti moja sudbina, već kakav će biti moj otac. Na to je počeo da se smeška, kao neki tinejdžer, i rekao: da li? Naknadno izgleda da je Gospod bio govorio prepredeno kao ponekada kasnije moj otac; valjda da se navikavam. Da se priviknem na ton.

Ali ja sam želeo da mi priča, ne samo da naznačuje, upućuje, nego da mi priča o mom tati i o ovoj Mađarskoj po imenu Mađarska - ipak, na šta mogu računati.

Ne. Nasuprot tome on je predlagao da zamislim svoga oca. Slegao sam ramenima, bura u čaši plodove vode, ma nije tako važno, biće već nekako. Ali da ga ja samo zamislim. Da ga naslikam na platnu svoje mašte. Na zidu. Da ga isečem od kartona, pa da ga ofarbam. Makazicama da isečem senku a la Gete. Ne boj se Getea, ne ujeda. Ili od plastelina. Možda će plastelin biti najbolji. Možda što nije klasičan materijal, ali je višeslojan. Odnosno gibak. Znači samo da ga mesim, gužvam, gazim. Koga? Moga oca. Da ga postavim na pijedestal, da ga crtam, fotografišem. Da pocepane deliće fotografije, koju je moja majka jednom u besu pocepala, skupim i slepim. Kada? Tokom vremena.

I da načinim skice, crteže, slike.

Moj otac kao bakrorez, akvarel, sito-štampa, kao karikatura, pejsaž i scena bitke. Scena bitke bi naročito bila efektna na filmu kako se u jutarnjoj magli pojavljuju marcijalni konjanici između vlasi kose moga oca, na rubu šume pa lagano, s dostojanstvenim oprezom otkasaju u širokom prostoru čela, a ja bih se pažljivo podigao u sedlu Zelenka, nisam gord, ali sam radostan, paripa sam dobio od svoga gospodara Pazmanja, od kardinala lepog uma i visokih ambicija, dobio sam ga od srca i zbog prepredenosti, zbog ljubavi i zbog intrige, jer se to kod njega sliva ujedno - račun, marifetluk i prava, sveta dobrota.

*

ISPRAVLJENO IZDANJE

Pola je deset, pišem ovo u prigradskoj železnici na kolenima mi sveska (kao Deriju). Idem u Ured; najpre još u Institut za 1956. godinu kako bih preuzeo istraživačku dozvolu koja je sada izmenjena i odnosi se na celu porodicu.

Nervozan sam, kao u nekom filmu.

Kao da idem u (komunjarsku) policiju. Odnosno bojim se. Ne od „zbivanja u arhivi" koja me očekuju, nego da će me uhapsiti, saslušavati, tući. Kao Belu Sasa. Ono što su propustili pre 1990. Zaprepašćujuće je, strah koji izvire iz ove fantazije: stvaran je. Da se ispovraćaš.

Deset sati i pedeset četiri. Preda mnom četiri dosijea, još ne bih da ih otvaram. Razvlačim vreme, svoje vreme koje nemam. Dobio sam i nekoliko drugih spisa, prvo bih njih da pogledam. Uz mali obred otvaram prvi. Neinteresantni zapisi, šta rade aristokrati kada iz inostranstva dopuruju ovamo. Grof je uvek pod znakom navoda. Naši organi su do sada predložili da se 18 lica stavi na Spisak zabrane, za 4 lica je tražena paska.

Paska, lepa reč. Nalazim poznata imena. (Njih sam uredno prepisao, ali ih dajem samo kao skraćenice, iako mislim da je onako zanimljivije, čitati da su Sečenji, Karolji, Ziči, Horti, ali je dosta, čak i mnogo što su im imena jednom upisana, iskorišćena, upropašćena, i tako ponižena). Nalazim jednog I.S., koji je u vezi sa M.R. Mislim da je majka moje zubarke. Potom moja baka. Tetka. Njen bečki stan umesto Renveg ispisano Renberg. Ćuskija. Odsela je kod nas, čitam, kod dr Maćaša Esterhazija. To ispisujem. Mama ima ulogu kao veza. Tetka Mari, njene veze: tetka Žuži, moj otac i stoka, on sam, i baka čak dva puta, jednom kao Margit Esterhazi, jednom kao gospođa Morica Esterhazi.

Ne čitam kao sin jednog pripadnika odeljenja III/III, nego još svojim starim ja, prezirivo, nadmoćno, jer sam nadmoćan. Treba se navikavati na novu situaciju. [Nema nove situacije, samo što u gomilu prezrenih treba da uključim i svog oca., (samo) to je nova situacija].

Kakva lepa, iz daljine zvučna imena: ovakva Nandina, onakva Zenka.

Sada (četvrt 12) ulazi saradnik prijatnog lica, javlja se naglašeno. U odlasku kao da rukom daje znak prema

Tatinim hartijama, ili odmahne (video!): bolje je to ovako... besnim u sebi, šta je bolje od čega?! Ni ne razumem. Stonoga kada izgubi stotu nogu, gubi i sluh.

Ne mogu da se suspregnem, i zavirujem u četvrti dosije. Taj njegov divan rukopis! (I u romanu imam o tome, uz pomoć teksta preuzetog od Lasla Garacija). Kad je negde 1960. godine počeo da sistematski prevodi, najpre je pravio koncept, pisao ga je olovkom, potom je listove bacao na pod. Gledam (gledao sam), inteligencija, odlučnost, lepota, zamah, sve skupa se nalazi u njegovom rukopisu. Možda sam se i zbog ovakve edipovske pozadine toliko radovao kada je jednom neki kafanski grafolog, zapanjen, oduševljen, gotovo začuđen gledao moj rukopis, i s uzbuđenjem najavio da će on čak i besplatno načiniti jednu podrobnu analizu (shvati: za pedeset forinti). Sve se to zbilo na Putu Bele Bartoka, pre trideset godina.

Krišom se rasplačem. Samo beležim (video); lišeno vrednosti.

Opet ga otvaram, okrećem kao društveni list. Ne čitam, gledam. Kao fotografije. Agent je pouzdan, kontrolisan. Majku ti, agent! sikćem refleksno pred sebe. (Višekratni poen za korišćenje: Ne. Otac ti). T..a. šif. Čanadi, dakle to je moj otac (to jest tajni agent pod šifrom Čanadi).

*

Plan: pregledati Harmoniju i pronaći one delove, rečenice koji su u „relaciji" s novim faktima. (Novi fakti! - kako to lepo kažete, viteže moj!) I to ovako: postoji rečenica i treba se pokušati setiti iz čega se ona rodila.

Znači kao da čitam porodična sećanja o svom ocu, a ne roman. Pokazaću primer. „Da su moga oca užasno tukli, šamarali kao dete, udarali kao konja, u prvom besu odbili su mu bubrege, pa ga potom sistematski tukli po celom telu, ali naročito po tabanima, saznao sam tek kasnije". (II/I84) Nisam imao konkretnih saznanja da je on premlaćen 56. godine, jedino (čini mi se) da je 4. novembra nestao na dva-tri dana, odnosno o tome sam jednom uspeo da iz njega nešto izvučem, naime da su ga pendrekom tukli po golenicama (venama). Uporediti ove razine.

*

Elvis: Don't cry, daddy. - Ne briznem u plač, nego mi suze kaplju iz očiju. Zbog nečega mi je važna ova razlika. Možda zato što se ne nalazim sav iza svakog svog sadašnjeg plakanja, imalo bi ono jedan čisto (?) fizički deo, započinje na određene emocionalno ispunjene reči, situacije - kao Pavlovljev pas! mesto suza obeležavam saobrazno novim, realističkim radnim okolnostima, i to - kao moj pradeda neozbiljno slovom n - slovom s = suze, suzim.[*]

---

[*] Peter Esterhazi: „Harmonia caelestis", „Ispravljeno izdanje", preveo: Sava Babić, „Prometej", Novi Sad

PROFANO NAD ZIDINAMA SARAGOSE

Dugo sam se osećao nelagodno što sam voleo ličnost Balzaka, a njegove mi knjige bile dosadne. Čudesno. Balzak kao da je živeo **fikciju**, a hvatajući se pera opisivao život i svet oko sebe. Meni je uvek najknjiževnije kod Balzaka bio onaj doček u dvorcu poljske grofice. Ko zna, neko ko je fizički okusio svet bajkolikog, smisao nalazi u oknjižavanju profanog. (U času kad stupa u kuću grofice-mecene, zaogrnut bundom od vučjeg krzna, poput nekog mitskog junaka, po grofičinom uputstvu, desetine i desetine njenih slugu padaja ničice pred svakim Balzakovim korakom.) Valjda je Balzak jedini, ili veoma redak pisac koji je uz kuću u kojoj je živeo imao i svoju privatnu crkvu. (Opet čarobna grofica.) Pisac je iz svoje radne sobe direktno ulazio na crkveni hor, u taj divni beleg i mesto uzleta i razgovora s nadnaravnim, koje to nije, koje je ulazak u **sebe**, biće, suštastvo izlivanja u ljubav božanskog, ljubav prastanja. Kao da je Balzak živeo literaturu, onu, stvarnu, fikciju, a potom pisao o profanom. Možda je rekao: Ako već živim nestvarno, napisaću sto realističkih romana.

Nešto slično mi se događalo i s grofom Tolstojem. Ne možete a da ne volite njegovu uzbudljivu ličnost, osobenu, jurodivnu, pobunjenu, tešku, nepodnošljivu, koja je znala da do satiranja nestaje po seništima svojih sela pretapajući se u tkanja i vitice desetina i desetina zažarenih seljančica, nekoga ko je sa onakvim mirom odmahnuo rukom na ponudu ljudi sa severa da bude prvi nosilac *Nobelove nagrade*, pitajući, s ironijom, kakve veze ima ime tog pronalazača s književnošću, i dodao: ako su u pitanju pare, ako treba ljudima koji uspostavljaju tu nagradu da se pomogne, evo, mogu se prodati dva sela, ako će to tamo, negde, koristiti književnosti. Konačno, neko ko je svoj odlazak, ono što neupućeni zovu „umiranje", zaželeo da izmesti od svega što je bilo njegovo svakodnevno okruženje, da naprosto izdahne sâm, negde, na nekoj bezimenoj železničkoj stanici, na peronu gde se inače čekaju odlasci i dolasci.

Po školama gutaju *Anu Karenjinu* i *Rat i mir*, a meni su te knjige bile dosadne. Nikako nisam shvatao zašto je to toliko važno i veliko što je neko pisao o ratu i miru. O tome, valjda, piše istorija. Ja sam od Tolstoja jedino voleo *Bogojavljensku noć*. Ostalo sam čitao za prelaznu ocenu, ludeći nad beskrajnim stranicama izlišnih opisa soba, haljina, a naročito nad Tolstojevim vetropirnim ženskim likovima, i uvek izazivao zgražavanje kad bih tako govorio o Nataši Rostovoj. Dok su skoro svi, uz divljenje, čitali Tolstoja i Balzaka, ja sam gutao Gogolja! Bio sam opijen njegovom fantastikom (prepoznajući da je ona **viša realnost, stvarnija**, od svih onih prepisivanja profanog života po drugim knjigama. To je za mene bilo – književnost. Tek otkrićem Bulgakova, malo sam se u svom stidu smirio, videvši da mašta, fikcija, uzlet, imaginacija, mogu biti veliki deo one zamišljene oblasti koju nazivamo – literatura. Onog koji *prepoznaje* počinju da dozivaju. Doziva Edgar Alan Po, Hofman, Rable, 1001 noć... i redom. Mladalačko osećanje *greške*, stid zbog tako jasne apartnosti, nestali su s mučninom od stida što se Mora čitati *Beton i svici*, *Kako se kalio čelik*, *Kako je Pinki video Tita*, sa školama koje doista takve nisu bile za mene.

Nikada nisam posebno držao do mamutskih hronika, istorijskih romana, istoriografije u književnosti. Kada bi se god to petljalo u književnost, osećao sam ukus nasilja, zamene teza, podvalu, ili čudesnu osvetu kritičara zbog neostvarenog pisca u sebi, da tako nešto proglase književnim delom, slaveći ga i hvaleći, kao da namerno unižavaju maštu, praveći od svog osionog previda da **prepričavati** ne znači **pripovedati** vrlinu, koja bi trebalo da se zaodene, čak, i nekom teorijskom ljušturom. Naravno, nesporazume i pometnju među statistima donose velika dela kao što su, u svetu Margerit Jursenar o Hadrijanu, u nas Radovan Samardžić o Mehmed-paši Sokoloviću. Za njima ide reka epigona, a za epigonima revnosna kritika da sve to, na slavu svojih teorija, proglasi novim žanrom, pokretom, novim tokom i talasom.

Nedavno, dok su mnogi uzbuđeno pratili prve, druge, a potom i stotine knjiga o Golom otoku, ja sam ostao ravnodušan. Ravnodušan na to obilje, na „talas", na glupost koja se iskazivala u predlozima nekih profesora da se u kritiku i istoriju književnosti uvede termin „logorologija". Duboko potresen i darivan istinom Varlama Šalamova i *Pričama sa Kolime* i našeg velikana Dragoslava Mihailovića, do u beskraj umnožavanje ostalih, nije me zanimalo. Opet su književnost uvlačili u političke baruštine i licemerne priče o „zadacima" književnosti da „kaže", da „donese istinu" da... sve ono što s literaturom nema nikakve veze. U jeku te eksplozije, osećao sam ogromnu radost što se pojavio, konačno, integralni prevod na srpskom *Rukopis nađen u Saragosi*, Jana Potockog! To je za mene bio datum. Imali smo na našem jeziku roman koji je, van svake sumnje, u sebi nosio sve elemente evropskog preteče „romana toka svesti", ili se može reći da to jeste prvi evropski roman toka svesti. Nažalost, neki vajni urednici u Nolitu, u svome titoističkom komforu partijskog kadrovika, odlučili su da prvo objavljivanje te veličanstvene knjige, pre nekih trideset godina, bude u skraćenoj verziji. Marksisti su veliki majstori **skraćivanja**. Naravno, „plavo kolo" Srpske književne zadruge, opralo je obraz srpskoj književnosti.

Hidra politikanstva, hidra Realnog, uvodili su u teoriju književnosti novu glupost i podvalu – Svedočiti je već značilo – Književnost. Ili je neko, perfidno i dalekosežno, ta bolna i povrh svega časna svedočanstva, gurao Tamo, u književnost, u neka umetnička izmotavanja.

Upregnutost književnosti u opšti talas raskrinkavanja, pomerio je u drugi, treći plan fikciju. Histerija je bila opšta; pljušale su nagrade, intervjui, izdanja. Pisac čija knjiga bar jednom nije bila zabranjena, jedva da je u tim godinama bio ozbiljno uziman kao pisac. Osrednjost i nemaštovitost su dočekali svoje vreme. Neki su, sasvim mirno, bez trunke crvenila na licu, izjavljivali kako je njegova upravo objavljena knjiga stajala skrivana u ladicama već dvadeset godina. Tada reći da nisi oduševljen tim knjigama, bilo je ravno svrstavanju na stranu jednopartijskog podvorenja i tlačitelja. Sve estetičke kategorije bile su sabijene i kondenzovane u jedno – što više dokumenata, raskrinkavanja, provala, razobličavanja sistema. Sve se to moralo i trebalo uraditi, ali bez uplitanja književnosti.

Naravno, ništa, bar u nas, ne ide sàmo od sebe. Izvorišta ovih iskliznuća iz fikcije i srozavanje onog uzvišenog čina stvaranja, nastajanja i tajnovitosti majstorskih, alhemičarskih radionica pisaca, nalazila su se u svetskim zbivanjima. To je upravo vreme slavljenja „disidentske književnosti", koja je, tek ona, počela teški PAD U PROFANO. Uvučena u igre velikih brojeva; profita, tiraža, čitanosti, književnost je ponovo dobila podaničku ulogu onoga filca na rukavicama kojima demokratski Zapad, preko „otkrivenih istina" u književnim delima, može da ošamari totalitarne sisteme Istoka. Opet se sve to moglo bez manipulacije s književnim delom, čak brže, čak delotvornije, ljudskije u svakom slučaju.

Hidra Realnog, gospodar savremenog sveta, otvorila je svoju nezajažljivu utrobu, puneći je, uz slast, opštim galimatijasom: senzacijom, pričama o slobodama, vrtoglavim tiražima, glasovitim, prestižnim nagradama, otvorenim uputstvima piscima kako još malo to izdramatizovati, šta su teme „koje idu", sve to, naravno, soleći i bibereći politikom. Tako preko noći feljton može biti roman, svedočanstvo može biti roman (ili, jedva da i jeste roman ako nije svedočanstvo), sećanja malo pismenijih prebega mogu biti romani. I ne samo romani. Sve to će biti, godinama, proglašavano za magistralni put u književnosti iz čega proizlazi, naravno, i sistem vrednovanja.

Ne zaboravljamo da su mislioci, stvaraoci, naučnici, kroz vekove imali pred sobom zidove cenzura, čuvara duhovnog reda i morala, izopačene i licemerne spodobe u likovima papskih nuncija, vatikanske kurije. Pred knjige su stavljani katanci i rešetke, ili su jednostavno bacane u vatru. Ali u vatru, pokadšto, i sami autori.

Sve do pojave fašizma i komunizma, planetarnih razmera zla i mrzitelja uma, misli i nesputanog stvaralaštva, pisci su dotadašnje muke uzimali kao lični rizik, deo suptilne igre i duhovnog nadigravanja sa crkvom, mračnim ministrom, kraljem, državom, tajnim društvima i javnim proglasima. Ali sve se to nije moglo porediti sa stanjem u kojem je jedan narod mogao biti u tamnici, cela država u zatvoru, u izolaciji, kada je svaku poru života naseljavao, prvo Strah, a potom sve ostalo.

Nezasita hidra Realnog na Zapadu, ništa manje licemerno, zapenušena je od izazova, od mogućnosti nadigravanja, od divnih prilika da je sve dozvoljeno, kad je već sve tako.

Bez trunke stida, 1944, 1945. počinje nova planetarna igra. U prvom krugu takmičenja igra se prebacivanje i spasavanje pred nadolazećim padom fašizma i „slobodom", najcrnjih krvnika čovečanstva, fašističkih dželata, oficira smrti. Slobodni Zapad ih treba. Hidri Realnog (iza čijih mutnih beonjača, nevidljivi za prosti svet, posmatraju finansijski moćnici, iz senke), oni su veoma dragoceni. Ona ih je investirala, podučavala i stvorila, uložila goleme pare, i ne bi da sve to tek tako propadne. Naći će Ona (Oni), vrlo brzo mesto na ovoj izmučenoj planeti, gde će joj Njeni majstori zla i egzekutori i te kako trebati.

Drugi krug igre okreće se naučnicima. Pokreću se legije špijuna, diplomata, agitatora, novinara. Nude im se prozračni, bogati naučni instituti na slobodnoj strani sveta, u zamenu za njihova naučna dostignuća, otkrivanja tajnih eksperimenata. Nepristajanje je najčešće značilo skončavanje u Hitlerovim konc-logorima, ili su im jasno predočene mogućnosti osuda i presuda za kolaboraciju i služenje Fireru.

Radi se bez predaha. Usta Hidre Realnog su nezasita. Kad je taj krug završen, ako je ikada i ako će ikada biti, hranitelji Hidre Realnog smišljaju šta dalje. A posla ima napretek. Opšta tamnica mnogih naroda na Istoku ojačala je do granica neizdrživosti, do krajnjih poniženja čoveka, ali je ojačala i vojno. Naravno, odela se presvlače, daju se suptilnija uputstva, svetla na pozornici su više *sfumato*, uvertire tih opereta su glasne priče o demokratiji, slobodama i pravima čoveka – zavesa se diže i – na svetsku scenu licemerja, koja je samo puki jelovnik Hidre Realnog, uvodi se Književnost.

Naravno, prvo će se opipati puls komunističke nemani. Jednom istinski velikom piscu, ali zabranjenom, daće se *Nobelova nagrada*, na sva usta i na sav glas – divnom i u toj prljavštini opipavanja, krajnje nedužnom Borisu Pasternaku, koji je tu nagradu i te kako zaslužio. Stomak Hidre Realnog podrhtava od radosti, jer Crvena neman reaguje na taj ubod. Besna je, pokrenuta u svojoj osionoj sigurnosti i uigranosti vladanja opštim strahom i jedva zamislivom bedom.

Jutro je, u Peredelkinu je Pasternakova kuća opkoljena brojnim KGB-ovcima, a on, veličanstveni pisac, s čijim se životom Staljin igrao kao s nekom mašnicom, sedi u svom bezizlazu i piše saopštenje u kome, kao, odbija *Nobelovu nagradu*. (Jednog podneva, ignorišući sve zabrane, sedeo sam za njegovim pisaćim stolom u Peredelkinu, onim na kojem je napisao *Doktora Živaga«*, *Zaštitnu povelju* i Izjavu da odbija *Nobelovu nagradu*. Oblivao me je bol i tuga u dodiru s prostorom, predmetima i piščevim duhom, nad kojim su se bezočno, sve do kraja života, igrale sile i centri moći koji nikada nisu imali ništa zajedničkog sa svetovima tako prefinjenog i retkog duha i bića posvećenika kakav je bio Pasternak. Njegova kuća još nije bila muzej. Trajala je farsa perestrojke, Zid još nije bio srušen i još se u moskovskim komitetima većalo – objaviti ili ne objaviti Pasternakova dela. Mi smo u Borisov dom ušli skoro tajno.)

Hidri Realnog batleri prinose pribor za jelo – predstava počinje.

Kreće veliki talas disidenata. To je ona ista Hidra, isti „ljudi" koji su se javno zgražavali nad idejama komunizma, a tajno napunili džepove Lenjina i Trockog da Tamo naprave revolucionarni Pakao. Oni isti koji, ne krijući, Napoleonu šalje velike pare za vojsku, a krijući, skoro istog dana, šalju goleme pare Velingtonu za njegovu armadu.

Naravno, ništa ne sme da se dogodi bez velike medijske buke planetarnih razmera. Rađa se nova profesija – pisac disident. Pusti i naivni disidenti. Ili naivnih u ovim igrama nikada i nije bilo. Rođenjem te profesije, počinje veliki pad književnosti, pustošenje fikcije, pomeranja u stranu istoriju i svega što je mašta, što je nadahnuće, ono tako teško definisanje stanja duha kada se dižu zastori i prepreke profanog, a otvara svet više stvarnosti, govor sa onostranim a stvarnim zapravo, što su „viđenja" velikih pripovedača. Zapadna Hidra Realnog dobro zna koliko su pisci krhke biljke (najlakše se prežvakavaju osrednji željni slave, tiraža, moj Bože, tek svetske slave).

Oluja i Pad ne stižu da mirno iznijansiraju vrednosti, ali i ne žele, pa uz nekolicinu istinskih pisaca i pre Oluje i Pada književnosti, angažovanih u tom procesu, važnom i te kako, ljudskom iznad svega, ali neknjiževnom, takođe iznad svega, penjući se na nepouzdane bridove talasa razotkrivanja istočnih tlačitelja, vuku za sobom kolone osrednjih, minornih, zalutalih.

Sa Istoka kreću lovci na slobodu. Sanjaju da se nekako dokopaju Pariza, Londona, Njujorka, Toronta kao rezervne varijante, ako se ne bude moglo baš direktno u raj. Dok pakuju svoja sećanja, dnevnike, svedočanstva, beleške, priče bližih i daljih rođaka i čekaju javku za „prebacivanje", pred odškrinutim vratima ka slobodi, ne stižu, nisu kadri da se sete da je još pre nekoliko decenija veliki Bulgakov pred krvavim brcima Staljina SVE rekao, ali kroz tananu, književnu, i te kako književnu simboliku, aluziju, maštovito do visina samo najvećih majstora. O tome niko i ne misli. Ne misli ni Hidra Realnog. Ne štampa Bulgakovljevu *Majstora i Margaritu* u milionskim tiražima. Pa to je ozbiljno, suviše složeno za naše mlade, za naše školstvo, to je **književnost**, teška, složena, promišljajuća. To zahteva obrazovanog čitaoca. Hidra Realnog HOĆE realno, ogoljeno, direktno, bez uvijanja i što je moguće manje umetničkog.

Na svetlom Zapadu demokratije i slobode, sve može. Sve prolazi. Sve je veliko i vredno, ako je uzbudljivo i razotkrivajuće, realno. Preko noći izrastaju teoretičari disidentske knjževnosti, sušti eksperti. Niču komiteti za spas, a izdavači trljaju ruke, ljubeći Hidri Realnog skute. Tiraži i zarade su neverovatni. Veliki šamar crvenom bratu zla pun je pogodak. Oficiri KGB-a, bacaju zakletve na vernost i sanjaju da će Tamo postati čitani i slavni.

Pokazuje se još jedna važna dobit za Hidru Realnog. Bar na trenutak umanjeno je opojno prisustvo i dominacija latinoameričke književnosti fantastičnog realizma, fikcije, mašte, neverovatnog a stvarnog. Jer jedino nisu računali da će im s tog južno-američkog kontinenta služinčadi stići velika književna, svetska lekcija pripovedanja. Sad je dobro. Što nije disidentska književnost, što nije dokument, realno, i nije neka književnost, ili je još samo bledi trag nečega što treba da ostane u istoriji.

Usred te mučne falsifikacije, ja i dalje više volim Rablea od Balzaka, Gogolja od Tolstoja, Hrabala od zabavnog ali osrednjeg Kundere, koji ne silazi sa svetskih top-lista.

Pisci su zbunjeni. Neki i očajni. Taman su preživeli šok od onog superiornog talasa latinoameričke imaginacije, romana koji ne haju za naše okoštale kanone, teorijske kategorije mogućeg i nestvarnog, postupke, logike kompozicije. Taman su počeli, nespretni, da se hvataju za skute Borhesa, Ljose, Markesa, Infantea, Kortasara, Onetija, Fuentesa, Karpentjea, a već ih, skoro uz porugu, sklanjaju sa scene, u stranu. Stiže vojska dopisne škole podataka sa Istoka, iza Gvozdene zavese. Šta sad, kad je Realna ispovest bog, feljton bog, svedočanstvo bog, a taj bog je tako šik i tako se dobro prodaje i u takvoj je dobroj funkciji politike i šamara konkurentskoj super sili.

Naši pisci se u tom metežu pada književnosti, kako-tako snalaze. Nisu disidenti, imaju pasoše, mogu čak, iz svoje bede i neimaštine i da putuju. Na njihovu sreću i oni imaju svoje domaće zabranjene teme i tabue, koje treba raskrinkati, sledeći moderne svetske trendove.

Nismo imali sibirske gulage, ali smo imali Goli otok. I gulage i otoke smislili su umobolni poslušnici komunizma, smislili toliko tragičnosti, mržnje i mučenja da to čovek naprosto ne može da shvati. Ispovesti su strašne, razaraju ljudski um, biće. Poluobrazovani komesari, mrzitelji slobodne misli, stvaralaštva, drugosti, nedostatka osećanja za apsolutnu poslušnost, spuštaju ljude ispod praga bića. I niže.

Ali licemerje se opet poigrava s tragedijom onih koji ispisuju svoja sećanja i svedočanstva. Njihove zapise proglašavaju konačno stvarnom literaturom, moćnim književnim tvorevinama. Autori su često u čudu, ali ćute. Neće sad oni da razglase da stvarno nisu imali nameru da pišu roman. Samo su hteli, sada, kad se to koliko toliko može, da užas izađe na videlo. Ali tu su kritičari, stručnjaci, tu je trend, svetski trend, sada smo i Mi deo svetskog trenda, sve je kako treba. Ipak, kritika se najbolje snalazi. Mirno i bez osećanja stida, operiše dvojnim merilima.

Kad Markes kaže da je kiša toliko padala da su ribe plivale po zraku, to je genijalno! Pišu se panagirici. Slavi se takva imaginacija i sloboda, ta nepresušna mašta, to čudo fantastičnog realizma. Kada kod kubanskog pisca (istinski nesrećnog disidenta), doista izuzetnog pisca, majka glavnom junaku spočctka romana za kaznu iskopa oči i odseče šake, ali sutra je sve u redu, to je bilo sinoć i, knjiga se nastavlja, naši kritičari ne pitaju za doslednost postupka, ne ukazuju na piščevu nedoslednost, ne kažu kako je aljkav i zaboravan (što bi sve rekli za domaćeg), da mu je, koliko sinoć, glavni junak ostao bez očiju i šaka. Ne, oni, kao, prepoznaju u kojoj je funkciji takvo pripovedanje, pa opet vele kako je to genijalno, maštovito, pročitao sam i „urnebesno dobro".

Kad kod srpskog pisca pročitaju fantazmagoričnu stranicu, kada se planovi realnog i nadrealnog prepliću, bez dvoumljenja mu se odmah narugaju, piše se o nedoslednosti, nepismenosti, nepoznavanju „osnovnih" modela književnog postupka, o... Za domaću književnost i dalje je na vlasti Hidra Realnog, ali još mučnija, jer je sva u obrazini provincijalnog, a time i teže podnošljiva. Za domaću upotrebu hvali se upotreba istorijografije, pismen feljton i svedočanstvo, knjiga o Nama, o Našim selima, o Našim kraljevima i njihovim ministrima. Tačno je, vele, da je ono u svetu vredno, maštovito, fikcija, fantastično, neobično, izokrenuta realnost do nadnaravnog, (a istinitija od svakog profanog života), ali tu, na domaćem tlu, nagrada i hvala idu za sto petu verziju logorske priče, za tako upečatljivo opisan život nekog Srbine u 17., 18. veku, za sjajno književno »oživljeno« naše malo selo. Misli se i piše na dve vode (hvali svet, ali gledaj od čeg živiš), i stalno se osluškuje neće li velika Hidra Realnog skernuti pogled na ove ovde hidrice Realnog, hoće li neko i ovo naše uguravanje u književnost istorije, dokumenta, **prepričavanje** koje nije **pripovedanje,** prepoznati kao svetski trend i objaviti, Tamo, u svetu.

Hidra Realnog i dalje ređe slavi epigone, ne mareći za istinskim razobličenjima zla velikog Bulgakova. Hidra zna da je Hrabal veliki pisac, među nekoliko najvećih u Evropi. Ali šta će Hidri Realnog Hrabal. Koga napada Hrabal. U intervjuima je neupotrebljiv. Blesavo, staromodno, posvećenički govori samo o literaturi, o svojoj ulici u Pragu, gde sa starim drugarima slatko ispija pivo. Govori o svojoj ženi i priča neke neverovatne dogodovštine. Hidri Realnog treba drugi Čeh – Kundera. On precizno govori o bekstvu, o patnji, o „Praškom proleću", šarmer je, rado viđen u mnogim pariskim salonima, disident visokog stila. Ne pojavljuje se ni u nas ni u svetu studija koja pokazuje koliko je i zašto je *Rukopis nađen u Saragosi* Jana Potockog svojevrsni prevrat u tradiciji evropskog romana, još u davnom XVIII veku. Racionalnoj, informatičkoj Hidri Realnog treba velika vest, velika priča prebega, potresno svedočenje, otvoreno sramoćenje Onih tamo i ispovedanje konačno desegnute sreće u slobodi i demokratiji Zapada.

Istina je da su prema proživljenim mukama Varlama Šalamova mnogi hrišćanski sveci bili na neprijatnom skautskom izletu. Časno je, obavezujuće je svakom humanisti ta svedočanstva, one jezive *Priče sa Kolime*, objaviti. Ali licemerno je to pretakati u književni model, vikati o tome kao o uzoru nove književnosti i obrasca. Još je neprimerenije mirno slaviti legije epigona. Ali agenture Realnog, dobiti, politike i profita, ne haju.

Intimno, Brodski je zbunjen. Nije mu jasno da je za ciklus o cveću dobio *Nobelovu nagradu*. Sam zna da se za stvarno izuzetne eseje o Marini Cvetajevoj i Ani Ahmatovoj baš ne dobija toliki honorar. Još manje za sjajne prevode. Ne sme ni da pomisli, u časovima intime, da je nagradu dobio zbog onog sramnog suđenja i progonstva. Šta je, tu je. Valja se ponašati kao nobelovac. Istini za volju, pisci treće generacije ruskih emigranata u Americi kažu da se on najčasnije zalagao za mnoge.

Česlav Miloš je zapanjen vešću. Vraćajući se kući s dodele *Nobelove nagrade*, sin ga teši, kako sâm priznaje: „Ali, tata, ti ipak jesi pesnik." Vidi dete da piše da je dobio nagradu za poeziju. *Zemlja Urlu* i *Druga Evropa* doista su izuzetne knjige, razmišljanja, sećanja, traktati izuzetnog intelektualca i analitičara. Ali se za to, ipak, ne dobija *Nobel*.

Pred nezasitim žvalama Hidre Realnog, najgore prolaze veliki pisci koji ne žive u razvikanim i poznatim sistemima represije. Vasku Popi (kultnom pesniku srednje generacije u mnogim zemljama sveta) izmiče *Nobelova nagrada*. Popinog šefa države Tita, tiranina u rukavicama, svetska oligarhija voli. S njima je u visokim, tajnim društvima. Nema konflikta, nema *Nobela*. Kažu da je ona noćna arapska posuda s pariskih bulevara Anri Levi, grozničavo tragao po muslimanskoj Bosni za novim imenom za preporuku severnoj Akademiji.

Veliki evropski pesnik Nikita Stanesku ima Čaušeskua. Ali Rumuni nisu u modi. U modi su Rusi (konkurentna nuklearna sila), Česi, Poljaci, okosnice Varšavskog pakta. Nikita je potpuno neupotrebljiv, uz sav užas komunističke tamnice „Čaušesku i Elena" (Bože, kako su se Čaušesku i Tito voleli i slagali). Stanesku nema pojma šta je to uopšte partijnost, bilo koja partija, bilo šta što nije POEZIJA. Kad razgovara s novinarima, ludak priča o poeziji. Azil i ne pominje. Gde se god zatekne, širi ruke i sve ljubi i – recituje.

Sava Babić, profesor, prevodilac i posvećenik, čini epohalno otkriće, mađarsko-evropsko čudo, Belu Hamvaša. Hidri Realnog trebalo bi da Hamvaš po svemu odgovara. I on je žrtva komunističkih nečovečnosti. Od 1945, do njegove smrti 1968. ne objavljuju mu ni reč. I to se događalo iza Gvozdene zavese. Imaju čak i izuzetnu priču, veliki pisac i mislilac morao je da radi godinama kao čuvar na gradilištu. Jedan čuvar na gradilištu lako bi mogao biti u vrhu liste ličnosti veka. Sve je tu. Ali Hamvaš je neupotrebljiv. Već je na drugoj obali, sa one strane ovog profanog i najčešće ponižavajućeg života. Televizijske korporacije tu ne vide svoj profit.

Štampa je onemugućena za velike intervjue i neke još neotkrivene mučne detalje iz života velikana. Konačno, bela Hamvaš je veoma ozbiljan, složen. Gospodin je klasa Ničea, Kjerkegora, Bloha i Benjamina. To je za Hidru Realnog neka druga priča, najmanje i važna i profitabilna. Pa za američko izdanje *Sofijinog sveta*, prevodilac je morao da za sva imena grčkih filozofa potraži alternativu iz američke književnosti, jer se tamo misli da je Aristotel onaj sjajni udarač bejzbola. Konačno, Hamvaš je sušta suprotnost onoga što Hidra JESTE. Hamvaš kaže: „Ko se okrene prema spolja, ubiće ga tama." A Hidra je SVA spolja. Njeno unutra se sastoji, isključivo, od profita, interesa i želje za planetarnim ovladavanjem svega postojećeg zbog opšte kontrole i usmeravanja po volji Hidre Realnog. Znači, Hamvaš – Ne!

Ipak, nije sve u znaku Velikog Pada književnosti. Mladi odolevaju, istina u manjim grupama, po provincijama Evrope i Balkanu, ali odolevaju. I oni čitaju Kunderu, ali ne kažu da je jedan od najvećih savremenih... Kažu da im je zabavan. Neće ni da čuju za stote i dvestote replike knjiga o gulagu i Golom otoku. Gutaju Tolkina. Traže ponovo Hesea, u tolikoj meri da i evropski i naši izdavači moraju da ga navrat-nanos doštampavaju.

Evropska književnost liči na rekonvalescenta. Disidentski talas je osušio i spekao mnoge izvore imaginacije.

Ali i sami pisci disidenti, bili su svojevrsni tragičari. Stigavši na slobodni zapad, bili su zatečeni do crnohumornog šamara. Posle prvih dana radovanja, shvataju da su u istom položaju; nešto udobnijem, s više para, s više tople vode i košulja, s ponekim automobilom i finijom hotelskom sobom, s mnogo usplahirenih novinara. Ali pozicija je skoro ISTA. Mislili su, kad objave one prve svežnjeve istina i svedočenja, kad se snađu, proslave i adaptiraju, da će tamo, konačno, početi da pišu ono što stvarno žele ceo život. Bar je tako mislila ona mala grupa istinskih pisaca prebega. Prebezi epigoni naprosto nisu mislili. Oni stvarni pisci među disidentima, nadali su se da će, kad se odomaće, zaroniti u starostavne legende svoga naroda, maštu, fantazmagorije. Ali nije tako. To NE MOŽE. Zbog toga ih doista nisu zvali. Ko bi sada to prevodio, koga to interesuje.

Prebezi slušaju isto slovo, isti tekst, jedino je jezik drukčiji. Korifeji demokratije i slobode, magovi izdavačkih kuća i medijskih promocija, govore im poput njihovih lokalnih partijskih sekretara i rejonskih komesara. Kažu im šta bi trebalo pisati i šta je to što se dobro prodaje. Neka te njihove fantazije, ponesene iz starog kraja sačekaju za neka druga vremena. Sada treba što tačnije, što iscrpnije, što potresnije razotkriti crveni teror.

Književnost je nešto sasvim, sasvim drugo. Od sto disidenata, tek će poneki jednoga dana uspeti da se vrati romanu, zbirci priča, ciklusu pesama. U svojoj žurbi na Zapad i, treba reći, u bekstvu od stvarne patnje i poniženja, zaboravilo se, ponavljamo, da treba biti veliki, pisac stoleća poput Bulgakova, pa kroz veliko književno delo, negde u trećem sloju uzbudljive fikcije, izvrći ruglu svoju ponižavajuću, neljudsku stvarnost. Treba moći jednom rukom, poput Bulgakova, ispisivati apoteozu fikciji, imaginaciji i nesvakidašnjoj, superiornoj maštovitosti, dubokim filozofskim pasažima (razgovor Hrista i Poncija Pilata), a drugom rukom, u istom proznom tkanju, kroz simboliku, podtekst, ocrtati dželate duha i krvnike svoga naroda.

Hidra Realnog još je na tronu i gospodari. Nema sumnje da je nova igra ubogoljavanja ljudskog duha pripremljena. Čeka se čas primene. Možda negde po zabitim Balkanima, po Sumatrama, po okomitim obalama mitske Irske, po Grenlandima, još ima pisaca oglušenih o trend, oglušenih o dnevnu kritiku, ustreptalih nad bajkom i mitom, nad zapisima čarobnjaka, sposobnih da tumače i razumeju nebeska prikazanja.

Stiže agonija. Uz zaglušujuće slavlje, pada Berlinski zid. Korifeji demokratije i zapadnih sloboda, batleri Hidre Realnog, koji su glavama disidentskih knjiga udarali u cigle Zida, srušivši ga, već narednih dana preko sto knjiga pisaca, samo Istočne Nemačke, izbacuju iz izdavačkih planova. Svuda u svetu, Dopisne škole se zatvaraju i već potpisani ugovori o objavljivanju knjiga, hladno i bezočno se otkazuju. Sada biste mogli da pokušate sa onom vašom fikcijom, ako se još sećate šta je to.

Redovi za intervju sa Kunderom, ili Škvoreckim, sve su manji. Kundera pokušava da piše na francuskom. Ono Čch sada je *passe*. Vreme je da se proba biti francuski pisac. Ali roman na francuskom, za francuske kritičare više nema nikakvu posebnu povlasticu. Čak i vest o povratku Solženjicina, nobelovca, u rodinu, samo je obična novinska vest, uz neke profane detalje poput onih, šta će pisac poneti iz Vermonta i gde će u prvo vreme živeti. Nastaje li nova knjiga, niko ne pita.

Kad je svanulo, kad je stiglo jutro bez Zida, jutro s podastrtom izduvanom kožom ruskog medveda, svi žele da se sve što pre zaboravi.

Hidra Realnog nema vremana. Informatičke mreže, virtuelna stvarnost, informatičnost apsolutnog dosega, kreću niz uskislu planetu. A izdavački magnati? Oni jedino paze da u ovom vakuumu ne prevagne stvarna književnost koja izmiče lakoj kontroli i usmeravanju prema tržištu. Na pomolu je spas, makar na neko vreme, makar do novog velikog čišćenja čovekove imaginacije. Uspostavlja se Novi roman, Nove veličine, Nova moda, Nova estetika. Gospodare romanopisci univerzitetski profesori. Oni predaju literaturu, tumače je, a sada je i sklapaju u romane. To „sklapaju", Hidri Realnog je najvažnije. Tu su sve sugestije moguće, a izveštaje o dobroj prodaji, profesori i te kako uvažavaju. Tako treba „sklapanje", „kombinovanje", „konstrukcija", „dekonstrukcija", „simuliranje književnog dela", da lagano uđe u svest, da se etablira, da bi u datom času njeno nametanje delovalo potpuno prirodno.

Hidra Realnog čeka da joj jave da su nove generacije već potpuno srasle licima za kompjuterske ekrane. Tada se već sasvim glasno i s visine i moći velikih centara obrazovanja i „kulture", govori kako je pisati rukom ništa drugo do znak zaostalosti i neobrazovanja. Knjige, One, one od papira, samo su tu da podsete novog, obrazovanog čovek na dugovekovnu ljudsku glupost i inferiornost. Sada su tu ekrani, Internet, beskrajne mogućnosti virtuelnog, informacija i komunikacija koje jesu Stvarno lice savremenog božanstva.

Batleri Hidre Realnog, bez zazora i stida, objavljuju (veoma dobro i uz posebnu brigu distribuirane), tekstove o dekonstrukciji, tekstove Nove estetike koja afirmiše i slavi (jer je u pitanju slobodan i demokratski čovek) potpunu slobodu kombinatorike. Zašto biste pisali novi roman? Sedite za svoj kompjuter i kombinujte knjigu od već postojećih klasika. Tek je to književnost!

Čak i kod nas, neke osione osrednjosti pišu kako je „budućnost književnosti u njenom simuliranju". Priznajem, nikada do sada nisam pročitao sramniju izjavu i dočekao da bi se, tako javno, pokušavajući da se sve zaodene nekom teorijom, mogla oglasiti pusta nedarovitost. Neprikosnovenost autorskog teksta, ovim se pokušava uniziti do besmisla. „Ako ja nisam kadar", misle upregnute spodobe, „da stvaram originalna dela, a tako sam to želeo kad sam bio mali, hajde da se narugamo i samom nastanku osobene književne tvorevine." Neki su, slušajući kako govori „onaj koji vidi", gledajući i slušajući izvornog stvaraoca, poverovali da je dovoljno **samo** govoriti, pa će se, već samim tim biti i mudrac i tvorac novog, prvorodnog dela. Sam pojam, fenomen autorstva, počinje da se postepeno, ali sigurno, omalovažava. Hidra Realnog, konačno, bar ona tako misli, stiže na krov svoje građevine. Važni su „projekti" koje ostvaruje „grupa autora", pri čemu se **imena autora** ne pominju.

A kod nas? Naš mazohizam nema kraja. Mi i dalje volimo knjige koje govore o nama, što realnije i što dokumentovanije, o našim starim vojskovođama, o Srbima iz nekog minulog vremena. Pozorišta su puna jer se jedva čeka da se sa scene čuje šta je rekao naš kralj te subote svojoj kraljici, dok je izlazio iz kupatila, i kako je to prokomentarisao njegov neblagonakloni ministar. Na te dijaloge, u punoj sali, pretiču se suze i pljesak.

Kritika je, opet, najopreznija i bira najsigurniju, najkonforniju poziciju. Znaju za talas simulacije, virtuelnog, znaju za gadljiv odnos prema pisanju rukom, prema hartiji uopšte, ali misle da to još neće zadugo kod nas. Vide da se u prevodnoj književnosti (ooo, zar opet!)

iz sveta sve češće pojavljuju izuzetni romani, priče i poezija stvarne fikcije i potpuno nesvakidašnje imaginacije i snage. Videli su da je nekome gore u Skandinaviji pozlilo od jelovnika za „nobelovu trpezu" i da su neki stomaci sasvim otkazali. Saznalo se da je časni sobar, dok je bolesniku donosio čaj, šapnuo da, ipak, postoje Oktavio Paz, Baševis Singer, Žoze Saramago, stvarni i veliki pisci. Bili bi lekoviti, šaptao je sobar, za vašu mučninu koju stvara Hidra Realnog. Bar nakratko, bar kao predah. Ali sve je to negde Tamo. Sigurnije je da se mi držimo lokalnog, da slavimo hroničare naših sela, malih varoši, životopise graditelja naših starostavnih crkava, da...

I dalje menjam sav ruski realizam za Gogoljev *Nos*, i dajem sve Kunderine knjige za Gogoljev *Vij*, dajem vagone disidentskih svedočenja za Singerovog *Roba*, i dalje tragam za novim rukopisom izgubljinim pod zidinama Saragose.

Izdavači se, diskretno, vraćaju latinoamerikancima, raspituju se ima li još neko koga nisu preveli. Ovog proleća nema novog izdanja Limonovljevog *To sam ja, Edička*. Začudo, pojavio se prevod Fjodora Ivanoviča Tjučeva. Ko bi rekao.

Hidra Realnog više nije hidra. Uspostavlja se, iz minuta u minut, **carstvo realnog**. Ali, kako to obično biva s imperijama, tu, negde po njenim sklonjenim katakombama, okupljaju se grupe koje govore o ezoteriji, o onostranom, pokazuju se privatne liste vrednovanja stvarne fikcije i imaginacije. Sve više je onih koji pohvalu naše kritike uzimaju Samo kao vest, a stvarni izbor za čitanje, nešto je sasvim drugo.

Napomena: Ovaj tekst je pročitan na jednom od međunarodnih simpozijuma u svetu 1994, na kojima okupljeni u udobnim salama: pisci, filozofi, antropolozi i psiholozi jedni drugima čitaju svoja izlaganja, pothranjujući krhku iluziju da je posredi Javnost. Od svega, dâ se poneka izjava za štampu, intervju i – ništa. Možda je jedini smisao utrošene silne energije pripreme takvog skupa, okupljanja ljudi iz mnogih zemalja, putovanja u zemlju gde se skup održava, u čudesnom zadovoljstvu koje oseća priređivač zbornika upravo završenog skupa. Imperija Realnog, ponajmanje mari za papirnate zbornike.

UMESTO POGOVORA

Martin Buber

Postoje trenuci kada ništa od osnovnog nije iskazano, ali u kojima se poredak sveta javlja kao prisutan. Tada se u letu hvata ton čiji je neobjašnjivi notni znak uređeni svet. Ovi trenuci su besmrtni, jer su najkratkotrajniji: iz njih ne može da se sačuva nikakav sadržaj, ali njihova snaga prožima ljudsko stvaralaštvo i saznanje, i zraci ove snage prodiru u uređeni svet i stalno ga iznova rastapaju. Takva je istorija pojedinca, takva je istorija vrste.

Svet je za čoveka dvojak zbog njegovog dvojakog stava.

On opaža bivstvovanje (das Sein) koje ga okružuje, opaža stvari i živa bića kao stvari. Opaža zbivanja koja ga okružuju, opaža naprosto procese i činove kao procese, stvari sastavljene od osobina, procese od momenata, stvari uhvaćene u prostornu mrežu, procese uhvaćene u vremensku mrežu, stvari i procese ograničene drugim stvarima i procesima, međusobno merljivim i uporedljivim, jedan uređeni i izdvojeni svet. Ovaj svet do izvesne tačke zaslužuje naše poverenje, on ima gustinu i trajnost, njegov sklop može se obuhvatiti pogledom, uvek je pod rukom, i zatvorenih očiju se može predstaviti a otvorenih ispitati; on je tu, počiva na tvojoj koži, ako ga prihvatiš, ugnezdi se u tvoju dušu, ako si mu veoma sklon, on je čak tvoj predmet sve dok je to tvoja volja, a ostaje ti iskonski stran, iznutra i spolja.

Opažaš ga, uzimaš za svoju „istinu", ne može da ti se otme, ali ti se ne daje. Samo pomoću njega se možeš „sporazumeti" s drugima. Premda se svakome drugačije predstavlja, on je uvek spreman da bude zajednički predmet, ali u njemu ne možeš da se sretneš s drugima. Bez njega ne bi umeo da živiš, njegova te pouzdanost održava, ali ako bi te smrt u njega uvukla, bio bi pokopan u ništavilo.

Ili se pak čovek sretne s bivstvovanjem i postajanjem kao sa svojim partnerom, on uvek sreće samo *jednu* bit; i svaku stvar samo kao bit; ono što jeste otkriva mu se u zbivanju i ono što se zbiva javlja mu se kao bivstvovanje. Ništa drugo nije prisutno sem tog jednog, ali to jedno je kao svet. Mera i poređenje nestaju. Od tebe zavisi koliko će ono nemerljivo postati tvoja stvarnost. Susreti se ne sređuju u svet, ali svaki je za tebe znak poretka sveta. Oni međusobno nisu povezani, ali svaki ti jemči tvoju povezanost sa svetom. Svet koji ti se pojavljuje takvim, ne zaslužuje tvoje poverenje, jer ti se neprestano pojavljuje novim i ti ne smeš da ga prihvatiš na reč. On nema gustine jer u njemu sve prožima sve, nema trajnosti jer dolazi i kada nije pozvan, i nestaje kada ga zadržavaš. Nepregledan je: hoćeš li da ga učiniš preglednim, gubiš ga. Prilazi ti, prilazi da bi te našao, ne dospe li do tebe, ne sretne li te, iščezava. Opet se vraća, ali izmenjen. Nije izvan tebe, dodiruje te do tvoga temelja i kažeš li mu „dušo moje duše", nisi preterao. Ali, pazi se, hoćeš li da ga preseliš u svoju dušu – tada ćeš ga uništiti. On je tvoja sadašnjost, druge sadašnjosti osim ovog odnosa sa svetom nemaš. Možeš od njega da napraviš svoj predmet, da ga ispituješ i upotrebljavaš, ali to moraš neprestano iznova da činiš i tada više nikakvu sadašnjost nemaš. Između tebe i njega je uzajamnost dovoljna. Kažeš mu Ti i daješ mu se, on tebi kaže Ti i daje ti se. Pomoću njega ti ne možeš da se sporazumevaš s drugima, ti si sam sa njim. Ali, on te podučava sretanju s drugima i održava vaš susret; preko blagonaklonosti svojih dolazaka i preko melanholije svojih odlazaka, on te vodi do Ti unutar kojeg se seku paralelne linije odnosa. On ti ne pomaže da se održiš u životu, pomaže ti jedino da naslutiš večnost.

*

Bolest našeg doba nije slična nijednoj, ali pripada istoj grupi kojoj pripadaju i bolesti drugih doba. Istorija kultura nije neki večni stadion u kome bi trkači, jedan iza drugog, optrčavali odvažno i ne slučeći ništa jednim istim krugom smrti. Kroz njihove uspone i padove vodi jedan bezimeni put. Ne neki put napretka i razvoja, već jedan spust kroz spirale podzemnog sveta duha, pa nazovimo ga čak i usponom prema najdubljem, najfinijem i najsložnijem vrtlogu u kome više ne postoji ni napred ni nazad, jedino još nečuveni obrt: prolom. Da li ćemo morati ići putem do kraja, isprobati i onu poslednju tminu? Ali tamo gde je opasnost, raste i ono spasonosno.

*

Jednom su se nadmetali bogovi i demoni, tako priča Brahman Stotinu Puteva. Demoni su govorili: „Kome bismo mi mogli da prinesemo svoje žrtvene darove?" I svi su darovi završavali u njihovim sopstvenim ustima.

Ali bogovi su darove stavljali jedan drugome u usta. I tada Predshapati, praduh, odluči da sebe podari bogovima.

*

U stvari, kosmos postoji, naime, za čoveka samo ako mu je svemir kuća sa svetim ognjištem na kojem on prinosi žrtvu.

*

Ali, nije li usamljenost neka kapija? Ne otvara li se ponekad u apsolutnoj samotnosti neki neočekivani pogled? Ne može li se opštenje sa samim sobom tajanstveno preobratiti u opštenje sa tajnom? Štaviše, nije li čovek koji više nije vezan ni za jedno biće, jedini dostojan da se susretne s bićem?

„Priđi, samotniče, samotnom", poziva Simeon, Novi Bogoslov, svoga Boga.[*]

---

[*] Martin Buber (2000): *Ja i ti*, Rad, Beograd. Prevod: Jovica Aćin.

Beleška o autoru

Ratko Adamović (1942) do sada je objavio sledeće knjige:

ŽUTA PODMORNICA (priče, 1971, nagrada lista „Mladost" za najbolju prvu neobjavljenu knjigu u Jugoslaviji)
KONOPAC (roman, 1977, na poljskom 1982)
SVI UMIRU (priče, 1979)
GOLA GARDA (roman, 1982)
POGON ZA LUDILO (roman, 1986)
SVETI HRAST (roman, 1990)
KARAVAN SARAJ (novele, 1993)
PAGANSKI PROTOKOL (roman, 1995),
BESMRTNI KALEB (roman, 1997, nagrada „Isidora Sekulić" za knjigu godine);
KANTARION (roman, 1998, nagrada „Branko Ćopić" za knjigu godine)
TUMAČI GLINE (roman, 2002)
U VRTOVIMA DUHA (eseji, 2002)
AKADEMIJA NOĆI (roman, 2003)
KOVAČI STAKLA (roman, 2005)
SKAKAČ (roman, 2007)
IZA BOGA (roman, 2010)
BEKSTVO KRALJEVOG VRAČA (roman, 2013)

Mnogi njegovi romani doživeli su više izdanja.
Priče i romani Ratka Adamovića dramatizovani su i igrani na filmu, radiju i pozorištu, a mnogi izbori proze prevedeni su na nemački, engleski, italijanski, poljski, češki, slovački, rumunski, grčki, ruski i litvanski jezik.
Bio je dugogodišnji urednik tribine „Francuska 7" Udruženja književnika Srbije, koja je godinama bila jedno od kultnih mesta i na kojoj se vrednovao i afirmisao književni život, nezaobilazno mesto protestnih skupova oko 'verbalnog delikta' i zabranjenih knjiga. U dva navrata, održao je nekoliko serija predavanja na univerzitetima u Americi i Kanadi.
Veći deo života proveo je kao profesionalni književnik.

Sadržaj

Reč autora 7
IPAK ČUDO
Monaška civilizacija 13
HIMNA BRATU SUNCU
(Frančesko Asiški) 29
MUDRI STANOVNIK LAVIRINTA
Margerit Jursenar 31
VREME U VLASTI BOGA
Draž antropološke istorije 43
NESVAKIDAŠNJI DAROVI
Žan Kalvin 53
SVI NAŠI SNOVI
Raj jedna istorija 59
OTETI KONTINENTI
Ronald Rajt 73
PITKI I MUDRI BRODEL 85
MAJSTER EKHART
– MERA NAŠEG PADA 95
NAJZAD DŽON KUPER POUIS 109
UPRKOS STRUČNJACIMA 115
UPRKOS LUDILU 119
UMETNOST ZABORAVLJANJA NEPRIJATNOG 121
FILOZOFIJA SAMOĆE 123

UMETNOST SREĆE
Starost i nauka 125
IZLAZAK IZ TAME
Kultna ličnost – BELA HAMVAŠ 129
SCIENTIA SACRA 145
ŠKOLA POSVEĆENJA
Isak Baševis Singer 157
STVARNOST KOJA TO NIJE
Kristof Ransmajer 175
LEKOVITI ALHEMIČAR 191
UKLETOST NALIČJA
Aleksandar Genis 199
MUDROST ODRICANJA 211
INDUSTRIJA ZABORAVA
Pol Virilio 223
UKLETOST IZUZETNIH
Danijel Dž. Borstin 237
POETIKA IMAGINACIJE
Gaston Bašlar 261
MAESTRO KEPEC
Per Lagerkvist 279
PRIPOVEDAČKA PRESA
Anatonio Lobo Antuneš 297
RAZOBLIČAVANJE
Metju Nil 311
TRAGEDIJA DRUGOSTI
Brajan O'Doerti 327
ISPOVEST POBUNJENOG ČOVEKA
Erlend lu 343
JERETIČKA ČAROLIJA
Mario Vargas Ljosa 'Raj na drugom ćošku' 357

DUHOM MLADI VILENJAK
Šandor Marai 375
SLAVA I PAKAO ESTERHAZIJA
Peter Esterhazi 392
PROFANO NAD
ZIDINAMA SARAGOSE 409
UMESTO POGOVORA 431
Beleška o autoru 437

Ratko Adamović
U vrtovima duha
(drugo, dopunjeno izdanje)

Urednik:
Dragan Milenković

Grafički urednik:
Milica Protić

Lektura i korektura:
Laura Barna
Dragana Maslek

Izdavač:
IP „PROSVETA" a.d. Beograd
u restrukturiranju
Beograd, Kneza Mihaila 12

Za izdavača:
Dragan Milenković
v.d. generalnog direktora

Štampa:
Grafički atelje Bogdanović

ISBN 978-86-07-02062-1

CIP - Каталогизација у публикацији
Народна библиотека Србије, Београд

821.09(046)

АДАМОВИЋ, Ратко, 1942-
U vrtovima duha / Ratko Adamović. - 2.,
dopunjeno izd. - Beograd : Prosveta, 2014
(Beograd : Bogdanović). - 440 str. ; 21 cm

Tiraž 500. - Str. 231-234: Umesto pogovora /
Martin Buber. - Beleška o piscu: str.
437-438.

ISBN 978-86-07-02063-8

a) Европска књижевност - 20в
COBISS.SR-ID 207822604

www.ingramcontent.com/pod-product-compliance
Lightning Source LLC
Chambersburg PA
CBHW071233160426
43196CB00009B/1048